企业安全规范与事故隐患排查治理指导丛书

危险化学品储存运输企业

Wei Xian Hua Xue Pin Chu Cun Yun Shu Qi Ye

安全规范与事故隐患排查治理指导

An Quan Gui Fan Yu Shi Gu Yin Huan Pai Cha Zhi Li Zhi Dao

《企业安全规范与事故隐患排查治理指导丛书》编委会 编

中国劳动社会保障出版社

图书在版编目（CIP）数据

危险化学品储存运输企业安全规范与事故隐患排查治理指导/《企业安全规范与事故隐患排查治理指导丛书》编委会编. —北京：中国劳动社会保障出版社，2015

（企业安全规范与事故隐患排查治理指导丛书）

ISBN 978-7-5167-1803-2

Ⅰ.①危… Ⅱ.①企… Ⅲ.①化工产品-危险品-储运-化工企业-安全管理-中国 Ⅳ.①F426.7

中国版本图书馆 CIP 数据核字(2015)第 091535 号

中国劳动社会保障出版社出版发行

（北京市惠新东街 1 号　邮政编码：100029）

*

三河市华骏印务包装有限公司印刷装订　新华书店经销

787 毫米×1092 毫米　16 开本　17.5 印张　413 千字

2015 年 6 月第 1 版　　2015 年 6 月第 1 次印刷

定价：47.00 元

读者服务部电话：（010）64929211/64921644/84643933

发行部电话：（010）64961894

出版社网址：http://www.class.com.cn

版权专有　　侵权必究

如有印装差错，请与本社联系调换：（010）80497374

我社将与版权执法机关配合，大力打击盗印、销售和使用盗版图书活动，敬请广大读者协助举报，经查实将给予举报者奖励。

举报电话：（010）64954652

编委会

主　　编： 张力娜

编写人员： 于　静　马　林　方金良　方志强　王　颖　王昕景
王建民　王断兵　石忠明　刘佩清　刘军喜　刘立兴
刘红旗　杜文利　闫长洪　冯海英　张力娜　张伟东
张利琴　张万福　张　平　陈国恩　吴　诚　吴　淳
耿友兵　赵　卫　赵一宙　金永文　黄增汉　黄莉新
唐　玮　陈　建　杜晓琳　李　涛　吴克军　袁　晖
袁东旭　魏英萍

内容简介

危险化学品是指具有毒性、腐蚀、爆炸、燃烧、助燃等性质，对人体、设施、环境具有危害的剧毒化学品和其他化学品。对危险化学品而言，不论是储存还是运输，都需要加强安全管理，因为在这两个环节容易发生事故，而且一旦事故发生，往往是重大或者特大事故，造成重大人员伤亡和财产损失。

在本书中，根据危险化学品储存运输企业的实际情况，对危险化学品储存运输企业事故特点与安全要求、危险化学品储存运输企业安全生产相关法律法规、危险化学品储存运输企业安全生产规范要求、危险化学品储存运输企业事故隐患排查治理有关规章与制度、危险化学品储存运输企业安全检查、危险化学品储存运输企业重大危险源辨识与防范措施、危险化学品储存运输企业应急救援相关规定与预案编制、危险化学品储存运输企业典型事故案例分析等内容，进行了全面详细的介绍。

本书适合于危险化学品储存运输企业开展各类人员的安全培训，也是危险化学品储存运输企业进行安全管理的必备图书。

前　言

安全生产事关人民群众生命财产安全，事关改革发展稳定大局，事关党和政府形象和声誉。党中央、国务院高度重视安全生产，确立了安全发展理念和“安全第一、预防为主、综合治理”的方针，采取一系列重大举措加强安全生产工作，十八大以来，以《安全生产法》为基础的安全生产法律法规体系不断完善，以“关爱生命、关注安全”为主旨的安全文化建设不断深入，安全生产形势也在不断好转，连续几年呈现出事故起数、重特大事故起数持续下降的局面。

2014年8月31日，十二届全国人大常委会第十次会议审议通过了《关于修改〈中华人民共和国安全生产法〉的决定》，修改后的《安全生产法》于2014年12月1日施行。在《安全生产法》修订中，特别加强了基础性工作，这个基础性工作既包括科技教育方面的内容，也包括经济投入和社会支持。第三十七条规定：生产经营单位对重大危险源应当登记建档，进行定期检测、评估、监控，并制定应急预案，告知从业人员和相关人员在紧急情况下应当采取的应急措施。第三十八条规定：生产经营单位应当建立健全生产安全事故隐患排查治理制度，采取技术、管理措施，及时发现并消除事故隐患。事故隐患排查治理情况应当如实记录，并向从业人员通报。对于企业来说，对重大危险源登记建档，对安全事故隐患排查治理，是全面改进安全生产工作的重要基础工作。

为了促进企业全面贯彻落实新的《安全生产法》，提高企业安全生产管理水平，提高企业排查治理安全事故隐患的能力，我们组织专业人员编写了这套“企业安全规范与事故隐患排查治理指导丛书”。这套丛书分为十本，根据不同企业的特点，对煤矿企业、非煤矿山企业、化工生产企业、危险化学品储存运输企业、冶金企业、机械制造企业、建筑施工企业、道路交通运输企业、商贸服务企业、特种设备使用单位的事故隐患排查治理，以及重大危险源登记建档、事故应急救援等知识，做了比较详细全面的介绍，同时还介绍了相关企业的经验与做法，比较细致地分析了相关典型事故案例。

在企业的安全生产工作中，人是起决定作用的关键因素，企业的各项安全管理工作都需要具体人员来贯彻落实，企业的生产、技术、经营等活动也需要人员来实现。因此，加强人员的安全培训与安全教育，实际上就是在保障企业的安全。这套“企业安全规范与事故隐患排查治理指导丛书”，适合企业各类人员的安全培训与安全教育，是比较好的企业各类人员安全培训教材。希望这套丛书能够切实有效地提高企业的安全管理水平，促进企业安全生产各项工作。

企业安全规范与事故隐患排查治理指导丛书编委会

2015年5月

目　录

第一章 危险化学品储存运输企业事故特点与安全要求

危险化学品是指具有毒害、腐蚀、爆炸、燃烧、助燃等性质，对人体、设施、环境具有危害的剧毒化学品和其他化学品。《常用化学危险品贮存通则》（GB 15603—1995）将危险化学品分为爆炸品、压缩气体和液化气体、易燃液体、易燃固体和自燃物品及遇湿易燃物品、氧化剂和有机过氧化物、有毒品、放射性物品、腐蚀品八大类。对危险化学品，不论是储存还是运输，都需要加强安全管理，因为在这两个环节容易发生事故，而且一旦事故发生，往往是重大或者特大事故，会造成重大人员伤亡和财产损失。

第一节 危险化学品储存事故分析与安全要求

储存是指产品在离开生产领域而尚未进入消费领域之前，在流通过程中形成的一种停留。生产、经营、储存、使用危险化学品的企业都存在危险化学品的储存问题。随着我国经济的快速发展，各种危险化学品在国民经济中发挥着越来越重要的作用，在储存过程中，如果人员操作失误或者安全管理不善，就可能造成严重的事故。

一、危险化学品储存的主要事故与原因分析

1. 危险化学品的储存

危险化学品的储存根据物质的理化性状和储存量的大小，分为整装储存和散装储存两类。

（1）整装储存。整装储存是将物品装于小型容器或包件中储存。如各种袋装、桶装、箱装或钢瓶装的物品。这种储存往往存放的品种多，物品的性质复杂，比较难管理。

（2）散装储存。散装储存是物品不带外包装的净货储存。散装储存的特点是储量比较大，设备、技术条件比较复杂，如有机液体危险化学品汽油、甲苯、二甲苯、丙酮、甲醇等，一旦发生事故难以施救。

在对危险化学品储存的安全管理中，需要注意的是，不论整装储存还是散装储存，都存在着很大的潜在危险，所以必须用科学的态度从严管理，万万不能马虎从事。还应该注意的是，在对危险化学品储存的安全管理中，特别要预防火灾爆炸事故，火灾爆炸事故是对危险化学品安全储存的最主要的威胁。

2. 危险化学品储存发生火灾事故的原因

物质燃烧必须具备三个条件，即可燃物、助燃物、着火源。不论固体、液体或气体

物质，凡是能够与空气中的氧气或其他氧化剂起剧烈化学反应的都是可燃物。帮助和支持燃烧的物质叫助燃物，主要是空气中的氧。凡是能引起可燃物质燃烧的热能都叫着火源。

危险化学品储存发生火灾的原因主要有以下九种情况：

（1）着火源控制不严。着火源是指可燃物燃烧的一切热能源，包括明火焰、赤热体、火星和火花、化学能等。在危险化学品储存过程中的着火源主要有两个方面：一是外来火种。如烟囱飞火、汽车排气管的火星、库房周围的明火作业、吸烟的烟头等；二是内部设备不良或操作不当引起的电火花、撞击火花和太阳能、化学能等，如电气设备、装卸机具不防爆或防爆等级不够，装卸作业使用铁质工具碰击打火，露天存放时太阳的暴晒，易燃液体操作不当产生静电放电等。

（2）性质相互抵触的物品混存。出现危险化学品的禁忌物料混存，往往是由于经办人员缺乏知识或者是有些危险化学品出厂时缺少鉴定；也有的企业因储存场地缺少而任意临时混存，造成性质抵触的危险化学品因包装容器渗漏等原因发生化学反应而起火。

（3）产品变质。有些危险化学品已经长期不用，仍废置在仓库中，又不及时处理，往往因变质而引起自燃事故。

（4）养护管理不善。仓库建筑条件差，不适应所存物品的要求，如不采取隔热措施，使物品受热；因保管不善，仓库漏雨进水使物品受潮；盛装的容器破漏，使物品接触空气或易燃物品蒸汽扩散和积聚等均会引起着火或爆炸。

（5）包装损坏或不符合要求。危险化学品容器包装损坏，或者出厂的包装不符合安全要求，都会引起事故。

（6）违反操作规程。搬运危险化学品没有轻装轻卸；或者堆垛过高不稳而发生倒塌；或在库内改装打包、焊接修理等违反安全操作规程造成事故。

（7）建筑物不符合存放要求。危险品库房的建筑设施不符合要求，造成库内温度过高，通风不良，湿度过大，漏雨进水，阳光直射，有的缺少保温设施，使物品达不到安全储存的要求而发生火灾。

（8）雷击。危险品仓库一般都设在城镇郊外空旷地带独立的建筑物、露天的储罐或堆垛区，十分容易遭雷击。

（9）着火扑救不当。因不熟悉危险化学品的性能和灭火方法，着火时使用不当的灭火器材使火灾扩大，造成更大的危险。

3. 危险化学品储存火灾事故事例

危险化学品储存包括固体物的储存、液体物的储存、气体的储存，例如仓库中各种固体危险化学品的储存，储罐、罐区各种油料、液化气等的储存。由于危险化学品所具有的燃烧、爆炸、腐蚀与有毒、有害等特性，具有极大的危险性，而且由于储存的危险物品种类繁多，重大集中，性质也不尽相同，如果库址选择不当、布局不合理、建筑不符合要求、管理不善、人员操作不当，就容易引起燃烧、爆炸或人员中毒事故，甚至会造成恶性灾害事故。

在危险化学品储存中，最容易发生火灾爆炸事故。因此，预防火灾爆炸事故是安全管理的重点。下面来看几起事故案例。

事例之一：南充某炼油厂油库动火作业造成的油罐爆炸事故

（1）事故经过

1998 年 11 月 27 日，四川省南充某炼油厂铁路专用线油库油罐发生爆炸。事故造成 3 人死亡、1 人重伤，直接经济损失达 5.7 万元。

四川省南充某炼油厂铁路专用线油库 2 000 m^3D－1 罐建成于 1996 年 6 月，原设计为常压内浮顶原油储罐，后因生产需要，于 1998 年 6 月进行改造，将罐内浮盘拆除，增加高位进口吹扫管线，改为拱顶罐，改装渣油。

1998 年 9 月 25 日，油罐投入试生产运行之后，在试运行过程中，工作人员发现该罐高进口吹扫管线的伴热蒸汽管线有泄漏现象。11 月 23 日，中转油库副主任与建安公司生产办公室联系补漏工作。25 日 9 时 30 分，油库副主任与建安公司人员一起到渣油罐现场协商该罐高位进口伴热蒸汽线补漏的有关事项。25 日下午转完渣油后，对该罐转落地渣油管线及卸油台汇管进行吹扫。

26 日 9 时，油库副主任安排车间安全员到技安科办理上述伴热蒸汽管线补漏作业的动火票。27 日上午，建安公司管工组组长带领管焊工 5 人，于 9 时到油罐对进口管线的伴热线进行补漏。

9 时 10 分，车间安全员向管工组组长交代伴热线补漏内容并对地面渣油进行清理后，管工组组长带领工人开始在罐上进行动火补漏作业，车间安全员在罐下监火。在动火约 5 min 后，油罐发生爆炸着火。

爆炸时，为补漏作业所搭的 16 m 高的脚手架与被炸断的高位进口管线、蒸汽伴热管线同时向北倾倒，事故造成 3 人死亡、1 人重伤。

（2）事故原因

造成事故发生的直接原因，是在对伴热管线进行补焊时，现场未采取有效的安全保护措施。在实施补焊时，同时加热与伴热线紧靠的高位吹扫管线，将管线内气体加热到其自燃点以上。管内气体与油罐是直接连通的，在施焊时，未停止蒸汽对罐内渣油的加热，就产生了可燃的轻组分油气。同时，罐顶的量油孔是敞开的，空气进入罐内，两种气体在罐内混合达到爆炸极限。管线被加热后便产生了爆炸着火。

事例之二：十堰市液化石油气站气罐车卸气阀口处爆燃起火事故

2004 年 4 月 1 日 20 时 48 分，湖北省十堰市某商贸有限责任公司液化石油气站内，一辆卸气的液化石油气罐车的卸气阀口处发生爆燃起火，造成 3 人死亡、2 人重伤。

（1）事故经过

该气站始建于 1980 年，事故发生前该气站共有 2 个储罐，一个 25 m^3，另一个 12 m^3，年经营液化石油气约 1 200 t，现有职工 10 人，其中 4 名正式职工、6 名临时工。

2004 年 4 月 1 日 6 时，运输液化石油气罐车从西安出发到十堰，20 时，由气站负责人张某将车带往公司液化石油气站，车停稳后，便开始进行卸气。现场当时共有 5 人，门卫戴某手里拿着手提灯（可充电式）照明，押运员党某先打开罐车的操作箱，连接好静电接地线，之后打开罐车的油压和管子堵头，张某和王某（气站操作工）把卸气的气相和液相管拿了过来，张某站在旁边指挥，由王某与押运员党某接气、液相管子，接好后一试，发现液相管子接头处漏气，随后他们卸下液相管，在操作箱找出一个垫圈换上后重新接好，简单试漏后，发现 2 根管子不漏气了。这时，张某和王某一起进入气泵房启动了气泵开关，大约过了 5 min，靠近罐车接头端的液相管子突然“轰”的一声起火，管子像一条火龙一样来回摆动，现场马上变成一片火海。事故造成 3 人死亡、2 人重伤。

（2）事故原因

造成事故的直接原因是操作人员对卸气管漏气处置不当，致使液化气体大量泄漏。操作人员在更换泵房液相管与罐车连接的接头处的垫片后，进行了检查试漏，但检查试漏方法不妥，同时在启动了卸气泵后再没有检查是否漏气，这样在卸气约 5 min 的时间内，使得已泄漏的液化气体聚集在泵房的四周，致使达到液化石油气的爆炸极限，然后由于搭接的装卸气的静电接地线突然脱落，瞬间产生的静电火花引燃了已达到爆炸范围的液化石油气，导致爆燃起火。

事例之三：某机场柴油罐改造过程中油罐爆炸起火事故

2002 年 8 月 24 日，某机场 2＃柴油罐在改造施工过程中，发生一起油罐油气爆炸失火事故，造成 4 人死亡。

（1）事故经过

根据上级年度油库整治计划和施工安排，上级指派某油料装备抢修队由一名干部带队，共 12 人（3 名正式职工、9 名临时工）于 2002 年 6 月 25 日进驻某机场油料股，对该股油库进行整治改造。8 月 24 日，抢修队第二组的 2 名职工与 4 名临时工完成 3＃、4＃油罐施工作业后，在焊接 2＃柴油罐人孔口处遮雨盖支架时，违章作业，导致油气爆炸失火，罐体向东北方向抛出约 1.5 m，罐内柴油溢出着火，造成 4 人（2 名正式职工、2 名临时工）死亡，2 名临时工受伤，油罐报废，损失柴油 241 t。

（2）事故原因

经有关专家和技术人员现场勘查认定，造成事故的直接原因是施工人员在高温天气下带油作业，在油罐人孔口没有封严、油气泄漏的情况下，违章实施焊接，导致柴油罐油气爆炸失火。

作业人员普遍文化程度低，缺乏专业技能，对油料装备抢修的专业知识和基本操作规程不了解、不熟悉。作业前没有按照要求进行安全检查，也没有进行油气测试、油罐密封、安全消防、人员分工等安全环节操作。由于现场施工人员在既不熟悉有关规定，又没有实施有效监督的情况下，不顾油罐人孔口法兰盘密封不严、油气大量泄漏，安全警惕性不高，简单地认为柴油明火不可能点燃，在带油油罐顶部动用电焊明火进行切割和焊接，最终导致油罐油气起火。

二、危险化学品储存安全要求

1. 危险化学品储存保管的安全要求

危险化学品仓库是储存易燃易爆、有毒有害危险化学品的场所，在库址的选择上必须适当，而且布局合理，建筑物符合国家有关规定的要求；在使用中科学管理，确保其储存、保管安全。

（1）危险化学品的储存限量应遵守当地主管部门与公安部门规定。

（2）交通运输部门应在车站、码头等地修建专用储存危险化学品仓库。

(3) 储存危险化学品的地点及建筑结构，应根据国家的有关规定设置，并考虑对周围居民区的影响。

(4) 危险化学品露天存放时应符合防火、防爆的安全要求。

(5) 安全消防卫生设施，应根据危险化学品的危险性质设置相应的防火、防爆、泄压、通风、调节温度、防潮防雨等安全措施。

(6) 必须加强入库验收，防止发料差错。特别是对爆炸物质、剧毒物质和放射性物质，应采取双人收发、双人记录、双人双锁、双人运输和双人使用"五双制"的方法加以管理。

(7) 经常进行安全检查，发现问题及时处理，并严格危险化学品库房的出入库制度。

(8) 危险化学品的储存，根据其危险特性及灭火办法的不同，应严格按照危险化学品分类储存原则和规定分类储存（见表1—1）。

表1—1　　危险化学品分类储存原则

组别	物质名称	储存原则	附注
一	爆炸性物质： 雷汞、三硝基甲苯、硝化棉（含氮量在12.5%以上）、硝铵炸药等	不准和任何其他种类的物质共同储存，必须单独储存	
二	易燃和可燃气液体： 汽油、苯、二硫化碳、丙酮、甲苯、乙醇、甲醇、石油醚、乙醚、甲乙醚、环氧乙烷、甲酸甲酯、甲酸乙酯、乙酸乙酯、煤油、丁烯醇、乙醛、丁醛、氯苯、松节油、樟脑油等	不准和其他种类的物质共同储存	如数量很少，允许与固体易燃物质隔开后并存
三	压缩气体和液化气体： 1. 可燃气体 氢、甲烷、乙烯、丙烯、乙炔、丙烷、甲醚、氯乙烷、一氧化碳、硫化氢等	除不燃气体外，不准和其他种类的物质共同储存	氯兼有毒害性
	2. 不燃气体 氮、二氧化碳、氖、氩、氟利昂等	除可燃气体、助燃气体、氧化剂和有毒物质外，不准和其他种类的物质共同储存	
	3. 助燃气体 氧、压缩空气、氯等	除不燃气体和有毒物质外，不准和其他种类的物质共同储存	
四	遇水或空气能自燃物质： 钾、钠、磷化钙、锌粉、铝粉、黄磷、三乙基铝等	不准和其他种类的物质共同储存	钾、钠需浸入石油中，黄磷需浸入水中

续表

组别	物质名称	储存原则	附注
五	易燃固体： 赛璐珞、赤磷、萘、樟脑、硫黄、三硝基苯、二硝基甲苯、二硝基萘、三硝基苯酚等	不准和其他种类的物质共同储存	赛璐珞须单独储存
六	氧化剂： 1. 能形成爆炸性混合物的氧化剂。如氯酸钾、氯酸钠、硝酸钾、硝酸钠、次氯酸钙、亚硝酸钠、过氧化钠、过氧化钡、30%的过氧化氢等 2. 能引起燃烧的氧化剂。如溴、硝酸、硫酸、铅酸、高锰酸钾、重铬酸钾	除惰性气体外，不准和其他种类的物质共同储存	过氧化物有分解爆炸危险，应单独储存；过氧化物应储存在阴凉处所。表中的两类氧化剂应隔离储存
七	毒害物质： 光气、五氧化二砷、氰化钾、氰化钠	除不燃气体和助燃气体外，不准和其他种类物质共同储存	

2. 爆炸性物质分类储存的安全要求

爆炸性物质的储存必须符合国家有关规定要求。在具体储存中应做到以下几点：

（1）爆炸性物质必须存放在专用仓库内。储存爆炸性物质的仓库禁止设在城镇、市区和居民聚居的地方，并且应当与周围建筑、交通要道、输电线路等保持一定的安全距离。

（2）存放爆炸性物质的仓库，不得同时存放相抵触的爆炸物质，并不得超过规定的存放数量。如雷管不得与其他炸药混合储存。

（3）一切爆炸性物质不得与酸、碱、盐类以及某些金属、氧化剂等同库储存。

（4）为了通风、装卸和便于出入库检查，爆炸性物质堆放时堆垛不应过高、过密。

（5）存放爆炸性物质的仓库的温度、湿度应加强控制和调节。

3. 压缩气体和液化气体储存的安全要求

（1）压缩气体和液化气体与其他物质共同储存时，必须与爆炸性物质、氧化剂、易燃物质、自燃物质、腐蚀物质隔离储存；易燃气体不得与助燃气体、剧毒气体共同储存；易燃气体和剧毒气体不得与腐蚀物质混合储存；氧气不得与油脂混合储存。

（2）液化石油气储罐区的安全要求。液化石油气储罐库应布置在通风良好而远离明火或散发火花的露天地带。应设置在有明火平行风向或上风向，不设在散发火花的下风向。不宜与易燃、可燃液体储罐同组布置，更不应设在一个土堤内。压力卧式液化气罐的纵轴，不宜对着重要建筑、重要设备、交通要道及有人员集中的场所。

液化石油气罐可单独布置，也可成组布置。成组布置时，组内储罐不应超过两排。一组储罐的总容量不应超过 4 000 m^3。储罐与储罐组四周可设防火堤。两相邻的防火堤外侧基脚线之间的距离不应小于 7 m，堤高不超过 1 m。

液化石油气罐的罐体基础的外露部分及罐组的地面应为非燃烧材料，罐上应设有安全阀、压力计、液面计、温度计以及超压报警装置。无绝热措施时，应设淋水冷却装置。储罐的安全阀及放空管应接入全厂性火炬。独立储罐的放空管应通往安全地点放空。安全阀和储罐之间如安装有截止阀，应常开并加铅封。储罐应设置静电接地及防雷设施，罐区内电气设备应防爆。

（3）对气罐储存的安全要求。储存气瓶的仓库应为单层建筑，在其上设置易掀开的轻质层顶，地坪可用不发火沥青砂浆混凝土铺设，门窗都向外开启，玻璃涂以白色。库温不宜超过 35℃。有通风降温措施。瓶库应用防火墙分隔为若干单独分间，每一分间有单独的安全出入口。气瓶仓库的最大储存量应按有关规定执行。

对直立放置的气瓶应设有栅栏或支架加以固定，以防倾倒。卧放气瓶应加以固定，以防滚动。盛气瓶的头尾方向在堆放时应一致。高压气瓶的堆放高度不应超过五层。气瓶应远离热源并旋紧安全帽。对盛装易发生聚合反应的气体的气瓶，必须规定储存期限。随时检查有无漏气和堆垛不稳的情况，如检查发现有漏气时，应先做好人身保护，站立在上风处，向气瓶倾浇冷水，使其冷却后再去旋紧阀门。若发现气瓶燃烧，可以根据所盛气体的性质，使用相应的灭火器具。但最主要的是用雾状水去喷射，使其冷却再进行扑灭。

4. 易燃液体储存的安全要求

（1）易燃液体应储存于通风阴凉的处所，并与明火保持一定的距离，在一定区域内严禁烟火。

（2）沸点低于或接近夏季气温的易燃液体，应储存于有降温措施的库房或储罐内。盛装易燃液体的容器应保留不少于 5%容积的空隙，夏季不可暴晒。易燃液体的包装应无渗漏，封口要严密。铁桶包装不宜堆放太高，防止发生碰撞、摩擦而产生火花。

（3）闪点较低的易燃液体，应注意控制库温。气温较低时容易凝结成块的易燃液体，受冻后易使容器膨胀，故应注意防冻。

（4）易燃、可燃液体储罐可分地上、半地下和地下三种类型。地上储罐不应与地下或半地下储罐布置在同一储罐组内，且不宜与液化石油气储罐布置在同一储罐组内。储罐组内储罐的布置不宜超过两排。在地上或半地下的可燃、易燃液体储罐的四周应设置防火堤。

（5）储罐高度超过 17 m 时，应设置固定的冷却和灭火设备；低于 17 m 时可采用移动式灭火设备。

（6）闪点低、沸点低的易燃液体储罐应设置安全阀并有冷却降温设施。

（7）储罐的进料管应从罐体下部接入，以防液体冲击飞溅产生静电火花引起爆炸。

（8）易燃、可燃液体桶装库应设计为单层仓库，可采用钢筋混凝土排架结构，设防火墙分隔数间，每间应有安全出口。桶装的易燃液体不宜于露天堆放。

5. 易燃固体储存的安全要求

（1）储存易燃固体的仓库要求阴凉、干燥，要有隔热措施，忌阳光照晒，易挥发、易燃固体宜封堆放，仓库要求严格防潮。

（2）易燃固体多属还原剂，应与氧和氧化剂分开储存。很多易燃固体有毒，故储存中应重视防毒。

6. 自燃物质储存的安全要求

（1）自燃物质不能与易燃液体、易燃固体、遇水燃烧物质混合储存，也不能与腐蚀性物质混合储存。因氧化氢遇热会放出氧，与遇水燃烧物质相遇后会引起爆炸。

（2）自燃物质在储存中，对温度、湿度的要求比较严格，必须储存于阴凉、通风干燥的仓库中，并注意做好防火、防毒工作。

7. 遇水燃烧的物质储存的安全要求

（1）遇水燃烧的物质储存时应选择地势较高的位置，在夏天暴雨季节保证物质不进水，堆垛时要用干燥枕木或垫板。

（2）储存遇水燃烧物质的仓库要求干燥，要严防雨雪的侵袭。库房的门窗可以密封。库房的相对湿度一般保持在75%以下，最高不超过80%。

（3）钾、钠等应储存于不含水的矿物质或石蜡油中。

8. 氧化剂储存的安全要求

（1）一级无机氧化剂与有机氧化剂不能混合储存。不能与其他弱氧化剂混合储存，不能与压缩气体、液化气体混合储存。氧化剂与毒害物质不得混合储存。有机氧化剂不能与溴、过氧化氢、硝酸等酸性物质混合储存。硝酸盐与硫酸、发烟硫酸、氯磺酸接触时都会发生化学反应，不能混合储存。

（2）储存氧化剂时，应严格要求温度、湿度。可以采取整库密封、分垛密封与自然通风相结合的方法。在不能通风的情况下，可以采用吸潮和人工降温的方法。

9. 毒害物质储存的安全要求

（1）毒害物质应储存在阴凉通风的干燥场所。要避免露天存放，不能和酸性物质接触。

（2）严禁与食品同存一库。

（3）包装封口必须严密，无论是瓶装、盒装、箱装或其他包装，外面均应贴（印）有明显名称和标志。

（4）作业人员应按规定穿戴防毒用具，禁止用手直接接触毒害物质。储存毒害物质的仓库应有中毒急救、清洗、中和、消毒用的药物等备用。

10. 腐蚀性物质储存的安全要求

（1）腐蚀性物质均须储存在冬暖夏凉的仓库里，保持通风、干燥、防潮、防热。

（2）腐蚀性物质不能与易燃物混合储存，可用墙分隔同库储存的不同腐蚀性物质。

（3）采用相应的耐腐蚀容器盛装腐蚀物质，且包装封口要严密。

（4）储存中应注意控制腐蚀性物质的储存温度，防止受热或受冻造成容器胀裂。

三、对危险化学品搬运作业的安全要求

1. 安全管理要求

（1）相关从业人员必须经过有关培训，经考核合格后发证、持证上岗。

（2）检修人员必须熟知相关搬运知识。

（3）凡操作人员都必须按规定穿戴劳动保护用品（包括工作服、帽、鞋、手套等），女工发辫要盘入帽内，禁止戴围巾、穿高跟鞋和拖鞋或赤脚在现场作业。

（4）工作现场应保持整齐清洁，地面做到“四无”（无积煤、无积水、无积尘、无杂物）。

（5）搬运装卸作业应当轻装轻卸，堆码整齐；清点数量；防止混杂、撒漏、破损；严禁有毒、易污染物品与食品混装，危险货物与普通货物混装。

（6）对性质不相抵触的货物，可以拼装、分卸。

（7）对货物要进行装卸、搬运、堆垛、取货、理货分类等。

（8）在搬运过程中，如使用搬运机械，要严格遵守各设备作业规程及标准。

2. 搬运作业安全操作要求

（1）搬运作业前必须认真落实备品、备件的数量、质量、规格。

（2）搬运作业前派专人检查搬运设备的完好情况，特别是起重工具及运输设备是否完好。

（3）搬运作业中要保证运输物品在运输过程中的完整（无缺失和损坏）。

（4）在运输过程中搬运人员必须严格按照相关操作规程进行。

（5）搬运作业中，人力搬运物品时必须量力而行，根据现场的实际情况，采取合理的搬运方式，确保人员、设备安全。

（6）搬运作业后，搬运负责人要检查搬运物品的数量及物品的状态是否良好，并及时总结搬运过程的安全事项。

第二节　危险化学品运输事故分析与安全要求

在危险化学品运输中，道路运输占有较大的比例。道路运输的优点十分突出，机动灵活、运输方便，能够实现“门到门”的直达运输，而且还具有运送速度快，原始投资少、资金周转快、经济效益高等优点。但是危险化学品的道路运输也存在着很大的危险性，在车辆行驶过程中驾驶不当就会引发事故。

一、危险化学品道路运输事故特点与原因

1. 道路交通事故的特点

根据对大量事故案例的分析，道路交通事故主要有以下特点：

（1）交通事故中80%以上都是人为因素造成的。例如，驾驶员道路行车经验不足或缺乏高速公路行车经验，在高速公路或夜间行车时，驾驶员容易产生麻痹思想，反应迟钝，对于突发的险情判断失误，加之车速很快，不知所措，酿成事故。

（2）交通安全法规意识淡薄，违章驾车。例如超速、违章超车、超载、逆行、随意停车、不按规定车道行驶，车距过小，驾驶员疲劳开车、酒后驾车等。部分驾驶人员不熟悉或不注意安全行车规则、安全交通标志。

（3）恶劣气候对行车环境的影响。秋冬季节，时常出现雨、雪、雾天气，特别是大雾、大雪天气，道路能见度低，路面摩擦系数、制动距离、抗侧滑力、方向盘控制力较差。因此，每年因恶劣天气发生的交通事故在交通事故中占较大的比例。

（4）车辆技术状况差，检修不及时。交通安全防范除人的意识、管理制度、道路养护、自然条件外，车辆的技术状况是较为重要的方面。有些单位对应该报废的车辆不报

废，该送修的不送修，有些驾驶人员出车前，不对车辆进行必要的安全技术状况检查，特别是制动、转向信号灯、轮胎，车辆带病出车后，使事故概率增加，从而导致事故的发生。

（5）使用劣质车胎和配件引发的交通事故。由于部分驾驶人员在车辆维修中贪图便宜，或者车辆修理单位追求经济效益，大量使用假冒伪劣产品，这些假冒伪劣产品在车辆行驶中形成事故隐患，遇到适当条件就会爆发出来，导致事故的发生。例如，有的车辆使用劣质轮胎，在高速行驶时，由于轮胎散热不及时，温度达到100℃就可能出现爆胎，发生事故。

（6）路面损坏维修及障碍物清理不及时。随着使用时间的增加，有的国道、省道以及县级公路，因缺乏维修保养，导致路面老化，凹凸不平，造成车辆行驶困难，易于造成事故。

（7）道路设施被盗、被毁造成事故。由于有的路段维护保养不善，常有设施被盗、被毁现象，使得安全系数降低，有些事故就因此而发生。

2. 危险化学品道路运输事故分析

从总体上讲，经济越发展、越活跃，道路运输也就越发展、越活跃，从而引发的各种事故也会不断增长。道路交通事故的发生，一方面是由于道路运输过程处于开放、动态的道路交通环境之中，受人、车、路和气象等不确定因素影响，危险因素较多；另一方面则是道路交通安全整体基础还比较薄弱，诱发安全事故的深层次问题还没有从根本上得到解决，我国仍然处在道路交通事故的多发期和易发期。因此，道路运输还是安全风险高、管理任务重的行业，道路运输企业还需要通过对各类事故的分析，认真吸取事故教训，提高企业领导和员工的安全意识，采取有效的事故预防措施，做好安全管理工作。

3. 交通事故发生的主要原因

对于交通事故频繁发生的原因，有不同的总结与归纳，集中起来主要有以下几个方面：

（1）违章违规开车。有的驾驶员不遵守交通规则，违章驾驶，违规行车、超速超载、人货混装；有的酒后开车，开“英雄车”，开“赌气车”。这些违规、违章开车者，往往在遇到紧急情况时都束手无措，手忙脚乱，因采取措施不力而导致交通事故发生。

（2）开车技术生疏。很多年轻驾驶员没有经过正规的驾驶技术培训、考试，而是凭关系“领取”的驾驶证开车。他们既不懂机动车辆的构造原理，又不懂交通法规，更不懂车辆维修保养和故障排除的技术知识。有的错将油门当制动器，遇到紧急情况需要刹车时，一脚踩下去而造成交通事故。此类交通事故，往往损失惨重。

（3）思想麻痹大意。有些驾驶员缺乏牢固的安全意识，开车时思想不集中，注意力分散，存有侥幸心理。如有的驾驶员边开车边与他人聊天；有的驾驶员开车时东张西望；有的驾驶员在开车时吸烟或吃东西；有的驾驶员甚至用一只手开车，另一只手放在腿上或插在裤袋里；有的驾驶员在冰雪天行车不采取防滑措施等。一旦遇到紧急情况时，对可能发生的情况就来不及周密思考和分析，对紧急情况处理不当而造成交通事故。

（4）无证驾驶车辆。有的驾驶员不守法纪，不讲原则，为了顾及人情面子而将机动车辆交给无驾驶证的亲友、同事、领导等驾驶。在紧急状态下，因无证开车者的操作失误而造成交通事故。

（5）疲劳驾驶。有的驾驶员开车跑长途，为了抢时间，争班次、客源、货源而不辞辛劳、不分昼夜地开车；有的驾驶员染上了不良习气，白天辛辛苦苦开车，晚上搓麻将、打牌或看电视、看录像至深夜，第二天清早起床开车，驾车时疲倦不堪，昏昏欲睡，肇事成祸还不知原因何在。

（6）车辆机械故障。有的车辆因出厂时存在质量问题或使用不当而出现故障，有的驾驶员发现故障后懒得及时维修保养，导致车辆曲轴、连杆、半轴损断或方向机、制动器失灵，脱胎、飞车等机件故障而造成交通事故。

（7）擅自改装车辆。擅自改装车辆或购买改装车辆营运，由此而引发的交通事故屡见不鲜。有的为了多装降耗，嫌车辆载重量少或座位太少，便擅自加高车厢，增加座位；有的擅自更换主机，加大马力，提高时速；有的擅自牵引拖挂车；有的汽车改装厂家擅自将报废或即将报废的车辆改装成“新型车”等。这些擅自改装车辆的行为也是造成交通事故的重要原因。

（8）车辆乱停乱放。有的车在途中抛锚，驾驶员为了及时维修而就地停车，到了夜晚也不亮灯标示；有的将车停在坡道上不拉手刹，不塞三角木；有的车抛锚在转弯处也不作标志明示等。这些违章停靠行为也是引发交通事故的重要原因。

4. 危险化学品运输事故分析

道路交通事故是指车辆在道路上因过错或者意外造成人身伤亡或者财产损失的事件。随着社会的发展、进步，旅客和货物的运输量增多，特别是随着机动车拥有量的扩大，道路交通事故日益严重，已成为和平时期严重威胁人类生命财产安全的社会问题。

道路交通事故一个最为突出的特点是事故的发生主要是由驾驶人员在驾驶过程中违章操作或操作不当导致的。下面来看几起危险化学品道路运输事故。

事例之一：运送黄磷途中转向过急箱板脱落而引起的燃烧事故

2002 年 9 月 19 日深夜 1 时左右，湖北某化工集团公司汽运公司的一辆东风汽车，在运送 45 桶黄磷的途中发生箱板脱落，致使黄磷自燃而引起燃烧，造成直接经济损失约 4 万元。

（1）事故经过

9 月 19 日深夜 1 时左右，湖北某化工集团公司汽运公司的一辆东风汽车，由驾驶员李某驾驶，满载 45 桶黄磷，由宜昌方向行驶至宣秭线嘲天吼电站附近时，为避让横穿公路行人紧急刹车，因车速较快，加上转向过急，使右侧车厢板脱落，造成 18 桶黄磷散落到车外，并造成 1 名行人前额受伤。事故发生后，李某立即拦车将伤员送往医院进行抢救，并与汽运公司取得联系。公司随即派人前往事故地点，因没有对散落黄磷进行仔细查看，而是急于前往医院，致使一黄磷桶因落地时被撞破，桶内的水流尽后于 3 时左右发生黄磷自燃，引起大火。当地百姓报警后，当地消防大队迅速出动，于 7 时 30 分左右将大火扑灭。该事故造成黄磷损失达 3.86 t，18 个包装桶报废，车辆严重受损，直接经济损失约 4 万元。

(2) 事故原因

造成这起事故的直接原因是运送黄磷的东风汽车夜间行驶时速度较快，遇到情况处理不及。事故发生后，抢救人员缺乏对黄磷化学危险性的了解，没有对事故现场的黄磷桶进行细致的检查，最终导致黄磷自燃。

黄磷是一种危险化学品，具有自燃性。自燃是指可燃物在空气中没有外来火源的作用，靠自热和外热而发生的燃烧现象。根据热的来源不同，自燃又可分为本身自燃和受热自燃。本身自燃是指由于物质内部自行发热而发生的燃烧现象；受热自燃是指物质被加热到一定温度时发生的燃烧现象。使可燃物发生自燃的最低温度，叫自燃点。物质的自燃点越低，发生火灾的危险性越大。黄磷的自燃点为34～35℃，必须放在水中保存，否则就会自燃起火。在这起事故中，事故救援人员到达现场后，一是救人，二是对散落的黄磷进行处置，防止黄磷自燃起火。这两项工作都很重要，但是从结果来看，明显忽视了第二项工作，驾驶员和救援人员都应承担责任，尤其是驾驶员应承担主要责任。

事例之二：疲劳驾驶导致载有7 t溶剂油的油罐车侧翻泄漏事故

2002年9月13日1时，山东省某化工企业一辆载有7 t溶剂油的油罐车，行驶中发生侧翻事故，溶剂油大量外漏，由于救援及时，未造成人员伤亡事故。

(1) 事故经过

9月13日1时，山东省某化工企业驾驶员李某，驾驶一辆载有7 t溶剂油的油罐车，运送到货主单位。当行驶到日照市岚山省道上，由于下雨路滑，加之李某夜间行车疲劳驾驶，遇到突然情况处理不当，造成油罐车发生侧翻，装载的溶剂油通过呼吸阀和安全阀大量外漏。由于溶剂油自身的化学特性，溶剂蒸汽遇明火、高热极易燃烧和爆炸，因此泄漏的溶剂油随时都有爆炸的危险，情况十分危急。岚山公安消防中队接警后迅速出动，进行抢险救援。到达现场后，消防官兵在交警、110干警的协助下，首先划定了危险保护范围，对事故点附近的道路交通实行了管制，切断了事故点附近的明火危险源。接着，消防官兵利用特勤器材进行破拆、堵漏。经过近1 h的奋战，将驾驶室的被困人员救出，并且成功地对泄漏点进行了彻底的封堵，利用水枪将泄漏的溶剂油和油蒸汽进行稀释，防止了燃烧爆炸事故的发生。

(2) 事故原因

据了解，当时泄漏的溶剂油主要成分为正己烷、环己烷等化学物质，为无色液体，不溶于水，容易积聚在低凹处的地沟、地坑里，溶剂蒸汽遇明火、高热极易燃烧和爆炸。其蒸汽比空气重，能在较低处扩散到相当远的地方，遇火源会着火回燃。

事故发生后，经调查分析，确认造成这起事故的主要原因是驾驶员连续长时间行车，导致疲劳驾驶，精力不集中，同时雨天行车路面湿滑，遇到情况处理不及，发生车辆侧翻。

事例之三：运送电石卡车途中遇雨遮盖不严起火燃烧事故

2004年1月16日上午，山西省某化工公司一辆装有20 t电石的卡车，在运送途中遇雨突然起火燃烧，因抢救及时，未造成人员伤亡。

(1) 事故经过

1月16日上午，山西省某化工公司一辆装有20 t电石的卡车，赶往江苏省无锡市某企业。进入江苏省境内后开始遇雨，上午 11 时，运货卡车开进位于无锡市锡澄路的某企业，当驾驶员打开遮盖布时，一团火苗突然蹿出，驾驶员见状连忙把卡车开到厂外，停稳在厂门后，立即把车头卸下开走，整车电石在雨中燃烧，火势较大，阵阵浓烟冲天而上，弥漫在阴雨连绵的空中。消防人员接到报警后，到达事故现场利用水泥和沙土对电石进行遮盖，使卡车处于稳定燃烧中，不至于引起更大的爆炸。由于驾驶员和消防人员处理及时，未造成人员伤亡。

（2）事故原因

造成这起事故的主要原因是电石遮盖不严，或者长途运输造成遮盖棚布破损，遇到下雨渗漏，导致自燃事故。

电石属于危险化学品，遇水、遇湿后极易产生乙炔气体，而乙炔气体又极易引起燃烧和爆炸。因此，汽车在运输电石时，必须做好防水、防潮工作，预防雨水渗漏引起火灾和爆炸。当运输车辆遇雨时，应及时停车避雨，而不应冒雨行驶，以防范火灾爆炸事故的发生。

二、危险化学品运输的安全要求

1. 营运驾驶员十大安全禁令

（1）禁止在酒后驾驶车，更不能醉酒驾驶。

（2）禁止在驾驶机动车时接打手机、吃东西、看电视等。

（3）禁止驾驶机动车不系安全带上路行驶。

（4）禁止超速、超载。

（5）禁止在车门、车厢没有关好时行车。

（6）禁止超越正在左转弯、掉头、超车的前车。

（7）禁止开车并线时突然猛转，应该提前打示意灯。

（8）禁止在机动车驾驶室的前后窗范围内悬挂、放置妨碍驾驶人视线的物品。

（9）禁止下陡坡时熄火或者空挡滑行。

（10）禁止疲劳驾驶，连续驾驶机动车 2 h 须停车休息至少 15 min。

2. 营运驾驶员安全驾驶基本要求

营运驾驶员要遵守道路交通安全法律、法规，按照操作规范安全驾驶、文明驾驶，并做到：

（1）出车前，对机动车的安全技术性能进行例行检查。

（2）不得驾驶安全设施不全或者机件不符合技术标准的机动车。

（3）驾驶车辆时，必须携带驾驶证、行驶证和保险证。

（4）执行公务车辆不得转交他人驾驶。

（5）不准驾驶未审验或审验不合格的车辆。

（6）严禁饮酒后驾驶车辆。

（7）严禁驾驶不符合装载规定的车辆，禁止超高、超宽。

（8）在患有妨碍安全行车的疾病或服用镇静药物后不准驾驶。

（9）严禁疲劳驾驶机动车辆。

（10）车门、车厢没有关好时，不准行车。

（11）驾驶车辆时不准赤脚、穿拖鞋、穿高跟鞋，戴耳机或耳塞，不得向车外抛物。

（12）不准在驾驶车辆时吸烟、饮食、闲谈或有其他妨碍安全行车的行为。

（13）在行车中驾驶员和前排乘坐人员须系好安全带。

（14）未经领导同意，不准私自带学习、实习驾驶员跟车学习、实习。

（15）车辆必须按国家有关规定办理车辆保险。

（16）起步前要注意观察车辆四周和车下面有无障碍物，车门是否关闭，仪表是否正常，后方有无来车。

（17）高速公路上行车，必须遵守高速公路行车相关规定。

（18）下坡严禁脱挡滑行，下长坡要防止制动鼓过热（气制动车辆制动气压不得低于5 kg/cm^2）；使用真空制动的车辆严禁熄火或脱挡滑行。

（19）转弯做到“四件事”，即减速、鸣号、靠右行、随时准备停车。

（20）会车、让车做到“礼让三先”，即先让、先慢、先停；不得强行超车。

（21）行车中做到礼貌行车，“宁停勿绕”“宁停三分不抢一秒”，危险路段不得冒险通过。

（22）通过铁路、交叉路口要做到“一慢、二看、三通过”，不得冒险强行。

（23）停车要选择道路宽阔、视线良好的路段靠右停放，坡道停车垫好三角木。山区停车要注意防止意外事件发生。

（24）车辆途中发生故障时，要尽快将车辆移至安全、不妨碍交通的地段，并在车后设置警告标志或开危险信号灯，夜间还需开示宽灯、尾灯或设置明显标志。

（25）车辆维护修理要做到正确报修，随车进保，竣工验收，签字接车。

3. 车辆日常维护操作要求

日常维护是日常性作业，由驾驶员操作执行，其中心内容是清洁、补给和安全检视。车辆日常维护分出车前、行车中、收车后三个阶段操作，并特别注意轮胎的使用。

（1）出车前，对汽车各部润滑油（脂）、燃料、冷却液、制动液及液压油等各种工作介质和轮胎气压等进行检查补给，保证行车前车辆油液充足、清洁和性能良好，保证轮胎气压符合要求，对车辆制动、转向、传动、悬架、灯光信号等部位和装置以及发动机运转状态进行检查、校紧，确保连接装置坚固可靠。

（2）行车中，在中途休息时，重点检查轮胎气压、表面磨损和车辆花纹间有无镶嵌物并剔除；天气炎热时应检查车轮轮毂温度，若温度过高，应将车停在阴凉通风处自然降温；察看仪表灯光工作是否正常；带挂车的要检查挂车连接装置；检查货物的捆扎牢固情况。

（3）行车后，对车辆进行清洁，保持车容和发动机外表整洁；对车辆进行检查，记录车辆行驶的情况。如有故障，应详细记录车辆故障状况，为车辆维修提供资料。

（4）轮胎使用必须保证无任何可能导致对人或路面造成损害的缺陷。严禁使用不相匹配的轮胎。严禁使用的轮胎气压不足，轮胎出现破裂或局部破裂而引起的结块与撕裂或凸出，轮胎的帘布层或帘布线的任何部分裸裂，轮胎的帘布层中有开裂或有大于25 mm或大于轮胎剖面宽度10%的开口以及轮胎胎面花纹深度低于1 mm等情形。

4. 车辆行驶时的安全操作要求

（1）车辆在道路同方向时的操作。在道路同方向划有 2 条以上机动车道的，左侧为快速车道，右侧为慢车道。在快速车道的车辆应当按照快速车道的速度行驶，未达到快速车道规定行驶速度的，应当在慢速车道行驶。有交通标志标明行驶速度的，按照标明的行驶速度行驶。慢速车道内的车辆超过前车时，可以借用快速车道行驶。在道路同方向划有 2 条以上机动车道的，变更车道的车辆不得影响相关车道内行驶的车辆正常行驶。

（2）车辆在道路上行驶速度的操作。车辆在道路上行驶不得超过限速标志、标线标明的速度。在没有限速标志、标线的道路上，车辆不得超过下列最高行驶速度：

1）没有道路中心线的道路、城市道路为 30 km/h，公路为 40 km/h。

2）同方向只有 1 条机动车道的道路，城市道路为 50 km/h，公路为 70 km/h。

（3）车辆行驶速度不得超过 30 km 时的操作。车辆行驶中遇有下列情形之一的，最高行驶速度不得超过 30 km：

1）进出非机动车道，通过铁路道口、急弯路、窄路、窄桥时。

2）掉头、转弯、下坡时。

3）遇雾、雨、雪、沙尘、冰雹，能见度在 50 m 以内时。

4）牵引发生故障的机动车时。

（4）车辆超车时的操作。同车道行驶的车辆，应当与前车保持足以采取紧急制动措施的安全距离。有下列情况之一的，不得超车：

1）前车正在左转弯、掉头、超车的。

2）与对面来车有会车可能的。

3）前车为执行紧急任务的警车、消防车、救护车、工程抢险车的。

4）行经铁路道口、交叉路口、窄桥、弯桥、弯道、陡坡、隧道、人行横道、交通流量大的路段等没有超车条件的。

车辆超车时，应当提前开启左转向灯，变换使用远、近灯或者鸣喇叭。在没有道路中心线或者同方向只有 1 条机动车的道路上，前车遇后车发出超车信号时，在条件许可的情况下，应降低速度、靠右让路。后车应当在确认有充足的安全距离后，从前车的左侧超越，在与被超车辆拉开必要的安全距离后，开启右转向灯，驶回原车道。

（5）车辆遇相对方向来车时的操作。在没有中心隔离设施或者没有中心线的道路上，车辆遇相对方向来车时应当遵守下列规定：

1）减速靠右行驶，并与其他车辆、行人保持必要的安全距离。

2）在有障碍的路段，无障碍的一方先行；但有障碍的一方已驶入障碍路段而无障碍的一方未驶入时，有障碍的一方先行。

3）在狭窄的坡路，上坡的一方先行；但下坡的一方已行至中途而上坡的一方未上坡时，下坡的一方先行。

4）在狭窄的山路，不靠山体的一方先行。

5）夜间会车应当在距相对方向来车 150 m 以外改用近光灯，在窄路、窄桥与非机动车会车应使用近光灯。

（6）车辆掉头、左转弯时的操作。车辆掉头、左转弯时，应当按照下列规定操作：

1）车辆在有禁止掉头或者禁止左转弯标志、标线的地点以及在铁路道口、人行横道、桥梁急转弯、陡坡、隧道或者容易发生危险的路段，不得掉头。

2）车辆在没有禁止掉头或者没有禁止左转弯标志、标线的地方可以掉头，但不得妨碍正常行驶的其他车辆和行人的通行。

（7）车辆倒车时的操作。车辆倒车时，应当察明车后情况，确认安全后倒车。不得在铁路道口、交叉路口、单行路、桥梁、急弯、陡坡或者隧道中倒车。

（8）车辆通过有交通信号灯控制的交叉路口时的操作。车辆通过有交通信号灯控制的交叉路口，应当按照下列规定行驶：

1）在划有导向车道的路口，按所需行进方向驶入导向车道。

2）准备进入环形路口的让已在路口内的机动车先行。

3）向左转弯时靠路口中心点左侧转弯，转弯时开启转向灯，夜间行驶开启近光灯。

4）遇放行信号时，依次通过。

5）遇停止信号时，依次停在停止线以外。没有停止线的，停在路口以外。

6）向右转弯遇有同车道前正在等候放行信号时，依次停车等候。

7）在没有方向指示信号灯的交叉路口，转弯的机动车让直行的车辆、行人先行。相对方向行驶的右转弯机动车让左转弯车辆先行。

（9）车辆通过没有交通信号灯控制的交叉路口时的操作。车辆通过没有交通信号灯控制也没有交通警察指挥的交叉路口，除应遵守相关规定外，还应遵守下列规定：

1）有交通标志、标线控制的，让优先通行的一方先行。

2）没有交通标志、标线控制的，在进入路口前停车瞭望，让右方道路的来车先行。

3）转弯的机动车让直行的车辆先行。

4）相对方向行驶的右转弯的机动车让左转弯的车辆先行。

（10）车辆遇有前方交通堵塞时的操作：

1）车辆遇有前方交叉路口交通堵塞时，应当依次停在路口以外等候，不得进入路口。

2）车辆在遇有前方机动车停车排队等候或者缓慢行驶时，应当依次排队，不得从前方车辆两侧穿插或者超越行驶，不得在人行横道、网状线区域内停车等候。

3）车辆在车道减少的路口、路段，遇有前方机动车停车排队等候或者缓慢行驶，应当每车道一辆依次交替驶入车道减少后的路口、路段。

5. 车辆在特殊条件下的操作要求

（1）通过桥梁时的操作

1）车辆通过桥梁时，应注意桥头附近交通标志，遵守其规定，且与前车保持一定的安全距离，降低行车速度。

2）遇到窄桥时，应尽量避免在桥头换挡、制动、会车和停车。

3）通过漫水桥、便桥、浮桥以及一些简易桥梁时，应当停车观察，确认安全后，在引导下低速通过。必须让车上所有乘员下车步行通过，避免发生意外事故。

4）通过有冰雹、泥泞的桥梁时，过桥前应对桥面情况进行勘查，必要时桥面铺垫一些防滑物品，而后选择桥面中间缓慢通过。

（2）通过隧道、涵洞时的操作

1）通过隧道、涵洞前，应观察交通标志和标线的规定，重点注意检查装载高度是否在规定的范围之内。

2）进入隧道、涵洞时，不要加速行驶。

3）通过双车道隧道时，应靠右行驶，注意用灯光与来车交会，稳速通过，切忌抢行。

4）在隧道、涵洞内不得随意停车。

（3）山区行驶时的操作

1）出车前和途中停车休息时，应认真检查车辆转向、制动、车轮和传动部分以及装载物品的重心位置与捆绑情况。

2）根据需要随意备带易损零件、防雨、保湿和严寒起动所需的预热设备以及充足的燃料和冷却液等，以供途中使用。

3）要随时注意制动器的工作状况。气压制动系的车辆要经常观察气压表读数；液压制动系的车辆要防止“气阻”，压踏板“软弱”时，则须停车检查。

4）下车时严禁发动机熄火或空挡滑行。

5）坡道上严禁停车。因故必须停车时，拉紧驻车制动器并将发动机熄火；上坡停车挂低速挡，下坡停车挂倒挡。需长期停车的需用三角木垫住车轮。

（4）冰路行驶时的操作

1）在一般结冰道路上行驶，需装上防滑链，平稳操作。会车时要选择安全地段，提前避让，必要时停车让行；会车不要太靠近；不可猛抬或急踩踏板，尽量利用发动机的牵阻作用减速。

2）在结冰的山路上行驶，要装防滑链，根据冰层厚度、坡度大小和坡路长短决定是否可以通行；上坡避免减挡，下坡时尽可能利用发动机的牵阻作用；下坡陡需用行车制动器控制车速时，应采用间隙制动。

（5）雪路行驶的操作

1）根据道路两旁的树木、电杆等参照物判断行驶路线，握稳转向盘，尽量选择路中央或积雪较浅的地方慢行，如行车时间较长，要佩戴有色眼镜，以防雪光伤眼。

2）在弯路、坡道等危险地段行驶时，应侧重注意选择行驶路线，必要时可以停车勘察路况。如道路上已有车辙，应循车辙行驶；行驶中不可急转急回转向盘，以防偏出车辙而打滑或下陷。

3）在雪坡道行驶时，应提前换入低速挡，上坡中避免换挡；加速时不可过急，否则会导致车辆后溜，如车辆已经后溜，应先使车辆后倒，然后停车再重新起步。起步时应缓慢，均匀踏下加速踏板，不可过急或断续加速。

4）行驶中应尽量利用发动机的牵阻作用控制车速。必须使用行车制动器时，应在不踏离合器踏板的情况下，间断轻踏制动踏板。

5）在雪路上遇对方来车，应选择比较安全的地方会车，必要时可在较宽的地段停车让行，然后再行驶。

6）严寒天气需长时间停放车辆，应选择无冰雪的路面停车，无上述条件时，可清除车轮下的冰雪，以免轮胎与地面冻结在一起。如车胎结冰，则须挖开轮胎周围冻结的冰雪和冰土再行驶，切勿强行起步，以免损伤轮胎和传动机件。

（6）热天行驶时的操作

1）行驶中要注意防止发动机过热，随时注意水温表的读数。如温度过高，要选择阴凉处停车降温，或掀起发动机盖罩通风散热。

2）发动机过热并缺水时，应在发动机急速状态下加水，或一面打开散热器和发动机放水开关，一面向散热器徐徐加入冷却水置换热水降温。在开启散热器盖添加冷却水时，要防止烫伤。不得在发动机高温下熄火加注冷却水。

3）燃料供给系发生气阻时，应停车降温。

4）发现胎温、胎气压过高时，应选择阴凉处停车，让其自然恢复正常，不可采取放气或泼冷水的方法降温、降压。

5）要注意监视制动效能，谨防制动轮缸皮碗（液压制动）膨胀变形和制动液汽化造成制动失灵的故障。长下坡要注意途中停车，以自然降低制动器温度，保证制动效能良好。制动鼓温度过高时，切不可用冷水浇泼，以防制动鼓裂损。山区行车最好安装制动鼓滴水装置，以改善其散热条件。

6）蓄电池电解液由于炎热容易损耗，应定期检查，不足时加注蒸馏水。

6. 车辆行驶紧急情况时的操作要求

（1）车辆抛锚时的操作

1）如果遇到车辆抛锚，首先要保持镇定，不可惊慌。

2）尽可能将抛锚车辆移至道路或远离道路的右边允许停车的合适位置，如在高速公路上，尽量设法将车辆离开高速公路。

3）离车后至少 100 m 的地方摆放三角危险警告牌，如在高速公路，距离则至少应是 150 m。若没有三角危险警告牌，可打开车的后备厢及发动机盖代替，并亮起危险报警闪光灯。

4）在夜间抛锚，必须将危险报警闪光灯放在车顶上，以向其他道路使用者示意。

5）为安全起见，不可让乘客留在车内或在车辆四周。若需留下帮忙，应站在距离来往车辆较远的一边，千万不要在道路上行走。

6）如果在隧道中抛锚，应立即寻求支援。

7）在万不得已的情况下，不要将车辆停留在危险或阻塞交通的位置上。

（2）车辆爆胎时的操作

1）当轮胎发生爆胎时，不要慌忙，应沉着冷静，以防慌忙中向相反的方向急转转向盘或采取紧急制动，造成车辆成蛇形前进或者侧滑，否则容易造成翻车或撞车的事故，而应迅速采取应急措施。

2）当已经察觉爆胎时，双手感觉所握转向盘迅速向爆胎的一侧急转，此时应尽力抵住转向盘的自行转动，极力控制车辆直线行驶，如果已经产生转向，不要硬性将转向盘转过来。

3）在控制住方向的情况下，轻踩制动踏板，绝不可因过于紧张而采取紧急制动，应使车辆缓慢减速，待车速降到适当的时候，平稳地将车辆停住。

4）如果可能的话，将车辆逐渐停靠到路的右边更妥。

（3）车辆行车制动失灵时的操作

1）在低速行驶的情况下，反复踏制动器的踏板，制动力可能会恢复，慢慢拉紧驻车制动器操纵杆，同时打开危险报警闪光灯，并鸣笛警示其他过往车辆。然后把车开到路旁，关闭发动机，送修理厂检修。

2）在高速行驶的情况下，迅速换至低挡位，同时寻找安全的行驶路线，打开危险报警闪光灯，必要时利用路边的树木、栏杆等牢固的障碍物擦挂车体，使车辆减速，并迅速告知车内人员向车厢内部挤靠。

（4）更换轮胎时的操作

1）将车辆移至路边的安全地点。

2）打开危险报警闪光灯。

3）变速杆移至停泊挡的位置，并拉紧驻车制动器。距车后至少 100 m 的地方摆放危险警示标志。如果是在高速公路上，距离则至少应达 150 m。

第二章　危险化学品储存运输企业安全生产相关法律法规

对于危险化学品储存运输企业来讲，保证安全生产、预防事故发生，是企业正常生产经营的需要。企业要针对危险化学品具有易燃易爆、有毒有害、强腐蚀、易发生各种事故的特点，在安全管理过程中，坚持“安全第一、预防为主、综合治理”的方针，全面加强企业安全管理，落实安全生产责任，完善安全生产制度，积极防范各类事故，切实保障安全生产。

第一节　《安全生产法》《消防法》《道路交通安全法》《危险化学品安全管理条例》和《安全生产许可证条例》相关要点

在危险化学品储存运输环节存在着很大的危险性，属于安全生产工作中的高危行业和重点领域，直接关系到企业员工和人民群众的生命财产安全，必须加强安全管理，严格遵守和执行安全生产法律法规，始终把安全生产摆在重要位置，把安全作为发展的前提和基础，使企业生产经营活动建立在安全基础之上。

一、《安全生产法》（修订版）相关要点

《中华人民共和国安全生产法》（以下简称《安全生产法》）于2002年6月29日由第九届全国人民代表大会常务委员会第二十八次会议通过，自2002年11月1日起施行。2014年8月31日，第十二届全国人民代表大会常务委员会第十次会议审议通过《关于修改〈中华人民共和国安全生产法〉的决定》，自2014年12月1日起施行。

1. 制定《安全生产法》的目的

新修订的《安全生产法》分为七章一百一十四条，各章内容为：第一章总则，第二章生产经营单位的安全生产保障，第三章从业人员的安全生产权利义务，第四章安全生产的监督管理，第五章生产安全事故的应急救援与调查处理，第六章法律责任，第七章附则。制定该法的目的是加强安全生产工作，防止和减少生产安全事故，保障人民群众生命和财产安全，促进经济社会持续健康发展。

修改后的《安全生产法》，在加强预防、强化安全生产主体责任、加强隐患排查、完善监管、加大违法惩处力度等方面做了修改，涉及修改的条款达70多条，旨在为我

国经济社会健康发展营造安全的生产环境提供有力的法制保障。

2. 总则中的有关规定

在《安全生产法》第一章总则中，对一些重大事项和原则问题做出了明确的规定。有关规定如下：

◆在中华人民共和国领域内从事生产经营活动的单位（以下统称生产经营单位）的安全生产，适用本法；有关法律、行政法规对消防安全和道路交通安全、铁路交通安全、水上交通安全、民用航空安全以及核与辐射安全、特种设备安全另有规定的，适用其规定。

◆安全生产工作应当以人为本，按照安全发展战略的要求，坚持安全第一、预防为主、综合治理的方针，强化和落实生产经营单位的主体责任，建立生产经营单位负责、职工参与、政府监督、行业自律和社会监督的机制。

◆生产经营单位必须遵守本法和其他有关安全生产的法律、法规，加强安全生产管理，建立、健全安全生产责任制和安全生产规章制度，改善安全生产条件，推进安全生产标准化建设，提高安全生产水平，确保安全生产。

◆生产经营单位的主要负责人对本单位的安全生产工作全面负责。

◆生产经营单位的从业人员有依法获得安全生产保障的权利，并应当依法履行安全生产方面的义务。

◆工会依法对安全生产工作进行监督。生产经营单位的工会依法组织职工参加本单位安全生产工作的民主管理和民主监督，维护职工在安全生产方面的合法权益。生产经营单位制定或者修改有关安全生产的规章制度，应当听取工会的意见。

◆国务院安全生产监督管理部门依照本法，对全国安全生产工作实施综合监督管理；县级以上地方各级人民政府安全生产监督管理部门依照本法，对本行政区域内安全生产工作实施综合监督管理。

◆国家实行生产安全事故责任追究制度，依照本法和有关法律、法规的规定，追究生产安全事故责任人员的法律责任。

◆国家对在改善安全生产条件、防止生产安全事故、参加抢险救护等方面取得显著成绩的单位和个人，给予奖励。

3. 生产经营单位安全生产保障的有关规定

在第二章生产经营单位的安全生产保障中，对相关事项作了规定。

◆生产经营单位应当具备本法和有关法律、行政法规和国家标准或者行业标准规定的安全生产条件；不具备安全生产条件的，不得从事生产经营活动。

◆生产经营单位的主要负责人对本单位安全生产工作负有下列职责：

（1）建立、健全本单位安全生产责任制。

（2）组织制定本单位安全生产规章制度和操作规程。

（3）组织制定并实施本单位安全生产教育和培训计划。

（4）保证本单位安全生产投入的有效实施。

（5）督促、检查本单位的安全生产工作，及时消除生产安全事故隐患。

（6）组织制定并实施本单位的生产安全事故应急救援预案。

（7）及时、如实报告生产安全事故。

◆生产经营单位的安全生产责任制应当明确各岗位的责任人员、责任范围和考核标准等内容。

生产经营单位应当建立相应的机制，加强对安全生产责任制落实情况的监督考核，保证安全生产责任制的落实。

◆生产经营单位应当具备的安全生产条件所必需的资金投入，由生产经营单位的决策机构、主要负责人或者个人经营的投资人予以保证，并对由于安全生产所必需的资金投入不足导致的后果承担责任。

◆矿山、金属冶炼、建筑施工、道路运输单位和危险物品的生产、经营、储存单位，应当设置安全生产管理机构或者配备专职安全生产管理人员。

前款规定以外的其他生产经营单位，从业人员超过一百人的，应当设置安全生产管理机构或者配备专职安全生产管理人员；从业人员在一百人以下的，应当配备专职或者兼职的安全生产管理人员。

◆生产经营单位的安全生产管理机构以及安全生产管理人员履行下列职责：

（1）组织或者参与拟订本单位安全生产规章制度、操作规程和生产安全事故应急救援预案。

（2）组织或者参与本单位安全生产教育和培训，如实记录安全生产教育和培训情况。

（3）督促落实本单位重大危险源的安全管理措施。

（4）组织或者参与本单位应急救援演练。

（5）检查本单位的安全生产状况，及时排查生产安全事故隐患，提出改进安全生产管理的建议。

（6）制止和纠正违章指挥、强令冒险作业、违反操作规程的行为。

（7）督促落实本单位安全生产整改措施。

◆生产经营单位的安全生产管理机构以及安全生产管理人员应当恪尽职守，依法履行职责。

生产经营单位做出涉及安全生产的经营决策，应当听取安全生产管理机构以及安全生产管理人员的意见。

生产经营单位不得因安全生产管理人员依法履行职责而降低其工资、福利等待遇，或者解除与其订立的劳动合同。

◆生产经营单位的主要负责人和安全生产管理人员必须具备与本单位所从事的生产经营活动相应的安全生产知识和管理能力。

◆生产经营单位应当对从业人员进行安全生产教育和培训，保证从业人员具备必要的安全生产知识，熟悉有关的安全生产规章制度和安全操作规程，掌握本岗位的安全操作技能，了解事故应急处理措施，知悉自身在安全生产方面的权利和义务。未经安全生产教育和培训合格的从业人员，不得上岗作业。

◆生产经营单位使用被派遣劳动者的，应当将被派遣劳动者纳入本单位从业人员统一管理，对被派遣劳动者进行岗位安全操作规程和安全操作技能的教育和培训。劳务派遣单位应当对被派遣劳动者进行必要的安全生产教育和培训。

◆生产经营单位接收中等职业学校、高等学校学生实习的，应当对实习学生进行相应的安全生产教育和培训，提供必要的劳动防护用品。学校应当协助生产经营单位对实习学生进行安全生产教育和培训。

◆生产经营单位应当建立安全生产教育和培训档案，如实记录安全生产教育和培训的时间、内容、参加人员以及考核结果等情况。

◆生产经营单位采用新工艺、新技术、新材料或者使用新设备，必须了解、掌握其安全技术特性，采取有效的安全防护措施，并对从业人员进行专门的安全生产教育和培训。

◆生产经营单位的特种作业人员必须按照国家有关规定经专门的安全作业培训，取得相应资格，方可上岗作业。

◆生产经营单位新建、改建、扩建工程项目（以下统称建设项目）的安全设施，必须与主体工程同时设计、同时施工、同时投入生产和使用。安全设施投资应当纳入建设项目概算。

◆生产经营单位应当在有较大危险因素的生产经营场所和有关设施、设备上，设置明显的安全警示标志。

◆生产经营单位必须对安全设备进行经常性维护、保养，并定期检测，保证正常运转。维护、保养、检测应当做好记录，并由有关人员签字。

◆生产经营单位对重大危险源应当登记建档，进行定期检测、评估、监控，并制定应急预案，告知从业人员和相关人员在紧急情况下应当采取的应急措施。

◆生产经营单位应当建立健全生产安全事故隐患排查治理制度，采取技术、管理措施，及时发现并消除事故隐患。事故隐患排查治理情况应当如实记录，并向从业人员通报。

◆生产、经营、储存、使用危险物品的车间、商店、仓库不得与员工宿舍在同一座建筑物内，并应当与员工宿舍保持安全距离。

生产经营场所和员工宿舍应当设有符合紧急疏散要求、标志明显、保持畅通的出口。禁止锁闭、封堵生产经营场所或者员工宿舍的出口。

◆生产经营单位应当教育和督促从业人员严格执行本单位的安全生产规章制度和安全操作规程；并向从业人员如实告知作业场所和工作岗位存在的危险因素、防范措施以及事故应急措施。

◆生产经营单位必须为从业人员提供符合国家标准或者行业标准的劳动防护用品，并监督、教育从业人员按照使用规则佩戴、使用。

◆生产经营单位的安全生产管理人员应当根据本单位的生产经营特点，对安全生产状况进行经常性检查；对检查中发现的安全问题，应当立即处理；不能处理的，应当及时报告本单位有关负责人，有关负责人应当及时处理。检查及处理情况应当如实记录在案。

◆生产经营单位应当安排用于配备劳动防护用品、进行安全生产培训的经费。

◆两个以上生产经营单位在同一作业区域内进行生产经营活动，可能危及对方生产安全的，应当签订安全生产管理协议，明确各自的安全生产管理职责和应当采取的安全措施，并指定专职安全生产管理人员进行安全检查与协调。

◆生产经营单位不得将生产经营项目、场所、设备发包或者出租给不具备安全生产条件或者相应资质的单位或者个人。

◆生产经营单位发生生产安全事故时，单位的主要负责人应当立即组织抢救，并不得在事故调查处理期间擅离职守。

◆生产经营单位必须依法参加工伤社会保险，为从业人员缴纳保险费。国家鼓励生产经营单位投保安全生产责任保险。

4. 从业人员安全生产权利义务的有关规定

在第三章从业人员的安全生产权利义务中，对相关事项作了规定。

◆生产经营单位与从业人员订立的劳动合同，应当载明有关保障从业人员劳动安全、防止职业危害的事项，以及依法为从业人员办理工伤社会保险的事项。生产经营单位不得以任何形式与从业人员订立协议，免除或者减轻其对从业人员因生产安全事故伤亡依法应承担的责任。

◆生产经营单位的从业人员有权了解其作业场所和工作岗位存在的危险因素、防范措施及事故应急措施，有权对本单位的安全生产工作提出建议。

◆从业人员有权对本单位安全生产工作中存在的问题提出批评、检举、控告；有权拒绝违章指挥和强令冒险作业。生产经营单位不得因从业人员对本单位安全生产工作提出批评、检举、控告或者拒绝违章指挥、强令冒险作业而降低其工资、福利等待遇或者解除与其订立的劳动合同。

◆从业人员发现直接危及人身安全的紧急情况时，有权停止作业或者在采取可能的应急措施后撤离作业场所。生产经营单位不得因从业人员在前款紧急情况下停止作业或者采取紧急撤离措施而降低其工资、福利等待遇或者解除与其订立的劳动合同。

◆因生产安全事故受到损害的从业人员，除依法享有工伤社会保险外，依照有关民事法律尚有获得赔偿的权利的，有权向本单位提出赔偿要求。

◆从业人员在作业过程中，应当严格遵守本单位的安全生产规章制度和操作规程，服从管理，正确佩戴和使用劳动防护用品。

◆从业人员应当接受安全生产教育和培训，掌握本职工作所需的安全生产知识，提高安全生产技能，增强事故预防和应急处理能力。

◆从业人员发现事故隐患或者其他不安全因素，应当立即向现场安全生产管理人员或者本单位负责人报告；接到报告的人员应当及时予以处理。

◆工会有权对建设项目的安全设施与主体工程同时设计、同时施工、同时投入生产和使用进行监督，提出意见。工会对生产经营单位违反安全生产法律、法规，侵犯从业人员合法权益的行为，有权要求纠正；发现生产经营单位违章指挥、强令冒险作业或者发现事故隐患时，有权提出解决的建议，生产经营单位应当及时研究答复；发现危及从业人员生命安全的情况时，有权向生产经营单位建议组织从业人员撤离危险场所，生产经营单位必须立即做出处理。工会有权依法参加事故调查，向有关部门提出处理意见，并要求追究有关人员的责任。

◆生产经营单位使用被派遣劳动者的，被派遣劳动者享有本法规定的从业人员的权利，并应当履行本法规定的从业人员的义务。

5. 生产安全事故应急救援与调查处理的有关规定

在第五章生产安全事故的应急救援与调查处理中，对相关事项作了明确规定。

◆生产经营单位应当制定本单位生产安全事故应急救援预案，与所在地县级以上地方人民政府组织制定的生产安全事故应急救援预案相衔接，并定期组织演练。

◆危险物品的生产、经营、储存单位以及矿山、金属冶炼、城市轨道交通运营、建筑施工单位应当建立应急救援组织；生产经营规模较小的，可以不建立应急救援组织，但应当指定兼职的应急救援人员。

危险物品的生产、经营、储存、运输单位以及矿山、金属冶炼、城市轨道交通运营、建筑施工单位应当配备必要的应急救援器材、设备和物资，并进行经常性维护、保养，保证正常运转。

◆生产经营单位发生生产安全事故后，事故现场有关人员应当立即报告本单位负责人。单位负责人接到事故报告后，应当迅速采取有效措施，组织抢救，防止事故扩大，减少人员伤亡和财产损失，并按照国家有关规定立即如实报告当地负有安全生产监督管理职责的部门，不得隐瞒不报、谎报或者迟报，不得故意破坏事故现场、毁灭有关证据。

◆任何单位和个人都应当支持、配合事故抢救，并提供一切便利条件。

◆任何单位和个人不得阻挠和干涉对事故的依法调查处理。

6. 有关法律责任的规定

在第六章法律责任中，对法律责任相关事项作了明确规定。

◆生产经营单位有下列行为之一的，责令限期改正，可以处五万元以下的罚款；逾期未改正的，责令停产停业整顿，并处五万元以上十万元以下的罚款，对其直接负责的主管人员和其他直接责任人员处一万元以上、二万元以下的罚款：

（1）未按照规定设置安全生产管理机构或者配备安全生产管理人员的。

（2）危险物品的生产、经营、储存单位以及矿山、金属冶炼、建筑施工、道路运输单位的主要负责人和安全生产管理人员未按照规定经考核合格的。

（3）未按照规定对从业人员、被派遣劳动者、实习学生进行安全生产教育和培训，或者未按照规定如实告知有关的安全生产事项的。

（4）未如实记录安全生产教育和培训情况的。

（5）未将事故隐患排查治理情况如实记录或者未向从业人员通报的。

（6）未按照规定制定生产安全事故应急救援预案或者未定期组织演练的。

（7）特种作业人员未按照规定经专门的安全作业培训并取得相应资格上岗作业的。

◆生产经营单位有下列行为之一的，责令限期改正，可以处五万元以下的罚款；逾期未改正的，处五万元以上十万元以下的罚款，对其直接负责的主管人员和其他直接责任人员处一万元以上、二万元以下的罚款；情节严重的，责令停产停业整顿；构成犯罪的，依照刑法有关规定追究刑事责任：

（1）未在有较大危险因素的生产经营场所和有关设施、设备上设置明显的安全警示标志的。

(2) 安全设备的安装、使用、检测、改造和报废不符合国家标准或者行业标准的。

(3) 未对安全设备进行经常性维护、保养和定期检测的。

(4) 未为从业人员提供符合国家标准或者行业标准的劳动防护用品的。

(5) 危险物品的容器、运输工具，以及涉及人身安全、危险性较大的海洋石油开采特种设备和矿山井下特种设备未经具有专业资质的机构检测、检验合格，取得安全使用证或者安全标志，投入使用的。

(6) 使用应当淘汰的危及生产安全的工艺、设备的。

◆生产经营单位的从业人员不服从管理，违反安全生产规章制度或者操作规程的，由生产经营单位给予批评教育，依照有关规章制度给予处分；构成犯罪的，依照刑法有关规定追究刑事责任。

二、《消防法》相关要点

2008 年 10 月 28 日，第十一届全国人民代表大会常务委员会第五次会议通过《中华人民共和国消防法》(以下简称《消防法》) 的修订，自 2009 年 5 月 1 日起施行。

《消防法》分为七章七十四条，各章内容为：第一章总则，第二章火灾预防，第三章消防组织，第四章灭火救援，第五章监督检查，第六章法律责任，第七章附则。制定《消防法》的目的是预防火灾和减少火灾危害，加强应急救援工作，保护人身、财产安全，维护公共安全。

1. 总则中的有关规定

在第一章总则中，对相关事项作了规定。

◆消防工作贯彻预防为主、防消结合的方针，按照政府统一领导、部门依法监管、单位全面负责、公民积极参与的原则，实行消防安全责任制，建立健全社会化的消防工作网络。

◆国务院领导全国的消防工作。地方各级人民政府负责本行政区域内的消防工作。

◆国务院公安部门对全国的消防工作实施监督管理。

◆任何单位和个人都有维护消防安全、保护消防设施、预防火灾、报告火警的义务。任何单位和成年人都有参加有组织的灭火工作的义务。

◆各级人民政府应当组织开展经常性的消防宣传教育，提高公民的消防安全意识。

机关、团体、企业、事业等单位，应当加强对本单位人员的消防宣传教育。

公安机关及其消防机构应当加强消防法律、法规的宣传，并督促、指导、协助有关单位做好消防宣传教育工作。

◆国家鼓励、支持消防科学研究和技术创新，推广使用先进的消防和应急救援技术、设备；鼓励、支持社会力量开展消防公益活动。

对在消防工作中有突出贡献的单位和个人，应当按照国家有关规定给予表彰和奖励。

2. 有关火灾预防的规定

在第二章火灾预防中，对相关事项作了规定。

◆机关、团体、企业、事业等单位应当履行下列消防安全职责：

（1）落实消防安全责任制，制定本单位的消防安全制度、消防安全操作规程，制定灭火和应急疏散预案。

（2）按照国家标准、行业标准配置消防设施、器材，设置消防安全标志，并定期组织检验、维修，确保完好有效。

（3）对建筑消防设施每年至少进行一次全面检测，确保完好有效，检测记录应当完整准确，存档备查；

（4）保障疏散通道、安全出口、消防车通道畅通，保证防火防烟分区、防火间距符合消防技术标准；

（5）组织防火检查，及时消除火灾隐患；

（6）组织进行有针对性的消防演练；

（7）法律、法规规定的其他消防安全职责。

单位的主要负责人是本单位的消防安全责任人。

◆消防安全重点单位除应当履行本法所规定的职责外，还应当履行下列消防安全职责：

（1）确定消防安全管理人，组织实施本单位的消防安全管理工作。

（2）建立消防档案，确定消防安全重点部位，设置防火标志，实行严格管理。

（3）实行每日防火巡查，并建立巡查记录。

（4）对职工进行岗前消防安全培训，定期组织消防安全培训和消防演练。

◆同一建筑物由两个以上单位管理或者使用的，应当明确各方的消防安全责任，并确定责任人对共用的疏散通道、安全出口、建筑消防设施和消防车通道进行统一管理。

住宅区的物业服务企业应当对管理区域内的共用消防设施进行维护管理，提供消防安全防范服务。

◆生产、储存、经营易燃易爆危险品的场所不得与居住场所设置在同一建筑物内，并应当与居住场所保持安全距离。

生产、储存、经营其他物品的场所与居住场所设置在同一建筑物内的，应当符合国家工程建设消防技术标准。

◆禁止在具有火灾、爆炸危险的场所吸烟、使用明火。因施工等特殊情况需要使用明火作业的，应当按照规定事先办理审批手续，采取相应的消防安全措施；作业人员应当遵守消防安全规定。

进行电焊、气焊等具有火灾危险作业的人员和自动消防系统的操作人员，必须持证上岗，并遵守消防安全操作规程。

◆生产、储存、装卸易燃易爆危险品的工厂、仓库和专用车站、码头的设置，应当符合消防技术标准。易燃、易爆气体和液体的充装站、供应站、调压站，应当设置在符合消防安全要求的位置，并符合防火防爆要求。

已经设置的生产、储存、装卸易燃易爆危险品的工厂、仓库和专用车站、码头，易燃易爆气体和液体的充装站、供应站、调压站，不再符合前款规定的，地方人民政府应当组织、协调有关部门、单位限期解决，消除安全隐患。

◆生产、储存、运输、销售、使用、销毁易燃易爆危险品，必须执行消防技术标准和管理规定。

进入生产、储存易燃易爆危险品的场所，必须执行消防安全规定。禁止非法携带易燃易爆危险品进入公共场所或者乘坐公共交通工具。

储存可燃物资仓库的管理，必须执行消防技术标准和管理规定。

◆消防产品必须符合国家标准；没有国家标准的，必须符合行业标准。禁止生产、销售或者使用不合格的消防产品以及国家明令淘汰的消防产品。

◆建筑构件、建筑材料和室内装修、装饰材料的防火性能必须符合国家标准；没有国家标准的，必须符合行业标准。

◆电器产品、燃气用具的产品标准，应当符合消防安全的要求。

电器产品、燃气用具的安装、使用及其线路、管路的设计、敷设、维护保养、检测，必须符合消防技术标准和管理规定。

◆任何单位、个人不得损坏、挪用或者擅自拆除、停用消防设施、器材，不得埋压、圈占、遮挡消火栓或者占用防火间距，不得占用、堵塞、封闭疏散通道、安全出口、消防车通道。人员密集场所的门窗不得设置影响逃生和灭火救援的障碍物。

◆负责公共消防设施维护管理的单位，应当保持消防供水、消防通信、消防车通道等公共消防设施的完好有效。在修建道路以及停电、停水、截断通信线路时有可能影响消防队灭火救援的，有关单位必须事先通知当地公安机关消防机构。

◆国家鼓励、引导公众聚集场所和生产、储存、运输、销售易燃易爆危险品的企业投保火灾公众责任保险；鼓励保险公司承保火灾公众责任保险。

3. 有关消防组织的规定

在第三章消防组织中，对相关事项作了规定。

◆下列单位应当建立单位专职消防队，承担本单位的火灾扑救工作：

(1) 大型核设施单位、大型发电厂、民用机场、主要港口。

(2) 生产、储存易燃易爆危险品的大型企业。

(3) 储备可燃的重要物资的大型仓库、基地。

(4) 火灾危险性较大、距离公安消防队较远的其他大型企业；

(5) 距离公安消防队较远、被列为全国重点文物保护单位的古建筑群的管理单位。

◆专职消防队的建立，应当符合国家有关规定，并报当地公安机关消防机构验收。

专职消防队的队员依法享受社会保险和福利待遇。

◆机关、团体、企业、事业等单位以及村民委员会、居民委员会根据需要，建立志愿消防队等多种形式的消防组织，开展群众性自防自救工作。

◆公安机关消防机构应当对专职消防队、志愿消防队等消防组织进行业务指导；根据扑救火灾的需要，可以调动指挥专职消防队参加火灾扑救工作。

4. 有关灭火救援的规定

在第四章灭火救援中，对相关事项作了规定。

◆任何人发现火灾都应当立即报警。任何单位、个人都应当无偿为报警提供便利，不得阻拦报警。严禁谎报火警。

人员密集场所发生火灾，该场所的现场工作人员应当立即组织、引导在场人员疏散。

任何单位发生火灾，必须立即组织力量扑救。邻近单位应当给予支援。

消防队接到火警，必须立即赶赴火灾现场，救助遇险人员，排除险情，扑灭火灾。

◆公安机关消防机构统一组织和指挥火灾现场扑救，应当优先保障遇险人员的生命安全。

火灾现场总指挥根据扑救火灾的需要，有权决定下列事项：

（1）使用各种水源。

（2）截断电力、可燃气体和可燃液体的输送，限制用火用电。

（3）划定警戒区，实行局部交通管制。

（4）利用邻近建筑物和有关设施。

（5）为了抢救人员和重要物资，防止火势蔓延，拆除或者破损毗邻火灾现场的建筑物、构筑物或者设施等。

（6）调动供水、供电、供气、通信、医疗救护、交通运输、环境保护等有关单位协助灭火救援。

根据扑救火灾的紧急需要，有关地方人民政府应当组织人员、调集所需物资支援灭火。

◆消防车、消防艇前往执行火灾扑救或者应急救援任务，在确保安全的前提下，不受行驶速度、行驶路线、行驶方向和指挥信号的限制，其他车辆、船舶以及行人应当让行，不得穿插超越；收费公路、桥梁免收车辆通行费。交通管理指挥人员应当保证消防车、消防艇迅速通行。

赶赴火灾现场或者应急救援现场的消防人员和调集的消防装备、物资，需要铁路、水路或者航空运输的，有关单位应当优先运输。

◆消防车、消防艇以及消防器材、装备和设施，不得用于与消防和应急救援工作无关的事项。

◆公安消防队、专职消防队扑救火灾、应急救援，不得收取任何费用。

单位专职消防队、志愿消防队参加扑救外单位火灾所损耗的燃料、灭火剂和器材、装备等，由火灾发生地的人民政府给予补偿。

◆对因参加扑救火灾或者应急救援受伤、致残或者死亡的人员，按照国家有关规定给予医疗、抚恤。

◆公安机关消防机构有权根据需要封闭火灾现场，负责调查火灾原因，统计火灾损失。

火灾扑灭后，发生火灾的单位和相关人员应当按照公安机关消防机构的要求保护现场，接受事故调查，如实提供与火灾有关的情况。

公安机关消防机构根据火灾现场勘验、调查情况和有关的检验、鉴定意见，及时制作火灾事故认定书，作为处理火灾事故的证据。

5. 有关监督检查的规定

在第五章监督检查中，对相关事项作了规定。

◆公安机关消防机构应当对机关、团体、企业、事业等单位遵守消防法律、法规的情况依法进行监督检查。公安派出所可以负责日常消防监督检查、开展消防宣传教育，具体办法由国务院公安部门规定。

公安机关消防机构、公安派出所的工作人员进行消防监督检查，应当出示证件。

◆公安机关消防机构在消防监督检查中发现火灾隐患的，应当通知有关单位或者个人立即采取措施消除隐患；不及时消除隐患可能严重威胁公共安全的，公安机关消防机构应当依照规定对危险部位或者场所采取临时查封措施。

6. 有关法律责任的规定

在第六章法律责任中，对相关事项作了规定。

◆单位违反本法规定，有下列行为之一的，责令改正，处五千元以上五万元以下罚款：

（1）消防设施、器材或者消防安全标志的配置、设置不符合国家标准、行业标准，或者未保持完好有效的。

（2）损坏、挪用或者擅自拆除、停用消防设施、器材的。

（3）占用、堵塞、封闭疏散通道、安全出口或者有其他妨碍安全疏散行为的。

（4）埋压、圈占、遮挡消火栓或者占用防火间距的。

（5）占用、堵塞、封闭消防车通道，妨碍消防车通行的。

（6）人员密集场所在门窗上设置影响逃生和灭火救援的障碍物的。

（7）对火灾隐患经公安机关消防机构通知后不及时采取措施消除的。

个人有前款第二项、第三项、第四项、第五项行为之一的，处警告或者五百元以下罚款。

有本条第一款第三项、第四项、第五项、第六项行为，经责令改正拒不改正的，强制执行，所需费用由违法行为人承担。

◆生产、储存、经营易燃易爆危险品的场所与居住场所设置在同一建筑物内，或者未与居住场所保持安全距离的，责令停产停业，并处五千元以上五万元以下罚款。

生产、储存、经营其他物品的场所与居住场所设置在同一建筑物内，不符合消防技术标准的，依照前款规定处罚。

◆有下列行为之一的，依照《中华人民共和国治安管理处罚法》的规定处罚：

（1）违反有关消防技术标准和管理规定生产、储存、运输、销售、使用、销毁易燃易爆危险品的。

（2）非法携带易燃易爆危险品进入公共场所或者乘坐公共交通工具的。

（3）谎报火警的。

（4）阻碍消防车、消防艇执行任务的。

（5）阻碍公安机关消防机构的工作人员依法执行职务的。

◆违反本法规定，有下列行为之一的，处警告或者五百元以下罚款；情节严重的，处五日以下拘留：

（1）违反消防安全规定进入生产、储存易燃易爆危险品场所的。

（2）违反规定使用明火作业或者在具有火灾、爆炸危险的场所吸烟、使用明火的。

◆违反本法规定，有下列行为之一，尚不构成犯罪的，处十日以上十五日以下拘留，可以并处五百元以下罚款；情节较轻的，处警告或者五百元以下罚款：

（1）指使或者强令他人违反消防安全规定，冒险作业的。

（2）过失引起火灾的。

（3）在火灾发生后阻拦报警，或者负有报告职责的人员不及时报警的。

（4）扰乱火灾现场秩序，或者拒不执行火灾现场指挥员指挥，影响灭火救援的。

（5）故意破坏或者伪造火灾现场的。

（6）擅自拆封或者使用被公安机关消防机构查封的场所、部位的。

◆违反本法规定构成犯罪的，依法追究刑事责任。

三、《道路交通安全法》（修订版）相关要点

2011 年 4 月 22 日，第十一届全国人民代表大会常务委员会第二十次会议通过《关于修改〈中华人民共和国道路交通安全法〉的决定》，自 2011 年 5 月 1 日起施行。

《道路交通安全法》分为八章一百二十四条，各章内容为：第一章总则，第二章车辆和驾驶人，第三章道路通行条件，第四章道路通行规定，第五章交通事故处理，第六章执法监督，第七章法律责任，第八章附则。制定《道路交通安全法》的目的是维护道路交通秩序，预防和减少交通事故，保护人身安全，保护公民、法人和其他组织的财产安全及其他合法权益，提高通行效率。

1. 总则中的有关规定

在第一章总则中，对相关事项作了规定。

◆中华人民共和国境内的车辆驾驶人、行人、乘车人以及与道路交通活动有关的单位和个人，都应当遵守本法。

◆国务院公安部门负责全国道路交通安全管理工作。县级以上地方各级人民政府公安机关交通管理部门负责本行政区域内的道路交通安全管理工作。

县级以上各级人民政府交通、建设管理部门依据各自职责，负责有关的道路交通工作。

2. 车辆和驾驶人的有关规定

在第二章车辆和驾驶人中，对相关事项作了规定。

◆国家对机动车实行登记制度。机动车经公安机关交通管理部门登记后，方可上道路行驶。尚未登记的机动车，需要临时上道路行驶的，应当取得临时通行牌证。

◆申请机动车登记，应当提交以下证明、凭证：

（1）机动车所有人的身份证明。

（2）机动车来历证明。

（3）机动车整车出厂合格证明或者进口机动车进口凭证。

（4）车辆购置税的完税证明或者免税凭证。

（5）法律、行政法规规定应当在机动车登记时提交的其他证明、凭证。

公安机关交通管理部门应当自受理申请之日起五个工作日内完成机动车登记审查工作，对符合前款规定条件的，应当发放机动车登记证书、号牌和行驶证；对不符合前款

规定条件的，应当向申请人说明不予登记的理由。

◆驾驶机动车上道路行驶，应当悬挂机动车号牌，放置检验合格标志、保险标志，并随车携带机动车行驶证。

机动车号牌应当按照规定悬挂并保持清晰、完整，不得故意遮挡、污损。

任何单位和个人不得收缴、扣留机动车号牌。

◆有下列情形之一的，应当办理相应的登记：

(1) 机动车所有权发生转移的。

(2) 机动车登记内容变更的。

(3) 机动车用作抵押的。

(4) 机动车报废的。

◆对登记后上道路行驶的机动车，应当依照法律、行政法规的规定，根据车辆用途、载客载货数量、使用年限等不同情况，定期进行安全技术检验。对提供机动车行驶证和机动车第三者责任强制保险单的，机动车安全技术检验机构应当予以检验，任何单位不得附加其他条件。对符合机动车国家安全技术标准的，公安机关交通管理部门应当发给检验合格标志。

◆国家实行机动车强制报废制度，根据机动车的安全技术状况和不同用途，规定不同的报废标准。

应当报废的机动车必须及时办理注销登记。

达到报废标准的机动车不得上道路行驶。报废的大型客、货车及其他营运车辆应当在公安机关交通管理部门的监督下解体。

◆任何单位或者个人不得有下列行为：

(1) 拼装机动车或者擅自改变机动车已登记的结构、构造或者特征。

(2) 改变机动车型号、发动机号、车架号或者车辆识别代号。

(3) 伪造、变造或者使用伪造、变造的机动车登记证书、号牌、行驶证、检验合格标志、保险标志。

(4) 使用其他机动车的登记证书、号牌、行驶证、检验合格标志、保险标志。

◆国家实行机动车第三者责任强制保险制度，设立道路交通事故社会救助基金。具体办法由国务院规定。

◆依法应当登记的非机动车，经公安机关交通管理部门登记后，方可上道路行驶。

◆驾驶机动车，应当依法取得机动车驾驶证。

驾驶人应当按照驾驶证载明的准驾车型驾驶机动车；驾驶机动车时，应当随身携带机动车驾驶证。

公安机关交通管理部门以外的任何单位或者个人，不得收缴、扣留机动车驾驶证。

◆驾驶人驾驶机动车上道路行驶前，应当对机动车的安全技术性能进行认真检查；不得驾驶安全设施不全或者机件不符合技术标准等具有安全隐患的机动车。

◆机动车驾驶人应当遵守道路交通安全法律、法规的规定，按照操作规范安全驾驶、文明驾驶。

饮酒、服用国家管制的精神药品或者麻醉药品，或者患有妨碍安全驾驶机动车的疾病，或者过度疲劳影响安全驾驶的，不得驾驶机动车。

任何人不得强迫、指使、纵容驾驶人违反道路交通安全法律、法规和机动车安全驾驶要求驾驶机动车。

◆公安机关交通管理部门依照法律、行政法规的规定，定期对机动车驾驶证实施审验。

◆公安机关交通管理部门对机动车驾驶人违反道路交通安全法律、法规的行为，除依法给予行政处罚外，实行累积记分制度。公安机关交通管理部门对累积记分达到规定分值的机动车驾驶人，扣留机动车驾驶证，对其进行道路交通安全法律、法规教育，重新考试；考试合格的，发还其机动车驾驶证。

3. 有关道路通行条件的规定

在第三章道路通行条件中，对相关事项作了规定。

◆交通信号灯由红灯、绿灯、黄灯组成。红灯表示禁止通行，绿灯表示准许通行，黄灯表示警示。

◆铁路与道路平面交叉的道口应当设置警示灯、警示标志或者安全防护设施。无人看守的铁路道口应当在距道口一定距离处设置警示标志。

◆任何单位和个人不得擅自设置、移动、占用、损毁交通信号灯、交通标志、交通标线。

◆未经许可，任何单位和个人不得占用道路从事非交通活动。

4. 有关道路通行的规定

在第四章道路通行规定中，对相关事项作了规定。

◆机动车、非机动车实行右侧通行。

◆根据道路条件和通行需要，道路划分为机动车道、非机动车道和人行道的，机动车、非机动车、行人实行分道通行。没有划分机动车道、非机动车道和人行道的，机动车在道路中间通行，非机动车和行人在道路两侧通行。

◆道路划设专用车道的，在专用车道内，只准许规定的车辆通行，其他车辆不得进入专用车道内行驶。

◆车辆、行人应当按照交通信号通行；遇有交通警察现场指挥时，应当按照交通警察的指挥通行；在没有交通信号的道路上，应当在确保安全、畅通的原则下通行。

◆遇有自然灾害、恶劣气象条件或者重大交通事故等严重影响交通安全的情形，采取其他措施难以保证交通安全时，公安机关交通管理部门可以实行交通管制。

◆机动车上道路行驶，不得超过限速标志标明的最高时速。在没有限速标志的路段，应当保持安全车速。

夜间行驶或者在容易发生危险的路段行驶，以及遇有沙尘、冰雹、雨、雪、雾、结冰等气象条件时，应当降低行驶速度。

◆同车道行驶的机动车，后车应当与前车保持足以采取紧急制动措施的安全距离。有下列情形之一的，不得超车：

（1）前车正在左转弯、掉头、超车的。

（2）与对面来车有会车可能的。

（3）前车为执行紧急任务的警车、消防车、救护车、工程救险车的。

（4）行经铁路道口、交叉路口、窄桥、弯道、陡坡、隧道、人行横道、市区交通流量大的路段等没有超车条件的。

◆机动车通过交叉路口，应当按照交通信号灯、交通标志、交通标线或者交通警察的指挥通过；通过没有交通信号灯、交通标志、交通标线或者交通警察指挥的交叉路口时，应当减速慢行，并让行人和优先通行的车辆先行。

◆机动车遇有前方车辆停车排队等候或者缓慢行驶时，不得借道超车或者占用对面车道，不得穿插等候的车辆。

在车道减少的路段、路口，或者在没有交通信号灯、交通标志、交通标线或者交通警察指挥的交叉路口遇到停车排队等候或者缓慢行驶时，机动车应当依次交替通行。

◆机动车通过铁路道口时，应当按照交通信号或者管理人员的指挥通行；没有交通信号或者管理人员的，应当减速或者停车，在确认安全后通过。

◆机动车行经人行横道时，应当减速行驶；遇行人正在通过人行横道，应当停车让行。

机动车行经没有交通信号的道路时，遇行人横过道路，应当避让。

◆机动车载物应当符合核定的载质量，严禁超载；载物的长、宽、高不得违反装载要求，不得遗洒、飘散载运物。

机动车运载超限的不可解体的物品，影响交通安全的，应当按照公安机关交通管理部门指定的时间、路线、速度行驶，悬挂明显标志。在公路上运载超限的不可解体的物品，并应当依照公路法的规定执行。

机动车载运爆炸物品、易燃易爆化学物品以及剧毒、放射性等危险物品，应当经公安机关批准后，按指定的时间、路线、速度行驶，悬挂警示标志并采取必要的安全措施。

◆机动车载人不得超过核定的人数，客运机动车不得违反规定载货。

◆禁止货运机动车载客。

货运机动车需要附载作业人员的，应当设置保护作业人员的安全措施。

◆机动车行驶时，驾驶人、乘坐人员应当按规定使用安全带，摩托车驾驶人及乘坐人员应当按规定戴安全头盔。

◆机动车在道路上发生故障，需要停车排除故障时，驾驶人应当立即开启危险报警闪光灯，将机动车移至不妨碍交通的地方停放；难以移动的，应当持续开启危险报警闪光灯，并在来车方向设置警告标志等措施扩大示警距离，必要时迅速报警。

◆机动车在高速公路上发生故障时，应当依照本法有关规定办理；但是，警告标志应当设置在故障车来车方向一百五十米以外，车上人员应当迅速转移到右侧路肩上或者应急车道内，并且迅速报警。

机动车在高速公路上发生故障或者交通事故，无法正常行驶的，应当由救援车、清障车拖曳、牵引。

◆任何单位、个人不得在高速公路上拦截检查行驶的车辆，公安机关的人民警察依法执行紧急公务除外。

5. 有关交通事故处理的规定

在第五章交通事故处理中，对相关事项作了规定。

◆在道路上发生交通事故，车辆驾驶人应当立即停车，保护现场；造成人身伤亡的，车辆驾驶人应当立即抢救受伤人员，并迅速报告执勤的交通警察或者公安机关交通管理部门。因抢救受伤人员变动现场的，应当标明位置。乘车人、过往车辆驾驶人、过往行人应当予以协助。

在道路上发生交通事故，未造成人身伤亡，当事人对事实及成因无争议的，可以即行撤离现场，恢复交通，自行协商处理损害赔偿事宜；不即行撤离现场的，应当迅速报告执勤的交通警察或者公安机关交通管理部门。

在道路上发生交通事故，仅造成轻微财产损失，并且基本事实清楚的，当事人应当先撤离现场再进行协商处理。

◆车辆发生交通事故后逃逸的，事故现场目击人员和其他知情人员应当向公安机关交通管理部门或者交通警察举报。举报属实的，公安机关交通管理部门应当给予奖励。

◆公安机关交通管理部门应当根据交通事故现场勘验、检查、调查情况和有关的检验、鉴定结论，及时制作交通事故认定书，作为处理交通事故的证据。交通事故认定书应当载明交通事故的基本事实、成因和当事人的责任，并送达当事人。

◆对交通事故损害赔偿的争议，当事人可以请求公安机关交通管理部门调解，也可以直接向人民法院提起民事诉讼。

经公安机关交通管理部门调解，当事人未达成协议或者调解书生效后不履行的，当事人可以向人民法院提起民事诉讼。

6. 有关执法监督的规定

在第六章执法监督中，对相关事项作了规定。

◆交通警察执行职务时，应当按照规定着装，佩戴人民警察标志，持有人民警察证件，保持警容严整，举止端庄，指挥规范。

◆交通警察调查处理道路交通安全违法行为和交通事故，有下列情形之一的，应当回避：

（1）是本案的当事人或者当事人的近亲属。

（2）本人或者其近亲属与本案有利害关系。

（3）与本案当事人有其他关系，可能影响案件的公正处理。

◆公安机关交通管理部门及其交通警察执行职务，应当自觉接受社会和公民的监督。

任何单位和个人都有权对公安机关交通管理部门及其交通警察不严格执法以及违法违纪行为进行检举、控告。收到检举、控告的机关，应当依据职责及时查处。

7. 有关法律责任的规定

在第七章法律责任中，对相关事项作了规定。

◆饮酒后驾驶机动车的，处暂扣六个月机动车驾驶证，并处一千元以上二千元以下罚款。因饮酒后驾驶机动车被处罚，再次饮酒后驾驶机动车的，处十日以下拘留，并处一千元以上二千元以下罚款，吊销机动车驾驶证。

醉酒驾驶机动车的，由公安机关交通管理部门约束至酒醒，吊销机动车驾驶证，依法追究刑事责任；五年内不得重新取得机动车驾驶证。

饮酒后驾驶营运机动车的，处十五日拘留，并处五千元罚款，吊销机动车驾驶证，五年内不得重新取得机动车驾驶证。

醉酒驾驶营运机动车的，由公安机关交通管理部门约束至酒醒，吊销机动车驾驶证，依法追究刑事责任；十年内不得重新取得机动车驾驶证，重新取得机动车驾驶证后，不得驾驶营运机动车。

饮酒后或者醉酒驾驶机动车发生重大交通事故，构成犯罪的，依法追究刑事责任，并由公安机关交通管理部门吊销机动车驾驶证，终生不得重新取得机动车驾驶证。

◆货运机动车超过核定载质量的，处二百元以上五百元以下罚款；超过核定载质量百分之三十或者违反规定载客的，处五百元以上二千元以下罚款。

◆上道路行驶的机动车未悬挂机动车号牌，未放置检验合格标志、保险标志，或者未随车携带行驶证、驾驶证的，公安机关交通管理部门应当扣留机动车，通知当事人提供相应的牌证、标志或者补办相应手续，并可以依照本法第九十条的规定予以处罚。当事人提供相应的牌证、标志或者补办相应手续的，应当及时退还机动车。

故意遮挡、污损或者不按规定安装机动车号牌的，依照本法第九十条的规定予以处罚。

◆伪造、变造或者使用伪造、变造的机动车登记证书、号牌、行驶证、驾驶证的，由公安机关交通管理部门予以收缴，扣留该机动车，处十五日以下拘留，并处二千元以上、五千元以下罚款；构成犯罪的，依法追究刑事责任。

伪造、变造或者使用伪造、变造的检验合格标志、保险标志的，由公安机关交通管理部门予以收缴，扣留该机动车，处十日以下拘留，并处一千元以上、三千元以下罚款；构成犯罪的，依法追究刑事责任。

使用其他车辆的机动车登记证书、号牌、行驶证、检验合格标志、保险标志的，由公安机关交通管理部门予以收缴，扣留该机动车，处二千元以上、五千元以下罚款。

当事人提供相应的合法证明或者补办相应手续的，应当及时退还机动车。

◆机动车所有人、管理人未按照国家规定投保机动车第三者责任强制保险的，由公安机关交通管理部门扣留车辆至依照规定投保后，并处依照规定投保最低责任限额应缴纳的保险费的二倍罚款。

◆有下列行为之一的，由公安机关交通管理部门处二百元以上二千元以下罚款：

（1）未取得机动车驾驶证、机动车驾驶证被吊销或者机动车驾驶证被暂扣期间驾驶机动车的。

（2）将机动车交由未取得机动车驾驶证或者机动车驾驶证被吊销、暂扣的人驾驶的。

（3）造成交通事故后逃逸，尚不构成犯罪的。

（4）机动车行驶超过规定时速百分之五十的。

（5）强迫机动车驾驶人违反道路交通安全法律、法规和机动车安全驾驶要求驾驶机动车，造成交通事故，尚不构成犯罪的。

（6）违反交通管制的规定强行通行，不听劝阻的。

（7）故意损毁、移动、涂改交通设施，造成危害后果，尚不构成犯罪的。

（8）非法拦截、扣留机动车辆，不听劝阻，造成交通严重阻塞或者较大财产损失的。

行为人有前款第二项、第四项情形之一的，可以并处吊销机动车驾驶证；有第一项、第三项、第五项至第八项情形之一的，可以并处十五日以下拘留。

◆驾驶拼装的机动车或者已达到报废标准的机动车上道路行驶的，公安机关交通管理部门应当予以收缴，强制报废。

对驾驶前款所列机动车上道路行驶的驾驶人，处二百元以上、二千元以下罚款，并吊销机动车驾驶证。

出售已达到报废标准的机动车的，没收违法所得，处销售金额等额的罚款，对该机动车依照本条第一款的规定处理。

◆违反道路交通安全法律、法规的规定，发生重大交通事故，构成犯罪的，依法追究刑事责任，并由公安机关交通管理部门吊销机动车驾驶证。

造成交通事故后逃逸的，由公安机关交通管理部门吊销机动车驾驶证，且终生不得重新取得机动车驾驶证。

四、《危险化学品安全管理条例》相关要点

2011 年 3 月 2 日，国务院公布新修订的《危险化学品安全管理条例》（国务院令第 591 号），自 2011 年 12 月 1 日起施行。

新修订的《危险化学品安全管理条例》分为八章一百零二条，各章内容为：第一章总则，第二章生产、存储安全，第三章使用安全，第四章经营安全，第五章运输安全，第六章危险化学品登记与事故应急救援，第七章法律责任，第八章附则。制定《危险化学品安全管理条例》的目的是加强危险化学品的安全管理，预防和减少危险化学品事故，保障人民群众生命财产安全，保护环境。

1. 总则中的有关规定

在第一章总则中，对相关事项作了规定。

◆危险化学品生产、储存、使用、经营和运输的安全管理，适用本条例。

◆本条例所称危险化学品，是指具有毒害、腐蚀、爆炸、燃烧、助燃等性质，对人体、设施、环境具有危害的剧毒化学品和其他化学品。

◆危险化学品安全管理，应当坚持安全第一、预防为主、综合治理的方针，强化和落实企业的主体责任。

生产、储存、使用、经营、运输危险化学品的单位（以下统称危险化学品单位）的主要负责人对本单位的危险化学品安全管理工作全面负责。

危险化学品单位应当具备法律、行政法规规定和国家标准、行业标准要求的安全条件，建立、健全安全管理规章制度和岗位安全责任制度，对从业人员进行安全教育、法制教育和岗位技术培训。从业人员应当接受教育和培训，考核合格后上岗作业；对有资格要求的岗位，应当配备依法取得相应资格的人员。

◆任何单位和个人不得生产、经营、使用国家禁止生产、经营、使用的危险化学品。

国家对危险化学品的使用有限制性规定的，任何单位和个人不得违反限制性规定使用危险化学品。

◆对危险化学品的生产、储存、使用、经营、运输实施安全监督管理的有关部门（以下统称负有危险化学品安全监督管理职责的部门），依照下列规定履行职责：

（1）安全生产监督管理部门负责危险化学品安全监督管理综合工作，组织确定、公布、调整危险化学品目录，对新建、改建、扩建生产、储存危险化学品（包括使用长输管道输送危险化学品，下同）的建设项目进行安全条件审查，核发危险化学品安全生产许可证、危险化学品安全使用许可证和危险化学品经营许可证，并负责危险化学品登记工作。

（2）公安机关负责危险化学品的公共安全管理，核发剧毒化学品购买许可证、剧毒化学品道路运输通行证，并负责危险化学品运输车辆的道路交通安全管理。

（3）质量监督检验检疫部门负责核发危险化学品及其包装物、容器（不包括储存危险化学品的固定式大型储罐，下同）生产企业的工业产品生产许可证，并依法对其产品质量实施监督，负责对进出口危险化学品及其包装实施检验。

（4）环境保护主管部门负责废弃危险化学品处置的监督管理，组织危险化学品的环境危害性鉴定和环境风险程度评估，确定实施重点环境管理的危险化学品，负责危险化学品环境管理登记和新化学物质环境管理登记；依照职责分工调查相关危险化学品环境污染事故和生态破坏事件，负责危险化学品事故现场的应急环境监测。

（5）交通运输主管部门负责危险化学品道路运输、水路运输的许可以及运输工具的安全管理，对危险化学品水路运输安全实施监督，负责危险化学品道路运输企业、水路运输企业驾驶人员、船员、装卸管理人员、押运人员、申报人员、集装箱装箱现场检查员的资格认定。

铁路监管部门负责危险化学品铁路运输及其运输工具的安全管理。民用航空主管部门负责危险化学品航空运输以及航空运输企业及其运输工具的安全管理。

（6）卫生主管部门负责危险化学品毒性鉴定的管理，负责组织、协调危险化学品事故受伤人员的医疗卫生救援工作。

（7）工商行政管理部门依据有关部门的许可证件，核发危险化学品生产、储存、经营、运输企业营业执照，查处危险化学品经营企业违法采购危险化学品的行为。

（8）邮政管理部门负责依法查处寄递危险化学品的行为。

◆负有危险化学品安全监督管理职责的部门依法进行监督检查，可以采取下列措施：

（1）进入危险化学品作业场所实施现场检查，向有关单位和人员了解情况，查阅、复制有关文件、资料。

（2）发现危险化学品事故隐患，责令立即消除或者限期消除。

（3）对不符合法律、行政法规、规章规定或者国家标准、行业标准要求的设施、设备、装置、器材、运输工具，责令立即停止使用。

（4）经本部门主要负责人批准，查封违法生产、储存、使用、经营危险化学品的场所，扣押违法生产、储存、使用、经营、运输的危险化学品以及用于违法生产、使用、运输危险化学品的原材料、设备、运输工具。

（5）发现影响危险化学品安全的违法行为，当场予以纠正或者责令限期改正。

负有危险化学品安全监督管理职责的部门依法进行监督检查，监督检查人员不得少于2人，并应当出示执法证件；有关单位和个人对依法进行的监督检查应当予以配合，不得拒绝、阻碍。

◆任何单位和个人对违反本条例规定的行为，有权向负有危险化学品安全监督管理职责的部门举报。负有危险化学品安全监督管理职责的部门接到举报，应当及时依法处理；对不属于本部门职责的，应当及时移送有关部门处理。

◆国家鼓励危险化学品生产企业和使用危险化学品从事生产的企业采用有利于提高安全保障水平的先进技术、工艺、设备以及自动控制系统，鼓励对危险化学品实行专门储存、统一配送、集中销售。

2. 有关生产、储存安全的规定

在第二章生产、储存安全中，对相关事项作了规定。

◆国家对危险化学品的生产、储存实行统筹规划、合理布局。

◆新建、改建、扩建生产、储存危险化学品的建设项目（以下简称建设项目），应当由安全生产监督管理部门进行安全条件审查。

◆生产、储存危险化学品的单位，应当对其铺设的危险化学品管道设置明显标志，并对危险化学品管道定期检查、检测。

进行可能危及危险化学品管道安全的施工作业，施工单位应当在开工7日前书面通知管道所属单位，并与管道所属单位共同制定应急预案，采取相应的安全防护措施。管道所属单位应当指派专门人员到现场进行管道安全保护指导。

◆危险化学品生产企业进行生产前，应当依照《安全生产许可证条例》的规定，取得危险化学品安全生产许可证。

◆危险化学品生产企业应当提供与其生产的危险化学品相符的化学品安全技术说明书，并在危险化学品包装（包括外包装件）上粘贴或者拴挂与包装内危险化学品相符的化学品安全标签。化学品安全技术说明书和化学品安全标签所载明的内容应当符合国家标准的要求。

危险化学品生产企业发现其生产的危险化学品有新的危险特性的，应当立即公告，并及时修订其化学品安全技术说明书和化学品安全标签。

◆危险化学品的包装应当符合法律、行政法规、规章的规定以及国家标准、行业标准的要求。

危险化学品包装物、容器的材质以及危险化学品包装的形式、规格、方法和单件质量（重量），应当与所包装的危险化学品的性质和用途相适应。

◆对重复使用的危险化学品包装物、容器，使用单位在重复使用前应当进行检查；发现存在安全隐患的，应当维修或者更换。使用单位应当对检查情况做出记录，记录的保存期限不得少于2年。

◆危险化学品生产装置或者储存数量构成重大危险源的危险化学品储存设施（运输工具加油站、加气站除外），与下列场所、设施、区域的距离应当符合国家有关规定：

（1）居住区以及商业中心、公园等人员密集场所。

（2）学校、医院、影剧院、体育场（馆）等公共设施。

（3）饮用水源、水厂以及水源保护区。

（4）车站、码头（依法经许可从事危险化学品装卸作业的除外）、机场以及通信干线、通信枢纽、铁路线路、道路交通干线、水路交通干线、地铁风亭以及地铁站出入口。

（5）基本农田保护区、基本草原、畜禽遗传资源保护区、畜禽规模化养殖场（养殖小区）、渔业水域以及种子、种畜禽、水产苗种生产基地。

（6）河流、湖泊、风景名胜区、自然保护区。

（7）军事禁区、军事管理区。

（8）法律、行政法规规定的其他场所、设施、区域。

已建的危险化学品生产装置或者储存数量构成重大危险源的危险化学品储存设施不符合前款规定的，由所在地设区的市级人民政府安全生产监督管理部门会同有关部门监督其所属单位在规定期限内进行整改；需要转产、停产、搬迁、关闭的，由本级人民政府决定并组织实施。

储存数量构成重大危险源的危险化学品储存设施的选址，应当避开地震活动断层和容易发生洪灾、地质灾害的区域。

本条例所称重大危险源，是指生产、储存、使用或者搬运危险化学品，且危险化学品的数量等于或者超过临界量的单元（包括场所和设施）。

◆生产、储存危险化学品的单位，应当根据其生产、储存的危险化学品的种类和危险特性，在作业场所设置相应的监测、监控、通风、防晒、调温、防火、灭火、防爆、泄压、防毒、中和、防潮、防雷、防静电、防腐、防泄漏以及防护围堤或者隔离操作等安全设施、设备，并按照国家标准、行业标准或者国家有关规定对安全设施、设备进行经常性维护、保养，保证安全设施、设备的正常使用。

生产、储存危险化学品的单位，应当在其作业场所和安全设施、设备上设置明显的安全警示标志。

◆生产、储存危险化学品的单位，应当在其作业场所设置通信、报警装置，并保证处于适用状态。

◆生产、储存危险化学品的企业，应当委托具备国家规定的资质条件的机构，对本企业的安全生产条件每 3 年进行一次安全评价，提出安全评价报告。

安全评价报告的内容应当包括对安全生产条件存在的问题进行整改的方案。

生产、储存危险化学品的企业，应当将安全评价报告以及整改方案的落实情况报所在地县级人民政府安全生产监督管理部门备案。在港区内储存危险化学品的企业，应当将安全评价报告以及整改方案的落实情况报港口行政管理部门备案。

◆生产、储存剧毒化学品或者国务院公安部门规定的可用于制造爆炸物品的危险化学品（以下简称易制爆危险化学品）的单位，应当如实记录其生产、储存的剧毒化学品、易制爆危险化学品的数量、流向，并采取必要的安全防范措施，防止剧毒化学品、易制爆危险化学品丢失或者被盗；发现剧毒化学品、易制爆危险化学品丢失或者被盗的，应当立即向当地公安机关报告。

生产、储存剧毒化学品、易制爆危险化学品的单位，应当设置治安保卫机构，配备专职治安保卫人员。

◆危险化学品应当储存在专用仓库、专用场地或者专用储存室（以下统称专用仓库）内，并由专人负责管理；剧毒化学品以及储存数量构成重大危险源的其他危险化学品，应当在专用仓库内单独存放，并实行双人收发、双人保管制度。

危险化学品的储存方式、方法以及储存数量应当符合国家标准或者国家有关规定。

◆储存危险化学品的单位应当建立危险化学品出入库核查、登记制度。

对剧毒化学品以及储存数量构成重大危险源的其他危险化学品，储存单位应当将其储存数量、储存地点以及管理人员的情况，报所在地县级人民政府安全生产监督管理部门（在港区内储存的，报港口行政管理部门）和公安机关备案。

◆危险化学品专用仓库应当符合国家标准、行业标准的要求，并设置明显的标志。储存剧毒化学品、易制爆危险化学品的专用仓库，应当按照国家有关规定设置相应的技术防范设施。

储存危险化学品的单位应当对其危险化学品专用仓库的安全设施、设备定期进行检测、检验。

◆生产、储存危险化学品的单位转产、停产、停业或者解散的，应当采取有效措施，及时、妥善处置其危险化学品生产装置、储存设施以及库存的危险化学品，不得丢弃危险化学品；处置方案应当报所在地县级人民政府安全生产监督管理部门、工业和信息化主管部门、环境保护主管部门和公安机关备案。

安全生产监督管理部门应当会同环境保护主管部门和公安机关对处置情况进行监督检查，发现未依照规定处置的，应当责令其立即处置。

3. 有关使用安全的规定

在第三章使用安全中，对相关事项作了规定。

◆使用危险化学品的单位，其使用条件（包括工艺）应当符合法律、行政法规的规定和国家标准、行业标准的要求，并根据所使用的危险化学品的种类、危险特性以及使用量和使用方式，建立、健全使用危险化学品的安全管理规章制度和安全操作规程，保证危险化学品的安全使用。

◆使用危险化学品从事生产并且使用量达到规定数量的化工企业（属于危险化学品生产企业的除外，下同），应当依照本条例的规定取得危险化学品安全使用许可证。

前款规定的危险化学品使用量的数量标准，由国务院安全生产监督管理部门会同国务院公安部门、农业主管部门确定并公布。

◆申请危险化学品安全使用许可证的化工企业，除应当符合本条例的规定外，还应当具备下列条件：

（1）有与所使用的危险化学品相适应的专业技术人员。

（2）有安全管理机构和专职安全管理人员。

（3）有符合国家规定的危险化学品事故应急预案和必要的应急救援器材、设备。

（4）依法进行了安全评价。

◆申请危险化学品安全使用许可证的化工企业，应当向所在地设区的市级人民政府安全生产监督管理部门提出申请，并提交其符合本条例第三十条规定条件的证明材料。设区的市级人民政府安全生产监督管理部门应当依法进行审查，自收到证明材料之日起45日内做出批准或者不予批准的决定。予以批准的，颁发危险化学品安全使用许可证；不予批准的，书面通知申请人并说明理由。

安全生产监督管理部门应当将其颁发危险化学品安全使用许可证的情况及时向同级环境保护主管部门和公安机关通报。

4. 有关经营安全的规定

在第四章经营安全中，对相关事项作了规定。

◆国家对危险化学品经营（包括仓储经营，下同）实行许可制度。

未经许可，任何单位和个人不得经营危险化学品。

依法设立的危险化学品生产企业在其厂区范围内销售本企业生产的危险化学品，不需要取得危险化学品经营许可。

◆从事危险化学品经营的企业应当具备下列条件：

（1）有符合国家标准、行业标准的经营场所，储存危险化学品的，还应当有符合国家标准、行业标准的储存设施。

（2）从业人员经过专业技术培训并经考核合格。

（3）有健全的安全管理规章制度。

（4）有专职安全管理人员。

（5）有符合国家规定的危险化学品事故应急预案和必要的应急救援器材、设备。

（6）法律、法规规定的其他条件。

◆从事剧毒化学品、易制爆危险化学品经营的企业，应当向所在地设区的市级人民政府安全生产监督管理部门提出申请，从事其他危险化学品经营的企业，应当向所在地县级人民政府安全生产监督管理部门提出申请（有储存设施的，应当向所在地设区的市级人民政府安全生产监督管理部门提出申请）。

◆危险化学品经营企业储存危险化学品的，应当遵守本条例第二章关于储存危险化学品的规定。危险化学品商店内只能存放民用小包装的危险化学品。

◆危险化学品经营企业不得向未经许可从事危险化学品生产、经营活动的企业采购危险化学品，不得经营没有化学品安全技术说明书或者化学品安全标签的危险化学品。

◆依法取得危险化学品安全生产许可证、危险化学品安全使用许可证、危险化学品经营许可证的企业，凭相应的许可证件购买剧毒化学品、易制爆危险化学品。民用爆炸物品生产企业凭民用爆炸物品生产许可证购买易制爆危险化学品。

个人不得购买剧毒化学品（属于剧毒化学品的农药除外）和易制爆危险化学品。

5. 有关运输安全的规定

在第五章运输安全中，对相关事项作了规定。

◆从事危险化学品道路运输、水路运输的，应当分别依照有关道路运输、水路运输的法律、行政法规的规定，取得危险货物道路运输许可、危险货物水路运输许可，并向工商行政管理部门办理登记手续。

危险化学品道路运输企业、水路运输企业应当配备专职安全管理人员。

◆危险化学品道路运输企业、水路运输企业的驾驶人员、船员、装卸管理人员、押运人员、申报人员、集装箱装箱现场检查员应当经交通运输主管部门考核合格，取得从业资格。具体办法由国务院交通运输主管部门制定。

危险化学品的装卸作业应当遵守安全作业标准、规程和制度，并在装卸管理人员的现场指挥或者监控下进行。水路运输危险化学品的集装箱装箱作业应当在集装箱装箱现场检查员的指挥或者监控下进行，并符合积载、隔离的规范和要求；装箱作业完毕后，集装箱装箱现场检查员应当签署装箱证明书。

◆运输危险化学品，应当根据危险化学品的危险特性采取相应的安全防护措施，并配备必要的防护用品和应急救援器材。

用于运输危险化学品的槽罐以及其他容器应当封口严密，能够防止危险化学品在运输过程中因温度、湿度或者压力的变化发生渗漏、洒漏；槽罐以及其他容器的溢流和泄压装置应当设置准确、起闭灵活。

运输危险化学品的驾驶人员、船员、装卸管理人员、押运人员、申报人员、集装箱装箱现场检查员，应当了解所运输的危险化学品的危险特性及其包装物、容器的使用要求和出现危险情况时的应急处置方法。

◆通过道路运输危险化学品的，托运人应当委托依法取得危险货物道路运输许可的企业承运。

◆通过道路运输危险化学品的，应当按照运输车辆的核定载质量装载危险化学品，不得超载。

危险化学品运输车辆应当符合国家标准要求的安全技术条件，并按照国家有关规定定期进行安全技术检验。

危险化学品运输车辆应当悬挂或者喷涂符合国家标准要求的警示标志。

◆通过道路运输危险化学品的，应当配备押运人员，并保证所运输的危险化学品处于押运人员的监控之下。

运输危险化学品途中因住宿或者发生影响正常运输的情况，需要较长时间停车的，驾驶人员、押运人员应当采取相应的安全防范措施；运输剧毒化学品或者易制爆危险化学品的，还应当向当地公安机关报告。

◆未经公安机关批准，运输危险化学品的车辆不得进入危险化学品运输车辆限制通行的区域。危险化学品运输车辆限制通行的区域由县级人民政府公安机关划定，并设置明显的标志。

◆通过道路运输剧毒化学品的，托运人应当向运输始发地或者目的地县级人民政府公安机关申请剧毒化学品道路运输通行证。

申请剧毒化学品道路运输通行证，托运人应当向县级人民政府公安机关提交下列材料：

（1）拟运输的剧毒化学品品种、数量的说明。

（2）运输始发地、目的地、运输时间和运输路线的说明。

（3）承运人取得危险货物道路运输许可、运输车辆取得营运证以及驾驶人员、押运人员取得上岗资格的证明文件。

（4）本条例所规定的购买剧毒化学品的相关许可证件，或者海关出具的进出口证明文件。

县级人民政府公安机关应当自收到前款规定的材料之日起 7 日内，做出批准或者不予批准的决定。予以批准的，颁发剧毒化学品道路运输通行证；不予批准的，书面通知申请人并说明理由。

◆剧毒化学品、易制爆危险化学品在道路运输途中丢失、被盗、被抢或者出现流散、泄漏等情况的，驾驶人员、押运人员应当立即采取相应的警示措施和安全措施，并向当地公安机关报告。公安机关接到报告后，应当根据实际情况立即向安全生产监督管理部门、环境保护主管部门、卫生主管部门通报。有关部门应当采取必要的应急处置措施。

◆通过水路运输危险化学品的，应当遵守法律、行政法规以及国务院交通运输主管部门关于危险货物水路运输安全的规定。

◆禁止通过内河封闭水域运输剧毒化学品以及国家规定禁止通过内河运输的其他危险化学品。

前款规定以外的内河水域，禁止运输国家规定禁止通过内河运输的剧毒化学品以及其他危险化学品。

◆通过内河运输危险化学品，应当由依法取得危险货物水路运输许可的水路运输企业承运，其他单位和个人不得承运。托运人应当委托依法取得危险货物水路运输许可的水路运输企业承运，不得委托其他单位和个人承运。

◆通过内河运输危险化学品，应当使用依法取得危险货物适装证书的运输船舶。水路运输企业应当针对所运输的危险化学品的危险特性，制定运输船舶危险化学品事故应急救援预案，并为运输船舶配备充足、有效的应急救援器材和设备。

通过内河运输危险化学品的船舶，其所有人或者经营人应当取得船舶污染损害责任保险证书或者财务担保证明。船舶污染损害责任保险证书或者财务担保证明的副本应当随船携带。

◆通过内河运输危险化学品，危险化学品包装物的材质、形式、强度以及包装方法应当符合水路运输危险化学品包装规范的要求。国务院交通运输主管部门对单船运输的危险化学品数量有限制性规定的，承运人应当按照规定安排运输数量。

◆用于危险化学品运输作业的内河码头、泊位应当符合国家有关安全规范，与饮用水取水口保持国家规定的距离。有关管理单位应当制定码头、泊位危险化学品事故应急预案，并为码头、泊位配备充足、有效的应急救援器材和设备。

用于危险化学品运输作业的内河码头、泊位，经交通运输主管部门按照国家有关规定验收合格后方可投入使用。

◆船舶载运危险化学品进出内河港口，应当将危险化学品的名称、危险特性、包装以及进出港时间等事项，事先报告海事管理机构。海事管理机构接到报告后，应当在国务院交通运输主管部门规定的时间内做出是否同意的决定，通知报告人，同时通报港口行政管理部门。定船舶、定航线、定货种的船舶可以定期报告。

在内河港口内进行危险化学品的装卸、过驳作业，应当将危险化学品的名称、危险特性、包装和作业的时间、地点等事项报告港口行政管理部门。港口行政管理部门接到报告后，应当在国务院交通运输主管部门规定的时间内做出是否同意的决定，通知报告人，同时通报海事管理机构。

载运危险化学品的船舶在内河航行，通过过船建筑物的，应当提前向交通运输主管部门申报，并接受交通运输主管部门的管理。

◆载运危险化学品的船舶在内河航行、装卸或者停泊，应当悬挂专用的警示标志，按照规定显示专用信号。

载运危险化学品的船舶在内河航行，按照国务院交通运输主管部门的规定需要引航的，应当申请引航。

◆载运危险化学品的船舶在内河航行，应当遵守法律、行政法规和国家其他有关饮用水水源保护的规定。内河航道发展规划应当与依法经批准的饮用水水源保护区划定方案相协调。

◆托运危险化学品的，托运人应当向承运人说明所托运的危险化学品的种类、数量、危险特性以及发生危险情况的应急处置措施，并按照国家有关规定对所托运的危险化学品妥善包装，在外包装上设置相应的标志。

运输危险化学品需要添加抑制剂或者稳定剂的，托运人应当添加，并将有关情况告知承运人。

◆托运人不得在托运的普通货物中夹带危险化学品，不得将危险化学品匿报或者谎报为普通货物托运。

任何单位和个人不得交寄危险化学品或者在邮件、快件内夹带危险化学品，不得将危险化学品匿报或者谎报为普通物品交寄。邮政企业、快递企业不得收寄危险化学品。

对涉嫌违反规定的，交通运输主管部门、邮政管理部门可以依法开拆查验。

◆通过铁路、航空运输危险化学品的安全管理，依照有关铁路、航空运输的法律、行政法规、规章的规定执行。

6. 危险化学品登记与事故应急救援的有关规定

在第六章危险化学品登记与事故应急救援中，对相关事项作了规定。

◆国家实行危险化学品登记制度，为危险化学品安全管理以及危险化学品事故预防和应急救援提供技术、信息支持。

◆危险化学品生产企业、进口企业，应当向国务院安全生产监督管理部门负责危险化学品登记的机构（以下简称危险化学品登记机构）办理危险化学品登记。

危险化学品登记包括下列内容：

（1）分类和标签信息。

（2）物理、化学性质。

（3）主要用途。

（4）危险特性。

（5）储存、使用、运输的安全要求。

（6）出现危险情况的应急处置措施。

对同一企业生产、进口的同一品种的危险化学品，不进行重复登记。危险化学品生产企业、进口企业发现其生产、进口的危险化学品有新的危险特性的，应当及时向危险化学品登记机构办理登记内容变更手续。

◆危险化学品单位应当制定本单位危险化学品事故应急预案，配备应急救援人员和必要的应急救援器材、设备，并定期组织应急救援演练。

危险化学品单位应当将其危险化学品事故应急预案报所在地设区的市级人民政府安全生产监督管理部门备案。

◆发生危险化学品事故，事故单位主要负责人应当立即按照本单位危险化学品应急预案组织救援，并向当地安全生产监督管理部门和环境保护、公安、卫生主管部门报告；道路运输、水路运输过程中发生危险化学品事故的，驾驶人员、船员或者押运人员还应当向事故发生地交通运输主管部门报告。

◆发生危险化学品事故，有关地方人民政府应当立即组织安全生产监督管理、环境保护、公安、卫生、交通运输等有关部门，按照本地区危险化学品事故应急预案组织实施救援，不得拖延、推诿。

有关地方人民政府及其有关部门应当按照下列规定，采取必要的应急处置措施，减少事故损失，防止事故蔓延、扩大：

（1）立即组织营救和救治受害人员，疏散、撤离或者采取其他措施保护危害区域内的其他人员。

（2）迅速控制危害源，测定危险化学品的性质、事故的危害区域及危害程度。

（3）针对事故对人体、动植物、土壤、水源、大气造成的现实危害和可能产生的危害，迅速采取封闭、隔离、洗消等措施。

（4）对危险化学品事故造成的环境污染和生态破坏状况进行监测、评估，并采取相应的环境污染治理和生态修复措施。

◆有关危险化学品单位应当为危险化学品事故应急救援提供技术指导和必要的协助。

7. 有关法律责任的规定

在第七章法律责任中，对相关事项作了规定。

◆生产、经营、使用国家禁止生产、经营、使用的危险化学品的，由安全生产监督管理部门责令停止生产、经营、使用活动，处20万元以上、50万元以下的罚款，有违法所得的，没收违法所得；构成犯罪的，依法追究刑事责任。

◆未经安全条件审查，新建、改建、扩建生产、储存危险化学品的建设项目的，由安全生产监督管理部门责令停止建设，限期改正；逾期不改正的，处50万元以上、100万元以下的罚款；构成犯罪的，依法追究刑事责任。

◆未依法取得危险化学品安全生产许可证从事危险化学品生产，或者未依法取得工业产品生产许可证从事危险化学品及其包装物、容器生产的，分别依照《安全生产许可证条例》《中华人民共和国工业产品生产许可证管理条例》的规定处罚。

◆有下列情形之一的，由安全生产监督管理部门责令改正，可以处5万元以下的罚款；拒不改正的，处5万元以上、10万元以下的罚款；情节严重的，责令停产停业整顿：

(1) 生产、储存危险化学品的单位未对其铺设的危险化学品管道设置明显的标志，或者未对危险化学品管道定期检查、检测的。

(2) 进行可能危及危险化学品管道安全的施工作业，施工单位未按照规定书面通知管道所属单位，或者未与管道所属单位共同制定应急预案、采取相应的安全防护措施，或者管道所属单位未指派专门人员到现场进行管道安全保护指导的。

(3) 危险化学品生产企业未提供化学品安全技术说明书，或者未在包装（包括外包装件）上粘贴、拴挂化学品安全标签的。

(4) 危险化学品生产企业提供的化学品安全技术说明书与其生产的危险化学品不相符，或者在包装（包括外包装件）粘贴、拴挂的化学品安全标签与包装内危险化学品不相符，或者化学品安全技术说明书、化学品安全标签所载明的内容不符合国家标准要求的。

(5) 危险化学品生产企业发现其生产的危险化学品有新的危险特性不立即公告，或者不及时修订其化学品安全技术说明书和化学品安全标签的。

(6) 危险化学品经营企业经营没有化学品安全技术说明书和化学品安全标签的危险化学品的。

(7) 危险化学品包装物、容器的材质以及包装的形式、规格、方法和单件质量（重量）与所包装的危险化学品的性质和用途不相适应的。

(8) 生产、储存危险化学品的单位未在作业场所和安全设施、设备上设置明显的安全警示标志，或者未在作业场所设置通信、报警装置的。

(9) 危险化学品专用仓库未设专人负责管理，或者对储存的剧毒化学品以及储存数量构成重大危险源的其他危险化学品未实行双人收发、双人保管制度的。

(10) 储存危险化学品的单位未建立危险化学品出入库核查、登记制度的。

(11) 危险化学品专用仓库未设置明显标志的。

(12) 危险化学品生产企业、进口企业不办理危险化学品登记，或者发现其生产、进口的危险化学品有新的危险特性不办理危险化学品登记内容变更手续的。

◆生产、储存、使用危险化学品的单位有下列情形之一的，由安全生产监督管理部门责令改正，处5万元以上、10万元以下的罚款；拒不改正的，责令停产停业整顿直至由原发证机关吊销其相关许可证件，并由工商行政管理部门责令其办理经营范围变更登记或者吊销其营业执照；有关责任人员构成犯罪的，依法追究刑事责任：

(1) 对重复使用的危险化学品包装物、容器，在重复使用前不进行检查的。

(2) 未根据其生产、储存的危险化学品的种类和危险特性，在作业场所设置相关安全设施、设备，或者未按照国家标准、行业标准或者国家有关规定对安全设施、设备进行经常性维护、保养的。

(3) 未依照本条例规定对其安全生产条件定期进行安全评价的。

(4) 未将危险化学品储存在专用仓库内，或者未将剧毒化学品以及储存数量构成重大危险源的其他危险化学品在专用仓库内单独存放的。

(5) 危险化学品的储存方式、方法或者储存数量不符合国家标准或者国家有关规定的。

(6) 危险化学品专用仓库不符合国家标准、行业标准的要求的。

(7) 未对危险化学品专用仓库的安全设施、设备定期进行检测、检验的。

◆有下列情形之一的，由公安机关责令改正，可以处1万元以下的罚款；拒不改正的，处1万元以上、5万元以下的罚款：

(1) 生产、储存、使用剧毒化学品、易制爆危险化学品的单位不如实记录生产、储存、使用的剧毒化学品、易制爆危险化学品的数量、流向的。

(2) 生产、储存、使用剧毒化学品、易制爆危险化学品的单位发现剧毒化学品、易制爆危险化学品丢失或者被盗，不立即向公安机关报告的。

(3) 储存剧毒化学品的单位未将剧毒化学品的储存数量、储存地点以及管理人员的情况报所在地县级人民政府公安机关备案的。

(4) 危险化学品生产企业、经营企业不如实记录剧毒化学品、易制爆危险化学品购买单位的名称、地址、经办人的姓名、身份证号码以及所购买的剧毒化学品、易制爆危险化学品的品种、数量、用途，或者保存销售记录和相关材料的时间少于1年的。

(5) 剧毒化学品、易制爆危险化学品的销售企业、购买单位未在规定的时限内将所销售、购买的剧毒化学品、易制爆危险化学品的品种、数量以及流向信息报所在地县级人民政府公安机关备案的。

(6) 使用剧毒化学品、易制爆危险化学品的单位依照本条例规定转让其购买的剧毒化学品、易制爆危险化学品，未将有关情况向所在地县级人民政府公安机关报告的。

◆生产、储存、使用危险化学品的单位转产、停产、停业或者解散，未采取有效措施及时、妥善处置其危险化学品生产装置、储存设施以及库存的危险化学品，或者丢弃危险化学品的，由安全生产监督管理部门责令改正，处5万元以上、10万元以下的罚款；构成犯罪的，依法追究刑事责任。

◆未依法取得危险货物道路运输许可、危险货物水路运输许可，从事危险化学品道路运输、水路运输的，分别依照有关道路运输、水路运输的法律、行政法规的规定处罚。

◆有下列情形之一的，由交通运输主管部门责令改正，处5万元以上、10万元以下的罚款；拒不改正的，责令停产停业整顿；构成犯罪的，依法追究刑事责任：

(1) 危险化学品道路运输企业、水路运输企业的驾驶人员、船员、装卸管理人员、押运人员、申报人员、集装箱装箱现场检查员未取得从业资格上岗作业的。

(2) 运输危险化学品，未根据危险化学品的危险特性采取相应的安全防护措施，或者未配备必要的防护用品和应急救援器材的。

(3) 使用未依法取得危险货物适装证书的船舶，通过内河运输危险化学品的。

(4) 通过内河运输危险化学品的承运人违反国务院交通运输主管部门对单船运输的危险化学品数量的限制性规定运输危险化学品的。

(5) 用于危险化学品运输作业的内河码头、泊位不符合国家有关安全规范，或者未与饮用水取水口保持国家规定的安全距离，或者未经交通运输主管部门验收合格投入使用的。

(6) 托运人不向承运人说明所托运的危险化学品的种类、数量、危险特性以及发生危险情况的应急处置措施，或者未按照国家有关规定对所托运的危险化学品妥善包装并在外包装上设置相应标志的。

(7) 运输危险化学品需要添加抑制剂或者稳定剂，托运人未添加或者未将有关情况告知承运人的。

◆有下列情形之一的，由交通运输主管部门责令改正，处10万元以上、20万元以下的罚款，有违法所得的，没收违法所得；拒不改正的，责令停产停业整顿；构成犯罪的，依法追究刑事责任：

(1) 委托未依法取得危险货物道路运输许可、危险货物水路运输许可的企业承运危险化学品的。

(2) 通过内河封闭水域运输剧毒化学品以及国家规定禁止通过内河运输的其他危险化学品的。

(3) 通过内河运输国家规定禁止通过内河运输的剧毒化学品以及其他危险化学品的。

(4) 在托运的普通货物中夹带危险化学品，或者将危险化学品谎报或者匿报为普通货物托运的。

在邮件、快件内夹带危险化学品，或者将危险化学品谎报为普通物品交寄的，依法给予治安管理处罚；构成犯罪的，依法追究刑事责任。

邮政企业、快递企业收寄危险化学品的，依照《中华人民共和国邮政法》的规定处罚。

◆有下列情形之一的，由公安机关责令改正，处5万元以上、10万元以下的罚款；构成违反治安管理行为的，依法给予治安管理处罚；构成犯罪的，依法追究刑事责任：

(1) 超过运输车辆的核定载质量装载危险化学品的。

(2) 使用安全技术条件不符合国家标准要求的车辆运输危险化学品的。

(3) 运输危险化学品的车辆未经公安机关批准进入危险化学品运输车辆限制通行的区域的。

(4) 未取得剧毒化学品道路运输通行证，通过道路运输剧毒化学品的。

◆有下列情形之一的，由公安机关责令改正，处1万元以上、5万元以下的罚款；构成违反治安管理行为的，依法给予治安管理处罚：

(1) 危险化学品运输车辆未悬挂或者喷涂警示标志，或者悬挂或者喷涂的警示标志不符合国家标准要求的。

(2) 通过道路运输危险化学品，不配备押运人员的。

(3) 运输剧毒化学品或者易制爆危险化学品途中需要较长时间停车，驾驶人员、押运人员不向当地公安机关报告的。

(4) 剧毒化学品、易制爆危险化学品在道路运输途中丢失、被盗、被抢或者发生流散、泄露等情况，驾驶人员、押运人员不采取必要的警示措施和安全措施，或者不向当地公安机关报告的。

◆对发生交通事故负有全部责任或者主要责任的危险化学品道路运输企业，由公安机关责令消除安全隐患，未消除安全隐患的危险化学品运输车辆，禁止上道路行驶。

◆有下列情形之一的，由交通运输主管部门责令改正，可以处1万元以下的罚款；拒不改正的，处1万元以上、5万元以下的罚款：

(1) 危险化学品道路运输企业、水路运输企业未配备专职安全管理人员的。

(2) 用于危险化学品运输作业的内河码头、泊位的管理单位未制定码头、泊位危险化学品事故应急救援预案，或者未为码头、泊位配备充足、有效的应急救援器材和设备的。

◆伪造、变造或者出租、出借、转让危险化学品安全生产许可证、工业产品生产许可证，或者使用伪造、变造的危险化学品安全生产许可证、工业产品生产许可证的，分别依照《安全生产许可证条例》《中华人民共和国工业产品生产许可证管理条例》的规定处罚。

◆危险化学品单位发生危险化学品事故，其主要负责人不立即组织救援或者不立即向有关部门报告的，依照《生产安全事故报告和调查处理条例》的规定处罚。

危险化学品单位发生危险化学品事故，造成他人人身伤害或者财产损失的，依法承担赔偿责任。

◆发生危险化学品事故，有关地方人民政府及其有关部门不立即组织实施救援，或者不采取必要的应急处置措施减少事故损失，防止事故蔓延、扩大的，对直接负责的主管人员和其他直接责任人员依法给予处分；构成犯罪的，依法追究刑事责任。

五、《安全生产许可证条例》相关要点

2004年1月13日，国务院公布《安全生产许可证条例》(国务院令第397号)，自公布之日起施行。

《安全生产许可证条例》分为二十四条，制定《安全生产许可证条例》的目的是根据《中华人民共和国安全生产法》的有关规定，严格规范安全生产条件，进一步加强安全生产监督管理，防止和减少生产安全事故。

《安全生产许可证条例》相关要点如下：

◆国家对矿山企业、建筑施工企业和危险化学品、烟花爆竹、民用爆破器材生产企业(以下统称企业)实行安全生产许可制度。

企业未取得安全生产许可证的，不得从事生产活动。

◆企业取得安全生产许可证，应当具备下列安全生产条件：

(1) 建立、健全安全生产责任制，制定完备的安全生产规章制度和操作规程。

(2) 安全投入符合安全生产要求。

(3) 设置安全生产管理机构，配备专职安全生产管理人员。

(4) 主要负责人和安全生产管理人员经考核合格。

(5) 特种作业人员经有关业务主管部门考核合格，取得特种作业操作资格证书。

(6) 从业人员经安全生产教育和培训合格。

（7）依法参加工伤保险，为从业人员缴纳保险费。

（8）厂房、作业场所和安全设施、设备、工艺符合有关安全生产法律、法规、标准和规程的要求。

（9）有职业危害防治措施，并为从业人员配备符合国家标准或者行业标准的劳动防护用品。

（10）依法进行安全评价。

（11）有重大危险源检测、评估、监控措施和应急预案。

（12）有生产安全事故应急救援预案、应急救援组织或者应急救援人员，配备必要的应急救援器材、设备。

（13）法律、法规规定的其他条件。

◆企业进行生产前，应当依照本条例的规定向安全生产许可证颁发管理机关申请领取安全生产许可证，并提供本条例所规定的相关文件、资料。

安全生产许可证颁发管理机关应当自收到申请之日起 45 日内审查完毕，经审查符合本条例规定的安全生产条件的，颁发安全生产许可证；不符合本条例规定的安全生产条件的，不予颁发安全生产许可证，书面通知企业并说明理由。

◆安全生产许可证由国务院安全生产监督管理部门规定统一的式样。

◆安全生产许可证的有效期为 3 年。安全生产许可证有效期满需要延期的，企业应当于期满前 3 个月向原安全生产许可证颁发管理机关办理延期手续。

企业在安全生产许可证有效期内，严格遵守有关安全生产的法律法规，未发生死亡事故的，安全生产许可证有效期届满时，经原安全生产许可证颁发管理机关同意，不再审查，安全生产许可证有效期延期 3 年。

◆安全生产许可证颁发管理机关应当建立、健全安全生产许可证档案管理制度，并定期向社会公布企业取得安全生产许可证的情况。

◆企业不得转让、冒用安全生产许可证或者使用伪造的安全生产许可证。

◆企业取得安全生产许可证后，不得降低安全生产条件，并应当加强日常安全生产管理，接受安全生产许可证颁发管理机关的监督检查。

安全生产许可证颁发管理机关应当加强对取得安全生产许可证的企业的监督检查，发现其不再具备本条例规定的安全生产条件的，应当暂扣或者吊销安全生产许可证。

◆违反本条例规定，未取得安全生产许可证擅自进行生产的，责令停止生产，没收违法所得，并处 10 万元以上、50 万元以下的罚款；造成重大事故或者其他严重后果，构成犯罪的，依法追究刑事责任。

◆违反本条例规定，安全生产许可证有效期满未办理延期手续，继续进行生产的，责令停止生产，限期补办延期手续，没收违法所得，并处 5 万元以上、10 万元以下的罚款；逾期仍不办理延期手续，继续进行生产的，依照本条例第十九条的规定处罚。

◆违反本条例规定，转让安全生产许可证的，没收违法所得，处 10 万元以上、50 万元以下的罚款，并吊销其安全生产许可证；构成犯罪的，依法追究刑事责任；接受转让的，依照本条例相关规定处罚。

冒用安全生产许可证或者使用伪造的安全生产许可证的，依照本条例相关规定处罚。

第二节　危险化学品储存运输企业安全生产重要规定

危险化学品的储存运输由于其所具有的危险性，历来受到国家的高度重视。近年来，国家安全生产监督管理总局、交通运输部、公安部等部门，按照《安全生产法》《道路交通安全法》等法律、法规的规定，制定了一系列有关部门规章、规范标准，这些部门规章对于规范危险化学品储存运输企业安全管理，加强安全监督管理，消除事故隐患，减少事故的发生起到了积极的作用。

一、《危险化学品生产企业安全生产许可证实施办法》相关要点

2011 年 8 月 5 日，国家安全生产监督管理总局公布新修订的《危险化学品生产企业安全生产许可证实施办法》(国家安全生产监督管理总局令第 41 号)，自 2011 年 12 月 1 日起施行。原国家安全生产监督管理局 2004 年 5 月 17 日公布的《危险化学品生产企业安全生产许可证实施办法》同时废止。

该办法分为七章五十七条，各章内容为：第一章总则，第二章申请安全生产许可证的条件，第三章安全生产许可证的申请，第四章安全生产许可证的颁发，第五章监督管理，第六章法律责任，第七章附则。制定该办法的目的是根据《安全生产许可证条例》《危险化学品安全管理条例》等法律、行政法规，严格规范危险化学品生产企业安全生产条件，做好危险化学品生产企业安全生产许可证的颁发和管理工作。

1. 总则中的有关规定

在第一章总则中，对相关事项作了规定。

◆本办法所称危险化学品生产企业（以下简称企业），是指依法设立且取得工商营业执照或者工商核准文件从事生产最终产品或者中间产品列入《危险化学品目录》的企业。

◆企业应当依照本办法的规定取得危险化学品安全生产许可证（以下简称安全生产许可证）。未取得安全生产许可证的企业，不得从事危险化学品的生产活动。

企业涉及使用有毒物品的，除安全生产许可证外，还应当依法取得职业卫生安全许可证。

◆安全生产许可证的颁发管理工作实行企业申请、两级发证、属地监管的原则。

◆国家安全生产监督管理总局指导、监督全国安全生产许可证的颁发管理工作，并负责涉及危险化学品生产的中央企业及其直接控股涉及危险化学品生产的企业（总部）安全生产许可证的颁发管理。

省、自治区、直辖市安全生产监督管理部门（以下简称省级安全生产监督管理部门）负责本行政区域内本条第一款规定以外的企业安全生产许可证的颁发管理。

◆省级安全生产监督管理部门可以将其负责的安全生产许可证颁发工作，委托企业所在地设区的市级或者县级安全生产监督管理部门实施。涉及剧毒化学品生产的企业安全生产许可证颁发工作，不得委托实施。国家安全生产监督管理总局公布的涉及危险化工工艺和重点监管危险化学品的企业安全生产许可证颁发工作，不得委托县级安全生产监督管理部门实施。

受委托的设区的市级或者县级安全生产监督管理部门在受委托的范围内，以省级安全生产监督管理部门的名义实施许可，但不得再委托其他组织和个人实施。

国家安全生产监督管理总局、省级安全生产监督管理部门和受委托的设区的市级或者县级安全生产监督管理部门统称实施机关。

◆省级安全生产监督管理部门应当将受委托的设区的市级或者县级安全生产监督管理部门以及委托事项予以公告。

省级安全生产监督管理部门应当指导、监督受委托的设区的市级或者县级安全生产监督管理部门颁发安全生产许可证，并对其法律后果负责。

2. 申请安全生产许可证条件的有关规定

在第二章申请安全生产许可证的条件中，对相关事项作了规定。

◆企业的厂房、作业场所、储存设施和安全设施、设备、工艺应当符合下列要求：

（1）新建、改建、扩建建设项目经具备国家规定资质的单位设计、制造和施工建设；涉及危险化工工艺、重点监管危险化学品的装置，由具有综合甲级资质或者化工石化专业甲级设计资质的化工石化设计单位设计。

（2）不得采用国家明令淘汰、禁止使用和危及安全生产的工艺、设备；新开发的危险化学品生产工艺必须在小试、中试、工业化试验的基础上逐步放大到工业化生产；国内首次使用的化工工艺，必须经过省级人民政府有关部门组织的安全可靠性论证。

（3）涉及危险化工工艺、重点监管危险化学品的装置装设自动化控制系统；涉及危险化工工艺的大型化工装置装设紧急停车系统；涉及易燃易爆、有毒有害气体化学品的场所装设易燃易爆、有毒有害介质泄漏报警等安全设施。

（4）生产区与非生产区分开设置，并符合国家标准或者行业标准规定的距离。

（5）危险化学品生产装置和储存设施之间及其与建（构）筑物之间的距离符合有关标准规范的规定。

同一厂区内的设备、设施及建（构）筑物的布置必须适用同一标准的规定。

◆企业应当有相应的职业危害防护设施，并为从业人员配备符合国家标准或者行业标准的劳动防护用品。

◆企业应当依据《危险化学品重大危险源辨识》（GB 18218—2009），对本企业的生产、储存和使用装置、设施或者场所进行重大危险源辨识。

对已确定为重大危险源的生产和储存设施，应当执行《危险化学品重大危险源监督管理暂行规定》。

◆企业应当依法设置安全生产管理机构，配备专职安全生产管理人员。配备的专职安全生产管理人员必须能够满足安全生产的需要。

◆企业应当建立全员安全生产责任制，保证每位从业人员的安全生产责任与职务、岗位相匹配。

◆企业应当根据化工工艺、装置、设施等实际情况，制定完善下列主要安全生产规章制度：

(1) 安全生产例会等安全生产会议制度。

(2) 安全投入保障制度。

(3) 安全生产奖惩制度。

(4) 安全培训教育制度。

(5) 领导干部轮流现场带班制度。

(6) 特种作业人员管理制度。

(7) 安全检查和隐患排查治理制度。

(8) 重大危险源评估和安全管理制度。

(9) 变更管理制度。

(10) 应急管理制度。

(11) 生产安全事故或者重大事件管理制度。

(12) 防火、防爆、防中毒、防泄漏管理制度。

(13) 工艺、设备、电气仪表、公用工程安全管理制度。

(14) 动火、进入受限空间、吊装、高处、盲板抽堵、动土、断路、设备检维修等作业安全管理制度。

(15) 危险化学品安全管理制度。

(16) 职业健康相关管理制度。

(17) 劳动防护用品使用维护管理制度。

(18) 承包商管理制度。

(19) 安全管理制度及操作规程定期修订制度。

◆企业应当根据危险化学品的生产工艺、技术、设备特点和原辅料、产品的危险性编制岗位操作安全规程。

◆企业主要负责人、分管安全负责人和安全生产管理人员必须具备与其从事的生产经营活动相适应的安全生产知识和管理能力，依法参加安全生产培训，并经考核合格，取得安全资格证书。

企业分管安全负责人、分管生产负责人、分管技术负责人应当具有一定的化工专业知识或者相应的专业学历，专职安全生产管理人员应当具备国民教育化工化学类（或安全工程）中等职业教育以上学历或者化工化学类中级以上专业技术职称，或者具备危险物品安全类注册安全工程师资格。

特种作业人员应当依照《特种作业人员安全技术培训考核管理规定》，经专门的安全技术培训并考核合格，取得特种作业操作证书。

◆企业应当按照国家规定提取与安全生产有关的费用，并保证安全生产所必需的资金投入。

◆企业应当依法参加工伤保险，为从业人员缴纳保险费。

◆企业应当依法委托具备国家规定资质的安全评价机构进行安全评价，并按照安全评价报告的意见对存在的安全生产问题进行整改。

◆企业应当依法进行危险化学品登记，为用户提供化学品安全技术说明书，并在危险化学品包装（包括外包装件）上粘贴或者拴挂与包装内危险化学品相符的化学品安全标签。

◆企业应当符合下列应急管理要求：

(1) 按照国家有关规定编制危险化学品事故应急预案并报有关部门备案。

(2) 建立应急救援组织或者明确应急救援人员，配备必要的应急救援器材、设备设施，并定期进行演练。

生产、储存和使用氯气、氨气、光气、硫化氢等吸入性有毒有害气体的企业，除符合本条第一款的规定外，还应当配备至少两套以上全封闭防化服；构成重大危险源的，还应当设立气体防护站（组）。

3. 安全生产许可证申请的有关规定

在第三章安全生产许可证的申请中，对相关事项作了规定。

◆中央企业及其直接控股涉及危险化学品生产的企业（总部）向国家安全生产监督管理总局申请安全生产许可证。

本条第一款规定以外的企业向所在地省级安全生产监督管理部门或其委托的安全生产监督管理部门申请安全生产许可证。

◆新建企业安全生产许可证的申请，应当在危险化学品生产建设项目安全设施竣工验收通过后10个工作日内提出。

◆企业申请安全生产许可证时，应当提交下列文件、资料，并对其内容的真实性负责：

(1) 申请安全生产许可证的文件及申请书。

(2) 安全生产责任制文件，安全生产规章制度、岗位操作安全规程清单。

(3) 设置安全生产管理机构，配备专职安全生产管理人员的文件复制件。

(4) 主要负责人、分管安全负责人、安全生产管理人员和特种作业人员的安全资格证或者特种作业操作证复制件。

(5) 与安全生产有关的费用提取和使用情况报告，新建企业提交有关安全生产费用提取和使用规定的文件。

(6) 为从业人员缴纳工伤保险费的证明材料。

(7) 危险化学品事故应急救援预案的备案证明文件。

(8) 危险化学品登记证复制件。

(9) 工商营业执照副本或者工商核准文件复制件。

(10) 具备资质的中介机构出具的安全评价报告。

(11) 新建企业的竣工验收意见书复制件。

(12) 应急救援组织或者应急救援人员，以及应急救援器材、设备设施清单。

4. 法律责任的有关规定

在第六章法律责任中，对相关事项作了规定。

◆企业取得安全生产许可证后发现其不具备本办法规定的安全生产条件的，依法暂扣其安全生产许可证 1 个月以上、6 个月以下；暂扣期满仍不具备本办法规定的安全生产条件的，依法吊销其安全生产许可证。

◆企业出租、出借或者以其他形式转让安全生产许可证的，没收违法所得，处 10 万元以上、50 万元以下的罚款，并吊销安全生产许可证；构成犯罪的，依法追究刑事责任。

◆企业有下列情形之一的，责令停止生产危险化学品，没收违法所得，并处 10 万元以上、50 万元以下的罚款；构成犯罪的，依法追究刑事责任：

（1）未取得安全生产许可证，擅自进行危险化学品生产的。

（2）接受转让的安全生产许可证的。

（3）冒用或者使用伪造的安全生产许可证的。

二、《危险化学品经营许可证管理办法》相关要点

2012 年 7 月 17 日，国家安全生产监督管理总局公布《危险化学品经营许可证管理办法》（国家安全生产监督管理总局令第 55 号），自 2012 年 9 月 1 日起施行。原国家经济贸易委员会 2002 年 10 月 8 日公布的《危险化学品经营许可证管理办法》同时废止。

《危险化学品经营许可证管理办法》分为六章四十条，各章内容为：第一章总则，第二章申请经营许可证的条件，第三章经营许可证的申请与颁发，第四章经营许可证的监督管理，第五章法律责任，第六章附则。制定该办法的目的是根据《安全生产法》和《危险化学品安全管理条例》，严格危险化学品经营安全条件，规范危险化学品经营活动，保障人民群众生命、财产安全。

1. 总则中的有关规定

在第一章总则中，对相关事项作了规定。

◆在中华人民共和国境内从事列入《危险化学品目录》的危险化学品的经营（包括仓储经营）活动，适用本办法。

民用爆炸物品、放射性物品、核能物质和城镇燃气的经营活动，不适用本办法。

◆国家对危险化学品经营实行许可制度。经营危险化学品的企业，应当依照本办法取得危险化学品经营许可证（以下简称经营许可证）。未取得经营许可证，任何单位和个人不得经营危险化学品。

◆经营许可证的颁发管理工作实行企业申请、两级发证、属地监管的原则。

◆国家安全生产监督管理总局指导、监督全国经营许可证的颁发和管理工作。

省、自治区、直辖市人民政府安全生产监督管理部门指导、监督本行政区域内经营许可证的颁发和管理工作。

设区的市级人民政府安全生产监督管理部门（以下简称市级发证机关）负责下列企业的经营许可证审批、颁发：

（1）经营剧毒化学品的企业。

（2）经营易制爆危险化学品的企业。

（3）经营汽油加油站的企业。

（4）专门从事危险化学品仓储经营的企业。

（5）从事危险化学品经营活动的中央企业所属省级、设区的市级公司（分公司）。

（6）带有储存设施经营除剧毒化学品、易制爆危险化学品以外的其他危险化学品的企业。

县级人民政府安全生产监督管理部门（以下简称县级发证机关）负责本行政区域内相关规定以外企业的经营许可证审批、颁发；没有设立县级发证机关的，其经营许可证由市级发证机关审批、颁发。

2. 申请经营许可证条件的有关规定

在第二章申请经营许可证的条件中，对相关事项作了规定。

◆从事危险化学品经营的单位（以下统称申请人）应当依法登记注册为企业，并具备下列基本条件：

（1）经营和储存场所、设施、建筑物符合《建筑设计防火规范》（GB 50016—2012）、《石油化工企业设计防火规范》（GB 50160—2008）、《汽车加油加气站设计与施工规范》（GB 50156—2012）、《石油库设计规范》（GB 50074—2014）等相关国家标准、行业标准的规定。

（2）企业主要负责人和安全生产管理人员具备与本企业危险化学品经营活动相适应的安全生产知识和管理能力，经专门的安全生产培训和安全生产监督管理部门考核合格，取得相应安全资格证书；特种作业人员经专门的安全作业培训，取得特种作业操作证书；其他从业人员依照有关规定经安全生产教育和专业技术培训合格。

（3）有健全的安全生产规章制度和岗位操作规程。

（4）有符合国家规定的危险化学品事故应急预案，并配备必要的应急救援器材、设备。

（5）法律、法规和国家标准或者行业标准规定的其他安全生产条件。

前款规定的安全生产规章制度，是指全员安全生产责任制度、危险化学品购销管理制度、危险化学品安全管理制度（包括防火、防爆、防中毒、防泄漏管理等内容）、安全投入保障制度、安全生产奖惩制度、安全生产教育培训制度、隐患排查治理制度、安全风险管理制度、应急管理制度、事故管理制度、职业卫生管理制度等。

◆申请人经营剧毒化学品的，除符合本办法相关规定的条件外，还应当建立剧毒化学品双人验收、双人保管、双人发货、双把锁、双本账等管理制度。

◆申请人带有储存设施经营危险化学品的，除符合本办法相关规定的条件外，还应当具备下列条件：

（1）新设立的专门从事危险化学品仓储经营的，其储存设施建立在地方人民政府规划的用于危险化学品储存的专门区域内。

（2）储存设施与相关场所、设施、区域的距离符合有关法律、法规、规章和标准的规定。

（3）依照有关规定进行安全评价，安全评价报告符合《危险化学品经营企业安全评价细则》的要求。

（4）专职安全生产管理人员具备国民教育化工化学类或者安全工程类中等职业教育以上学历，或者化工化学类中级以上专业技术职称，或者危险物品安全类注册安全工程师资格。

(5) 符合《危险化学品安全管理条例》《危险化学品重大危险源监督管理暂行规定》《常用危险化学品贮存通则》(GB 15603—2008) 的相关规定。

申请人储存易燃、易爆、有毒、易扩散危险化学品的，除符合本条第一款规定的条件外，还应当符合《石油化工可燃气体和有毒气体检测报警设计规范》(GB 50493—2009) 的规定。

3. 经营许可证申请与颁发的有关规定

在第三章经营许可证的申请与颁发中，对相关事项作了规定。

◆申请人申请经营许可证，应当依照本办法相关规定向所在地市级或者县级发证机关(以下统称发证机关) 提出申请，提交下列文件、资料，并对其真实性负责：

(1) 申请经营许可证的文件及申请书。

(2) 安全生产规章制度和岗位操作规程的目录清单。

(3) 企业主要负责人、安全生产管理人员、特种作业人员的相关资格证书(复制件) 和其他从业人员培训合格的证明材料。

(4) 经营场所产权证明文件或者租赁证明文件(复制件)。

(5) 工商行政管理部门颁发的企业性质营业执照或者企业名称预先核准文件(复制件)。

(6) 危险化学品事故应急预案备案登记表(复制件)。

带有储存设施经营危险化学品的，申请人还应当提交下列文件、资料：

(1) 储存设施相关证明文件(复制件)；租赁储存设施的，需要提交租赁证明文件(复制件)；储存设施新建、改建、扩建的，需要提交危险化学品建设项目安全设施竣工验收意见书(复制件)。

(2) 重大危险源备案证明材料、专职安全生产管理人员的学历证书、技术职称证书或者危险物品安全类注册安全工程师资格证书(复制件)。

(3) 安全评价报告。

◆发证机关收到申请人提交的文件、资料后，应当按照下列情况分别做出处理：

(1) 申请事项不需要取得经营许可证的，当场告知申请人不予受理。

(2) 申请事项不属于本发证机关职责范围的，当场做出不予受理的决定，告知申请人向相应的发证机关申请，并退回申请文件、资料。

(3) 申请文件、资料存在可以当场更正的错误的，允许申请人当场更正，并受理其申请。

(4) 申请文件、资料不齐全或者不符合要求的，当场告知或者在5个工作日内出具补正告知书，一次告知申请人需要补正的全部内容；逾期不告知的，自收到申请文件、资料之日起即为受理。

(5) 申请文件、资料齐全，符合要求，或者申请人按照发证机关要求提交全部补正材料的，立即受理其申请。

发证机关受理或者不予受理经营许可证申请，应当出具加盖本机关印章和注明日期的书面凭证。

◆发证机关受理经营许可证申请后，应当组织对申请人提交的文件、资料进行审查，指派2名以上工作人员对申请人的经营场所、储存设施进行现场核查，并自受理之日起30日内做出是否准予许可的决定。

◆发证机关做出准予许可决定的，应当自决定之日起10个工作日内颁发经营许可证；发证机关做出不予许可决定的，应当在10个工作日内书面告知申请人并说明理由，告知书应当加盖本机关印章。

◆经营许可证分为正本、副本，正本为悬挂式，副本为折页式。正本、副本具有同等法律效力。

◆经营许可证的有效期为3年。有效期满后，企业需要继续从事危险化学品经营活动的，应当在经营许可证有效期满3个月前，向本办法相关规定的发证机关提出经营许可证的延期申请，并提交延期申请书及本办法第九条规定的申请文件、资料。

企业提出经营许可证延期申请时，可以同时提出变更申请，并向发证机关提交相关文件、资料。

◆任何单位和个人不得伪造、变造经营许可证，或者出租、出借、转让其取得的经营许可证，或者使用伪造、变造的经营许可证。

4. 经营许可证监督管理的有关规定

在第四章经营许可证的监督管理中，对相关事项作了规定。

◆发证机关应当坚持公开、公平、公正的原则，严格依照法律、法规、规章、国家标准、行业标准和本办法规定的条件及程序，审批、颁发经营许可证。

发证机关及其工作人员在经营许可证的审批、颁发和监督管理工作中，不得索取或者接受当事人的财物，不得谋取其他利益。

◆发证机关应当加强对经营许可证的监督管理，建立、健全经营许可证审批、颁发档案管理制度，并定期向社会公布企业取得经营许可证的情况，接受社会监督。

◆安全生产监督管理部门在监督检查中，发现已经取得经营许可证的企业不再具备法律、法规、规章、国家标准、行业标准和本办法规定的安全生产条件，或者存在违反法律、法规、规章和本办法规定的行为的，应当依法做出处理，并及时告知原发证机关。

◆发证机关发现企业以欺骗、贿赂等不正当手段取得经营许可证的，应当撤销已经颁发的经营许可证。

◆已经取得经营许可证的企业有下列情形之一的，发证机关应当注销其经营许可证：

（1）经营许可证有效期届满未被批准延期的。

（2）终止危险化学品经营活动的。

（3）经营许可证被依法撤销的。

（4）经营许可证被依法吊销的。

发证机关注销经营许可证后，应当在当地主要新闻媒体或者本机关网站上发布公告，并通报企业所在地人民政府和县级以上安全生产监督管理部门。

5. 法律责任的有关规定

在第五章法律责任中，对相关事项作了规定。

◆未取得经营许可证从事危险化学品经营的，依照《中华人民共和国安全生产法》有关未经依法批准擅自生产、经营、储存危险物品的法律责任条款并处罚款；构成犯罪的，依法追究刑事责任。

企业在经营许可证有效期届满后，仍然从事危险化学品经营的，依照前款规定给予处罚。

◆带有储存设施的企业违反《危险化学品安全管理条例》规定，有下列情形之一的，责令改正，处5万元以上、10万元以下的罚款；拒不改正的，责令停产停业整顿；经停产停业整顿仍不具备法律、法规、规章、国家标准和行业标准规定的安全生产条件的，吊销其经营许可证：

(1) 对重复使用的危险化学品包装物、容器，在重复使用前不进行检查的。

(2) 未根据其储存的危险化学品的种类和危险特性，在作业场所设置相关安全设施、设备，或者未按照国家标准、行业标准或者国家有关规定对安全设施、设备进行经常性维护、保养的。

(3) 未将危险化学品储存在专用仓库内，或者未将剧毒化学品以及储存数量构成重大危险源的其他危险化学品在专用仓库内单独存放的。

(4) 未对其安全生产条件定期进行安全评价的。

(5) 危险化学品的储存方式、方法或者储存数量不符合国家标准或者国家有关规定的。

(6) 危险化学品专用仓库不符合国家标准、行业标准的要求的。

(7) 未对危险化学品专用仓库的安全设施、设备定期进行检测、检验的。

◆伪造、变造或者出租、出借、转让经营许可证，或者使用伪造、变造的经营许可证的，处10万元以上、20万元以下的罚款，有违法所得的，没收违法所得；构成违反治安管理行为的，依法给予治安管理处罚；构成犯罪的，依法追究刑事责任。

◆已经取得经营许可证的企业不再具备法律、法规和本办法规定的安全生产条件的，责令改正；逾期不改正的，责令停产停业整顿；经停产停业整顿仍不具备法律、法规、规章、国家标准和行业标准规定的安全生产条件的，吊销其经营许可证。

◆已经取得经营许可证的企业出现本办法第十四条、第十六条规定的情形之一，未依照本办法的规定申请变更的，责令限期改正，处1万元以下的罚款；逾期仍不申请变更的，处1万元以上、3万元以下的罚款。

◆安全生产监督管理部门的工作人员徇私舞弊、滥用职权、弄虚作假、玩忽职守，未依法履行危险化学品经营许可证审批、颁发和监督管理职责的，依照有关规定给予处分。

◆承担安全评价的机构和安全评价人员出具虚假评价报告的，依照有关法律、法规、规章的规定给予行政处罚；构成犯罪的，依法追究刑事责任。

三、《化工（危险化学品）企业保障生产安全十条规定》与条文释义

2013年9月18日，国家安全生产监督管理总局公布《化工（危险化学品）企业保障生产安全十条规定》（国家安全生产监督管理总局令第64号），自公布之日起施行。

1.《化工（危险化学品）企业保障生产安全十条规定》

《化工（危险化学品）企业保障生产安全十条规定》如下：

（1）必须依法设立、证照齐全有效。

（2）必须建立健全并严格落实全员安全生产责任制，严格执行领导带班、值班制度。

（3）必须确保从业人员符合录用条件并培训合格，依法持证上岗。

（4）必须严格管控重大危险源，严格变更管理，遇险科学施救。

（5）必须按照《危险化学品企业事故隐患排查治理实施导则》要求排查治理隐患。

（6）严禁设备、设施带病运行和未经审批停用报警联锁系统。

（7）严禁可燃和有毒气体泄漏等报警系统处于非正常状态。

（8）严禁未经审批进行动火、进入受限空间、高处、吊装、临时用电、动土、检维修、盲板抽堵等作业。

（9）严禁违章指挥和强令他人冒险作业。

（10）严禁违章作业、脱岗和在岗做与工作无关的事。

2.《化工（危险化学品）企业保障生产安全十条规定》条文释义

《化工（危险化学品）企业保障生产安全十条规定》（以下简称《十条规定》）由五个必须和五个严禁组成，紧抓化工（危险化学品）企业生产安全的主要矛盾和关键问题，规范了化工（危险化学品）企业安全生产过程中集中多发的问题，其主要特点如下：

一是重点突出，针对性强。《十条规定》在归纳总结近年来造成危险化学品生产安全事故主要因素的基础上，从企业必须依法取得相关证照、建立健全并落实安全生产责任制等安全管理规章制度、严格从业人员资格及培训要求等方面强调了化工（危险化学品）企业保障生产安全的最基本的规定，突出了遏制危险化学品生产安全事故的关键因素。

二是编制依法，执行有据。《十条规定》中的每一个必须、每一个严禁，都是以《中华人民共和国安全生产法》《危险化学品安全管理条例》及其配套规章等重要法规标准为依据，都是有法可依的，化工（危险化学品）企业必须严格执行。违反了规定就要依法进行处罚。

三是简明扼要，便于普及。《十条规定》的内容只有十句话，239个字，言简意赅，一目了然。虽然这些内容过去都有规定，但散落在多项法规标准之中，许多化工（危险化学品）企业负责人、安全管理人员和从业人员对其不够熟悉。《十条规定》明确将法规标准中规定的化工（危险化学品）企业应该做、必须做的最基本的要求规范出来，便于企业及相关人员记忆和执行。

为深刻领会、准确理解《十条规定》的内容和要求，现逐条进行简要解释说明如下：

（1）必须依法设立、证照齐全有效

依法设立是指企业的设立应当符合国家产业政策和当地产业结构规划；企业的选址应当符合当地城乡规划；新建化工企业必须按照有关规定进入化工园区（或集中区），

必须经过正规设计、必须装备自动监控系统及必要的安全仪表系统，周边距离不足和城区内的化工企业要搬迁进入化工园区。

证照齐全主要是指各种企业安全许可证照，包括建设项目“三同时”审查和各类相应的安全许可证不仅要齐全，还要确保在有效期内。

依法设立是企业安全生产的首要条件和前提保障。安全生产行政审批是危险化学品企业准入的首要关口，是检查企业是否具备基本安全生产条件的重要环节，是安全监管部门强化安全生产监管的重要行政手段。而非法生产行为一直是引发事故，特别是较大以上群死群伤事故的主要原因之一。例如，2013 年 3 月 1 日，辽宁省朝阳市建平县鸿燊商贸有限责任公司硫酸储罐爆炸泄漏事故，导致 7 人死亡、2 人受伤。事故企业未取得工商注册，在项目建设过程中，除办理了临时占地手续外，项目可研、环评、安全评价、设计等相关手续均未办理。

(2) 必须建立健全并严格落实全员安全生产责任制，严格执行领导带班值班制度

安全生产责任制是生产经营单位安全生产的重要制度，建立健全并严格落实全员安全生产责任制，是企业加强安全管理的重要基础。严格领导带班值班制度是强化企业领导安全生产责任意识、及时掌握安全生产动态的重要途径，是及时应对突发事件的重要保障。

安全生产责任制不健全、不落实，领导带班值班制度执行不严格往往是事故发生的首要潜在因素。例如，2012 年 12 月 31 日，山西省潞城市山西潞安集团天脊煤化工集团股份有限公司苯胺泄漏事故，造成区域环境污染事件，直接经济损失约 235.92 万元。事故直接原因虽然是事故储罐进料管道上的金属软管破裂导致的，但经调查发现安全生产责任制不落实（当班员工 18 个小时不巡检）和领导带班值班制度未严格落实是导致事故发生的重要原因。

(3) 必须确保从业人员符合录用条件并培训合格，依法持证上岗

化工生产、储存、使用过程中涉及品种繁多、特性各异的危险化学品，涉及复杂多样的工艺技术、设备、仪表、电气等设施。特别是近年来，化工生产呈现出装置大型化、集约化的发展，对从业人员提出了更高的要求。因此，从业人员的良好素质是化工企业实现安全生产必须具备的基础条件。只有经过严格的培训，掌握生产工艺及设备操作技能、熟知本岗位存在的安全隐患及防范措施、需要取证的岗位依法取证后，才能承担并完成自己的本职工作，保证自身和装置的安全。

不符合录用条件、不具备相关知识和技能、不持证上岗的“三不”人员从事化工生产极易发生事故。例如，2012 年 2 月 28 日，河北省石家庄市赵县河北克尔化工有限公司重大爆炸事故，造成 29 人死亡、46 人受伤，直接经济损失 4 459 万元。事故暴露出的主要问题之一就是公司从业人员不具备化工生产的专业技能。该公司车间主任和重要岗位员工多为周边村里的农民（初中以下文化程度），缺乏化工生产必备的专业知识和技能，未经有效的安全教育培训即上岗作业，把危险程度较低的生产过程变成了高度危险的生产过程，针对突发异常情况，缺乏及时有效应对紧急情况的知识和能力，最终导致事故发生。

(4) 必须严格管控重大危险源，严格变更管理，遇险科学施救

严格管控危险化学品重大危险源是有效预防、遏制重特大事故的重要途径和基础性、长效性措施。2011 年 12 月 1 日起施行的《危险化学品重大危险源监督管理暂行规定》(国家安全监管总局令第 40 号)明确提出了对危险化学品重大危险源要完善监测监控手段和落实安全监督管理责任等要求。由于构成危险化学品重大危险源的危险化学品数量较大，一旦发生事故，造成的后果和影响十分巨大。例如，2008 年 8 月 26 日，广西河池市广维化工股份有限公司爆炸事故，造成 21 人死亡、59 人受伤，厂区附近 3 公里范围共 11 500 多名群众疏散，直接经济损失 7 586 万元。事后调查发现，该起事故与罐区重大危险源监控措施不到位有直接关系，事故储罐没有安装液位、温度、压力测量监控仪表和可燃气体泄漏报警仪表。

变更管理是指对人员、工作过程、工作程序、技术、设施等永久性或暂时性的变化进行有计划的控制，确保变更带来的危害得到充分识别，风险得到有效控制。变更按内容分为工艺技术变更、设备设施变更和管理变更等。变更管理在我国化工企业安全管理中是薄弱环节。发生变更时，如果未对风险进行分析并采取安全措施，就极易形成重大事故隐患，甚至造成事故。例如，2010 年 7 月 16 日，辽宁省大连市的大连中石油国际储运有限公司原油罐区发生的输油管道爆炸事故，造成严重环境污染和 1 名作业人员失踪、1 名消防战士牺牲。该起事故是未严格执行变更管理程序导致事故发生的典型案例。事故单位的原油硫化氢脱除剂的活性组分由有机胺类变更为双氧水，脱除剂组分发生了变更，加注过程操作条件也发生了变化，但企业没有针对这些变更进行风险分析，也没有制定风险控制方案，导致了在加剂过程中发生火灾爆炸事故，大火持续燃烧 15 小时，泄漏原油流入附近海域。

在作业遇险时，不能保证自身安全的情况下盲目施救，往往会使事故扩大，造成施救者受到伤害甚至死亡。例如，2012 年 5 月 26 日，江苏省盐城市大丰跃龙化学有限公司中毒事故，导致 2 人死亡。事故原因是尾气吸收岗位因有毒气体外逸并在密闭空间积聚，导致当班操作人员中毒，当班职工在组织救援的过程中因防范措施不当，盲目施救，致使 3 名救援人员在施救过程中相继中毒。

(5) 必须按照《危险化学品企业事故隐患排查治理实施导则》要求排查治理隐患

隐患是事故的根源。排查治理隐患，是安全生产工作的最基本任务，是预防和减少事故的最有效手段，也是安全生产的重要基础性工作。

《危险化学品企业事故隐患排查治理实施导则》对企业建立并不断完善隐患排查体制机制、制定完善管理制度、扎实开展隐患排查治理工作提出了明确要求和细致的规定。隐患排查走过场、隐患消除不及时，都可能成为事故的诱因。例如，2011 年 11 月 6 日，吉林省松原市松原石油化工股份有限公司气体分馏车间发生爆炸引起火灾，造成 4 人死亡、1 人重伤、6 人轻伤。事后调查发现，事故发生时，气体分馏装置存在硫化氢腐蚀，事发前曾出现硫化氢严重超标现象，企业没有据此缩短设备监测检查周期，排查隐患，加强维护保养，充分暴露出企业隐患治理工作没有落实到位，为事故发生埋下伏笔。

(6) 严禁设备设施带病运行和未经审批停用报警联锁系统

设备、设施是化工生产的基础，设备、设施带病运行是事故的主要根源之一。例如，2010 年 5 月 9 日，上海中石化高桥分公司炼油事业部储运 2 号罐区石脑油储罐火灾事故，造成 1613＃罐罐顶掀开，1615＃罐罐顶局部开裂，经济损失 60 余万元。事故直接原因是 1613＃油罐铝制浮盘腐蚀穿孔，造成罐内硫化亚铁遇空气自燃。事故企业 2003 年至事发时只做过一次内壁防腐，石脑油罐罐壁和铝制浮盘严重腐蚀，一直带病运行，最终导致了事故的发生。

报警联锁系统是规范危险化学品企业安全生产管理、降低安全风险、保证装置的平稳运行、安全生产的有效手段，是防止事故发生的重要措施，也是提升企业本质安全水平的有效途径。未经审批、随意停用报警联锁系统会给安全生产造成极大的隐患。例如，2011 年 7 月 11 日，广东省惠州市中海油炼化公司惠州炼油分公司芳烃联合装置火灾事故，造成重整生成油分离塔塔底泵的轴承、密封及进出口管线及附近管线、电缆及管廊结构等损毁。直接原因是重整生成油分离塔塔底泵非驱动端的止推轴承损坏，造成轴剧烈振动和轴位移，导致该泵非驱动端的两级机械密封的严重损坏造成泄漏，泄漏的介质遇到轴套与密封端盖发生硬摩擦产生的高温导致着火。但是调查发现，事故发生的一个重要原因是由于 DCS 通道不足，仪表系统没有按照规范设置泵的机械密封油罐低液位信号，进入控制室的信号只设置了状态显示，没有声光报警，致使控制室值班人员未能及时发现异常情况。

（7）严禁可燃和有毒气体泄漏等报警系统处于非正常状态

可燃气体和有毒气体泄漏等报警系统是可燃有毒气体泄漏的重要预警手段。可燃和有毒气体含量超出安全规定要求但不能被检测出时，极易发生事故。例如，2010 年 11 月 20 日，榆社化工股份有限公司树脂二厂 2＃聚合厂房内发生了空间爆炸，造成 4 人死亡、2 人重伤、3 人轻伤，经济损失 2 500 万元。虽然事故直接原因是位于 2＃聚合厂房四层南侧待出料的 9 号釜顶部氯乙烯单体进料管与总排空管控制阀下连接的上弯头焊缝开裂导致氯乙烯泄漏，泄漏的氯乙烯漏进 9 号釜一层东侧出料泵旁的混凝土柱上的聚合釜出料泵启动开关，产生电气火花，引起厂房内的氯乙烯气体空间爆炸，但是本应起到报警作用的泄漏气体检测仪却没有发出报警，未起到预防事故发生的作用，最终导致了事故的发生。

（8）严禁未经审批进行动火、进入受限空间、高处、吊装、临时用电、动土、检维修、盲板抽堵等作业

化工企业动火、进入受限空间、高处、吊装、临时用电、动土、检维修、盲板抽堵等作业均具有很大的风险。严格八大作业的安全管理，就是要审查作业过程中风险是否分析全面，确认作业条件是否具备、安全措施是否足够并落实，相关人员是否按要求现场确认、签字。同时，必须加强作业过程监督，作业过程中必须有监护人进行现场监护。作业过程中因审批制度不完善、执行不到位导致的人身伤亡的事故时有发生。例如，2010 年 6 月 29 日，辽宁省辽阳市中石油辽阳石化分公司炼油厂原油输转站 1 个 3 万m^3 的原油罐在清罐作业过程中，发生可燃气体爆燃事故，致使罐内作业人员 3 人死亡、7 人受伤。事故的主要原因之一就是作业现场负责人在没有监护人员在场的情况下，带领作业人员进入作业现场作业，同时，在“有限空间作业票”和“进入有限空间作业安全监督卡”上的安全措施未落实，用阀门代替盲板，就签字确认，使工人在存在较大

事故隐患的环境里作业，导致了事故的发生。

(9) 严禁违章指挥和强令他人冒险作业

违章指挥往往会造成额外的风险，给作业者带来伤害，甚至是血的教训，违章指挥和强令他人冒险作业是不顾他人安全的恶劣行为，经常成为事故的诱因。例如，2010 年 7 月 28 日，江苏省南京市扬州鸿运建设配套工程有限公司在江苏省南京市栖霞区迈皋桥街道万寿村 15 号的原南京塑料四厂旧址，平整拆迁土地过程中，挖掘机挖穿了地下丙烯管道，丙烯泄漏后遇到明火发生爆燃事故，造成 22 人死亡、120 人住院治疗，事故还造成周边近两平方公里范围内的 3 000 多户居民住房及部分商店玻璃、门窗不同程度受损。事故的主要原因之一就是现场施工安全管理缺失，施工队伍盲目施工，现场作业负责人在明知拆除地块内有地下丙烯管道的情况下，不顾危险，违章指挥，野蛮操作，造成管道被挖穿，从而酿成重大事故。

(10) 严禁违章作业、脱岗和在岗做与工作无关的事

作业人员在岗期间，若脱岗、酒后上岗，从事与工作无关的事，一旦生产过程中出现异常情况，不能及时发现和处理，往往造成严重后果。例如，2008 年 9 月 14 日，辽宁省辽阳市金航石油化工有限公司爆炸事故，造成 2 人死亡、1 人下落不明，2 人受轻伤。事故原因就是在滴加异辛醇进行硝化反应的过程中，当班操作工违章脱岗，反应失控时没能及时发现和处置导致的。

四、《道路危险货物运输管理规定》相关要点

2013 年 1 月 23 日，交通运输部公布《道路危险货物运输管理规定》(交通运输部令 2013 年第 2 号)，自 2013 年 7 月 1 日起施行。原交通部 2005 年发布的《道路危险货物运输管理规定》(交通部令 2005 年第 9 号) 及交通运输部 2010 年发布的《关于修改〈道路危险货物运输管理规定〉的决定》(交通运输部令 2010 年第 5 号) 同时废止。

《道路危险货物运输管理规定》分为七章七十一条，各章内容为：第一章总则，第二章道路危险货物运输许可，第三章专用车辆、设备管理，第四章道路危险货物运输，第五章监督检查，第六章法律责任，第七章附则。制定该规定的目的是规范道路危险货物运输市场秩序，保障人民生命财产安全，保护环境，维护道路危险货物运输各方当事人的合法权益。

1. 总则中的有关规定

在第一章总则中，对相关事项作了规定。

◆从事道路危险货物运输活动，应当遵守本规定。军事危险货物运输除外。

法律、行政法规对民用爆炸物品、烟花爆竹、放射性物品等特定种类危险货物的道路运输另有规定的，从其规定。

◆本规定所称危险货物，是指具有爆炸、易燃、毒害、感染、腐蚀等危险特性，在生产、经营、运输、储存、使用和处置中，容易造成人身伤亡、财产损毁或者环境污染而需要特别防护的物质和物品。危险货物以列入国家标准《危险货物品名表》(GB 12268—2012) 的为准，未列入《危险货物品名表》的，以有关法律、行政法规的规定或者国务院有关部门公布的结果为准。

本规定所称道路危险货物运输是指使用载货汽车通过道路运输危险货物的作业全过程。

本规定所称道路危险货物运输车辆，是指满足特定技术条件和要求，从事道路危险货物运输的载货汽车（以下简称专用车辆）。

◆危险货物的分类、分项、品名和品名编号应当按照国家标准《危险货物分类和品名编号》（GB 6944—2012）、《危险货物品名表》（GB 12268—2012）执行。危险货物的危险程度依据国家标准《危险货物运输包装通用技术条件》（GB 12463—2009），分为Ⅰ、Ⅱ、Ⅲ等级。

◆从事道路危险货物运输应当保障安全，依法运输，诚实信用。

◆国家鼓励技术力量雄厚、设备和运输条件好的大型专业危险化学品生产企业从事道路危险货物运输，鼓励道路危险货物运输企业实行集约化、专业化经营，鼓励使用厢式、罐式和集装箱等专用车辆运输危险货物。

◆交通运输部主管全国道路危险货物运输管理工作。

县级以上地方人民政府交通运输主管部门负责组织领导本行政区域的道路危险货物运输管理工作。

县级以上道路运输管理机构负责具体实施道路危险货物运输管理工作。

2. 有关道路危险货物运输许可的规定

在第二章道路危险货物运输许可中，对相关事项作了规定。

◆申请从事道路危险货物运输经营，应当具备下列条件：

（1）有符合下列要求的专用车辆及设备：

1）自有专用车辆（挂车除外）5 辆以上；运输剧毒化学品、爆炸品的，自有专用车辆（挂车除外）10 辆以上。

2）专用车辆技术性能符合国家标准《营运车辆综合性能要求和检验方法》（GB 18565—2001）的要求；技术等级达到行业标准《营运车辆技术等级划分和评定要求》（JT/T 198—2004）规定的一级技术等级。

3）专用车辆外廓尺寸、轴荷和质量符合国家标准《道路车辆外廓尺寸、轴荷和质量限值》（GB 1589—2004）的要求。

4）专用车辆燃料消耗量符合行业标准《营运货车燃料消耗量限值及测量方法》（JT 719—2008）的要求。

5）配备有效的通信工具。

6）专用车辆应当安装具有行驶记录功能的卫星定位装置。

7）运输剧毒化学品、爆炸品、易制爆危险化学品的，应当配备罐式、厢式专用车辆或者压力容器等专用容器。

8）罐式专用车辆的罐体应当经质量检验部门检验合格，且罐体载货后总质量与专用车辆核定载质量相匹配。运输爆炸品、强腐蚀性危险货物的罐式专用车辆的罐体容积不得超过 20 m^3，运输剧毒化学品的罐式专用车辆的罐体容积不得超过 10 m^3，但符合国家有关标准的罐式集装箱除外。

9）运输剧毒化学品、爆炸品、强腐蚀性危险货物的非罐式专用车辆，核定载质量不得超过10吨，但符合国家有关标准的集装箱运输专用车辆除外。

10）配备与运输的危险货物性质相适应的安全防护、环境保护和消防设施设备。

（2）有符合下列要求的停车场地：

1）自有或者租借期限为3年以上，且与经营范围、规模相适应的停车场地，停车场地应当位于企业注册地市级行政区域内。

2）运输剧毒化学品、爆炸品专用车辆以及罐式专用车辆，数量为20辆（含）以下的，停车场地面积不低于车辆正投影面积的1.5倍，数量为20辆以上的，超过部分，每辆车的停车场地面积不低于车辆正投影面积；运输其他危险货物的，专用车辆数量为10辆（含）以下的，停车场地面积不低于车辆正投影面积的1.5倍；数量为10辆以上的，超过部分，每辆车的停车场地面积不低于车辆正投影面积。

3）停车场地应当封闭并设立明显标志，不得妨碍居民生活和威胁公共安全。

（3）有符合下列要求的从业人员和安全管理人员：

1）专用车辆的驾驶人员取得相应机动车驾驶证，年龄不超过60周岁。

2）从事道路危险货物运输的驾驶人员、装卸管理人员、押运人员应当经所在地设区的市级人民政府交通运输主管部门考试合格，并取得相应的从业资格证；从事剧毒化学品、爆炸品道路运输的驾驶人员、装卸管理人员、押运人员，应当经考试合格，取得注明为“剧毒化学品运输”或者“爆炸品运输”类别的从业资格证。

3）企业应当配备专职安全管理人员。

（4）有健全的安全生产管理制度：

1）企业主要负责人、安全管理部门负责人、专职安全管理人员安全生产责任制度。

2）从业人员安全生产责任制度。

3）安全生产监督检查制度。

4）安全生产教育培训制度。

5）从业人员、专用车辆、设备及停车场地安全管理制度。

6）应急救援预案制度。

7）安全生产作业规程。

8）安全生产考核与奖惩制度。

9）安全事故报告、统计与处理制度。

◆符合下列条件的企事业单位，可以使用自备专用车辆从事为本单位服务的非经营性道路危险货物运输：

（1）属于下列企事业单位之一：

1）省级以上安全生产监督管理部门批准设立的生产、使用、储存危险化学品的企业。

2）有特殊需求的科研、军工等企事业单位。

（2）具备所规定的条件，但自有专用车辆（挂车除外）的数量可以少于5辆。

◆申请从事道路危险货物运输经营的企业，应当向所在地设区的市级道路运输管理机构提出申请，并提交以下材料：

（1）道路危险货物运输经营申请表，包括申请人基本信息、申请运输的危险货物范围（类别、项别或品名，如果为剧毒化学品应当标注“剧毒”）等内容。

（2）拟担任企业法定代表人的投资人或者负责人的身份证明及其复印件，经办人身份证明及其复印件和书面委托书。

（3）企业章程文本。

（4）证明专用车辆、设备情况的材料，包括以下内容：

1）未购置专用车辆、设备的，应当提交拟投入专用车辆、设备承诺书。承诺书内容应当包括车辆数量、类型、技术等级、总质量、核定载质量、车轴数以及车辆外廓尺寸；通信工具和卫星定位装置配备情况；罐式专用车辆的罐体容积；罐式专用车辆罐体载货后的总质量与车辆核定载质量相匹配情况；运输剧毒化学品、爆炸品、易制爆危险化学品的专用车辆核定载质量等有关情况。承诺期限不得超过1年。

2）已购置专用车辆、设备的，应当提供车辆行驶证、车辆技术等级证明或者车辆综合性能检测技术合格证明；通信工具和卫星定位装置配备；罐式专用车辆的罐体检测合格证或者检测报告及复印件等有关材料。

（5）拟聘用专职安全管理人员、驾驶人员、装卸管理人员、押运人员的，应当提交拟聘用承诺书，承诺期限不得超过1年；已聘用的应当提交从业资格证及其复印件以及驾驶证及其复印件。

（6）停车场地的土地使用证、租借合同、场地平面图等材料。

（7）相关安全防护、环境保护、消防设施设备的配备情况清单。

（8）有关安全生产管理制度文本。

◆申请从事非经营性道路危险货物运输的单位，向所在地设区的市级道路运输管理机构提出申请时，除提交所规定的材料外，还应当提交以下材料：

（1）道路危险货物运输申请表，包括申请人基本信息、申请运输的物品范围（类别、项别或品名，如果为剧毒化学品应当标注“剧毒”）等内容。

（2）下列形式之一的单位基本情况证明：

1）省级以上安全生产监督管理部门颁发的危险化学品生产、使用等证明。

2）能证明科研、军工等企事业单位性质或者业务范围的有关材料。

（3）特殊运输需求的说明材料。

（4）经办人的身份证明及其复印件以及书面委托书。

◆设区的市级道路运输管理机构应当按照《中华人民共和国道路运输条例》和《交通行政许可实施程序规定》，以及本规定所明确的程序和时限实施道路危险货物运输行政许可，并进行实地核查。

决定准予许可的，应当向被许可人出具道路危险货物运输行政许可决定书，注明许可事项，具体内容应当包括运输危险货物的范围（类别、项别或品名，如果为剧毒化学品应当标注“剧毒”），专用车辆数量、要求以及运输性质，并在10日内向道路危险货物运输经营申请人发放道路运输经营许可证，向非经营性道路危险货物运输申请人发放道路危险货物运输许可证。

市级道路运输管理机构应当将准予许可的企业或单位的许可事项等，及时以书面形式告知县级道路运输管理机构。

决定不予许可的，应当向申请人出具不予交通行政许可决定书。

◆被许可人已获得其他道路运输经营许可的，设区的市级道路运输管理机构应当为其换发道路运输经营许可证，并在经营范围中加注新许可的事项。如果原道路运输经营许可证是由省级道路运输管理机构发放的，由原许可机关按照上述要求予以换发。

3. 有关专用车辆、设备管理的规定

在第三章专用车辆、设备管理中，对相关事项作了规定。

◆道路危险货物运输企业或者单位应当按照《道路货物运输及站场管理规定》中有关车辆管理的规定，维护、检测、使用和管理专用车辆，确保专用车辆技术状况良好。

◆设区的市级道路运输管理机构应当定期对专用车辆进行审验，每年审验一次。审验按照《道路货物运输及站场管理规定》进行，并增加以下审验项目：

（1）专用车辆投保危险货物承运人责任险情况。

（2）必需的应急处理器材、安全防护设施设备和专用车辆标志的配备情况。

（3）具有行驶记录功能的卫星定位装置的配备情况。

◆禁止使用报废的、擅自改装的、检测不合格的、车辆技术等级达不到一级的和其他不符合国家规定的车辆从事道路危险货物运输。

除铰接列车、具有特殊装置的大型物件运输专用车辆外，严禁使用货车列车从事危险货物运输；倾卸式车辆只能运输散装硫黄、萘饼、粗蒽、煤焦沥青等危险货物。

禁止使用移动罐体（罐式集装箱除外）从事危险货物运输。

◆运输剧毒化学品、爆炸品专用车辆及罐式专用车辆（含罐式挂车）应当到具备道路危险货物运输车辆维修资质的企业进行维修。

牵引车以及其他专用车辆由企业自行消除危险货物的危害后，可到具备一般车辆维修资质的企业进行维修。

◆用于装卸危险货物的机械及工具的技术状况应当符合行业标准《汽车运输危险货物规则》（JT 617—2004）规定的技术要求。

◆罐式专用车辆的常压罐体应当符合国家标准《道路运输液体危险货物罐式车辆第1部分：金属常压罐体技术要求》（GB 18564.1—2006）、《道路运输液体危险货物罐式车辆第2部分：非金属常压罐体技术要求》（GB 18564.2—2008）等有关技术要求。

使用压力容器运输危险货物的，应当符合国家特种设备安全监督管理部门制订并公布的《移动式压力容器安全技术监察规程》（TSGR 0005—2011）等有关技术要求。

压力容器和罐式专用车辆应当在质量检验部门出具的压力容器或者罐体检验合格的有效期内承运危险货物。

◆道路危险货物运输企业或者单位对重复使用的危险货物包装物、容器，在重复使用前应当进行检查；发现存在安全隐患的，应当维修或者更换。

道路危险货物运输企业或者单位应当对检查情况做出记录，记录的保存期限不得少于2年。

◆道路危险货物运输企业或者单位应当到具有污染物处理能力的机构对常压罐体进行清洗（置换）作业，将废气、污水等污染物集中收集，消除污染，不得随意排放，污染环境。

4. 道路危险货物运输的有关规定

在第四章道路危险货物运输中，对相关事项作了规定。

◆道路危险货物运输企业或者单位应当严格按照道路运输管理机构决定的许可事项从事道路危险货物运输活动，不得转让、出租道路危险货物运输许可证件。

严禁非经营性道路危险货物运输单位从事道路危险货物运输经营活动。

◆危险货物托运人应当委托具有道路危险货物运输资质的企业承运。

危险货物托运人应当对托运的危险货物种类、数量和承运人等相关信息予以记录，记录的保存期限不得少于1年。

◆危险货物托运人应当严格按照国家有关规定妥善包装并在外包装设置标志，并向承运人说明危险货物的品名、数量、危害、应急措施等情况。需要添加抑制剂或者稳定剂的，托运人应当按照规定添加，并告知承运人相关注意事项。

危险货物托运人托运危险化学品的，还应当提交与托运的危险化学品完全一致的安全技术说明书和安全标签。

◆不得使用罐式专用车辆或者运输有毒、感染性、腐蚀性危险货物的专用车辆运输普通货物。

其他专用车辆可以从事食品、生活用品、药品、医疗器具以外的普通货物运输，但应当由运输企业对专用车辆进行消除危害处理，确保不对普通货物造成污染、损害。

不得将危险货物与普通货物混装运输。

◆专用车辆应当按照国家标准《道路运输危险货物车辆标志》（GB 13392—2005）的要求悬挂标志。

◆运输剧毒化学品、爆炸品的企业或者单位，应当配备专用停车区域，并设立明显的警示标牌。

◆专用车辆应当配备符合有关国家标准以及与所载运的危险货物相适应的应急处理器材和安全防护设备。

◆道路危险货物运输企业或者单位不得运输法律、行政法规禁止运输的货物。

法律、行政法规规定的限运、凭证运输货物，道路危险货物运输企业或者单位应当按照有关规定办理相关运输手续。

法律、行政法规规定托运人必须办理有关手续后方可运输的危险货物，道路危险货物运输企业应当查验有关手续齐全有效后方可承运。

◆道路危险货物运输企业或者单位应当采取必要措施，防止危险货物脱落、扬散、丢失以及燃烧、爆炸、泄漏等。

◆驾驶人员应当随车携带道路运输证。驾驶人员或者押运人员应当按照《汽车运输危险货物规则》（JT 617—2004）的要求，随车携带道路运输危险货物安全卡。

◆在道路危险货物运输过程中，除驾驶人员外，还应当在专用车辆上配备押运人员，确保危险货物处于押运人员监管之下。

◆道路危险货物运输途中，驾驶人员不得随意停车。

因住宿或者发生影响正常运输的情况需要较长时间停车的，驾驶人员、押运人员应当设置警戒带，并采取相应的安全防范措施。

运输剧毒化学品或者易制爆危险化学品需要较长时间停车的，驾驶人员或者押运人员应当向当地公安机关报告。

◆危险货物的装卸作业应当遵守安全作业标准、规程和制度，并在装卸管理人员的现场指挥或者监控下进行。

危险货物运输托运人和承运人应当按照合同约定指派装卸管理人员；若合同未予约定，则由负责装卸作业的一方指派装卸管理人员。

◆驾驶人员、装卸管理人员和押运人员上岗时应当随身携带从业资格证。

◆严禁专用车辆违反国家有关规定超载、超限运输。

道路危险货物运输企业或者单位使用罐式专用车辆运输货物时，罐体载货后的总质量应当和专用车辆核定载质量相匹配；使用牵引车运输货物时，挂车载货后的总质量应当与牵引车的准牵引总质量相匹配。

◆道路危险货物运输企业或者单位应当要求驾驶人员和押运人员在运输危险货物时，严格遵守有关部门关于危险货物运输线路、时间、速度方面的有关规定，并遵守有关部门关于剧毒、爆炸危险品道路运输车辆在重大节假日通行高速公路的相关规定。

◆道路危险货物运输企业或者单位应当通过卫星定位监控平台或者监控终端及时纠正和处理超速行驶、疲劳驾驶、不按规定线路行驶等违法违规驾驶行为。

监控数据应当至少保存 3 个月，违法驾驶信息及处理情况应当至少保存 3 年。

◆道路危险货物运输从业人员必须熟悉有关安全生产的法规、技术标准和安全生产规章制度、安全操作规程，了解所装运危险货物的性质、危害特性、包装物或者容器的使用要求和发生意外事故时的处置措施，并严格执行《汽车运输危险货物规则》（JT 617—2004)、《汽车运输、装卸危险货物作业规程》（JT 618—2004）等标准，不得违章作业。

◆道路危险货物运输企业或者单位应当通过岗前培训、例会、定期学习等方式，对从业人员进行经常性安全生产、职业道德、业务知识和操作规程的教育培训。

◆道路危险货物运输企业或者单位应当加强安全生产管理，制定突发事件应急预案，配备应急救援人员和必要的应急救援器材、设备，并定期组织应急救援演练，严格落实各项安全制度。

◆道路危险货物运输企业或者单位应当委托具备资质条件的机构，对本企业或单位的安全管理情况每 3 年至少进行一次安全评估，出具安全评估报告。

◆在危险货物运输过程中发生燃烧、爆炸、污染、中毒或者被盗、丢失、流散、泄漏等事故，驾驶人员、押运人员应当立即根据应急预案和道路运输危险货物安全卡的要求采取应急处置措施，并向事故发生地公安部门、交通运输主管部门和本运输企业或者单位报告。运输企业或者单位接到事故报告后，应当按照本单位危险货物应急预案组织救援，并向事故发生地安全生产监督管理部门和环境保护、卫生主管部门报告。

道路危险货物运输管理机构应当公布事故报告电话。

◆在危险货物装卸过程中，应当根据危险货物的性质，轻装轻卸，堆码整齐，防止混杂、撒漏、破损，不得与普通货物混合堆放。

◆道路危险货物运输企业或者单位应当为其承运的危险货物投保承运人责任险。

◆道路危险货物运输企业异地经营（运输线路起讫点均不在企业注册地市域内）累计3个月以上的，应当向经营地设区的市级道路运输管理机构备案并接受其监管。

5. 有关监督检查的规定

在第五章监督检查中，对相关事项作了规定。

◆道路危险货物运输监督检查按照《道路货物运输及站场管理规定》执行。

道路运输管理机构工作人员应当定期或者不定期对道路危险货物运输企业或者单位进行现场检查。

◆道路运输管理机构在实施监督检查过程中，经本部门主要负责人批准，可以对没有随车携带道路运输证又无法当场提供其他有效证明文件的危险货物运输专用车辆予以扣押。

6. 有关法律责任的规定

在第六章法律责任中，对相关事项作了规定。

◆违反本规定，有下列情形之一的，由县级以上道路运输管理机构责令停止运输经营，有违法所得的，没收违法所得，处违法所得2倍以上10倍以下的罚款；没有违法所得或者违法所得不足2万元的，处3万元以上、10万元以下的罚款；构成犯罪的，依法追究刑事责任：

（1）未取得道路危险货物运输许可，擅自从事道路危险货物运输的。

（2）使用失效、伪造、变造、被注销等无效道路危险货物运输许可证件从事道路危险货物运输的。

（3）超越许可事项，从事道路危险货物运输的。

（4）非经营性道路危险货物运输单位从事道路危险货物运输经营的。

◆违反本规定，道路危险货物运输企业或者单位非法转让、出租道路危险货物运输许可证件的，由县级以上道路运输管理机构责令停止违法行为，收缴有关证件，处2 000元以上1万元以下的罚款；有违法所得的，没收违法所得。

◆违反本规定，道路危险货物运输企业或者单位有下列行为之一，由县级以上道路运输管理机构责令限期投保；拒不投保的，由原许可机关吊销道路运输经营许可证或者道路危险货物运输许可证，或者吊销相应的经营范围：

（1）未投保危险货物承运人责任险的。

（2）投保的危险货物承运人责任险已过期，未继续投保的。

◆违反本规定，道路危险货物运输企业或者单位未按规定维护或者检测专用车辆的，由县级以上道路运输管理机构责令改正，并处1 000元以上、5 000元以下的罚款。

◆违反本规定，道路危险货物运输企业或者单位不按照规定随车携带道路运输证的，由县级以上道路运输管理机构责令改正，处警告或者20元以上、200元以下的罚款。

◆违反本规定，道路危险货物运输企业或者单位以及托运人有下列情形之一的，由县级以上道路运输管理机构责令改正，并处5万元以上、10万元以下的罚款，拒不改正的，责令停产停业整顿；构成犯罪的，依法追究刑事责任：

（1）驾驶人员、装卸管理人员、押运人员未取得从业资格上岗作业的。

（2）托运人不向承运人说明所托运的危险化学品的种类、数量、危险特性以及发生危险情况的应急处置措施，或者未按照国家有关规定对所托运的危险化学品妥善包装并在外包装上设置相应标志的。

（3）未根据危险化学品的危险特性采取相应的安全防护措施，或者未配备必要的防护用品和应急救援器材的。

（4）运输危险化学品需要添加抑制剂或者稳定剂，托运人未添加或者未将有关情况告知承运人的。

◆违反本规定，道路危险货物运输企业或者单位未配备专职安全管理人员的，由县级以上道路运输管理机构责令改正，可以处 1 万元以下的罚款；拒不改正的，对危险化学品运输企业或单位处 1 万元以上、5 万元以下的罚款，对运输危险化学品以外其他危险货物的企业或单位处 1 万元以上、2 万元以下的罚款。

◆违反本规定，道路危险化学品运输托运人有下列行为之一的，由县级以上道路运输管理机构责令改正，处 10 万元以上、20 万元以下的罚款，有违法所得的，没收违法所得；拒不改正的，责令停产停业整顿；构成犯罪的，依法追究刑事责任：

（1）委托未依法取得危险货物道路运输许可的企业承运危险化学品的。

（2）在托运的普通货物中夹带危险化学品，或者将危险化学品谎报或者匿报为普通货物托运的。

◆违反本规定，道路危险货物运输企业擅自改装已取得道路运输证的专用车辆及罐式专用车辆罐体的，由县级以上道路运输管理机构责令改正，并处 5 000 元以上、2 万元以下的罚款。

第三章 危险化学品储存运输企业安全生产规范要求

近年来，我国化工产业发展迅猛，新投产了一大批化工产品生产装置，同时危险化学品的储存运输也呈现迅猛增加的态势。由于危险化学品固有的“高温高压、易燃易爆、有毒有害”的特点，给安全生产工作带来了很大的挑战。对于危险化学品储存运输企业来讲，做到安全生产规范化特别重要。安全生产规范化包括安全管理规范化、设备设施管理规范化、人员操作规范化，通过规范化，消除事故隐患，保证安全生产。

第一节 危险化学品储存运输企业安全生产规范相关规定

2010 年 4 月，国家安全生产监督管理总局发布实施的《企业安全生产标准化基本规范》(AQ/T 9006—2010)，较好地解决了企业安全生产工作干什么和怎么干的问题，有利于规范企业的安全生产工作，能够更好地引导企业不断加强安全生产规范化建设，落实安全生产责任。2008 年 11 月，国家安全生产监督管理总局发布实施的《危险化学品从业单位安全标准化通用规范》(AQ 3013—2008)，规定了危险化学品从业单位开展安全标准化的总体原则、过程和要求，适用于所有危险化学品生产、使用、储存企业及有危险化学品储存设施的经营企业。这是两个重要的安全生产规范性标准，需要相关企业认真学习，严格执行，贯彻落实到实际工作中。

一、《企业安全生产标准化基本规范》相关要点

2010 年 4 月 15 日，国家安全生产监督管理总局发布了《企业安全生产标准化基本规范》(AQ/T 9006—2010)，自 2010 年 6 月 1 日起施行，这意味着我国广大企业的安全生产标准化工作将得到规范。

该标准适用于工矿企业开展安全生产标准化工作以及对标准化工作的咨询、服务和评审；其他企业和生产经营单位可参照执行。有关行业制定安全生产标准化标准应满足该标准的要求；已经制定行业安全生产标准化标准的，优先适用行业安全生产标准化标准。

该标准对安全生产标准化的定义是：通过建立安全生产责任制，制定安全管理制度和操作规程，排查治理隐患和监控重大危险源，建立预防机制，规范生产行为，使各生

产环节符合有关安全生产法律法规和标准规范的要求，人、机、物、环处于良好的生产状态，并持续改进，不断加强企业安全生产规范化建设。

《企业安全生产标准化基本规范》分为范围、规范性引用文件、术语和定义、一般要求、核心要求五个部分。

一般要求与核心要求的具体内容如下：

1.《基本规范》一般要求

（1）原则

企业开展安全生产标准化工作，遵循“安全第一、预防为主、综合治理”的方针，以隐患排查治理为基础，提高安全生产水平，减少事故发生，保障人身安全健康，保证生产经营活动的顺利进行。

（2）建立和保持

企业安全生产标准化工作采用“策划、实施、检查、改进”动态循环的模式，依据本标准的要求，结合自身特点，建立并保持安全生产标准化系统；通过自我检查、自我纠正和自我完善，建立安全绩效持续改进的安全生产长效机制。

（3）评定和监督

企业安全生产标准化工作实行企业自主评定、外部评审的方式。

企业应当根据本标准和有关评分细则，对本企业开展安全生产标准化工作情况进行评定；自主评定后申请外部评审定级。

安全生产标准化评审分为一级、二级、三级，一级为最高。

安全生产监督管理部门对评审定级进行监督管理。

2.《基本规范》核心要求

（1）目标

企业根据自身安全生产实际，制定总体和年度安全生产目标。按照所属基层单位和部门在生产经营中的职能，制定安全生产指标和考核办法。

（2）组织机构和职责

1）组织机构。企业应按规定设置安全生产管理机构，配备安全生产管理人员。

2）职责。企业主要负责人应按照安全生产法律法规赋予的职责，全面负责安全生产工作，并履行安全生产义务。企业应建立安全生产责任制，明确各级单位、部门和人员的安全生产职责。

（3）安全生产投入

企业应建立安全生产投入保障制度，完善和改进安全生产条件，按规定提取安全费用，专项用于安全生产，并建立安全费用台账。

（4）法律法规与安全管理制度

1）法律法规、标准规范。企业应建立识别和获取适用的安全生产法律法规、标准规范的制度，明确主管部门，确定获取的渠道、方式，及时识别和获取适用的安全生产法律法规、标准规范。

企业各职能部门应及时识别和获取本部门适用的安全生产法律法规、标准规范，并跟踪、掌握有关法律法规、标准规范的修订情况，及时提供给企业内负责识别和获取适用的安全生产法律法规的主管部门汇总。

企业应将适用的安全生产法律法规、标准规范及其他要求及时传达给从业人员。

企业应遵守安全生产法律法规、标准规范，并将相关要求及时转化为本单位的规章制度，贯彻到各项工作中。

2）规章制度。企业应建立健全安全生产规章制度，并发放到相关工作岗位，规范从业人员的生产作业行为。

安全生产规章制度至少应包含下列内容：安全生产职责、安全生产投入、文件和档案管理、隐患排查与治理、安全教育培训、特种作业人员管理、设备设施安全管理、建设项目安全设施“三同时”管理、生产设备设施验收管理、生产设备设施报废管理、施工和检维修安全管理、危险物品及重大危险源管理、作业安全管理、相关方及外用工管理，职业健康管理、防护用品管理，应急管理，事故管理等。

3）操作规程。企业应根据生产特点，编制岗位安全操作规程，并发放到相关岗位。

4）评估。企业应每年至少一次对安全生产法律法规、标准规范、规章制度、操作规程的执行情况进行检查评估。

5）修订。企业应根据评估情况、安全检查反馈的问题、生产安全事故案例、绩效评定结果等，对安全生产管理规章制度和操作规程进行修订，确保其有效和适用，保证每个岗位所使用的为最新有效版本。

6）文件和档案管理。企业应严格执行文件和档案管理制度，确保安全规章制度和操作规程编制、使用、评审、修订的效力。

企业应建立主要安全生产过程、事件、活动、检查的安全记录档案，并加强对安全记录的有效管理。

（5）教育培训

1）教育培训管理。企业应确定安全教育培训主管部门，按规定及岗位需要，定期识别安全教育培训需求，制定、实施安全教育培训计划，提供相应的资源保证。

应做好安全教育培训记录，建立安全教育培训档案，实施分级管理，并对培训效果进行评估和改进。

2）安全生产管理人员教育培训。企业的主要负责人和安全生产管理人员，必须具备与本单位所从事的生产经营活动相适应的安全生产知识和管理能力。法律法规要求必须对其安全生产知识和管理能力进行考核的，须经考核合格后方可任职。

3）操作岗位人员教育培训。企业应对操作岗位人员进行安全教育和生产技能培训，使其熟悉有关的安全生产规章制度和安全操作规程，并确认其能力符合岗位要求。未经安全教育培训，或培训考核不合格的从业人员，不得上岗作业。

新入厂（矿）人员在上岗前必须经过厂（矿）、车间（工段、区、队）、班组三级安全教育培训。

在新工艺、新技术、新材料、新设备设施投入使用前，应对有关操作岗位人员进行专门的安全教育和培训。

操作岗位人员转岗、离岗一年以上重新上岗者，应进行车间（工段）、班组安全教育培训，经考核合格后，方可上岗工作。

从事特种作业的人员应取得特种作业操作资格证书，方可上岗作业。

4）其他人员教育培训。企业应对相关方的作业人员进行安全教育培训。作业人员进入作业现场前，应由作业现场所在单位对其进行进入现场前的安全教育培训。

企业应对外来参观、学习等人员进行有关安全规定、可能接触到的危害及应急知识的教育和告知。

5）安全文化建设。企业应通过安全文化建设，促进安全生产工作。

企业应采取多种形式的安全文化活动，引导全体从业人员的安全态度和安全行为，逐步形成为全体员工所认同、共同遵守、带有本单位特点的安全价值观，实现法律和政府监管要求之上的安全自我约束，保障企业安全生产水平持续提高。

（6）生产设备设施

1）生产设备设施建设。企业建设项目的所有设备设施应符合有关法律法规、标准规范要求；安全设备设施应与建设项目主体工程同时设计、同时施工、同时投入生产和使用。

企业应按规定对项目建议书、可行性研究、初步设计、总体开工方案、开工前安全条件确认和竣工验收等阶段进行规范管理。

生产设备设施变更应执行变更管理制度，履行变更程序，并对变更的全过程进行隐患控制。

2）设备设施运行管理。企业应对生产设备设施进行规范化管理，保证其安全运行。

企业应有专人负责管理各种安全设备设施，建立台账，定期检维修。对安全设备设施应制定检维修计划。

设备设施检维修前应制定方案。检维修方案应包含作业行为分析和控制措施。检维修过程中应执行隐患控制措施并进行监督检查。

安全设备设施不得随意拆除、挪用或弃置不用；确因检维修拆除的，应采取临时安全措施，检维修完毕后立即复原。

3）新设备设施验收及旧设备拆除、报废。设备的设计、制造、安装、使用、检测、维修、改造、拆除和报废，应符合有关法律法规、标准规范的要求。

企业应执行生产设备设施到货验收和报废管理制度，应使用质量合格、设计符合要求的生产设备设施。

拆除的生产设备设施应按规定进行处置。拆除的生产设备设施涉及危险物品的，须制定危险物品处置方案和应急措施，并严格按规定组织实施。

（7）作业安全

1）生产现场管理和生产过程控制。企业应加强生产现场安全管理和生产过程的控制。对生产过程及物料、设备设施、器材、通道、作业环境等存在的隐患，应进行分析和控制。对动火作业、受限空间内作业、临时用电作业、高处作业等危险性较高的作业活动实施作业许可管理，严格履行审批手续。作业许可证应包含危害因素分析和安全措施等内容。

企业进行爆破、吊装等危险作业时，应当安排专人进行现场安全管理，确保安全规程的遵守和安全措施的落实。

2）作业行为管理。企业应加强生产作业行为的安全管理。对作业行为隐患、设备设施使用隐患、工艺技术隐患等进行分析，采取控制措施。

3）警示标志。企业应根据作业场所的实际情况，按照GB 2894—2008《安全标志及其使用导则》及企业内部规定，在有较大危险因素的作业场所和设备设施上，设置明显的安全警示标志，进行危险提示、警示，告知危险的种类、后果及应急措施等。

企业应在设备设施检维修、施工、吊装等作业现场设置警戒区域和警示标志，在检维修现场的坑、井、洼、沟、陡坡等场所设置围栏和警示标志。

4）相关方管理。企业应执行承包商、供应商等相关方管理制度，对其资格预审、选择、服务前准备、作业过程、提供的产品、技术服务、表现评估、续用等进行管理。

企业应建立合格相关方的名录和档案，根据服务作业行为定期识别服务行为风险，并采取行之有效的控制措施。

企业应对进入同一作业区的相关方进行统一安全管理。

不得将项目委托给不具备相应资质或条件的相关方。企业和相关方的项目协议应明确规定双方的安全生产责任和义务。

5）变更。企业应执行变更管理制度，对机构、人员、工艺、技术、设备设施、作业过程及环境等永久性或暂时性的变化进行有计划的控制。

变更的实施应履行审批及验收程序，并对变更过程及变更所产生的隐患进行分析和控制。

（8）隐患排查和治理

1）隐患排查。企业应组织事故隐患排查工作，对隐患进行分析评估，确定隐患等级，登记建档，及时采取有效的治理措施。

法律法规、标准规范发生变更或有新的公布，以及企业操作条件或工艺改变，新建、改建、扩建项目建设，相关方进入、撤出或改变，对事故、事件或其他信息有新的认识，组织机构发生大的调整的，应及时组织隐患排查。

隐患排查前应制定排查方案，明确排查的目的、范围，选择合适的排查方法。排查方案应依据：有关安全生产法律、法规要求；设计规范、管理标准、技术标准；企业的安全生产目标等。

2）排查范围与方法。企业隐患排查的范围应包括所有与生产经营相关的场所、环境、人员、设备设施和活动。

企业应根据安全生产的需要和特点，采用综合检查、专业检查、季节性检查、节假日检查、日常检查等方式进行隐患排查。

3）隐患治理。企业应根据隐患排查的结果，制定隐患治理方案，对隐患及时进行治理。

隐患治理方案应包括目标和任务、方法和措施、经费和物资、机构和人员、时限和要求。重大事故隐患在治理前应采取临时控制措施并制定应急预案。

隐患治理措施包括：工程技术措施、管理措施、教育措施、防护措施和应急措施。

治理完成后，应对治理情况进行验证和效果评估。

4）预测预警。企业应根据生产经营状况及隐患排查治理情况，运用定量的安全生产预测预警技术，建立体现企业安全生产状况及发展趋势的预警指数系统。

（9）重大危险源监控

1）辨识与评估。企业应依据有关标准对本单位的危险设施或场所进行重大危险源辨识与安全评估。

2）登记建档与备案。企业应当对确认的重大危险源及时登记建档，并按规定备案。

3）监控与管理。企业应建立健全重大危险源安全管理制度，制定重大危险源安全管理技术措施。

（10）职业健康

1）职业健康管理。企业应按照法律法规、标准规范的要求，为从业人员提供符合职业健康要求的工作环境和条件，配备与职业健康保护相适应的设施、工具。

企业应定期对作业场所职业危害进行检测，在检测点设置标识牌予以告知，并将检测结果存入职业健康档案。

对可能发生急性职业危害的有毒、有害工作场所，应设置报警装置，制定应急预案，配置现场急救用品、设备，设置应急撤离通道和必要的泄险区。

各种防护器具应定点存放在安全、便于取用的地方，并有专人负责保管，定期校验和维护。

企业应对现场急救用品、设备和防护用品进行经常性的检维修，定期检测其性能，确保其处于正常状态。

2）职业危害告知和警示。企业与从业人员订立劳动合同时，应将工作过程中可能产生的职业危害及其后果和防护措施如实告知从业人员，并在劳动合同中写明。

企业应采用有效的方式对从业人员及相关方进行宣传，使其了解生产过程中的职业危害、预防和应急处理措施，降低或消除危害后果。

对存在严重职业危害的作业岗位，应按照 GBZ 158 要求设置警示标识和警示说明。警示说明应载明职业危害的种类、后果、预防和应急救治措施。

3）职业危害申报。企业应按规定，及时、如实向当地主管部门申报生产过程存在的职业危害因素，并依法接受其监督。

（11）应急救援

1）应急机构和队伍。企业应按规定建立安全生产应急管理机构或指定专人负责安全生产应急管理工作。

企业应建立与本单位安全生产特点相适应的专兼职应急救援队伍，或指定专兼职应急救援人员，并组织训练；无须建立应急救援队伍的，可与附近具备专业资质的应急救援队伍签订服务协议。

2）应急预案。企业应按规定制定生产安全事故应急预案，并针对重点作业岗位制定应急处置方案或措施，形成安全生产应急预案体系。

应急预案应根据有关规定报当地主管部门备案，并通报有关应急协作单位。

应急预案应定期评审，并根据评审结果或实际情况的变化进行修订和完善。

3）应急设施、装备、物资。企业应按规定建立应急设施，配备应急装备，储备应急物资，并进行经常性的检查、维护、保养，确保其完好、可靠。

4）应急演练。企业应组织生产安全事故应急演练，并对演练效果进行评估。根据评估结果，修订、完善应急预案，改进应急管理工作。

5）事故救援。企业发生事故后，应立即启动相关应急预案，积极开展事故救援。

（12）事故报告、调查和处理

1）事故报告。企业发生事故后，应按规定及时向上级单位、政府有关部门报告，并妥善保护事故现场及有关证据。必要时向相关单位和人员通报。

2）事故调查和处理。企业发生事故后，应按规定成立事故调查组，明确其职责与权限，进行事故调查或配合上级部门的事故调查。

事故调查应查明事故发生的时间、经过、原因、人员伤亡情况及直接经济损失等。

事故调查组应根据有关证据、资料，分析事故的直接、间接原因和事故责任，提出整改措施和处理建议，编制事故调查报告。

（13）绩效评定和持续改进

1）绩效评定。企业应每年至少一次对本单位安全生产标准化的实施情况进行评定，验证各项安全生产制度措施的适宜性、充分性和有效性，检查安全生产工作目标、指标的完成情况。

企业主要负责人应对绩效评定工作全面负责。评定工作应形成正式文件，并将结果向所有部门、所属单位和从业人员通报，作为年度考评的重要依据。

企业发生死亡事故后应重新进行评定。

2）持续改进。企业应根据安全生产标准化的评定结果和安全生产预警指数系统所反映的趋势，对安全生产目标、指标、规章制度、操作规程等进行修改完善，持续改进，不断提高安全绩效。

二、《危险化学品从业单位安全标准化通用规范》相关要点

2008 年 11 月 19 日，国家安全生产监督管理总局发布《危险化学品从业单位安全标准化通用规范》（AQ 3013—2008），自 2009 年 1 月 1 日起实施。

《危险化学品从业单位安全标准化通用规范》（AQ 3013—2008）由国家安全生产监督管理总局提出，由全国安全生产标准化技术委员会化学品安全分技术委员会归口。该规范明确了危险化学品从业单位开展安全标准化的总体原则、过程和要求，同时用于指导危险化学品从业单位安全标准化系列标准的编制与实施。

该规范规定了危险化学品从业单位（以下简称企业）开展安全标准化的总体原则、过程和要求。适用于中华人民共和国境内危险化学品生产、使用、储存企业及有危险化学品储存设施的经营企业。

该规范分为范围、规范性引用文件、术语和定义、要求、管理要素五章，其中第 4 章要求、第 5 章管理要素为强制性条款。

第 4 章要求和第 5 章管理要素的主要内容如下：

1. 第四章要求的主要内容

（1）概述

本规范采用计划（P）、实施（D）、检查（C）、改进（A）动态循环、持续改进的管

理模式。

（2）原则

1）企业应结合自身特点，依据本规范的要求，开展安全标准化。

2）安全标准化的建设，应当以危险、有害因素辨识和风险评价为基础，树立任何事故都是可以预防的理念，与企业其他方面的管理有机地结合起来，注重科学性、规范性和系统性。

3）安全标准化的实施，应体现全员、全过程、全方位、全天候的安全监督管理原则，通过有效方式实现信息的交流和沟通，不断提高安全意识和安全管理水平。

4）安全标准化采取企业自主管理，安全标准化考核机构考评、政府安全生产监督管理部门监督的管理模式，持续改进企业的安全绩效，实现安全生产长效机制。

（3）实施

安全标准化的建立过程，包括初始评审、策划、培训、实施、自评、改进与提高等六个阶段。

1）初始评审阶段：依据法律法规及本规范要求，对企业安全管理现状进行初始评估，了解企业安全管理现状、业务流程、组织机构等基本管理信息，发现差距。

2）策划阶段：根据相关法律法规及本规范的要求，针对初始评审的结果，确定建立安全标准化方案，包括资源配置、进度、分工等；进行风险分析；识别和获取适用的安全生产法律法规、标准及其他要求；完善安全生产规章制度、安全操作规程、台账、档案、记录等；确定企业安全生产方针和目标。

3）培训阶段：对全体从业人员进行安全标准化相关内容培训。

4）实施阶段：根据策划结果，落实安全标准化的各项要求。

5）自评阶段：应对安全标准化的实施情况进行检查和评价，发现问题，找出差距，提出完善措施。

6）改进与提高阶段：根据自评的结果，改进安全标准化管理，不断提高安全标准化实施水平和安全绩效。

2. 第五章管理要素的主要内容

（1）负责人与职责

1）负责人。企业主要负责人是本单位安全生产的第一责任人，应全面负责安全生产工作，落实安全生产基础和基层工作。企业主要负责人应组织实施安全标准化，建设企业安全文化。

2）方针目标。企业应坚持“安全第一，预防为主，综合治理”的安全生产方针。主要负责人应依据国家法律法规，结合企业实际，组织制定文件化的安全生产方针和目标。安全生产方针和目标应满足。

3）机构设置。企业应设置安委会或领导小组，设置安全生产管理部门或配备专职安全生产管理人员，并按规定配备注册安全工程师。企业应根据生产经营规模大小，设置相应的管理部门。企业应建立、健全从安委会或领导小组到基层班组的安全生产管理网络。

4）职责。企业应制定安委会或领导小组和管理部门的安全职责。企业应制定主要负责人、各级管理人员和从业人员的安全职责。企业应建立安全责任考核机制，对各级管理部门、管理人员及从业人员安全职责的履行情况和安全生产责任制的实现情况进行定期考核，予以奖惩。

5）安全生产投入及工伤保险。企业应依据国家、当地政府的有关安全生产费用提取规定，自行提取安全生产费用，专项用于安全生产。

企业应依法参加工伤社会保险，为从业人员缴纳工伤保险费。

（2）风险管理

1）范围与评价方法。企业应组织制定风险评价管理制度，明确风险评价的目的、范围和准则。

2）风险评价。企业应依据风险评价准则，选定合适的评价方法，定期和及时对作业活动和设备设施进行危险、有害因素识别和风险评价。企业在进行风险评价时，应从影响人、财产和环境等三个方面的可能性和严重程度分析。

企业各级管理人员应参与风险评价工作，鼓励从业人员积极参与风险评价和风险控制。

3）风险控制。企业应根据风险评价结果及经营运行情况等，确定不可接受的风险，制定并落实控制措施，将风险尤其是重大风险控制在可以接受的程度。

企业应将风险评价的结果及所采取的控制措施对从业人员进行宣传、培训，使其熟悉工作岗位和作业环境中存在的危险、有害因素，掌握、落实应采取的控制措施。

4）隐患治理。企业应对风险评价出的隐患项目，下达隐患治理通知，限期治理，做到定治理措施、定负责人、定资金来源、定治理期限。企业应建立隐患治理台账。

5）重大危险源。企业应按照《危险化学品重大危险源辨识》（GB 18218—2009）辨识并确定重大危险源，建立重大危险源档案。

6）风险信息更新。企业应适时组织风险评价工作，识别与生产经营活动有关的危险、有害因素和隐患。

（3）法律法规与管理制度

1）法律法规。企业应建立识别和获取适用的安全生产法律、法规、标准及其他要求管理制度，明确责任部门，确定获取渠道、方式和时机，及时识别和获取，定期更新。

企业应将适用的安全生产法律、法规、标准及其他要求及时对从业人员进行宣传和培训，提高从业人员的守法意识，规范安全生产行为。

企业应将适用的安全生产法律、法规、标准及其他要求及时传达给相关方。

2）符合性评价。企业应每年至少1次对适用的安全生产法律、法规、标准及其他要求的执行情况进行符合性评价，消除违规现象和行为。

3）安全生产规章制度。企业应制定健全的安全生产规章制度，至少包括下列内容：安全生产职责；识别和获取适用的安全生产法律法规、标准及其他要求；安全生产会议管理；安全生产费用；安全生产奖惩管理；管理制度评审和修订；安全培训教育；特种作业人员管理；管理部门、基层班组安全活动管理；风险评价；隐患治理；重大危险源管理；变更管理；事故管理；防火、防爆管理，包括禁烟管理；消防管理；仓库、罐区安全管理；关键装置、重点部位安全管理；生产设施管理，包括安全设施、特种设备等管理；监视和测量设备管理；安全作业管理，包括动火作业、进入受限空间作业、临时用电作业、高处作业、起重吊装作业、破土作业、断路作业、设备检维修作业、高温作业、抽堵盲板作业管理等；危险化学品安全管理，包括剧毒化学品安全管理及危险化学品储存、出入库、运输、装卸等；检维修管理；生产设施拆除和报废管理；承包商管理；供应商管理；职业卫生管理，包括防尘、防毒管理；劳动防护用品（具）和保健品管理；作业场所职业危害因素检测管理；应急救援管理；安全检查管理；自评等。

企业应将安全生产规章制度发放到有关的工作岗位。

4）操作规程。企业应根据生产工艺、技术、设备设施特点和原材料、辅助材料、产品的危险性，编制操作规程，并发放到相关岗位。

企业应在新工艺、新技术、新装置、新产品投产或投用前，组织编制新的操作规程。

5）修订。企业应明确评审和修订安全生产规章制度和操作规程的时机和频次，定期进行评审和修订，确保其有效性和适用性。企业应保证使用最新有效版本的安全生产规章制度和操作规程。

（4）培训教育

1）培训教育管理。企业应严格执行安全培训教育制度，依据国家、地方及行业规定和岗位需要，制定适宜的安全培训教育目标和要求。根据不断变化的实际情况和培训目标，定期识别安全培训教育需求，制定并实施安全培训教育计划。

2）管理人员培训教育。企业主要负责人和安全生产管理人员应接受专门的安全培训教育，经安全生产监管部门对其安全生产知识和管理能力考核合格，取得安全资格证书后方可任职，并按规定参加每年再培训。

3）从业人员培训教育。企业应对从业人员进行安全培训教育，并经考核合格后方可上岗。从业人员每年应接受再培训，再培训时间不得少于国家或地方政府规定学时。

企业特种作业人员应按有关规定参加安全培训教育，取得特种作业操作证，方可上岗作业，并定期复审。

企业从事危险化学品运输的驾驶员、船员、押运人员，必须经所在地设区的市级人民政府交通部门考核合格（船员经海事管理机构考核合格），取得从业资格证，方可上岗作业。

企业应在新工艺、新技术、新装置、新产品投产前，对有关人员进行专门培训，经考核合格后，方可上岗。

4）新从业人员培训教育。企业应按有关规定，对新从业人员进行厂级、车间（工段）级、班组级安全培训教育，经考核合格后，方可上岗。企业新从业人员安全培训教育时间不得少于国家或地方政府规定学时。

5）其他人员培训教育。企业从业人员转岗、脱离岗位一年以上（含一年）者，应进行车间（工段）、班组级安全培训教育，经考核合格后，方可上岗。

企业应对外来参观、学习等人员进行有关安全规定及安全注意事项的培训教育。

企业应对承包商的作业人员进行入厂安全培训教育，经考核合格发放入厂证，保存安全培训教育记录。进入作业现场前，作业现场所在基层单位应对施工单位的作业人员进行进入现场前安全培训教育，保存安全培训教育记录。

6）日常安全教育。企业管理部门、班组应按照月度安全活动计划开展安全活动和基本功训练。

（5）生产设施及工艺安全

1）生产设施建设。企业应确保建设项目安全设施与建设项目的主体工程同时设计、同时施工、同时投入生产和使用。

2）安全设施。企业应严格执行安全设施管理制度，建立安全设施台账。企业应确保安全设施配备符合国家有关规定和标准。

3）特种设备。企业应按照《特种设备安全监察条例》管理规定，对特种设备进行规范管理。企业应建立特种设备台账和档案。

4）工艺安全。企业操作人员应掌握工艺安全信息，主要包括：化学品危险性信息；工艺信息；设备信息。

企业生产装置停车应满足下列要求：编制停车方案；操作人员能够按停车方案和操作规程进行操作。

企业生产装置紧急情况处理应遵守下列要求：发现或发生紧急情况，应按照不伤害人员为原则，妥善处理，同时向有关方面报告；工艺及机电设备等发生异常情况时，采取适当的措施，并通知有关岗位协调处理，必要时，按程序紧急停车。

企业操作人员应严格执行操作规程，对工艺参数运行出现的偏离情况及时分析，保证工艺参数控制不超出安全限值，偏差及时得到纠正。

5）关键装置及重点部位。企业应加强对关键装置、重点部位安全管理，实行企业领导干部联系点管理机制。

企业应建立关键装置、重点部位档案，建立企业、管理部门、基层单位及班组监控机制，明确各级组织、各专业的职责，定期进行监督检查，并形成记录。

企业应制定关键装置、重点部位应急预案，至少每半年进行一次演练，确保关键装置、重点部位的操作、检修、仪表、电气等人员能够识别和及时处理各种事件及事故。

6）检维修。企业应严格执行检维修管理制度，实行日常检维修和定期检维修管理。

7）拆除和报废。企业应严格执行生产设施拆除和报废管理制度。拆除作业前，拆除作业负责人应与需拆除设施的主管部门和使用单位共同到现场进行对接，作业人员进行危险、有害因素识别，制定拆除计划或方案，办理拆除设施交接手续。

（6）作业安全

1）作业许可。企业应对下列危险性作业活动实施作业许可管理，严格履行审批手续，各种作业许可证中应有危险、有害因素识别和安全措施内容：动火作业；进入受限空间作业；破土作业；临时用电作业；高处作业；断路作业；吊装作业；设备检修作业；抽堵盲板作业；其他危险性作业。

2）警示标志。企业应按照《安全标志使用导则》（GB 16179—1996）规定，在易燃、易爆、有毒有害等危险场所的醒目位置设置符合《安全标志及其使用导则》（GB 2894—2008）规定的安全标志。

3）作业环节。企业应在危险性作业活动作业前进行危险、有害因素识别，制定控制措施。在作业现场配备相应的安全防护用品（具）及消防设施与器材，规范现场人员作业行为。

4）承包商与供应商。企业应严格执行承包商管理制度，对承包商资格预审、选择、开工前准备、作业过程监督、表现评价、续用等过程进行管理，建立合格承包商名录和档案。企业应与选用的承包商签订安全协议书。

企业应严格执行供应商管理制度，对供应商资格预审、选用和续用等过程进行管理，并定期识别与采购有关的风险。

5）变更。企业应严格执行变更管理制度，履行变更程序。企业应对变更过程产生的风险进行分析和控制。

（7）产品安全与危害告知

1）危险化学品档案。企业应对所有危险化学品，包括产品、原料和中间产品进行普查，建立危险化学品档案。

2）化学品分类。企业应按照国家有关规定对其产品、所有中间产品进行分类，并将分类结果汇入危险化学品档案。

3）化学品安全技术说明书和安全标签。生产企业的产品属危险化学品时，应按照《化学品安全技术说明书内容和项目顺序》（GB 16483—2008）和《化学品安全标签编写规定》（GB 15258—2009）编制产品安全技术说明书和安全标签，并提供给用户。

企业采购危险化学品时，应索取危险化学品安全技术说明书和安全标签，不得采购无安全技术说明书和安全标签的危险化学品。

4）化学事故应急咨询服务电话。生产企业应设立 24 小时应急咨询服务固定电话，有专业人员值班并负责相关应急咨询。没有条件设立应急咨询服务电话的，应委托危险化学品专业应急机构作为应急咨询服务代理。

5）危险化学品登记。企业应按照有关规定对危险化学品进行登记。

6）危害告知。企业应以适当、有效的方式对从业人员及相关方进行宣传，使其了解生产过程中危险化学品的危险特性、活性危害、禁配物等，以及采取的预防及应急处理措施。

（8）职业危害

1）职业危害申报。企业如存在法定职业病目录所列的职业危害因素，应按照国家有关规定，及时、如实向当地安全生产监督管理部门申报，接受其监督。

2）作业场所职业危害管理。企业应制定职业危害防治计划和实施方案，建立、健全职业卫生档案和从业人员健康监护档案。

企业应确保使用有毒物品作业场所与生活区分开，作业场所不得住人；应将有害作业与无害作业分开，高毒作业场所与其他作业场所隔离。

企业应在可能发生急性职业损伤的有毒有害作业场所按规定设置报警设施、冲洗设施、防护急救器具专柜，设置应急撤离通道和必要的泄险区，定期检查，并记录。

企业应严格执行生产作业场所职业危害因素检测管理制度，定期对作业场所进行检测，在检测点设置标识牌，告知检测结果，并将检测结果存入职业卫生档案。

企业不得安排上岗前未经职业健康检查的从业人员从事接触职业病危害的作业；不得安排有职业禁忌的从业人员从事禁忌作业。

3）劳动防护用品。企业应根据接触危害的种类、强度，为从业人员提供符合国家标准或行业标准的个体防护用品和器具，并监督、教育从业人员正确佩戴、使用。

企业各种防护器具应定点存放在安全、方便的地方，并有专人负责保管、检查，定期校验和维护，每次校验后应记录、铅封。

企业应建立职业卫生防护设施及个体防护用品管理台账，加强对劳动防护用品使用情况的检查监督，凡不按规定使用劳动防护用品者不得上岗作业。

（9）事故与应急

1）事故报告。企业应明确事故报告程序。发生生产安全事故后，事故现场有关人员除立即采取应急措施外，应按规定和程序报告本单位负责人及有关部门。情况紧急时，事故现场有关人员可以直接向事故发生地县级以上人民政府安全生产监督管理部门和负有安全生产监督管理职责的有关部门报告。

企业负责人接到事故报告后，应当于1 h内向事故发生地县级以上人民政府安全生产监督管理部门和负有安全生产监督管理职责的有关部门报告。

企业在事故报告后出现新情况时，应按有关规定及时补报。

2）抢险与救护。企业发生生产安全事故后，应迅速启动应急救援预案，企业负责人直接指挥，积极组织抢救，妥善处理，以防止事故的蔓延扩大，减少人员伤亡和财产损失。安全、技术、设备、动力、生产、消防、保卫等部门应协助做好现场抢救和警戒工作，保护事故现场。

企业发生有害物大量外泄事故或火灾爆炸事故应设警戒线。

企业抢救人员应佩戴好相应的防护器具，对伤亡人员及时进行抢救处理。

3）事故调查和处理。企业发生生产安全事故后，应积极配合各级人民政府组织的事故调查，负责人和有关人员在事故调查期间不得擅离职守，应当随时接受事故调查组的询问，如实提供有关情况。

未造成人员伤亡的一般事故，县级人民政府委托企业负责组织调查的，企业应按规定成立事故调查组组织调查，按时提交事故调查报告。企业应落实事故整改和预防措施，防止事故再次发生。

4）应急指挥与救援系统。企业应建立应急指挥系统，实行分级管理，即厂级、车间级管理。企业应建立应急救援队伍。企业应明确各级应急指挥系统和救援队伍的职责。

5）应急救援器材。企业应按国家有关规定，配备足够的应急救援器材，并保持完好。企业应建立应急通信网络，保证应急通信网络的畅通。企业应为有毒有害岗位配备救援器材柜，放置必要的防护救护器材，进行经常性的维护保养并记录，保证其处于完好状态。

6）应急救援预案与演练。企业宜按照《生产经营单位安全生产事故应急预案编制导则》（AQ/T 9002—2006），根据风险评价的结果，针对潜在事件和突发事故，制定相应的事故应急救援预案。

企业应组织从业人员进行应急救援预案的培训，定期演练，评价演练效果，评价应急救援预案的充分性和有效性，并形成记录。

企业应定期评审应急救援预案，尤其在潜在事件和突发事故发生后。

企业应将应急救援预案报当地安全生产监督管理部门和有关部门备案，并通报当地应急协作单位，建立应急联动机制。

（10）检查与自评

1）安全检查。企业应严格执行安全检查管理制度，定期或不定期进行安全检查，保证安全标准化有效实施。企业安全检查应有明确的目的、要求、内容和计划。各种安全检查均应编制安全检查表，安全检查表应包括检查项目、检查内容、检查标准或依据、检查结果等内容。

2）安全检查形式与内容。企业应根据安全检查计划，开展综合性检查、专业性检查、季节性检查、日常检查和节假日检查；各种安全检查均应按相应的安全检查表逐项检查，建立安全检查台账，并与责任制挂钩。

3）整改。企业应对安全检查所查出的问题进行原因分析，制定整改措施，落实整改时间、责任人，并对整改情况进行验证，保存相应记录。

4）自评。企业应每年至少一次对安全标准化运行进行自评，提出进一步完善安全标准化的计划和措施。

三、《加强企业安全生产规范化建设的指导意见》相关要点

2010年8月20日，国家安全生产监督管理总局印发《关于进一步加强企业安全生产规范化建设严格落实企业安全生产主体责任的指导意见》（安监总办〔2010〕139号），目的是为了认真贯彻落实《国务院关于进一步加强企业安全生产工作的通知》（国发〔2010〕23号）精神，进一步加强企业安全生产规范化建设，严格落实企业安全生产主体责任，提高企业安全生产管理水平，实现全国安全生产状况持续稳定好转。该指导意见的主要内容有：

1. 总体要求

深入贯彻落实科学发展观，坚持安全发展理念，指导督促企业完善安全生产责任体系，建立健全安全生产管理制度，加大安全基础投入，加强教育培训，推进企业全员、全过程、全方位安全管理，全面实施安全生产标准化，夯实安全生产基层基础工作，提升安全生产管理工作的规范化、科学化水平，有效遏制重特大事故发生，为实现安全生产提供基础保障。

2. 健全和完善责任体系

（1）落实企业法定代表人安全生产第一责任人的责任。法定代表人要依法确保安全投入、管理、装备、培训等措施落实到位，确保企业具备安全生产基本条件。

（2）明确企业各级管理人员的安全生产责任。企业分管安全生产的负责人协助主要负责人履行安全生产管理职责，其他负责人对各自分管业务范围内的安全生产负领导责任。企业安全生产管理机构及其人员对本单位安全生产实施综合管理；企业各级管理人员对分管业务范围的安全生产工作负责。

（3）健全企业安全生产责任体系。责任体系应涵盖本单位各部门、各层级和生产各环节，明确有关协作、合作单位责任，并签订安全责任书。要做好相关单位和各个环节安全管理责任的衔接，相互支持、互为保障，做到责任无盲区、管理无死角。

3. 健全和完善管理体系

（1）加强企业安全生产工作的组织领导。企业及其下属单位应建立安全生产委员会或安全生产领导小组，负责组织、研究、部署本单位安全生产工作，专题研究重大安全生产事项，制订、实施加强和改进本单位安全生产工作的措施。

（2）依法设立安全管理机构并配齐专（兼）职安全生产管理人员。矿山、建筑施工单位和危险物品的生产、经营、储存单位及从业人员超过300人的企业，要设置安全生产管理专职机构或者配备专职安全生产管理人员。其他单位有条件的，应设置安全生产管理机构，或者配备专职或兼职的安全生产管理人员，或者委托注册安全工程师等具有相关专业技术资格的人员提供安全生产管理服务。

（3）提高企业安全生产标准化水平。企业要严格执行安全生产法律法规和行业规程标准，按照《企业安全生产标准化基本规范》（AQ/T 9006—2010）的要求，加大安全生产标准化建设投入，积极组织开展岗位达标、专业达标和企业达标的建设活动，并持续巩固达标成果，实现全面达标、本质达标和动态达标。

4. 健全和完善基本制度

（1）安全生产例会制度。建立班组班前会、周安全生产活动日，车间周安全生产调度会，企业月安全生产办公会、季安全生产形势分析会、年度安全生产工作会等例会制度，定期研究、分析、布置安全生产工作。

（2）安全生产例检制度。建立班组班前、班中、班后安全生产检查（即“一班三检”）、重点对象和重点部位安全生产检查（即“点检”）、作业区域安全生产巡查（即“巡检”），车间周安全生产检查、月安全生产大检查，企业月安全生产检查、季安全生产大检查、复工复产前安全生产大检查等例检制度，对各类检查的频次、重点、内容提出要求。

（3）岗位安全生产责任制。以企业负责人为重点，逐级建立企业管理人员、职能部门、车间班组、各工种的岗位安全生产责任制，明确企业各层级、各岗位的安全生产职责，形成涵盖全员、全过程、全方位的责任体系。

（4）领导干部和管理人员现场带班制度。企业主要负责人、领导班子成员和生产经营管理人员要认真执行现场带班的规定，认真制订本企业领导成员带班制度，立足现场安全管理，加强对重点部位、关键环节的检查巡视，及时发现和解决问题，并据实做好交接。

（5）安全技术操作规程。分专业、分工艺制定安全技术操作规程，并当生产条件发生变化时及时重新组织审查或修订。对实施作业许可证管理的动火作业、受限空间作业、爆破作业、临时用电作业、高空作业等危险性作业，要制定专项安全技术措施，并严格审批监督。企业员工应当熟知并严格执行安全技术操作规程。

（6）作业场所职业安全卫生健康管理制度。积极开展职业健康安全管理体系认证。依照国家有关法律法规及规章标准，完善现场职业安全健康设施、设备和手段。为员工配备合格的职业安全卫生健康防护用品，督促员工正确佩戴和使用，并对接触有毒有害物质的作业人员进行定期的健康检查。

（7）隐患排查治理制度。建立安全生产隐患全员排查、登记报告、分级治理、动态分析、整改销号制度。对排查出的隐患实施登记管理，按照分类分级治理原则，逐一落实整改方案、责任人员、整改资金、整改期限和应急预案。建立隐患整改评价制度，定期分析、评估隐患治理情况，不断完善隐患治理工作机制。建立隐患举报奖励制度，鼓励员工发现和举报事故隐患。

（8）安全生产责任考核制度。完善企业绩效工资制度，加大安全生产挂钩比重。建立以岗位安全绩效考核为重点，以落实岗位安全责任为主线，以杜绝岗位安全责任事故为目标的全员安全生产责任考核办法，加大安全生产责任在员工绩效工资、晋级、评先评优等考核中的权重，重大责任事项实行“一票否决”。

（9）高危行业（领域）员工风险抵押金制度。根据各行业（领域）特点，推广企业内部全员安全风险抵押金制度，加大奖惩兑现力度，充分调动全员安全生产的积极性和主动性。

（10）民主管理监督制度。企业安全生产基本条件、安全生产目标、重大隐患治理、安全生产投入、安全生产形势等情况应以适当方式向员工公开，接受员工监督。充分发挥班组安全管理监督作用。

保障工会依法组织员工参加本单位安全生产工作的民主管理和民主监督，维护员工安全生产的合法权益。

（11）安全生产承诺制度。企业就遵守安全生产法律法规、执行安全生产规章制度、保证安全生产投入、持续具备安全生产条件等签订安全生产承诺书，向企业员工及社会做出公开承诺，自觉接受监督。同时，员工就履行岗位安全责任向企业做出承诺。

各类企业均要建立以上基本制度，同时要依照国家有关法律法规及规章标准规定，结合本单位实际，建立健全适合本单位特点的安全生产规章制度。

5. 加大安全投入

（1）及时足额提取并切实管好用好安全费用。煤矿、非煤矿山、建筑施工、危险化学品、烟花爆竹、道路交通运输等高危行业（领域）企业必须落实提取安全费用税前列支政策。其他行业（领域）的企业要根据本地区有关政策规定提足用好安全费用。安全费用必须专项用于安全防护设备设施、应急救援器材装备、安全生产检查评价、事故隐患评估整改和监控、安全技能培训和应急演练等与安全生产直接相关的投入。

（2）确保安全设施投入。严格落实企业建设项目安全设施“三同时”制度，新建、改建、扩建工程项目的安全设施投资应纳入项目建设概算，安全设施与建设项目主体工程同时设计、同时施工、同时投入生产和使用。高危行业（领域）建设项目要依法进行安全评价。

（3）加大安全科技投入。坚持“科技兴安”战略。健全安全管理工作技术保障体系，强化企业技术管理机构的安全职能，按规定配备安全技术人员。切实落实企业负责人安全生产技术管理负责制，针对影响和制约本单位安全生产的技术问题开展科研攻关，鼓励员工进行技术革新，积极推广应用先进适用的新技术、新工艺、新装备和新材料，提高企业本质安全水平。

6. 加强安全教育培训

(1) 强化企业人员素质培训。落实校企合作办学、对口单招、订单式培养等政策，大力培养企业专业技术人才。有条件的高危行业企业可通过兴办职业学校培养技术人才。结合本企业安全生产特点，制订员工教育培训计划和实施方案，针对不同岗位人员落实培训时间、培训内容、培训机构、培训费用，提高员工安全生产素质。

(2) 加强安全技能培训。企业安全生产管理人员必须按规定接受培训并取得相应资格证书。加强新进人员岗前培训工作，新员工上岗前、转岗员工换岗前要进行岗位操作技能培训，保证其具有本岗位安全操作、应急处置等知识和技能。特种作业人员必须取得特种作业操作资格证书方可上岗。

(3) 强化风险防范教育。企业要推进安全生产法律法规的宣传贯彻，做到安全宣传教育日常化。要及时分析和掌握安全生产工作的规律和特点，定期开展安全生产技术方法、事故案例及安全警示教育，普及安全生产基本知识和风险防范知识，提高员工安全风险辨析与防范能力。

(4) 深入开展安全文化建设。注重企业安全文化在安全生产工作中的作用，把先进的安全文化融入到企业管理思想、管理理念、管理模式和管理方法之中，努力建设安全诚信企业。

7. 加强重大危险源和重大隐患的监控预警

(1) 实行重大隐患挂牌督办。企业应当实行重大隐患挂牌督办制度，并及时将重大隐患现状、可能造成的危害、消除隐患的治理方案报告企业所在地相关政府有关部门。对政府有关部门挂牌督办的重大隐患，企业应按要求报告治理进展、治理结果等情况，切实落实企业重大隐患整改责任。

(2) 加强重大危险源监控。企业应建立重大危险源辨识登记、安全评估、报告备案、监控整改、应急救援等工作机制和管理办法。

设立重大危险源警示标志，并将本单位重大危险源及有关管理措施、应急预案等信息报告有关部门，并向相关单位、人员和周边群众公告。

(3) 利用科学的方法加强预警预报。企业应定期进行安全生产风险分析，积极利用先进的技术和方法建立安全生产监测监控系统，进行有效的实时动态预警。遇重大危险源失控或重大安全隐患出现事故苗头时，应当立即预警预报，组织撤离人员、停止运行、加强监控，防止事故发生和事故损失扩大。

8. 加强应急管理，提高事故处置能力

(1) 加强应急管理。要针对重大危险源和可能突发的生产安全事故，制定相应的应急组织、应急队伍、应急预案、应急资源、应急培训教育、应急演练、应急救援等方案和应急管理办法，并注重与社会应急组织体系相衔接。加强应急预案演练，及时分析查找应急预案及其执行中存在的问题并有针对性地予以修改完善，防止因撤离不及时或救援不适当造成事故扩大。

(2) 提高应急救援保障能力。煤矿、非煤矿山和危险化学品企业，应当依法建立专职或兼职人员组成的应急救援队伍；不具备单独建立专业应急救援队伍的小型企业，除建立兼职应急救援队伍外，还应当与邻近建有专业救援队伍的企业或单位签订救援协议，或者联合建立专业应急救援队伍。根据应急救援需要储备一定数量的应急物资，为应急救援队伍配备必要的应急救援器材、设备和装备。

(3) 做好事故报告和处置工作。事故发生后，要按照规定的报告时限、报告内容、报告方式、报告对象等要求，及时、完整、客观地报告事故，不得瞒报、漏报、谎报、迟报。发生事故的企业主要负责人必须坚守岗位，立即启动事故应急救援预案，采取措施组织抢救，防止事故扩大，减少人员伤亡和财产损失。

(4) 严肃事故调查处理。企业要认真组织或配合事故调查，妥善处理事故善后工作。对于事故调查报告提出的防范措施和整改意见，要认真吸取教训，按要求及时整改，并把落实情况及时报告有关部门。

四、《有限空间安全作业五条规定》

2014 年 9 月 29 日，国家安全生产监督管理总局公布《有限空间安全作业五条规定》(国家安全生产监督管理总局令第 69 号)，自公布之日起施行。

有限空间安全作业五条规定内容如下：

1. 必须严格实行作业审批制度，严禁擅自进入有限空间作业。

2. 必须做到“先通风，再检测，后作业”，严禁通风、检测不合格作业。

3. 必须配备个人防中毒窒息等防护装备，设置安全警示标识，严禁无防护监护措施作业。

4. 必须对作业人员进行安全培训，严禁教育培训不合格上岗作业。

5. 必须制定应急措施，现场配备应急装备，严禁盲目施救。

第二节 危险化学品储存运输企业人员作业安全规范要求

危险化学品储存运输企业在作业过程中存在着很大的危险性，容易发生各种事故，因此，需要对一些危险性较大的作业进行规范，达到预防事故的目的。2008 年 11 月，国家安全生产监督管理总局发布化学品生产单位八项作业安全规范，即化学品生产单位吊装作业、动火作业、动土作业、断路作业、高处作业、设备检修作业、盲板抽堵作业、受限空间作业安全规范。这八项作业安全规范同样适用于危险化学品储存以及运输企业，在此进行介绍。

一、《化学品生产单位吊装作业安全规范》相关要点

2008 年 11 月 19 日，国家安全生产监督管理总局发布《化学品生产单位吊装作业安全规范》(AQ 3021—2008)，自 2009 年 1 月 1 日起实施。

该安全规范是根据化学品生产单位对吊装作业的安全要求制定的。本标准由国家安

全生产监督管理总局提出，全国安全生产标准化技术委员会化学品安全标准化分技术委员会归口并解释。

1. 适用范围

本标准规定了化学品生产单位吊装作业分级、作业安全管理基本要求、作业前的安全检查、作业中安全措施、操作人员应遵守的规定、作业完毕作业人员应做的工作和吊装安全作业证的管理。本标准适用于化学品生产单位的检维修吊装作业。

2. 术语和定义

本标准采用下列术语和定义。

(1) 吊装作业。吊装作业是指在检维修过程中利用各种吊装机具将设备、工件、器具、材料等吊起，使其发生位置变化的作业过程。

(2) 吊装机具。吊装机具系指桥式起重机、门式起重机、装卸机、缆索起重机、汽车起重机、轮胎起重机、履带起重机、铁路起重机、塔式起重机、门座起重机、桅杆起重机、升降机、电葫芦及简易起重设备和辅助用具。

3. 吊装作业的分级

吊装作业按吊装重物的质量分为三级：

(1) 一级吊装作业吊装重物的质量大于 100 t。

(2) 二级吊装作业吊装重物的质量大于等于 40 t 至小于等于 100 t。

(3) 三级吊装作业吊装重物的质量小于 40 t。

4. 作业安全管理基本要求

(1) 应按照国家标准规定对吊装机具进行日检、月检、年检。对检查中发现问题的吊装机具，应进行检修处理，并保存检修档案。检查应符合《起重机械安全规程》(GB 6067—1985)。

(2) 吊装作业人员（指挥人员、起重工）应持有有效的特种作业人员操作证，方可从事吊装作业指挥和操作。

(3) 吊装质量大于等于 40 t 的重物和土建工程主体结构，应编制吊装作业方案。吊装物体虽不足 40 t，但形状复杂、刚度小、长径比大、精密贵重，以及在作业条件特殊的情况下，也应编制吊装作业方案、施工安全措施和应急救援预案。

(4) 吊装作业方案、施工安全措施和应急救援预案经作业主管部门和相关管理部门审查，报主管安全负责人批准后方可实施。

(5) 利用两台或多台起重机械吊运同一重物时，升降、运行应保持同步；各台起重机械所承受的载荷不得超过各自额定起重能力的 80%。

5. 作业前的安全检查

吊装作业前应进行以下项目的安全检查：

(1) 相关部门应对从事指挥和操作的人员进行资质确认。

(2) 相关部门进行有关安全事项的研究和讨论，对安全措施落实情况进行确认。

(3) 实施吊装作业单位的有关人员应对起重吊装机械和吊具进行安全检查确认，确保处于完好状态。

(4) 实施吊装作业单位使用汽车吊装机械，要确认安装有汽车防火罩。

(5) 实施吊装作业单位的有关人员应对吊装区域内的安全状况进行检查（包括吊装区域的划定、标识、障碍)。警戒区域及吊装现场应设置安全警戒标志，并设专人监护，非作业人员禁止入内。安全警戒标志应符合《安全标志使用导则》(GB 16179—1996)的规定。

(6) 实施吊装作业单位的有关人员应在施工现场核实天气情况。室外作业遇到大雪、暴雨、大雾及6级以上大风时，不应安排吊装作业。

6. 作业中安全措施

(1) 吊装作业时应明确指挥人员，指挥人员应佩戴明显的标志；应戴安全帽，安全帽应符合GB 2811—2007的规定。

(2) 应分工明确、坚守岗位，并按《起重吊运指挥信号》(GB 5082—1985) 规定的联络信号，统一指挥。指挥人员按信号进行指挥，其他人员应清楚吊装方案和指挥信号。

(3) 正式起吊前应进行试吊，试吊中检查全部机具、地锚受力情况，发现问题应将工件放回地面，排除故障后重新试吊，确认一切正常，方可正式吊装。

(4) 严禁利用管道、管架、电杆、机电设备等作吊装锚点。未经有关部门审查核算，不得将建筑物、构筑物作为锚点。

(5) 吊装作业中，夜间应有足够的照明。室外作业遇到大雪、暴雨、大雾及6级以上大风时，应停止作业。

(6) 吊装过程中，出现故障，应立即向指挥者报告，没有指挥令，任何人不得擅自离开岗位。

(7) 起吊重物就位前，不许解开吊装索具。

(8) 利用两台或多台起重机械吊运同一重物时，升降、运行应保持同步；各台起重机械所承受的载荷不得超过各自额定起重能力的80%。

7. 操作人员应遵守的规定

(1) 按指挥人员所发出的指挥信号进行操作。对紧急停车信号，不论由何人发出，均应立即执行。

(2) 司索人员应听从指挥人员的指挥，并及时报告险情。

(3) 当起重臂吊钩或吊物下面有人，吊物上有人或浮置物时，不得进行起重操作。

(4) 严禁起吊超负荷或重物质量不明和埋置物体；不得捆挂、起吊不明质量，与其他重物相连、埋在地下或与其他物体冻结在一起的重物。

(5) 在制动器、安全装置失灵、吊钩防松装置损坏、钢丝绳损伤达到报废标准等情况下严禁起吊操作。

(6) 应按规定负荷进行吊装，吊具、索具经计算选择使用，严禁超负荷运行。所吊重物接近或达到额定起重吊装能力时，应检查制动器，用低高度、短行程试吊后，再平稳吊起。

(7) 重物捆绑、紧固、吊挂不牢，吊挂不平衡而可能滑动，或斜拉重物，棱角吊物与钢丝绳之间没有衬垫时不得进行起吊。

(8) 不准用吊钩直接缠绕重物，不得将不同种类或不同规格的索具混在一起使用。

(9) 吊物捆绑应牢靠，吊点和吊物的中心应在同一垂直线上。

(10) 无法看清场地、无法看清吊物情况和指挥信号时，不得进行起吊。

(11) 起重机械及其臂架、吊具、辅具、钢丝绳、缆风绳和吊物不得靠近高低压输电线路。在输电线路近旁作业时，应按规定保持足够的安全距离，不能满足时，应停电后再进行起重作业。

(12) 停工和休息时，不得将吊物、吊笼、吊具和吊索吊在空中。

(13) 在起重机械工作时，不得对起重机械进行检查和维修；在有载荷的情况下，不得调整起升变幅机构的制动器。

(14) 下方吊物时，严禁自由下落（溜）；不得利用极限位置限制器停车。

(15) 遇大雪、暴雨、大雾及 6 级以上大风时，应停止露天作业。

(16) 用定型起重吊装机械（例如履带吊车、轮胎吊车、桥式吊车等）进行吊装作业时，除遵守本标准外，还应遵守该定型起重机械的操作规范。

8. 作业完毕作业人员应做的工作

(1) 将起重臂和吊钩收放到规定的位置，所有控制手柄均应放到零位，使用电气控制的起重机械，应断开电源开关。

(2) 对在轨道上作业的起重机，应将起重机停放在指定位置有效锚定。

(3) 吊索、吊具应收回放置到规定的地方，并对其进行检查、维护、保养。

(4) 对接替工作人员，应告知设备存在的异常情况及尚未消除的故障。

9. 吊装安全作业证的管理

(1) 吊装质量大于 10 t 的重物应办理吊装安全作业证（以下简称作业证），作业证由相关管理部门负责管理。

(2) 项目单位负责人从安全管理部门领取作业证后，应认真填写各项内容，交作业单位负责人批准。对本标准 5.4 规定的吊装作业，应编制吊装方案，并将填好的作业证与吊装方案一并报安全管理部门负责人批准。

(3) 作业证批准后，项目单位负责人应将作业证交吊装指挥。吊装指挥及作业人员应检查作业证，确认无误后方可作业。

(4) 应按作业证上填报的内容进行作业，严禁涂改、转借作业证，变更作业内容，扩大作业范围或转移作业部位。

(5) 对吊装作业审批手续齐全，安全措施（见表 3—1）全部落实，作业环境符合安全要求的，作业人员方可进行作业。

表 3—1 吊装作业安全措施

序号	安全措施	打√
1	作业前对作业人员进行安全教育	
2	吊装质量大于等于 40 t 的重物和土建工程主体结构；吊装物体虽不足 40 t，但形状复杂、刚度小、长径比大、精密贵重，作业条件特殊，需编制吊装作业方案，并经作业主管部门和安全管理部门审查，报主管副总经理或总工程师批准后方可实施	
3	指派专人监护，并坚守岗位，非作业人员禁止入内	
4	作业人员已按规定佩戴防护器具和个体防护用品	

续表

序号	安全措施	打√
5	应事先与分厂（车间）负责人取得联系，建立联系信号	
6	在吊装现场设置安全警戒标志，无关人员不许进入作业现场	
7	夜间作业要有足够的照明	
8	室外作业遇到大雪、暴雨、大雾及6级以上大风，停止作业	
9	检查起重吊装设备、钢丝绳、揽风绳、链条、吊钩等各种机具，保证安全可靠	
10	应分工明确、坚守岗位，并按规定的联络信号，统一指挥	
11	将建筑物、构筑物作为锚点，需经工程处审查核算并批准	
12	吊装绳索、揽风绳、拖拉绳等避免同带电线路接触，并保持安全距离	
13	人员随同吊装重物或吊装机械升降，应采取可靠的安全措施，并经过现场指挥人员批准	
14	利用管道、管架、电杆、机电设备等作吊装锚点，不准吊装	
15	悬吊重物下方站人、通行和工作，不准吊装	
16	超负荷或重物质量不明，不准吊装	
17	斜拉重物、重物埋在地下或重物坚固不牢，绳打结、绳不齐，不准吊装	
18	棱角重物没有衬垫措施，不准吊装	
19	安全装置失灵，不准吊装的操作规程	
20	用定型起重吊装机械（履带吊车、轮胎吊车、轿式吊车等）进行吊装作业，遵守该定型机械	
21	作业过程中应先用低高度、短行程试吊	
22	作业现场出现危险品泄漏，立即停止作业，撤离人员	
23	作业完成后清理现场杂物	
24	吊装作业人员持有法定的有效的证件	
25	地下通信电（光）缆、局域网络电（光）缆、排水沟的盖板，承重吊装机械的负重量已确认，保护措施已落实	
26	起吊物的质量（t）经确认，在吊装机械的承重范围	
27	在吊装高度的管线、电缆桥架已做好防护措施	
28	作业现场围栏、警戒线、警告牌、夜间警示灯已按要求设置	
29	作业高度和转臂范围内，无架空线路	
30	人员出入口和撤离安全措施已落实：A. 指示牌；B. 指示灯	
31	在爆炸危险生产区域内作业，机动车排气管已装火星熄灭器	
32	现场夜间有充足照明：A. 36 V、24 V、12 V防水型灯；B. 36 V、24 V、12 V防爆型灯	
33	作业人员已佩戴防护器具	

二、《化学品生产单位动火作业安全规范》相关要点

2008年11月19日，国家安全生产监督管理总局发布《化学品生产单位动火作业安全规范》（AQ 3022—2008），自2009年1月1日起实施。

该标准是根据化学品生产单位对动火作业的安全要求制定的。该标准由国家安全生产监督管理总局提出，全国安全生产标准化技术委员会化学品安全标准化分技术委员会归口并解释。

1. 适用范围

该标准规定了化学品生产单位动火作业分级、动火作业安全防火要求、动火分析及合格标准、职责要求及动火安全作业证的管理。该标准适用于化学品生产单位禁火区的动火作业。该标准不适用于化学品生产单位的固定动火区作业和固定用火作业。

2. 术语和定义

该标准采用下列术语和定义。

（1）动火作业。动火作业是指能直接或间接产生明火的工艺设置以外的非常规作业，如使用电焊、气焊（割）、喷灯、电钻、砂轮等进行可能产生火焰、火花和炽热表面的非常规作业。

（2）易燃易爆场所。该标准所称易燃易爆场所是指生产和储存物品的场所符合 GB 50016 中火灾危险分类为甲、乙类的区域。

3. 动火作业分级

动火作业分为特殊动火作业、一级动火作业和二级动火作业。

（1）特殊动火作业。特殊动火作业是指在生产运行状态下的易燃易爆生产装置、输送管道、储罐、容器等部位上及其他特殊危险场所进行的动火作业。带压不置换动火作业按特殊动火作业管理。

（2）一级动火作业。一级动火作业是指在易燃易爆场所进行的除特殊动火作业以外的动火作业。厂区管廊上的动火作业按一级动火作业管理。

（3）二级动火作业。二级动火作业是指除特殊动火作业和一级动火作业以外的禁火区的动火作业。还包括凡生产装置或系统全部停车，装置经清洗、置换、取样分析合格并采取安全隔离措施后，可根据其火灾、爆炸危险性大小，经厂安全（防火）部门批准，动火作业可按二级动火作业管理。

（4）遇节日、假日或其他特殊情况时，动火作业应升级管理。

4. 动火作业安全防火要求

动火作业安全防火基本要求主要有：

（1）动火作业应办理动火安全作业证（以下简称作业证），进入受限空间、高处等进行动火作业时，还须执行《化学品生产单位受限空间作业安全规范》（AQ 3028—2008）和《化学品生产单位高处作业安全规范》（AQ 3025—2008）的规定。

（2）动火作业应有专人监火，动火作业前应清除动火现场及周围的易燃物品，或采取其他有效的安全防火措施，配备足够适用的消防器材。

（3）凡在盛有或盛过危险化学品的容器、设备、管道等生产、储存装置及处于 GB 50016 规定的甲、乙类区域的生产设备上动火作业，应将其与生产系统彻底隔离，并进行清洗、置换，取样分析合格后方可动火作业；因条件限制无法进行清洗、置换而确需动火作业时按 5.2 规定执行。

（4）凡处于 GB 50016 规定的甲、乙类区域的动火作业，地面如有可燃物、空洞、窨井、地沟、水封等，应检查分析，距用火点 15 m 以内的，应采取清理或封盖等措施；对于用火点周围有可能泄漏易燃、可燃物料的设备，应采取有效的空间隔离措施。

（5）拆除管线的动火作业，应先查明其内部介质及其走向，并制订相应的安全防火措施。

（6）在生产、使用、储存氧气的设备上进行动火作业，氧含量不得超过 21%。

（7）五级风以上（含五级风）天气，原则上禁止露天动火作业。因生产需要确需动火作业时，动火作业应升级管理。

（8）在铁路沿线（25 m 以内）进行动火作业时，遇装有危险化学品的火车通过或停留时，应立即停止作业。

（9）凡在有可燃物构件的凉水塔、脱气塔、水洗塔等内部进行动火作业时，应采取防火隔绝措施。

（10）动火期间距动火点 30 m 内不得排放各类可燃气体；距动火点 15 m 内不得排放各类可燃液体；不得在动火点 10 m 范围内及用火点下方同时进行可燃溶剂清洗或喷漆等作业。

（11）动火作业前，应检查电焊、气焊、手持电动工具等动火工器具本质安全程度，保证安全可靠。

（12）使用气焊、气割动火作业时，乙炔瓶应直立放置；氧气瓶与乙炔气瓶间距不应小于 5 m，二者与动火作业地点不应小于 10 m，并不得在烈日下暴晒。

（13）动火作业完毕，动火人和监火人以及参与动火作业的人员应清理现场，监火人确认无残留火种后方可离开。

特殊动火作业除了符合安全防火基本要求之外，还应符合以下规定：

（1）在生产不稳定的情况下不得进行带压不置换动火作业。

（2）应事先制定安全施工方案，落实安全防火措施，必要时可请专职消防队到现场监护。

（3）动火作业前，生产车间（分厂）应通知工厂生产调度部门及有关单位，使之在异常情况下能及时采取相应的应急措施。

（4）动火作业过程中，应使系统保持正压，严禁负压动火作业。

（5）动火作业现场的通排风应良好，以便使泄漏的气体能顺畅排走。

5. 动火分析及合格标准

（1）动火作业前应进行安全分析，动火分析的取样点要有代表性。

（2）在较大的设备内动火作业，应采取上、中、下取样；在较长的物料管线上动火，应在彻底隔绝区域内分段取样；在设备外部动火作业，应进行环境分析，且分析范围不小于动火点 10 m。

（3）取样与动火间隔不得超过 30 min，如超过此间隔或动火作业中断时间超过 30 min，应重新取样分析。特殊动火作业期间还应随时进行监测。

（4）使用便携式可燃气体检测仪或其他类似手段进行分析时，检测设备应经标准气体样品标定合格。

（5）动火分析合格判定。当被测气体或蒸汽的爆炸下限大于等于 4%时，其被测浓度应不大于0.5%（体积百分数）；当被测气体或蒸汽的爆炸下限小于4%时，其被测浓度应不大于0.2%（体积百分数）。

6. 职责要求

（1）动火作业负责人的职责

1）负责办理作业证并对动火作业负全面责任。

2）应在动火作业前详细了解作业内容和动火部位及周围情况，参与动火安全措施的制定、落实，向作业人员交代作业任务和防火安全注意事项。

3）作业完成后，组织检查现场，确认无遗留火种后方可离开现场。

（2）动火人的职责

1）应参与风险危害因素辨识和安全措施的制定。

2）应逐项确认相关安全措施的落实情况。

3）应确认动火地点和时间。

4）若发现不具备安全条件时不得进行动火作业。

5）应随身携带作业证。

（3）监火人的职责

1）负责动火现场的监护与检查，发现异常情况应立即通知动火人停止动火作业，及时联系有关人员采取措施。

2）应坚守岗位，不准脱岗；在动火期间，不准兼做其他工作。

3）当发现动火人违章作业时应立即制止。

4）在动火作业完成后，应会同有关人员清理现场，清除残火，确认无遗留火种后方可离开现场。

（4）动火部位负责人的职责

1）对所属生产系统在动火过程中的安全负责。参与制定、负责落实动火安全措施，负责生产与动火作业的衔接。

2）检查、确认作业证审批手续，对手续不完备的作业证应及时制止动火作业。

3）在动火作业中，生产系统如有紧急或异常情况，应立即通知停止动火作业。

（5）对动火分析人的职责

动火分析人对动火分析方法和分析结果负责。应根据动火点所在车间的要求，到现场取样分析，在动火安全作业证（以下简称作业证）上填写取样时间和分析数据并签字。不得用合格等字样代替分析数据。

（6）动火作业审批人的职责

动火作业的审批人是动火作业安全措施落实情况的最终确认人，对自己的批准签字负责。

1）审查作业证的办理是否符合要求。

2）到现场了解动火部位及周围情况，检查、完善防火安全措施。

7. 动火安全作业证的管理

（1）作业证的区分

特殊动火、一级动火、二级动火的作业证应以明显标记加以区分。

（2）作业证的办理和使用要求

1）办证人须按作业证的项目逐项填写，不得空项；根据动火等级，按规定的审批权限进行办理。

2）办理好作业证后，动火作业负责人应到现场检查动火作业安全措施落实情况，确认安全措施可靠并向动火人和监火人交代安全注意事项后，方可批准开始作业。

3）作业证实行一个动火点、一张动火证的动火作业管理。

4）作业证不得随意涂改和转让，不得异地使用或扩大使用范围。

5）作业证一式三联，二级动火由审批人、动火人和动火点所在车间操作岗位各持一份存查；一级和特殊动火作业证由动火点所在车间负责人、动火人和主管安全（防火）部门各持一份存查；作业证保存期限至少为1年。

（3）作业证的审批

1）特殊动火作业的作业证由主管厂长或总工程师审批。

2）一级动火作业的作业证由主管安全（防火）部门审批。

3）二级动火作业的作业证由动火点所在车间主管负责人审批。

（4）作业证的有效期限

1）特殊动火作业和一级动火作业的作业证有效期不超过8 h。

2）二级动火作业的作业证有效期不超过72 h，每日动火前应进行动火分析。

3）动火作业超过有效期限，应重新办理作业证。

三、《化学品生产单位动土作业安全规范》相关要点

2008年11月19日，国家安全生产监督管理总局发布《化学品生产单位动土作业安全规范》（AQ 3023—2008），自2009年1月1日起实施。

该标准是根据化学品生产单位对动土作业的安全要求制定的。该标准由国家安全生产监督管理总局提出，全国安全生产标准化技术委员会化学品安全标准化分技术委员会归口并解释。

1. 适用范围

该标准规定了化学品生产单位的动土作业安全要求和动土安全作业证（以下简称作业证）的管理。该标准适用于化学品生产单位的动土作业。

2. 术语和定义

动土作业是指挖土、打桩、钻探、坑探、地锚入土深度在0.5 m以上；使用推土机、压路机等施工机械进行填土或平整场地等可能对地下隐蔽设施产生影响的作业。

3. 动土作业安全要求

（1）动土作业应办理动土安全作业证，没有作业证严禁动土作业。

（2）作业证经单位有关水、电、汽、工艺、设备、消防、安全、工程等部门会签，由单位动土作业主管部门审批。

（3）作业前，项目负责人应对作业人员进行安全教育。作业人员应按规定着装并佩戴合适的个体防护用品。施工单位应进行施工现场危害辨识，并逐条落实安全措施。

（4）作业前，应检查工具、现场支撑是否牢固、完好，发现问题应及时处理。

（5）动土作业施工现场应根据需要设置护栏、盖板和警告标志，夜间应悬挂红灯示警。

（6）严禁涂改、转借作业证，不得擅自变更动土作业内容、扩大作业范围或转移作业地点。

（7）动土临近地下隐蔽设施时，应使用适当工具挖掘，避免损坏地下隐蔽设施。

（8）动土中如暴露出电缆、管线以及不能辨认的物品时，应立即停止作业，妥善加以保护，报告动土审批单位处理，经采取措施后方可继续动土作业。

（9）挖掘坑、槽、井、沟等作业，应遵守下列规定：

1）挖掘土方应自上而下进行，不准采用挖底脚的办法挖掘，挖出的土石严禁堵塞下水道和窨井。

2）在挖较深的坑、槽、井、沟时，严禁在土壁上挖洞攀登，当使用便携式木梯或便携式金属梯时，应符合 GB 7059 和 GB 12142 要求。作业时应戴安全帽，安全帽应符合 GB 2811 的要求。坑、槽、井、沟上端边沿不准人员站立、行走。

3）要视土壤性质、湿度和挖掘深度设置安全边坡或固壁支撑。挖出的泥土堆放处所和堆放的材料至少应距坑、槽、井、沟边沿 0.8 m，高度不得超过 1.5 m。对坑、槽、井、沟边坡或固壁支撑架应随时检查，特别是雨雪后和解冻时期，如发现边坡有裂缝或支撑有折断、走位等异常危险征兆，应立即停止工作，并采取可靠的安全措施。

4）在坑、槽、井、沟的边缘安放机械、铺设轨道及通行车辆时，应保持适当距离，采取有效的固壁措施，确保安全。

5）在拆除固壁支撑时，应从下而上进行。更换支撑时，应先装新的，后拆旧的。

6）作业现场应保持通风良好，并对可能存在有毒有害物质的区域进行监测。发现有毒有害气体时，应立即停止作业，待采取了可靠的安全措施后方可作业。

7）所有人员不准在坑、槽、井、沟内休息。

（10）作业人员多人同时挖土应相距在 2 m 以上，防止工具伤人。作业人员发现异常时，应立即撤离作业现场。

（11）在危险场所动土时，应有专业人员现场监护，当所在生产区域发生突然排放有害物质时，现场监护人员应立即通知动土作业人员停止作业，迅速撤离现场，并采取必要的应急措施。

（12）高处作业涉及临时用电时，应符合 GB/T 13869 和 JCJ 46 的有关要求。

（13）施工结束后应及时回填土，并恢复地面设施。

4. 作业证的管理

（1）作业证由动土作业主管部门负责审批、管理。

（2）动土申请单位在动土作业主管部门领取作业证，填写有关内容后交施工单位。

（3）施工单位接到作业证后，填写作业证中有关内容后将作业证交动土申请单位。

（4）动土申请单位从施工单位得到作业证后交单位动土作业主管部门，并由其牵头组织工程有关部门审核会签后审批。

（5）动土作业审批人员应到现场核对图纸。查验标志，检查确认安全措施后方可签发作业证。

（6）动土申请单位应将办理好的作业证留存，分别送档案室、有关部门、施工单位各一份。

（7）作业证一式三联，第一联交审批单位留存，第二联交申请单位，第三联由现场作业人员随身携带。

（8）一个施工点、一个施工周期内办理一张作业许可证。

（9）作业证保存期为一年。

表 3—2　动土作业安全措施

序号	安全措施	打√
1	作业人员作业前已进行了安全教育	
2	作业地点处于易燃易爆场所，需要动火时是否办理了动火证	
3	地下电力电缆已确认，保护措施已落实	
4	地下通信电（光）缆、局域网络电（光）缆已确认，保护措施已落实	
5	地下供排水、消防管线、工艺管线已确认，保护措施已落实	
6	已按作业方案图画线和立桩	
7	动土地点有电线、管道等地下设施，应向作业单位交代并派人监护；作业时轻挖，禁止使用铁棒、铁镐或抓斗等机械工具	
8	作业现场围栏、警戒线、警告牌、夜间警示灯已按要求设置	
9	已进行放坡处理和固壁支撑	
10	人员出入口和撤离安全措施已落实：A. 梯子；B. 修坡道	
11	道路施工作业已报交通、消防、安全监督部门、应急中心	
12	备有可燃气体检测仪、有毒介质检测仪	
13	现场夜间有充足照明： A. 36 V、24 V、12 V 防水型灯 B. 36 V、24 V、12 V 防爆型灯	
14	作业人员已佩戴安全帽等防护器具	
15	动土范围（包括深度、面积，并附简图）无障碍物：已在总图上做标记	

四、《化学品生产单位断路作业安全规范》相关要点

2008 年 11 月 19 日，国家安全生产监督管理总局发布《化学品生产单位断路作业安全规范》（AQ 3024—2008），自 2009 年 1 月 1 日起实施。

该标准是根据化学品生产单位对断路作业的安全要求制定的。该标准由国家安全生产监督管理总局提出，全国安全生产标准化技术委员会化学品安全标准化分技术委员会归口并解释。

1. 适用范围

该标准规定了化学品生产单位断路作业的术语和定义、总则、断路安全作业证的办理和安全要求。该标准适用于化学品生产单位的断路作业。

2. 术语和定义

下列术语和定义适用于该标准：

(1) 断路作业。断路作业是指在化学品生产单位内交通主干道、交通次干道、交通支道与车间引道上进行工程施工、吊装吊运等各种影响正常交通的作业。

(2) 断路申请单位。断路申请单位是指需要在化学品生产单位内交通主干道、交通次干道、交通支道与车间引道上进行各种影响正常交通作业的生产、维修、电力、通信等车间级单位。

(3) 断路作业单位。断路作业单位是指按照断路申请单位要求，在化学品生产单位内交通主干道、交通次干道、交通支道与车间引道上进行各种影响正常交通作业的工程施工、吊装吊运等单位。

(4) 道路作业警示灯。道路作业警示灯是指设置在作业路段周围以告示道路使用者注意交通安全的灯光装置。

(5) 作业区。作业区是指为保障道路作业现场的交通安全而用路栏、锥形交通路标等围起来的区域。

3. 总则

(1) 进行断路作业应制定周密的安全措施，并办理断路安全作业证（以下简称作业证），方可作业。

(2) 作业证由断路申请单位负责办理。

(3) 断路申请单位负责管理作业现场。

(4) 作业证申请单位应由相关部门会签。审批部门在审批作业证后，应立即填写断路作业通知单，并书面通知相关部门。

(5) 在作业证规定的时间内未完成断路作业时，由断路申请单位重新办理作业证。

4. 断路安全作业证管理

(1) 作业证由断路申请单位指定专人至少提前一天办理。

(2) 作业证由断路申请单位的上级有关管理部门按照该标准规定的作业证格式统一印制，一式三联。

(3) 断路申请单位在有关管理部门领取作业证后，逐项填写其应填内容后交断路作业单位。

(4) 断路作业单位接到作业证后，填写作业证中断路作业单位应填写的内容，填写后将作业证交断路申请单位。

(5) 断路申请单位从断路作业单位收到作业证后，交本单位上级有关管理部门审批。

(6) 办理好的作业证第一联交断路作业单位，第二联由断路申请单位留存，第三联留审批部门备案。

(7) 作业证应至少保留1年。

5. 安全要求

(1) 作业组织

1) 断路作业单位接到作业证并向断路申请单位确认无误后，即可在规定的时间内，按作业证的内容组织进行断路作业。

2）断路作业申请单位应制定交通组织方案，设置相应的标志与设施，以确保作业期间的交通安全。

3）断路作业应按作业证的内容进行。

4）用于道路作业的工作、材料应放置在作业区内或其他不影响正常交通的场所。

5）严禁涂改、转借作业证。

6）变更作业内容，扩大作业范围，应重新办理作业证。

（2）作业交通警示

1）断路作业单位应根据需要在作业区相关道路上设置作业标志、限速标志、距离辅助标志等交通警示标志，以确保作业期间的交通安全。

2）断路作业单位应在作业区附近设置路栏、锥形交通路标、道路作业警示灯、导向标等交通警示设施。

3）在道路上进行定点作业，白天不超过 2 h，夜间不超过 1 h 即可完工的，在有现场交通指挥人员指挥交通的情况下，只要作业区设置了完善的安全设施，即白天设置了锥形交通路标或路栏，夜间设置了锥形交通路标或路栏及道路作业警示灯，可不设标志牌。

4）夜间作业应设置道路作业警示灯，道路作业警示灯设置在作业区周围的锥形交通路标处，应能反映作业区的轮廓。

5）道路作业警示灯应为红色。

6）警示灯应防爆并采用安全电压。

7）道路作业警示灯设置高度应符合 GA 182 的规定，离地面 1.5 cm，不低于 1.0 m。

8）道路作业警示灯遇雨、雪、雾天时应开启，在其他气候条件下应自傍晚前开启，并能发出至少自 150 m 以外清晰可见的连续、闪烁或旋转的红光。

（3）应急救援

1）断路申请单位应根据作业内容会同作业单位编制相应的事故应急措施，并配备有关器材。

2）动土挖开的路面宜做好临时应急措施，保证消防车的通行。

（4）恢复正常交通

断路作业结束，应迅速清理现场，尽快恢复正常交通。

五、《化学品生产单位高处作业安全规范》相关要点

2008 年 11 月 19 日，国家安全生产监督管理总局发布《化学品生产单位高处作业安全规范》（AQ 3025—2008），自 2009 年 1 月 1 日起实施。

该标准是根据化学品生产单位对高处作业的安全要求制定的。该标准由国家安全生产监督管理总局提出，全国安全生产标准化技术委员会化学品安全标准化分技术委员会归口并解释。

1. 适用范围

该标准规定了化学品生产单位的高处作业分级、安全要求与防护和高处安全作业证

的管理。该标准适用于化学品生产单位的生产区域的高处作业。

2. 术语和定义

该标准采用下列术语和定义：

(1) 高处作业。高处作业是指凡距坠落高度基准面 2 m 及其以上，有可能坠落的高处进行的作业，称为高处作业。

(2) 坠落基准面。坠落基准面是指从作业位置到最低坠落着落点的水平面，称为坠落基准面。

(3) 坠落高度（作业高度）。坠落高度（作业高度）是指从作业位置到坠落基准面的垂直距离，称为坠落高度（也称作业高度）。

(4) 异温高处作业。异温高处作业是指在高温或低温情况下进行的高处作业。高温是指作业地点具有生产性热源，其气温高于本地区夏季室外通风设计计算温度的气温 2℃及以上时的温度。低温是指作业地点的气温低于 5℃。

(5) 带电高处作业。带电高处作业是指作业人员在电力生产和供用电设备的维修中采取地（零）电位或等（同）电位作业方式，接近或接触带电体对带电设备和线路进行的高处作业。

表 3—3　电压等级下最小接近带电体距离

电压等级（kV）	10 以下	20～35	44	60～110	154	220
距离（m）	1.7	2	2.2	2.5	3	4

3. 高处作业分级

高处作业分为一级、二级、三级和特级高处作业，符合 GB/T 3608 的规定。

(1) 作业高度在 2 m$\leqslant h<$5 m 时，称为一级高处作业。

(2) 作业高度在 5 m$\leqslant h<$15 m 时，称为二级高处作业。

(3) 作业高度在 15 m$\leqslant h<$30 m 时，称为三级高处作业。

(4) 作业高度在 $h\geqslant$30 m 以上时，称为特级高处作业。

4. 高处作业安全要求与防护

(1) 高处作业前的安全要求

1) 进行高处作业前，应针对作业内容，进行危险辨识，制定相应的作业程序及安全措施。将辨识出的危害因素写入高处安全作业证（以下简称作业证），并制定出对应的安全措施。

2) 进行高处作业时，除执行该规范外，应符合国家现行的有关高处作业及安全技术标准的规定。

3) 作业单位负责人应对高处作业安全技术负责，并建立相应的责任制。

4) 高处作业人员及搭设高处作业安全设施的人员，应经过专业技术培训及专业考试合格，持证上岗，并应定期进行体格检查。对患有职业禁忌证（如高血压、心脏病、贫血病、癫痫病、精神疾病等）、年老体弱、疲劳过度、视力不佳及其他不适于高处作业的人员，不得进行高处作业。

5) 从事高处作业的单位应办理作业证，落实安全防护措施后方可作业。

6）作业证审批人员应赴高处作业现场检查确认安全措施后，方可批准高处作业。

7）高处作业中的安全标志、工具、仪表、电气设施和各种设备，应在作业前加以检查，确认其完好后投入使用。

8）高处作业前要制定高处作业应急预案，内容包括：作业人员紧急状况时的逃生路线和救护方法，现场应配备的救生设施和灭火器材等。有关人员应熟知应急预案的内容。

9）在紧急状态下（有下列情况下进行的高处作业的）应执行单位的应急预案：①遇有 6 级以上强风、浓雾等恶劣气候下的露天攀登与悬空高处作业；②在邻近有排放有毒、有害气体、粉尘的放空管线或烟囱的场所进行高处作业时，作业点的有毒物浓度不明。

10）高处作业前，作业单位现场负责人应对高处作业人员进行必要的安全教育，交代现场环境和作业安全要求以及作业中可能遇到意外时的处理和救护方法。

11）高处作业前，作业人员应查验作业证，检查验收安全措施落实后方可作业。

12）高处作业人员应按照规定穿戴符合国家标准的劳动保护用品，安全带符合 GB 6095 的要求，安全帽符合 GB 2811 的要求等。作业前要检查。

13）高处作业前作业单位应制定安全措施并填入作业证内。

14）高处作业使用的材料、器具、设备应符合有关安全标准要求。

15）高处作业用的脚手架的搭设应符合国家有关标准。高处作业应根据实际要求配备符合安全要求的吊笼、梯子、防护围栏、挡脚板等。跳板应符合安全要求，两端应捆绑牢固。作业前，应检查所用的安全设施是否坚固、牢靠。夜间高处作业应有充足的照明。

16）供高处作业人员上下用的梯道、电梯、吊笼等要符合有关标准要求；作业人员上下时要有可靠的安全措施。固定式钢直梯和钢斜梯应符合 GB 4053.1 和 GB 4053.2 的要求，便携式木梯和便携式金属梯应符合 GB 7059 与 GB 12142 的要求。

17）便携式木梯和便携式金属梯梯脚底部应坚实，不得垫高使用。踏板不得有缺档。梯子的上端应有固定措施。立梯工作角度以 75°±5°为宜。梯子如需接长使用，应有可靠的连接措施，且接头不得超过 1 处。连接后梯梁的强度，不应低于单梯梯梁的强度。折梯使用时上部夹角以 35°～45°为宜，铰链应牢固，并应有可靠的拉撑措施。

（2）高处作业中的安全要求与防护

1）高处作业应设监护人对高处作业人员进行监护，监护人应坚守岗位。

2）作业中应正确使用防坠落用品与登高器具、设备。高处作业人员应系用与作业内容相适应的安全带，安全带应系挂在作业处上方的牢固构件上或专为挂安全带用的钢架或钢丝绳上，不得系挂在移动或不牢固的物件上；不得系挂在有尖锐棱角的部位。安全带不得低挂高用。系安全带后应检查扣环是否扣牢。

3）作业场所有坠落可能的物件，应一律先行撤除或加以固定。高处作业所使用的工具、材料、零件等应装入工具袋，上下时手中不得持物。工具在使用时应系安全绳，不用时放入工具袋中。不得投掷工具、材料及其他物品。易滑动、易滚动的工具、材料堆放在脚手架上时，应采取防止坠落措施。高处作业中所用的物料，应堆放平稳，不妨碍通行和装卸。作业中的走道、通道板和登高用具，应随时清扫干净；拆卸下的物件及余料和废料均应及时清理运走，不得任意乱置或向下丢弃。

4）雨天和雪天进行高处作业时，应采取可靠的防滑、防寒和防冻措施。凡水、冰、霜、雪均应及时清除。对进行高处作业的高耸建筑物，应事先设置避雷设施。遇有6级以上强风、浓雾等恶劣气候，不得进行特级高处作业、露天攀登与悬空高处作业。暴风雪及台风暴雨后，应对高处作业安全设施逐一加以检查，发现有松动、变形、损坏或脱落等现象，应立即修理完善。

5）在邻近有排放有毒、有害气体、粉尘的放空管线或烟囱的场所进行高处作业时，作业点的有毒物浓度应在允许浓度范围内，并采取有效的防护措施。在应急状态下，按应急预案执行。

6）带电高处作业应符合 GB/T 13869 的有关要求。高处作业涉及临时用电时应符合 JCJ 46 的有关要求。

7）高处作业应与地面保持联系，根据现场配备必要的联络工具，并指定专人负责联系。尤其是在危险化学品生产、储存场所或附近有放空管线的位置高处作业时，应为作业人员配备必要的防护器材（如空气呼吸器、过滤式防毒面具或口罩等），应事先与车间负责人或工长（值班主任）取得联系，确定联络方式，并将联络方式填入高处安全作业证（以下简称作业证）的补充措施栏内。

8）不得在不坚固的结构（如彩钢板屋顶、石棉瓦、瓦棱板等轻型材料等）上作业，登不坚固的结构（如彩钢板屋顶、石棉瓦、瓦棱板等轻型材料）作业前，应保证其承重的立柱、梁、框架的受力能满足所承载的负荷，应铺设牢固的脚手板，并加以固定，脚手板上要有防滑措施。

9）作业人员不得在高处作业处休息。

10）高处作业与其他作业交叉进行时，应按指定的路线上下，不得上下垂直作业，如果需要垂直作业时应采取可靠的隔离措施。

11）在采取地（零）电位或等（同）电位作业方式进行带电高处作业时，应使用绝缘工具或穿均压服。

12）发现高处作业的安全技术设施有缺陷和隐患时，应及时解决；危及人身安全时，应停止作业。

13）因作业必需，临时拆除或变动安全防护设施时，应经作业负责人同意，并采取相应的措施，作业后应立即恢复。

14）防护棚搭设时，应设警戒区，并派专人监护。

15）作业人员在作业中如果发现情况异常，应发出信号，并迅速撤离现场。

（3）高处作业完工后的安全要求

1）高处作业完工后，作业现场清扫干净，作业用的工具、拆卸下的物件及余料和废料应清理运走。

2）脚手架、防护棚拆除时，应设警戒区，并派专人监护。拆除脚手架、防护棚时不得上部和下部同时施工。

3）高处作业完工后，临时用电的线路应由具有特种作业操作证书的电工拆除。

4）高处作业完工后，作业人员要安全撤离现场，验收人在作业证上签字。

5. 高处安全作业证的管理

（1）一级高处作业和在坡度大于45°的斜坡上面的高处作业，由车间负责审批。

（2）二级、三级高处作业及下列情形的高处作业由车间审核后，报厂相关主管部门审批。

1）在升降（吊装）口、坑、井、池、沟、洞等上面或附近进行高处作业。

2）在易燃、易爆、易中毒、易灼伤的区域或转动设备附近进行高处作业。

3）在无平台、无护栏的塔、釜、炉、罐等化工容器、设备及架空管道上进行高处作业。

4）在塔、釜、炉、罐等设备内进行高处作业。

5）在邻近有排放有毒、有害气体、粉尘的放空管线或烟囱及设备高处作业。

（3）特级高处作业及下列情形的高处作业，由单位安全部门审核后，报主管安全负责人审批。

1）在阵风风力为6级（风速10.8 m/s）及以上情况下进行的强风高处作业。

2）在高温或低温环境下进行的异温高处作业。

3）在降雪时进行的雪天高处作业。

4）在降雨时进行的雨天高处作业。

5）在室外完全采用人工照明进行的夜间高处作业。

6）在接近或接触带电体条件下进行的带电高处作业。

7）在无立足点或无牢靠立足点的条件下进行的悬空高处作业。

（4）作业负责人应根据高处作业的分级和类别向审批单位提出申请，办理作业证。作业证一式三份，一份交作业人员，另一份交作业负责人，还有一份交安全管理部门留存，保存期1年。

（5）作业证有效期7天，若作业时间超过7天，应重新审批。对于作业期较长的项目，在作业期内，作业单位负责人应经常深入现场检查，发现隐患及时整改，并做好记录。若作业条件发生重大变化，应重新办理作业证。

高处作业安全措施见表3—4。

表3—4 高处作业安全措施

序号	安全措施	打√
1	作业人员身体条件符合要求	
2	作业人员着装符合工作要求	
3	作业人员佩戴合格的安全帽	
4	作业人员佩戴安全带，安全带要高挂低用	
5	作业人员携带有工具袋	
6	作业人员佩戴：A. 过滤式防毒面具或口罩；B. 空气呼吸器	
7	现场搭设的脚手架、防护网、围栏符合安全规定	

续表

序号	安全措施	打√
8	垂直分层作业中间有隔离设施	
9	梯子、绳子符合安全规定	
10	石棉瓦等轻型棚的承重梁、柱能承重负荷的要求	
11	作业人员在石棉瓦等不承重物作业所搭设的承重板稳定牢固	
12	采光不足、夜间作业有充足的照明，安装临时灯、防爆灯	
13	30 m 以上高处作业配备通信、联络工具	
14	补充措施	
15	其他	

六、《化学品生产单位设备检修作业安全规范》相关要点

2008 年 11 月 19 日，国家安全生产监督管理总局发布《化学品生产单位设备检修作业安全规范》（AQ 3026—2008），自 2009 年 1 月 1 日起实施。

该标准是根据化学品生产单位对设备检修作业的安全要求制定的。该标准由国家安全生产监督管理总局提出，全国安全生产标准化技术委员会化学品安全标准化分技术委员会归口并解释。

1. 适用范围

该标准规定了化学品生产单位设备检修前的安全要求、检修作业中的安全要求及检修结束后的安全要求。该标准适用于化学品生产单位的设备大、中、小修与抢修作业。

2. 术语和定义

设备检修是指为了保持和恢复设备、设施规定的性能而采取的技术措施，包括检测和修理。

3. 检修前的安全要求

（1）外来检修施工单位应具有国家规定的相应资质，并在其等级许可范围内开展检修施工业务。

（2）在签订设备检修合同时，应同时签订安全管理协议。

（3）根据设备检修项目的要求，检修施工单位应制定设备检修方案，检修方案应经设备使用单位审核。检修方案中应有安全技术措施，并明确检修项目安全负责人。检修施工单位应指定专人负责整个检修作业过程的具体安全工作。

（4）检修前，设备使用单位应对参加检修作业的人员进行安全教育，安全教育主要包括以下内容：

1）有关检修作业的安全规章制度。

2）检修作业现场和检修过程中存在的危险因素和可能出现的问题及相应对策。

3）检修作业过程中所使用的个体防护器具的使用方法及使用注意事项。

4）相关事故案例和经验、教训。

（5）检修现场应根据 GB 2894 的规定设立相应的安全标志。

(6) 检修项目负责人应组织检修作业人员到现场进行检修方案交底。

(7) 检修前施工单位要做到检修组织落实、检修人员落实和检修安全措施落实。

(8) 当设备检修涉及高处、动火、动土、断路、吊装、抽堵盲板、受限空间等作业时，须按相关作业安全规范的规定执行。

(9) 临时用电应办理用电手续，并按规定安装和架设。

(10) 设备使用单位负责设备的隔绝、清洗、置换，合格后交出。

(11) 检修项目负责人应与设备使用单位负责人共同检查，确认设备、工艺处理等满足检修安全要求。

(12) 应对检修作业使用的脚手架、起重机械、电气焊用具、手持电动工具等各种工器具进行检查；手持式、移动式电气工器具应配有漏电保护装置。凡不符合作业安全要求的工器具不得使用。

(13) 对检修设备上的电器电源，应采取可靠的断电措施，确认无电后在电源开关处设置安全警示标牌或加锁。

(14) 对检修作业使用的气体防护器材、消防器材、通信设备、照明设备等应安排专人检查，并保证完好。

(15) 对检修现场的梯子、栏杆、平台、箅子板、盖板等进行检查，确保安全。

(16) 对有腐蚀性介质的检修场所应备有人员应急用冲洗水源和相应防护用品。

(17) 对检修现场存在的可能危及安全的坑、井、沟、孔洞等应采取有效防护措施，设置警告标志，夜间应设警示红灯。

(18) 应将检修现场影响检修安全的物品清理干净。

(19) 应检查、清理检修现场的消防通道、行车通道，保证畅通。

(20) 需夜间检修的作业场所，应设满足要求的照明装置。

(21) 检修场所涉及的放射源，应事先采取相应的处置措施，使其处于安全状态。

4. 检修作业中的安全要求

(1) 参加检修作业的人员应按规定正确穿戴劳动保护用品。

(2) 检修作业人员应遵守本工种安全技术操作规程。

(3) 从事特种作业的检修人员应持有特种作业操作证。

(4) 多工种、多层次交叉作业时，应统一协调，采取相应的防护措施。

(5) 从事有放射性物质的检修作业时，应通知现场有关操作、检修人员避让，确认好安全防护间距，按照国家有关规定设置明显的警示标志，并设专人监护。

(6) 夜间检修作业及特殊天气的检修作业，须安排专人进行安全监护。

(7) 当生产装置出现异常情况可能危及检修人员安全时，设备使用单位应立即通知检修人员停止作业，迅速撤离作业场所。经处理，异常情况排除且确认安全后，检修人员方可恢复作业。

5. 检修结束后的安全要求

(1) 因检修需要而拆移的盖板、箅子板、扶手、栏杆、防护罩等安全设施应恢复其安全使用功能。

(2) 检修所用的工器具、脚手架、临时电源、临时照明设备等应及时撤离现场。

（3）检修完工后所留下的废料、杂物、垃圾、油污等应清理干净。

七、《化学品生产单位盲板抽堵作业安全规范》相关要点

2008 年 11 月 19 日，国家安全生产监督管理总局发布《化学品生产单位盲板抽堵作业安全规范》（AQ 3027—2008），自 2009 年 1 月 1 日起实施。

该标准是根据化学品生产单位对盲板抽堵作业的安全要求制定的。该标准由国家安全生产监督管理总局提出，全国安全生产标准化技术委员会化学品安全标准化分技术委员会归口并解释。

1. 适用范围

该标准规定了化学品生产单位设备管道的盲板要求、盲板抽堵作业安全要求、职责要求和盲板抽堵安全作业证的管理。该标准适用于化学品生产单位设备管道的盲板抽堵作业。

2. 术语和定义

盲板抽堵作业是指在设备抢修或检修过程中，设备、管道内存有物料（气、液、固态）及一定温度、压力情况时的盲板抽堵，或设备、管道内物料经吹扫、置换、清洗后的盲板抽堵。

3. 盲板要求

盲板及垫片应符合以下要求：

（1）盲板应按管道内介质的性质、压力、温度选用适合的材料。高压盲板应按设计规范设计、制造并经超声波探伤合格。

（2）盲板的直径应依据管道法兰密封面直径制作，厚度应经强度计算。

（3）一般盲板应有一个或两个手柄，便于辨识、抽堵，8 字盲板可不设手柄。

（4）应按管道内介质性质、压力、温度选用合适的材料做盲板垫片。

4. 盲板抽堵作业安全要求

（1）盲板抽堵作业实施作业证管理，作业前应办理盲板抽堵安全作业证（以下简称作业证）。

（2）盲板抽堵作业人员应经过安全教育和专门的安全培训，并经考核合格。

（3）生产车间（分厂）应预先绘制盲板位置图，对盲板进行统一编号，并设专人负责。盲板抽堵作业单位应按图作业。

（4）作业人员应对现场作业环境进行有害因素辨识并制定相应的安全措施。

（5）盲板抽堵作业应设专人监护，监护人不得离开作业现场。

（6）在作业复杂、危险性大的场所进行盲板抽堵作业，应制定应急预案。

（7）在有毒介质的管道、设备上进行盲板抽堵作业时，系统压力应降到尽可能低的程度，作业人员应穿戴适合的防护用具。

（8）在易燃易爆场所进行盲板抽堵作业时，作业人员应穿防静电工作服、工作鞋；距作业地点 30 m 内不得有动火作业；工作照明应使用防爆灯具；作业时应使用防爆工具，禁止用铁器敲打管线、法兰等。

（9）在强腐蚀性介质的管道、设备上进行抽堵盲板作业时，作业人员应采取防止酸

碱灼伤的措施。

（10）在介质温度较高、可能对作业人员造成烫伤的情况下，作业人员应采取防烫措施。

（11）高处盲板抽堵作业应按 AQ 3025—2008 化学品生产单位高处作业安全规范的规定进行。

（12）不得在同一管道上同时进行两处及两处以上的盲板抽堵作业。

（13）抽堵盲板时，应按盲板位置图及盲板编号，由生产车间（分厂）设专人统一指挥作业，逐一确认并做好记录。

（14）每个盲板应设标牌进行标识，标牌编号应与盲板位置图上的盲板编号一致。

（15）作业结束，由盲板抽堵作业单位、生产车间（分厂）专人共同确认。

5. 职责要求

（1）生产车间（分厂）负责人的职责

1）应了解管道、设备内介质特性及走向，制定、落实盲板抽堵安全措施，安排监护人，向作业单位负责人或作业人员交代作业安全注意事项。

2）生产系统如有紧急或异常情况，应立即通知停止盲板抽堵作业。

3）作业完成后，应组织检查盲板抽堵情况。

（2）监护人的职责

1）负责盲板抽堵作业现场的监护与检查，发现异常情况应立即通知作业人员停止作业，并及时联系有关人员采取措施。

2）应坚守岗位，不得脱岗；在盲板抽堵作业期间，不得兼做其他工作。

3）当发现盲板抽堵作业人违章作业时应立即制止。

4）作业完成后，要会同作业人员检查、清理现场，确认无误后方可离开现场。

（3）作业单位负责人的职责

1）了解作业内容及现场情况，确认作业安全措施，向作业人员交代作业任务和安全注意事项。

2）各项安全措施落实后，方可安排人员进行盲板抽堵作业。

（4）作业人的职责

1）作业前应了解作业的内容、地点、时间、要求，熟知作业中的危害因素和应采取的安全措施。

2）要逐项确认相关安全措施的落实情况。

3）若发现不具备安全条件时不得进行盲板抽堵作业。

4）作业完成后，会同生产单位负责人检查盲板抽堵情况，确认无误后方可离开作业现场。

（5）审批人的职责

1）审查盲板抽堵作业证的办理是否符合要求。

2）督促检查各项安全措施的落实情况。

6. 盲板抽堵安全作业证的管理

（1）盲板抽堵安全作业证（以下简称作业证）由生产车间（分厂）办理，格式见附录A（略）。

（2）盲板抽堵作业宜实行一块盲板一张作业证的管理方式。

（3）严禁随意涂改、转借作业证，变更盲板位置或增减盲板数量时，应重新办理作业证。

（4）作业证由生产车间（分厂）负责填写、盲板抽堵作业单位负责人确认、单位生产部门审批。

（5）经审批的作业证一式两份，盲板抽堵作业单位、生产车间（分厂）各一份，生产车间（分厂）负责存档，作业证保存期限至少为1年。

八、《化学品生产单位受限空间作业安全规范》相关要点

2008年11月19日，国家安全生产监督管理总局发布《化学品生产单位受限空间作业安全规范》（AQ 3028—2008），自2009年1月1日起实施。

该标准是根据化学品生产单位对受限空间作业的安全要求制定的。该标准由国家安全生产监督管理总局提出，全国安全生产标准化技术委员会化学品安全标准化分技术委员会归口并解释。

1. 适用范围

该标准规定了化学品生产单位受限空间作业安全要求、职责要求和受限空间安全作业证的管理。该标准适用于化学品生产单位的受限空间作业。

2. 术语和定义

该标准采用下列术语和定义：

（1）受限空间。受限空间是指化学品生产单位的各类塔、釜、槽、罐、炉膛、锅筒、管道、容器以及地下室、窨井、坑（池）、下水道或其他封闭、半封闭场所。

（2）受限空间作业。受限空间作业是指进入或探入化学品生产单位的受限空间进行的作业。

3. 受限空间作业安全要求

（1）受限空间作业实施作业证管理，作业前应办理受限空间安全作业证（以下简称作业证）。

（2）安全隔绝

1）受限空间与其他系统连通的可能危及安全作业的管道应采取有效隔离措施。

2）管道安全隔绝可采用插入盲板或拆除一段管道进行隔绝，不能用水封或关闭阀门等代替盲板或拆除管道。

3）与受限空间相连通的可能危及安全作业的孔、洞应进行严密的封堵。

4）受限空间带有搅拌器等用电设备时，应在停机后切断电源，上锁并加挂警示牌。

（3）清洗或置换

受限空间作业前，应根据受限空间盛装（过）的物料的特性，对受限空间进行清洗或置换，并达到下列要求：

1）氧含量一般为18％～21％，在富氧环境下不得大于23.5％。

2）有毒气体（物质）浓度应符合GBZ 2的规定。

3）可燃气体浓度：当被测气体或蒸汽的爆炸下限大于等于4%时，其被测浓度不大于0.5%（体积百分数）；当被测气体或蒸汽的爆炸下限小于4%时，其被测浓度不大于0.2%（体积百分数）。

（4）通风

应采取措施，保持受限空间空气良好流通。

1）打开人孔、手孔、料孔、风门、烟门等与大气相通的设施进行自然通风。

2）必要时，可采取强制通风。

3）采用管道送风时，送风前应对管道内介质和风源进行分析确认。

4）禁止向受限空间充氧气或富氧空气。

（5）监测

1）作业前30 min内，应对受限空间进行气体采样分析，分析合格后方可进入。

2）分析仪器应在校验有效期内，使用前应保证其处于正常工作状态。

3）采样点应有代表性，容积较大的受限空间，应采取上、中、下各部位取样。

4）作业中应定时监测，至少每2 h监测一次，如监测分析结果有明显变化，则应加大监测频率；作业中断超过30 min应重新进行监测分析，对可能释放有害物质的受限空间，应连续监测。情况异常时应立即停止作业，撤离人员，经对现场处理，并取样分析合格后方可恢复作业。

5）涂刷具有挥发性溶剂的涂料时，应做连续分析，并采取强制通风措施。

6）采样人员深入或探入受限空间采样时应采取4.6中规定的防护措施。

（6）个体防护措施

受限空间经清洗或置换不能达到规定要求时，应采取相应的防护措施方可作业。

1）在缺氧或有毒的受限空间作业时，应佩戴隔离式防护面具，必要时作业人员应拴带救生绳。

2）在易燃易爆的受限空间作业时，应穿防静电工作服、工作鞋，使用防爆型低压灯具及不发生火花的工具。

3）在有酸碱等腐蚀性介质的受限空间作业时，应穿戴好防酸碱工作服、工作鞋、手套等护品。

4）在产生噪声的受限空间作业时，应佩戴耳塞或耳罩等防噪声护具。

（7）照明及用电安全

1）受限空间照明电压应小于等于36 V，在潮湿容器、狭小容器内作业电压应小于等于12 V。

2）使用超过安全电压的手持电动工具作业或进行电焊作业时，应配备漏电保护器。在潮湿容器中，作业人员应站在绝缘板上，同时保证金属容器接地可靠。

3）临时用电应办理用电手续，按GB/T 13869规定架设和拆除。

（8）监护

1）受限空间作业，在受限空间外应设有专人监护。

2）进入受限空间前，监护人应会同作业人员检查安全措施，统一联系信号。

3）在风险较大的受限空间作业，应增设监护人员，并随时保持与受限空间作业人员的联络。

4）监护人员不得脱离岗位，并应掌握受限空间作业人员的人数和身份，对人员和工器具进行清点。

（9）其他安全要求

1）在受限空间作业时应在受限空间外设置安全警示标志。

2）受限空间出入口应保持畅通。

3）多工种、多层交叉作业应采取互相之间避免伤害的措施。

4）作业人员不得携带与作业无关的物品进入受限空间，作业中不得抛掷材料、工器具等物品。

5）受限空间外应备有空气呼吸器（氧气呼吸器）、消防器材和清水等相应的应急用品。

6）严禁作业人员在有毒、窒息环境下摘下防毒面具。

7）难度大、劳动强度大、时间长的受限空间作业应采取轮换作业。

8）在受限空间进行高处作业应按《化学品生产单位高处作业安全规范》（AQ 3026—2008）的规定进行，应搭设安全梯或安全平台。

9）在受限空间进行动火作业应按《化学品生产单位动火作业安全规范》（AQ 3022—2008）的规定进行。

10）作业前后应清点作业人员和作业工器具。作业人员离开受限空间作业点时，应将作业工器具带出。

11）作业结束后，由受限空间所在单位和作业单位共同检查受限空间内外，确认无问题后方可封闭受限空间。

4. 职责要求

（1）作业负责人的职责

1）对受限空间作业安全负全面责任。

2）在受限空间作业环境、作业方案和防护设施及用品达到安全要求后，可安排人员进入受限空间作业。

3）在受限空间及其附近发生异常情况时，应停止作业。

4）检查、确认应急准备情况，核实内外联络及呼叫方法。

5）对未经允许试图进入或已经进入受限空间者进行劝阻或责令退出。

（2）监护人员的职责

1）对受限空间作业人员的安全负有监督和保护的职责。

2）了解可能面临的危害，对作业人员出现的异常行为能够及时警觉并做出判断。与作业人员保持联系和交流，观察作业人员的状况。

3）当发现异常时，立即向作业人员发出撤离警报，并帮助作业人员从受限空间逃生，同时立即呼叫紧急救援。

4）掌握应急救援的基本知识。

（3）作业人员的职责

1）负责在保障安全的前提下进入受限空间实施作业任务。作业前应了解作业的内容、地点、时间、要求，熟知作业中的危害因素和应采取的安全措施。

2）确认安全防护措施落实情况。

3）遵守受限空间作业安全操作规程，正确使用受限空间作业安全设施与个体防护用品。

4）应与监护人员进行必要的、有效的安全、报警、撤离等双向信息交流。

5）服从作业监护人的指挥，如发现作业监护人员不履行职责时，应停止作业并撤出受限空间。

6）在作业中如出现异常情况或感到不适或呼吸困难时，应立即向作业监护人发出信号，迅速撤离现场。

（4）审批人员的职责

1）审查受限空间安全作业证的办理是否符合要求。

2）到现场了解受限空间内外情况。

3）督促检查各项安全措施的落实情况。

5. 受限空间安全作业证的管理

（1）受限空间安全作业证（以下简称作业证）由作业单位负责办理，格式见表（略）。

（2）作业证所列项目应逐项填写，安全措施栏应填写具体的安全措施。

（3）作业证应由受限空间所在单位负责人审批。

（4）一处受限空间、同一作业内容办理一张作业证，当受限空间工艺条件、作业环境条件改变时，应重新办理作业证。

（5）作业证一式三联，一、二联分别由作业负责人、监护人持有，第三联由受限空间所在单位存查，作业证保存期限至少为1年。

第四章　危险化学品储存运输企业事故隐患排查治理有关规章与制度

安全生产事故隐患（又称为事故隐患或安全隐患），是指生产经营单位违反安全生产法律、法规、规章、标准、规程和安全生产管理制度的规定，或者因其他因素在生产经营活动中存在可能导致事故发生的物的危险状态、人的不安全行为和管理上的缺陷。对于危险化学品储存运输企业来讲，排查治理事故隐患是预防事故发生的重要手段，同时也是安全工作的重点之一。安全来自防范，事故源于隐患；只有消除隐患，才能消灭事故。

第一节　危险化学品储存运输企业事故隐患排查治理相关规章

隐患排查治理是指生产经营单位组织安全生产管理人员、工程技术人员和其他相关人员对本单位的事故隐患进行排查，并对排查出的事故隐患，按照事故隐患的等级进行登记，建立事故隐患信息档案，并按照职责分工实施监控治理。事故隐患的排查治理是一项长期的任务，企业只有建立完善事故隐患排查治理的常态机制，坚持不懈地开展好隐患治理工作，才能远离事故灾害，确保安全生产。

一、《安全生产事故隐患排查治理暂行规定》相关要点

2007 年 12 月 28 日，国家安全生产监督管理总局公布《安全生产事故隐患排查治理暂行规定》（国家安全生产监督管理总局令第 16 号），自 2008 年 2 月 1 日起施行。

《安全生产事故隐患排查治理暂行规定》分为五章三十二条。各章内容为：第一章总则，第二章生产经营单位的职责，第三章监督管理，第四章罚则，第五章附则。制定此规定的目的，是根据安全生产法等法律、行政法规，为了建立安全生产事故隐患排查治理长效机制，强化安全生产主体责任，加强事故隐患监督管理，防止和减少事故，保障人民群众生命财产安全。

1. 总则中的有关规定

在第一章总则中，对相关事项做了规定。

◆生产经营单位安全生产事故隐患排查治理和安全生产监督管理部门、煤矿安全监察机构（以下统称安全监管监察部门）实施监管监察，适用该规定。

有关法律、行政法规对安全生产事故隐患排查治理另有规定的，依照其规定。

◆该规定所称安全生产事故隐患（以下简称事故隐患），是指生产经营单位违反安全生产法律、法规、规章、标准、规程和安全生产管理制度的规定，或者因其他因素在生产经营活动中存在可能导致事故发生的物的危险状态、人的不安全行为和管理上的缺陷。

事故隐患分为一般事故隐患和重大事故隐患。一般事故隐患，是指危害和整改难度较小，发现后能够立即整改排除的隐患。重大事故隐患，是指危害和整改难度较大，应当全部或者局部停产停业，并经过一定时间整改治理方能排除的隐患，或者因外部因素影响致使生产经营单位自身难以排除的隐患。

◆生产经营单位应当建立健全事故隐患排查治理制度。

生产经营单位主要负责人对本单位事故隐患排查治理工作全面负责。

◆各级安全监管监察部门按照职责对所辖区域内生产经营单位排查治理事故隐患工作依法实施综合监督管理；各级人民政府有关部门在各自职责范围内对生产经营单位排查治理事故隐患工作依法实施监督管理。

◆任何单位和个人发现事故隐患，均有权向安全监管监察部门和有关部门报告。

安全监管监察部门接到事故隐患报告后，应当按照职责分工立即组织核实并予以查处；发现所报事故隐患应当由其他有关部门处理的，应当立即移送有关部门并记录备查。

2. 生产经营单位职责的规定

在第二章生产经营单位的职责中，对相关事项做了规定。

◆生产经营单位应当依照法律、法规、规章、标准和规程的要求从事生产经营活动。严禁非法从事生产经营活动。

◆生产经营单位是事故隐患排查、治理和防控的责任主体。

生产经营单位应当建立健全事故隐患排查治理和建档监控等制度，逐级建立并落实从主要负责人到每个从业人员的隐患排查治理和监控责任制。

◆生产经营单位应当保证事故隐患排查治理所需的资金，建立资金使用专项制度。

◆生产经营单位应当定期组织安全生产管理人员、工程技术人员和其他相关人员排查本单位的事故隐患。对排查出的事故隐患，应当按照事故隐患的等级进行登记，建立事故隐患信息档案，并按照职责分工实施监控治理。

◆生产经营单位应当建立事故隐患报告和举报奖励制度，鼓励、发动职工发现和排除事故隐患，鼓励社会公众举报。对发现、排除和举报事故隐患的有功人员，应当给予物质奖励和表彰。

◆生产经营单位将生产经营项目、场所、设备发包、出租的，应当与承包、承租单位签订安全生产管理协议，并在协议中明确各方对事故隐患排查、治理和防控的管理职责。生产经营单位对承包、承租单位的事故隐患排查治理负有统一协调和监督管理的职责。

◆安全监管监察部门和有关部门的监督检查人员依法履行事故隐患监督检查职责时，生产经营单位应当积极配合，不得拒绝和阻挠。

◆生产经营单位应当每季、每年对本单位事故隐患排查治理情况进行统计分析，并分别于下一季度15日前和下一年1月31日前向安全监管监察部门和有关部门报送书面统计分析表。统计分析表应当由生产经营单位主要负责人签字。

对于重大事故隐患，生产经营单位除依照前款规定报送外，应当及时向安全监管监察部门和有关部门报告。重大事故隐患报告内容应当包括：

（1）隐患的现状及其产生原因。

（2）隐患的危害程度和整改难易程度分析。

（3）隐患的治理方案。

◆对于一般事故隐患，由生产经营单位（车间、分厂、区队等）负责人或者有关人员立即组织整改。

对于重大事故隐患，由生产经营单位主要负责人组织制定并实施事故隐患治理方案。重大事故隐患治理方案应当包括以下内容：

（1）治理的目标和任务。

（2）采取的方法和措施。

（3）经费和物资的落实。

（4）负责治理的机构和人员。

（5）治理的时限和要求。

（6）安全措施和应急预案。

◆生产经营单位在事故隐患治理过程中，应当采取相应的安全防范措施，防止事故发生。事故隐患排除前或者排除过程中无法保证安全的，应当从危险区域内撤出作业人员，并疏散可能危及的其他人员，设置警戒标志，暂时停产停业或者停止使用；对暂时难以停产或者停止使用的相关生产储存装置、设施、设备，应当加强维护和保养，防止事故发生。

◆生产经营单位应当加强对自然灾害的预防。对于因自然灾害可能导致事故灾难的隐患，应当按照有关法律、法规、标准和该规定的要求排查治理，采取可靠的预防措施，制定应急预案。在接到有关自然灾害预报时，应当及时向下属单位发出预警通知；发生自然灾害可能危及生产经营单位和人员安全的情况时，应当采取撤离人员、停止作业、加强监测等安全措施，并及时向当地人民政府及其有关部门报告。

◆地方人民政府或者安全监管监察部门及有关部门挂牌督办并责令全部或者局部停产停业治理的重大事故隐患，治理工作结束后，有条件的生产经营单位应当组织本单位的技术人员和专家对重大事故隐患的治理情况进行评估；其他生产经营单位应当委托具备相应资质的安全评价机构对重大事故隐患的治理情况进行评估。

经治理后符合安全生产条件的，生产经营单位应当向安全监管监察部门和有关部门提出恢复生产的书面申请，经安全监管监察部门和有关部门审查同意后，方可恢复生产经营。申请报告应当包括治理方案的内容、项目和安全评价机构出具的评价报告等。

3. 有关监督管理的规定

在第三章监督管理中，对相关事项做了规定。

◆安全监管监察部门应当指导、监督生产经营单位按照有关法律、法规、规章、标准和规程的要求，建立健全事故隐患排查治理等各项制度。

◆安全监管监察部门应当建立事故隐患排查治理监督检查制度，定期组织对生产经营单位事故隐患排查治理情况开展监督检查；应当加强对重点单位的事故隐患排查治理情况的监督检查。对检查过程中发现的重大事故隐患，应当下达整改指令书，并建立信息管理台账。必要时，报告同级人民政府并对重大事故隐患实行挂牌督办。

◆已经取得安全生产许可证的生产经营单位，在其被挂牌督办的重大事故隐患治理结束前，安全监管监察部门应当加强监督检查。必要时，可以提请原许可证颁发机关依法暂扣其安全生产许可证。

◆安全监管监察部门应当会同有关部门把重大事故隐患整改纳入重点行业领域的安全专项整治中加以治理，落实相应责任。

◆对挂牌督办并采取全部或者局部停产停业治理的重大事故隐患，安全监管监察部门收到生产经营单位恢复生产的申请报告后，应当在10日内进行现场审查。审查合格的，对事故隐患进行核销，同意恢复生产经营；审查不合格的，依法责令改正或者下达停产整改指令。对整改无望或者生产经营单位拒不执行整改指令的，依法实施行政处罚；不具备安全生产条件的，依法提请县级以上人民政府按照国务院规定的权限予以关闭。

4. 有关处罚的规定

在第四章罚则中，对相关事项做了规定。

◆生产经营单位及其主要负责人未履行事故隐患排查治理职责，导致发生生产安全事故的，依法给予行政处罚。

◆生产经营单位违反此规定，有下列行为之一的，由安全监管监察部门给予警告，并处三万元以下的罚款：

（1）未建立安全生产事故隐患排查治理等各项制度的。

（2）未按规定上报事故隐患排查治理统计分析表的。

（3）未制定事故隐患治理方案的。

（4）重大事故隐患不报或者未及时报告的。

（5）未对事故隐患进行排查治理擅自生产经营的。

（6）整改不合格或者未经安全监管监察部门审查同意擅自恢复生产经营的。

◆生产经营单位事故隐患排查治理过程中违反有关安全生产法律、法规、规章、标准和规程规定的，依法给予行政处罚。

◆安全监管监察部门的工作人员未依法履行职责的，按照有关规定处理。

二、《安全生产事故隐患排查治理体系建设实施指南》相关要点

2012年7月3日，国务院安全生产委员会办公室下发《关于印发工贸行业企业安全生产标准化建设和安全生产事故隐患排查治理体系建设实施指南的通知》（安委办〔2012〕28号）。该通知指出：为进一步推进企业安全生产标准化建设和安全隐患排查治理体系建设（以下简称两项建设），夯实安全管理基础，提升安全监管水平，促进全国安全生产形势持续稳定好转，国务院安委会办公室组织制定了《工贸行业企业安全生产

标准化建设实施指南》和《安全生产事故隐患排查治理体系建设实施指南》。

《安全生产事故隐患排查治理体系建设实施指南》分为五章。各章内容为：第一章概述，第二章政府监管工作，第三章企业隐患排查治理工作，第四章隐患排查治理标准，第五章隐患排查治理信息系统。在此主要介绍与企业隐患排查治理工作相关内容。

1. 安全生产事故隐患排查治理基本概念

（1）安全生产事故隐患

安全生产事故隐患（以下简称隐患、事故隐患或安全隐患），是指生产经营单位违反安全生产法律、法规、规章、标准、规程和安全生产管理制度的规定，或者因其他因素在生产经营活动中存在可能导致事故发生的物的危险状态、人的不安全行为和管理上的缺陷。在事故隐患的三种表现中，物的危险状态是指生产过程或生产区域内的物质条件（如材料、工具、设备、设施、成品、半成品）处于危险状态，人的不安全行为是指人在工作过程中的操作、指示或其他具体行为不符合安全规定，管理上的缺陷是指在开展各种生产活动中所必需的各种组织、协调等行动存在缺陷。

（2）隐患分级

隐患的分级是以隐患的整改、治理和排除的难度及其影响范围为标准的，可以分为一般事故隐患和重大事故隐患。一般事故隐患，是指危害和整改难度较小，发现后能够立即整改排除的隐患。重大事故隐患，是指危害和整改难度较大，应当全部或者局部停产停业，并经过一定时间整改治理方能排除的隐患，或者因外部因素影响致使生产经营单位自身难以排除的隐患。

（3）隐患排查

隐患排查是指生产经营单位组织安全生产管理人员、工程技术人员和其他相关人员对本单位的事故隐患进行排查，并对排查出的事故隐患，按照事故隐患的等级进行登记，建立事故隐患信息档案。

（4）隐患治理

隐患治理就是指消除或控制隐患的活动或过程。对排查出的事故隐患，应当按照事故隐患的等级进行登记，建立事故隐患信息档案，并按照职责分工实施监控治理。对于一般事故隐患，由于其危害和整改难度较小，发现后应当由生产经营单位（车间、分厂、区队等）负责人或者有关人员立即组织整改。对于重大事故隐患，由生产经营单位主要负责人组织制定并实施事故隐患治理方案。

2. 企业隐患排查治理工作

企业是隐患排查治理工作的主体，是隐患排查治理工作的直接实施者。企业隐患排查治理工作主要包括四个方面：自查隐患、治理隐患、自报隐患和分析趋势。自查是为了发现自身所存在的隐患，保证全面而减少遗漏；治理是为了将自查中发现的隐患控制住，防止引发后果，尽可能从根本上解决问题；自报是为了将自查和治理情况报送政府有关部门，以使其了解企业在排查和治理方面的信息；分析趋势是为了建立安全生产预警指数系统，对安全生产状况做出科学、综合、定量的判断，为合理分配安全监管资源和加强安全管理提供依据。

（1）企业自查隐患

企业自查隐患就是在政府及其部门的统一安排和指导下，确定自身分类分级的定位，采用其适用的隐患排查治理标准，通过准备、组织机构建设、建立健全制度、全面培训、实施排查、分析改进等步骤形成完整的、系统的企业自查机制。尤其是大型企业集团，应在企业内部形成联结所有管理层级和各个生产单位，以及当地安全监管部门的隐患排查治理体系。

1）准备工作。为保证隐患自查工作能够打下坚实的基础，企业必须做好与之相关的准备工作。隐患排查治理是涉及企业所有部门、所有生产流程、所有人员的一项系统工程，如果不做好全面的准备，那么所建立的隐患排查治理机制将缺乏系统性和可操作性，结果必然是“一阵风”式的开展一次“运动”，不能做到深入和持久地开展自查工作。准备工作主要包括：①收集信息。由企业安全生产主管部门和有关专业人员，对现行的有关隐患排查治理工作的各种信息、文件、资料等通过多种行之有效的方式进行收集。此项工作也可以委托与企业有合作关系的服务方来实施。②辅助决策。将收集信息形成的有关材料向企业管理层汇报，并说明有关情况，使企业管理层的领导能够全面、正确理解和认识隐患排查治理工作，对企业建设隐患排查治理工作做出正确决策。③领导决策。高、中层领导需要从思想意识中真正解决为什么要实施隐患排查治理工作的问题，并为此项工作提供充分的各类资源，隐患排查治理工作才会在企业得到有效和完全的实施。

2）组织机构建设。由企业一把手担任隐患排查治理工作的总负责人，以安全生产委员会或领导班子为总决策管理机构，以安全生产管理部门为办事机构，以基层安全管理人员为骨干，以全体员工为基础，形成从上至下的组织保证。形成从主要负责人到一线员工的隐患排查治理工作网络，确定各个层级的隐患排查治理职责。

领导层：主要负责人是隐患排查治理工作的第一责任人，通过安委会、领导办公会等形式，将隐患排查治理工作纳入到其日常工作的范围中，亲自定期组织和参与检查，及时准确把握情况，发出明确的指令。主管负责人要在其职责中明确有关隐患排查治理的内容，将有关情况上传下达，做好主要负责人的帮手。其他有关领导也要在各自管辖范围内做好隐患排查治理工作，至少要知道、过问、督促、确认。

管理层：安全生产管理机构和专职安全管理人员是隐患排查治理工作的骨干力量，编制有关制度、培训各类人员、组织检查排查、下达整改指令、验证整改效果等是主要的工作内容。还要通过监督方式对各部门和下属单位及所有员工在隐患排查治理工作方面的履职情况进行了解，纳入考核，全力推动隐患排查治理工作的全方位和全员化。

操作层：按照责任制、相关规章制度和操作规程中明确的隐患排查治理责任，在日常的各项工作中，员工要有高度的隐患意识，随时发现和处理各种隐患和事故苗头，自己不能解决的及时上报，同时采取临时性的控制措施，并注意做好记录，为统计分析隐患留下资料。

3）建立健全规章制度。制度是企业管理的基本依据，需要企业将法律法规和标准规范以及上级和外部的其他要求全面掌握，将其各项具体的规定结合自身的实际情况，通过编制工作将外部的规定转化为企业内部的各项规章制度，再经过全面执行和落实，变成企业的管理行动。隐患排查治理工作也不例外，也基本按这一思路展开。企业需要建立的制度主要有：《隐患排查治理和监控责任制》《事故隐患排查治理制度》《隐患排查治理资金使用专项制度》《事故隐患建档监控制度》（事故隐患信息档案）《事故隐患报告和举报奖励制度》等。

4）隐患排查治理标准的细化。企业应根据其适用的政府部门制定颁布的隐患排查治理标准，结合自身的实际情况，对标准的内容和要求进行细化，例如对企业主要负责人的安全生产职责中规定“督促、检查安全生产工作，及时消除生产安全事故隐患”的内容，企业就应当提出更具体的要求：明确督促的方式方法、检查的方式方法（对矿山等企业领导来说可能就要与下井带班作业相结合）、检查的频率（是每周还是每月参加一次）等。

（2）人员全面培训

在全面铺开工作之前，应对有关人员进行初步的培训，使其掌握“谁来干？干什么？如何干？工作质量有什么要求？”等内容。企业隐患排查治理体系建设的初期培训对象分为两种，一是对领导层（高层与中层）人员进行背景培训；二是对承担推进工作的骨干人员进行全面培训。对领导（高层与中层）进行背景培训，通过培训，使相关领导充分认识到企业实施隐患排查治理体系的重要意义、作用，让他们了解整个实施过程，知道自己在整个过程中的工作职责，以及应该给予隐患排查治理工作的支持和保障。对承担推进工作的骨干人员进行全面培训，主要内容包括：背景（可与领导层培训合并进行）、相关政策法规、隐患排查标准内容详解、制度编写、隐患排查治理过程等方面。

隐患排查的主体是企业的所有人员，包括从领导到一线员工直到在企业工作范围内的外部人员，以保证排查的全面性和有效性。在颁布隐患排查治理制度文件之后，组织全体员工，按照不同层次、不同岗位的要求，学习相应的隐患排查治理制度文件内容。所有人员能不能或者会不会隐患排查是关键，必须对其进行有针对性和有效果的教育培训。在各种安全生产教育培训工作中要将隐患排查的内容纳入，并根据需要做专门的培训，还要确认培训的效果，以保证所有人员有意识、有能力地开展隐患排查。

（3）实施排查

排查的实施是一个涉及企业所有管理范围的工作，需要有计划、按部就班地开展。

1）排查计划。排查工作涉及面广、时间较长，需要制定一个比较详细可行的实施计划，确定参加人员、排查内容、排查时间、排查安排、排查记录等内容。为提高效率也可以与日常安全检查、安全生产标准化的自评工作或管理体系中的合规性评价和内审工作相结合。

2）隐患排查的种类。隐患排查种类包括：①专项排查。专项排查是指采用特定的、专门的排查方法，这种类别的方法具有周期性、技术性和投入性。主要有按隐患排查治理标准进行的全面自查、对重大危险源的定期评价、对危险化学品的定期现状安全评价等。②日常排查。指与安全生产检查工作的结合，具有日常性、及时性、全面性和群众性。主要有企业全面的安全大检查、主管部门的专业安全检查、专业管理部门的专项安全检查、各管理层级的日常安全检查、操作岗位的现场安全检查等。

3）排查的实施。以专项排查为例，企业组织隐患排查组，根据排查计划到各部门和各所属单位进行全面的排查，流程及关键点如图4—1所示。排查时必须及时、准确和全面地记录排查情况和发现的问题，并随时与被检查单位的人员做好沟通。

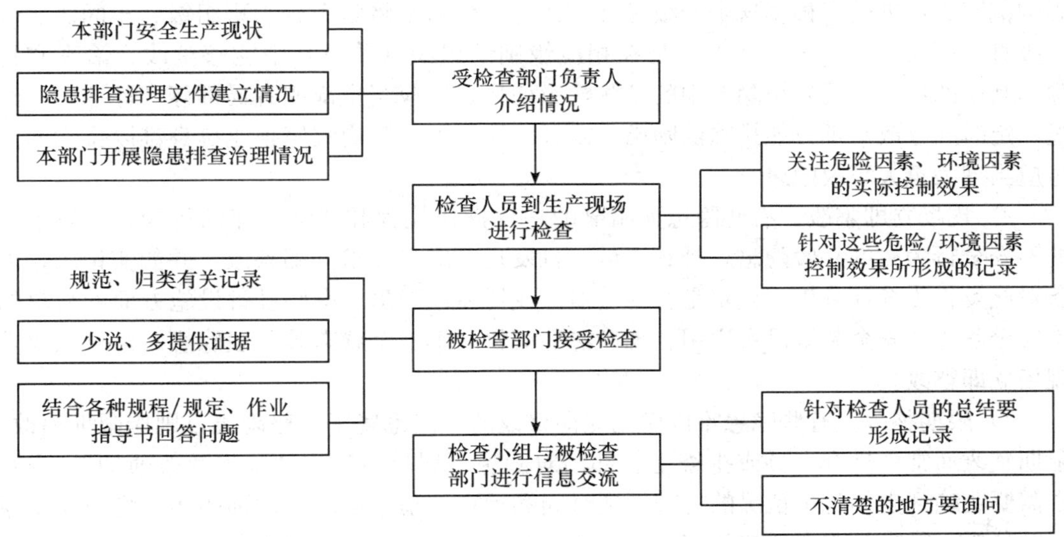

图4—1 在各部门的排查流程及关键点

4）排查结果的分析总结。一是评价本次隐患排查是否覆盖了计划中的范围和相关隐患类别；二是评价本次隐患排查是否做到了“全面、抽样”的原则，是否做到了重点部门、高风险和重大危险源适当突出的原则；三是确定本次隐患排查发现，包括确定隐患清单、隐患级别以及分析隐患的分布（包括隐患所在单位和地点的分布、种类）等；四是做出本次隐患排查治理工作的结论，填写隐患排查治理标准表格。

（4）纳入考核和持续改进

为了确保顺利进行隐患排查治理工作，领导必须责成有关部门以考核手段为基本的保障。必须规定上至一把手、下至普通的员工以及所有的检查人员的职责、权利和义务，特别是必须明确规定企业中、高层领导在此项工作中的义务与职责。这是因为，企业的中、高层领导是实施与开展隐患排查治理工作的重要保障力量。

隐患排查治理机制的各个方面都不是一成不变的，也要随着安全生产管理水平的提高而与时俱进，借助安全生产标准化的自评和评审、职业健康安全管理体系的合规性评价、内部审核与认证审核等外力的作用，实现企业在此工作方面的持续改进。另外，隐患排查治理也为整体安全生产管理提供了持续改进的信息资源，通过对隐患排查治理情况的统计、分析，能够为预测预警输入必要的信息，能够为管理的改进提供方向性的资料。

3. 企业隐患治理

对隐患排查所发现的各种隐患进行治理，才能真正解决企业生产经营过程中的问题，降低风险，提高安全管理水平。

（1）一般隐患治理

1）一般隐患分级。一般隐患是指危害和整改难度较小，发现后能够立即整改排除的隐患。为更好地有针对性地治理在企业生产和管理工作中存在的一般隐患，要对一般隐患进行进一步的细化分级。事故隐患的分级是以隐患的整改、治理和排除的难度及其影响范围为标准的。根据这个分级标准，在企业中通常将隐患分为班组级、车间级、分厂级直至厂（公司）级，其含义是在相应级别的组织（单位）中能够整改、治理和排除。其中的厂（公司）级隐患中的某些隐患如果属于应当全部或者局部停产停业，并经过一定时间整改治理方能排除的隐患，或者因外部因素影响致使企业自身难以排除的隐患应当列为重大事故隐患。

2）现场立即整改。有些隐患如明显的违反操作规程和劳动纪律的行为，这属于人的不安全行为式的一般隐患，排查人员一旦发现，应当要求立即整改，并如实记录，以备对此类行为统计分析，确定是否为习惯性或群体性隐患。有些设备设施方面的简单的不安全状态如安全装置没有启用、现场混乱等物的不安全状态等一般隐患，也可以要求现场立即整改。

3）限期整改。有些隐患难以做到立即整改的，但也属于一般隐患，则应限期整改。限期整改通常由排查人员或排查主管部门对隐患所属单位发出“隐患整改通知”，内容中需要明确列出如隐患情况的排查发现时间和地点、隐患情况的详细描述、隐患发生原因的分析、隐患整改责任的认定、隐患整改负责人、隐患整改的方法和要求、隐患整改完毕的时间要求等。限期整改需要全过程监督管理，除对整改结果进行“闭环”确认外，也要在整改工作实施期间进行监督，以发现和解决可能临时出现的问题，防止拖延。

（2）重大隐患治理

针对重大隐患，就需要“量身定做”，为每个重大隐患制定专门的治理方案。由于重大隐患治理的复杂性和较长的周期性，在没有完成治理前，还要有临时性的措施和应急预案。治理完成后还有书面申请以及接受审查等工作。

1）制定重大事故隐患治理方案。重大事故隐患由生产经营单位主要负责人组织制定并实施事故隐患治理方案。重大事故隐患治理方案应当包括以下内容：①治理的目标和任务；②采取的方法和措施；③经费和物资的落实；④负责治理的机构和人员；⑤治理的时限和要求；⑥安全措施和应急预案。根据相关规定，企业在制定重大事故隐患治理方案时还必须考虑安全监管监察部门或其他有关部门所下达的“整改指令书”和政府挂牌督办的有关内容的指示，也要将这些指示的要求体现在治理方案里。

2）重大事故隐患治理过程中的安全防范措施。生产经营单位在事故隐患治理过程中，应当采取相应的安全防范措施，防止事故发生。事故隐患排除前或者排除过程中无法保证安全的，应当从危险区域内撤出作业人员，并疏散可能危及的其他人员，设置警戒标志，暂时停产停业或者停止使用；对暂时难以停产或者停止使用的相关生产储存装置、设施、设备，应当加强维护和保养，防止事故发生。

3）重大事故隐患的治理过程。企业在重大事故隐患治理过程中，还要随时接受和配合安全监管部门的重点监督检查。如果企业的重大事故隐患属于重点行业领域的安全专项整治的范围，就更应落实相应的整改、治理的主体责任。

4）重大事故隐患治理情况评估。地方人民政府或者安全监管监察部门及有关部门挂牌督办并责令全部或者局部停产停业治理的重大事故隐患，治理工作结束后，有条件的生产经营单位应当组织本单位的技术人员和专家对重大事故隐患的治理情况进行评估；其他生产经营单位应当委托具备相应资质的安全评价机构对重大事故隐患的治理情况进行评估。这种评估主要针对治理结果的效果进行，确认其措施的合理性和有效性，确认对隐患及其可能导致的事故的预防效果。评估需要有一定条件和资质的技术人员和专家或有相应资质的安全评价机构实施，以保证评估本身的权威性和有效性。

5）重大事故隐患治理后的工作。重大事故隐患治理后并经过评估，符合安全生产条件的，生产经营单位应当向安全监管监察部门和有关部门提出恢复生产的书面申请，经安全监管监察部门和有关部门审查同意后，方可恢复生产经营。申请报告应当包括治理方案的内容、项目和安全评价机构出具的评价报告等。对挂牌督办并采取全部或者局部停产停业治理的重大事故隐患，安全监管监察部门收到生产经营单位恢复生产的申请报告后，应当在10日内进行现场审查。审查合格的，对事故隐患进行核销，同意恢复生产经营；审查不合格的，依法责令改正或者下达停产整改指令。对整改无望或者生产经营单位拒不执行整改指令的，依法实施行政处罚；不具备安全生产条件的，依法提请县级以上人民政府按照国务院规定的权限予以关闭。

（3）隐患治理措施

隐患治理及其方案的核心都是通过具体的治理措施来实现的，这些措施大体上分为工程技术措施和管理措施，再加上对重大隐患需要做的临时性防护和应急措施。

1）治理措施的基本要求。基本要求主要包括：①能消除或减弱生产过程中产生的危险、有害因素；②处置危险和有害物，并降低到国家规定的限值内；③预防生产装置失灵和操作失误产生的危险、有害因素；④能有效地预防重大事故和职业危害的发生；⑤发生意外事故时，能为遇险人员提供自救和互救条件。

隐患治理的方式方法是多种多样的，因为企业必须考虑成本投入，需要最小代价取得最适当（不一定是最好）的结果。有时候隐患治理很难彻底消除隐患，这就必须在遵守法律法规和标准规范的前提下，将其风险降低到企业可以接受的程度。可以这样说："最好"的方法不一定是最适当的，而最适当的方法一定是"最好"的。

2）工程技术措施。工程技术措施的实施等级顺序是直接安全技术措施、间接安全技术措施、指示性安全技术措施等；根据等级顺序的要求应遵循的具体原则应按消除、预防、减弱、隔离、连锁、警告的等级顺序选择安全技术措施；应具有针对性、可操作性和经济合理性并符合国家有关法规、标准和设计规范的规定。

3）安全管理措施。安全管理措施往往在隐患治理工作受到忽视，即使有也是老生常谈式的提高安全意识、加强培训教育和加强安全检查等几种。其实管理措施往往能系统性地解决很多普遍和长期存在的隐患，这就需要在实施隐患治理时，主动地和有意识地研究分析隐患产生原因中的管理因素，发现和掌握其管理规律，通过修订有关规章制度和操作规程并贯彻执行来从根本上解决问题。

（4）闭环管理

"闭环管理"是现代安全生产管理中的基本要求，对任何一个过程的管理最终都要通过"闭环"才能最后结束。隐患治理工作的收尾工作也是"闭环"管理，要求治理措施完成后，企业主管部门和人员对其结果进行验证和效果评估。验证就是检查措施的实现情况，是否按方案和计划的要求一一落实了；效果评估是对完成的措施是否起到了隐患治理和整改的作用，是彻底解决了问题还是部分的、达到某种可接受程度的解决，是否真正能做到“预防为主”。当然不可忽略的还有是否隐患的治理措施会带来或产生新的风险也需要特别关注。

4. 安全生产形势预测预警

安全生产形势预测预警是指以隐患排查结果和仪器仪表监测检测数据为基础，辨识和提取有效信息，分析其可能产生的后果并予以量化，将有关信息经过综合分析形成直观的、动态的反映企业安全生产现状的安全生产预警指数系统，运用预测理论，建立数学模型，对未来的安全生产趋势进行预测，得出安全生产趋势的发展情况。

（1）预测预警的任务

1）以企业日常隐患排查工作为基础，发现工作场所存在的隐患，并及时纠正，使生产过程中人的不安全行为和物的不安全状态及管理缺陷处于被监测、识别、诊断和干预的监控之下。

2）通过对隐患排查数据、监测信息的分析，可以确定各种信息可能造成的后果，辨明造成伤亡的严重程度如何，确定是否处于安全状态，其主要任务是应用适宜的识别指标判断可能造成的后果，此对整个预警系统的活动至关重要。将分析得出的不安全因素进行量化，对可能造成的后果进行量化统计分析，加以系数修正，计算得出安全生产预警指数，通过安全生产预警指数走向的升高和降低，直观反映当前安全状况是安全、注意、警告或是危险。

3）利用系统分析、信息处理、建模、预测、决策、控制等主要内容的预测理论，定量计算未来安全生产发展趋势，警示生产过程中将面临的危险程度，提请企业采取有效措施防范事件事故的发生。

4）根据安全生产预警指数数值大小，对事故征兆（险肇事件）的不良趋势采取不同的措施，进行矫正、预防与控制。

5）对可能造成损失的事件及时进行整改，分析规律，防范同类事件的发生。

（2）预测预警指数系统的建立

这里所指的预测预警指数系统是根据中国安全生产协会的《安全生产预警指数管理系统》的有关内容提出的，供企业参考。

1）收集数据。安全生产预警的基础是数据的收集，数据来源为两个方面：隐患排查的结果及仪器仪表监测数据。在隐患排查中，不仅要发现物的不安全状态，同时对人的行为也要加以判断，对于好的安全行为要及时表扬并记录在案，仪器仪表监测过程中不正常的数据要进行整理。通过对历史数据、即时数据的整理、分析、存储，建立安全预警数据档案。

2）分析判断。对收集到的信息、数据进行分析，判断已经发生的异常征兆及可能发生的连锁反应，评价事故征兆可能造成的损失。对分析的结果进行分类统计，形成部门安全预警情况报告，上报企业安全管理部门，汇总分析后，得出当前安全生产预警指数报告。分析判断包括原始数据判断和伤害等级判断。

3）系数修正。系数修正包括：①报告份数修正。为了消除规定时间内安全预警情况报告数量不同对安全生产预警指数的影响，按每周（月）适合本企业的平均数来修正周（月）伤害统计值。②事故修正。事故的发生会造成安全生产预警指数的升高，另外，每次事故发生后都会对一定时期内的安全生产工作产生影响，因此，系数修正要考虑不同级别事故及事故发生后一段时期内的影响。③隐患整改率修正。隐患整改率的高低直接影响企业安全生产状况，因此，要根据不同的隐患整改率，进行修正。④培训及演练修正。安全教育培训是提高员工安全意识和安全素质，防止产生不安全行为，减少人员失误的重要途径。因此，培训能够降低企业安全风险，降低安全生产预警指数值不同级别的培训（厂级、车间级和班组级）对员工的影响不同，修正值不同。

4）计算。安全生产预警指数的计算是以规定时间段内的各部门安全预警情况报告为基础，进行报告份数、演练、培训、事故、隐患整改率等系数修正，计算得到安全生产预警指数值。包括统计值计算和安全生产预警指数计算。

5）生成图形。根据预警指数数值，并按照时间顺序，将一段时间内的安全生产预警指数连接后，即构成了安全生产预警指数图，从而直观反映企业整体安全形势。

运用预测理论，对历史安全生产预警指数进行整理、修正后，消除影响因素，建立数学模型，生成安全生产趋势图，直观预测企业安全生产趋势。

三、《危险化学品企业事故隐患排查治理实施导则》相关要点

2012 年 8 月 7 日，国家安全生产监督管理总局下发《关于印发〈危险化学品企业事故隐患排查治理实施导则〉的通知》（安监总管三〔2012〕103 号）。此通知指出：隐患排查治理是安全生产的重要工作，是企业安全生产标准化风险管理要素的重点内容，是预防和减少事故的有效手段。为了推动和规范危险化学品企业隐患排查治理工作，国家安全监管总局制定了《危险化学品企业事故隐患排查治理实施导则》（以下简称《导则》），请认真贯彻执行。

危险化学品企业要高度重视并持之以恒做好隐患排查治理工作。要按照《导则》要求，建立隐患排查治理工作责任制，完善隐患排查治理制度，规范各项工作程序，实时监控重大隐患，逐步建立隐患排查治理的常态化机制。强化《导则》的宣传培训，确保企业员工了解《导则》的内容，积极参与隐患排查治理工作。

《危险化学品企业事故隐患排查治理实施导则》分为总则，基本要求，隐患排查方式及频次，隐患排查内容，隐患治理与上报五个部分。主要内容如下：

1. 总则

(1) 为了切实落实企业安全生产主体责任，促进危险化学品企业建立事故隐患排查治理的长效机制，及时排查、消除事故隐患，有效防范和减少事故，根据国家相关法律、法规、规章及标准，制定本实施导则。

(2)《导则》适用于生产、使用和储存危险化学品企业（以下简称企业）的事故隐患排查治理工作。

(3)《导则》所称事故隐患（以下简称隐患），是指不符合安全生产法律、法规、规章、标准、规程和安全生产管理制度的规定，或者因其他因素在生产经营活动中存在可

能导致事故发生或导致事故后果扩大的物的危险状态、人的不安全行为和管理上的缺陷，包括：

1）作业场所、设备设施、人的行为及安全管理等方面存在的不符合国家安全生产法律法规、标准规范和相关规章制度规定的情况。

2）法律法规、标准规范及相关制度未作明确规定，但企业危害识别过程中识别出作业场所、设备设施、人的行为及安全管理等方面存在的缺陷。

2. 基本要求

（1）隐患排查治理是企业安全管理的基础工作，是企业安全生产标准化风险管理要素的重点内容，应按照“谁主管、谁负责”和“全员、全过程、全方位、全天候”的原则，明确职责，建立健全企业隐患排查治理制度和保证制度有效执行的管理体系，努力做到及时发现、及时消除各类安全生产隐患，保证企业安全生产。

（2）企业应建立和不断完善隐患排查体制机制，主要包括：

1）企业主要负责人对本单位事故隐患排查治理工作全面负责，应保证隐患治理的资金投入，及时掌握重大隐患治理情况，治理重大隐患前要督促有关部门制定有效的防范措施，并明确分管负责人。

分管负责隐患排查治理的负责人，负责组织检查隐患排查治理制度落实情况，定期召开会议研究解决隐患排查治理工作中出现的问题，及时向主要负责人报告重大情况，对所分管部门和单位的隐患排查治理工作负责。

其他负责人对所分管部门和单位的隐患排查治理工作负责。

2）隐患排查要做到全面覆盖、责任到人，定期排查与日常管理相结合，专业排查与综合排查相结合，一般排查与重点排查相结合，确保横向到边、纵向到底、及时发现、不留死角。

3）隐患治理要做到方案科学、资金到位、治理及时、责任到人、限期完成。能立即整改的隐患必须立即整改，无法立即整改的隐患，治理前要研究制定防范措施，落实监控责任，防止隐患发展为事故。

4）技术力量不足或危险化学品安全生产管理经验欠缺的企业应聘请有经验的化工专家或注册安全工程师指导企业开展隐患排查治理工作。

5）涉及重点监管危险化工工艺、重点监管危险化学品和重大危险源（以下简称“两重点一重大”）的危险化学品生产、储存企业应定期开展危险与可操作性分析（HAZOP），用先进科学的管理方法系统排查事故隐患。

6）企业要建立健全隐患排查治理管理制度，包括隐患排查、隐患监控、隐患治理、隐患上报等内容。

隐患排查要按专业和部位，明确排查的责任人、排查内容、排查频次和登记上报的工作流程。

隐患监控要建立事故隐患信息档案，明确隐患的级别，按照“五定”（定整改方案、定资金来源、定项目负责人、定整改期限、定控制措施）的原则，落实隐患治理的各项措施，对隐患治理情况进行监控，保证隐患治理按期完成。

隐患治理要分类实施：能够立即整改的隐患，必须确定责任人组织立即整改，整改情况要安排专人进行确认；无法立即整改的隐患，要按照评估—治理方案论证—资金落实—限期治理—验收评估—销号的工作流程，明确每一工作节点的责任人，实行闭环管理；重大隐患治理工作结束后，企业应组织技术人员和专家对隐患治理情况进行验收，保证按期完成和治理效果。

隐患上报要按照安全监管部门的要求，建立与安全生产监督管理部门隐患排查治理信息管理系统联网的“隐患排查治理信息系统”，每个月将开展隐患排查治理情况和存在的重大事故隐患上报当地安全监管部门，发现无法立即整改的重大事故隐患，应当及时上报。

7）要借助企业的信息化系统对隐患排查、监控、治理、验收评估、上报情况实行建档登记，重大隐患要单独建档。

3. 隐患排查方式及频次

（1）隐患排查方式

1）隐患排查工作可与企业各专业的日常管理、专项检查和监督检查等工作相结合，科学整合下述方式进行：①日常隐患排查；②综合性隐患排查；③专业性隐患排查；④季节性隐患排查；⑤重大活动及节假日前隐患排查；⑥事故类比隐患排查。

2）日常隐患排查是指班组、岗位员工的交接班检查和班中巡回检查，以及基层单位领导和工艺、设备、电气、仪表、安全等专业技术人员的日常性检查。日常隐患排查要加强对关键装置、要害部位、关键环节、重大危险源的检查和巡查。

3）综合性隐患排查是指以保障安全生产为目的，以安全责任制、各项专业管理制度和安全生产管理制度落实情况为重点，各有关专业和部门共同参与的全面检查。

4）专业隐患排查主要是指对区域位置及总图布置、工艺、设备、电气、仪表、储运、消防和公用工程等系统分别进行的专业检查。

5）季节性隐患排查是指根据各季节特点开展的专项隐患检查，主要包括：①春季以防雷、防静电、防解冻泄漏、防解冻坍塌为重点；②夏季以防雷暴、防设备容器高温超压、防台风、防洪、防暑降温为重点；③秋季以防雷暴、防火、防静电、防凝保温为重点；④冬季以防火、防爆、防雪、防冻防凝、防滑、防静电为重点。

6）重大活动及节假日前隐患排查主要是指在重大活动和节假日前，对装置生产是否存在异常状况和隐患、备用设备状态、备品备件、生产及应急物资储备、保运力量安排、企业保卫、应急工作等进行的检查，特别是要对节日期间干部带班值班、机电仪器保运及紧急抢修力量安排、备件及各类物资储备和应急工作进行重点检查。

7）事故类比隐患排查是对企业内和同类企业发生事故后的举一反三的安全检查。

（2）隐患排查频次确定

企业进行隐患排查的频次应满足：

1）装置操作人员现场巡检间隔不得大于 2 小时，涉及“两重点一重大”的生产、储存装置和部位的操作人员现场巡检间隔不得大于 1 小时，宜采用不间断巡检方式进行现场巡检。

2）基层车间（装置，下同）直接管理人员（主任、工艺设备技术人员）、电气、仪表人员每天至少两次对装置现场进行相关专业检查。

3）基层车间应结合岗位责任制检查，至少每周组织一次隐患排查，并和日常交接班检查和班中巡回检查中发现的隐患一起进行汇总；基层单位（厂）应结合岗位责任制检查，至少每月组织一次隐患排查。

4）企业应根据季节性特征及本单位的生产实际，每季度开展一次有针对性的季节性隐患排查；重大活动及节假日前必须进行一次隐患排查。

5）企业至少每半年组织一次，基层单位至少每季度组织一次综合性隐患排查和专业隐患排查，两者可结合进行。

6）当获知同类企业发生伤亡及泄漏、火灾爆炸等事故时，应举一反三，及时进行事故类比隐患专项排查。

7）对于区域位置、工艺技术等不经常发生变化的，可依据实际变化情况确定排查周期，如果发生变化，应及时进行隐患排查。

当发生以下情形之一，企业应及时组织进行相关专业的隐患排查：

1）颁布实施有关新的法律法规、标准规范或原有适用法律法规、标准规范重新修订的。

2）组织机构和人员发生重大调整的。

3）装置工艺、设备、电气、仪表、公用工程或操作参数发生重大改变的，应按变更管理要求进行风险评估。

4）外部安全生产环境发生重大变化。

5）发生事故或对事故、事件有新的认识。

6）气候条件发生大的变化或预报可能发生重大自然灾害。

（3）涉及“两重点一重大”的危险化学品生产、储存企业应每五年至少开展一次危险与可操作性分析（HAZOP）。

4. 隐患排查内容

（1）隐患排查主要内容

根据危险化学品企业的特点，隐患排查包括但不限于以下内容：

1）安全基础管理。

2）区域位置和总图布置。

3）工艺。

4）设备。

5）电气系统。

6）仪表系统。

7）危险化学品管理。

8）储运系统。

9）公用工程。

10）消防系统。

（2）安全基础管理

1）安全生产管理机构建立健全情况、安全生产责任制和安全管理制度建立健全及落实情况。

2）安全投入保障情况，参加工伤保险、安全生产责任险的情况。

3）安全培训与教育情况，主要包括：①企业主要负责人、安全管理人员的培训及持证上岗情况；②特种作业人员的培训及持证上岗情况；③从业人员安全教育和技能培训情况。

4）企业开展风险评价与隐患排查治理情况，主要包括：①法律、法规和标准的识别和获取情况；②定期和及时对作业活动和生产设施进行风险评价情况；③风险评价结果的落实、宣传及培训情况；④企业隐患排查治理制度是否满足安全生产需要。

5）事故管理、变更管理及承包商的管理情况。

6）危险作业和检维修的管理情况，主要包括：①危险性作业活动作业前的危险有害因素识别与控制情况；②动火作业、进入受限空间作业、破土作业、临时用电作业、高处作业、断路作业、吊装作业、设备检修作业和抽堵盲板作业等危险性作业的作业许可管理与过程监督情况。③从业人员劳动防护用品和器具的配置、佩戴与使用情况。

7）危险化学品事故的应急管理情况。

（3）区域位置和总图布置

1）危险化学品生产装置和重大危险源储存设施与《危险化学品安全管理条例》中规定的重要场所的安全距离。

2）可能造成水域环境污染的危险化学品危险源的防范情况。

3）企业周边或作业过程中存在的易由自然灾害引发事故灾难的危险点排查、防范和治理情况。

4）企业内部重要设施的平面布置以及安全距离，主要包括：①控制室、变配电所、化验室、办公室、机柜间以及人员密集区或场所；②消防站及消防泵房；③空分装置、空压站；④点火源（包括火炬）；⑤危险化学品生产与储存设施等；⑥其他重要设施及场所。

5）其他总图布置情况，主要包括：①建构筑物的安全通道；②厂区道路、消防道路、安全疏散通道和应急通道等重要道路（通道）的设计、建设与维护情况；③安全警示标志的设置情况；④其他与总图相关的安全隐患。

（4）工艺管理

1）工艺的安全管理，主要包括：①工艺安全信息的管理；②工艺风险分析制度的建立和执行；③操作规程的编制、审查、使用与控制；④工艺安全培训程序、内容、频次及记录的管理。

2）工艺技术及工艺装置的安全控制，主要包括：①装置可能引起火灾、爆炸等严重事故的部位是否设置超温、超压等检测仪表、声和/或光报警、泄压设施和安全联锁装置等设施；②针对温度、压力、流量、液位等工艺参数设计的安全泄压系统以及安全泄压措施的完好性；③危险物料的泄压排放或放空的安全性；④按照《首批重点监管的危险化工工艺目录》和《首批重点监管的危险化工工艺安全控制要求、重点监控参数及推荐的控制方案》（安监总管三〔2009〕116号）的要求进行危险化工工艺的安全控制情况；⑤火炬系统的安全性；⑥其他工艺技术及工艺装置的安全控制方面的隐患。

3）现场工艺安全状况，主要包括：①工艺卡片的管理，包括工艺卡片的建立和变更，以及工艺指标的现场控制；②现场联锁的管理，包括联锁管理制度及现场联锁投用、摘除与恢复；③工艺操作记录及交接班情况；④剧毒品部位的巡检、取样、操作与检维修的现场管理。

（5）设备管理

1）设备管理制度与管理体系的建立与执行情况，主要包括：①按照国家相关法律法规制定修订本企业的设备管理制度；②有健全的设备管理体系，设备管理人员按要求配备；③建立健全安全设施管理制度及台账。

2）设备现场的安全运行状况，包括：①大型机组、机泵、锅炉、加热炉等关键设备装置的联锁自保护及安全附件的设置、投用与完好状况；②大型机组关键设备特级维护到位，备用设备处于完好备用状态；③转动机器的润滑状况，设备润滑的“五定”“三级过滤”；④设备状态监测和故障诊断情况；⑤设备的腐蚀防护状况，包括重点装置设备腐蚀的状况、设备腐蚀部位、工艺防腐措施、材料防腐措施等。

3）特种设备（包括压力容器及压力管道）的现场管理，主要包括：①特种设备（包括压力容器、压力管道）的管理制度及台账；②特种设备注册登记及定期检测检验情况；③特种设备安全附件的管理维护。

（6）电气系统

1）电气系统的安全管理，主要包括：①电气特种作业人员资格管理；②电气安全相关管理制度、规程的制定及执行情况。

2）供配电系统、电气设备及电气安全设施的设置，主要包括：①用电设备的电力负荷等级与供电系统的匹配性；②消防泵、关键装置、关键机组等特别重要负荷的供电；③重要场所事故应急照明；④电缆、变配电相关设施的防火防爆；⑤爆炸危险区域内的防爆电气设备选型及安装；⑥建构筑、工艺装置、作业场所等的防雷防静电。

3）电气设施、供配电线路及临时用电的现场安全状况。

（7）仪表系统

1）仪表的综合管理，主要包括：①仪表相关管理制度建立和执行情况；②仪表系统的档案资料、台账管理；③仪表调试、维护、检测、变更等记录；④安全仪表系统的投用、摘除及变更管理等。

2）系统配置，主要包括：①基本过程控制系统和安全仪表系统的设置满足安全稳定生产需要；②现场检测仪表和执行元件的选型、安装情况；③仪表供电、供气、接地与防护情况；④可燃气体和有毒气体检测报警器的选型、布点及安装；⑤安装在爆炸危险环境仪表满足要求等。

3）现场各类仪表完好有效，检验维护及现场标识情况，主要包括：①仪表及控制系统的运行状况稳定可靠，满足危险化学品生产需求；②按规定对仪表进行定期检定或校准；③现场仪表位号标识是否清晰等。

（8）危险化学品管理

1）危险化学品分类、登记与档案的管理，主要包括：①按照标准对产品、所有中间产品进行危险性鉴别与分类，分类结果汇入危险化学品档案；②按相关要求建立健全危险化学品档案；③按照国家有关规定对危险化学品进行登记。

2）化学品安全信息的编制、宣传、培训和应急管理，主要包括：①危险化学品安全技术说明书和安全标签的管理；②危险化学品“一书一签”制度的执行情况；③24 小时应急咨询服务或应急代理；④危险化学品相关安全信息的宣传与培训。

（9）储运系统

1）储运系统的安全管理情况，主要包括：①储罐区、可燃液体、液化烃的装卸设施、危险化学品仓库储存管理制度以及操作、使用和维护规程制定及执行情况；②储罐的日常和检维修管理。

2）储运系统的安全设计情况，主要包括：①易燃、可燃液体及可燃气体的罐区，如罐组总容、罐组布置；防火堤及隔堤；消防道路、排水系统等。②重大危险源罐区现场的安全监控装备是否符合《危险化学品重大危险源监督管理暂行规定》（国家安全监管总局令第 40 号）的要求。③天然气凝液、液化石油气球罐或其他危险化学品压力或半冷冻低温储罐的安全控制及应急措施。④可燃液体、液化烃和危险化学品的装卸设施。⑤危险化学品仓库的安全储存。

3）储运系统罐区、储罐本体及其安全附件、铁路装卸区、汽车装卸区等设施的完好性。

（10）消防系统

1）建设项目消防设施验收情况；企业消防安全机构、人员设置与制度的制定，消防人员培训、消防应急预案及相关制度的执行情况；消防系统运行检测情况。

2）消防设施与器材的设置情况，主要包括：①消防站设置情况，如消防站、消防车、消防人员、移动式消防设备、通信设施等；②消防水系统与泡沫系统，如消防水源、消防泵、泡沫液储罐、消防给水管道、消防管网的分区阀门、消火栓、泡沫栓，消防水炮、泡沫炮、固定式消防水喷淋等；③油罐区、液化烃罐区、危险化学品罐区、装置区等设置的固定式和半固定式灭火系统；④甲、乙类装置、罐区、控制室、配电室等重要场所的火灾报警系统；⑤生产区、工艺装置区、建构筑物的灭火器材配置；⑥其他消防器材。

3）固定式与移动式消防设施、器材和消防道路的现场状况。

（11）公用工程系统

1）给排水、循环水系统、污水处理系统的设置与能力能否满足各种状态下的需求。

2）供热站及供热管道设备设施、安全设施是否存在隐患。

3）空分装置、空压站位置的合理性及设备设施的安全隐患。

5. 隐患治理与上报

（1）隐患级别

1）事故隐患可按照整改难易及可能造成的后果严重性，分为一般事故隐患和重大事故隐患。

2）一般事故隐患，是指能够及时整改，不足以造成人员伤亡、财产损失的隐患。对于一般事故隐患，可按照隐患治理的负责单位，分为班组级、基层车间级、基层单位（厂）级直至企业级。

3）重大事故隐患，是指无法立即整改且可能造成人员伤亡、较大财产损失的隐患。

（2）隐患治理

1）企业应对排查出的各级隐患，做到“五定”，并将整改落实情况纳入日常管理进行监督，及时协调在隐患整改中存在的资金、技术、物资采购、施工等各方面问题。

2）对一般事故隐患，由企业［基层车间、基层单位（厂）］负责人或者有关人员立即组织整改。

3）对于重大事故隐患，企业要结合自身的生产经营实际情况，确定风险可接受标准，评估隐患的风险等级。评估风险的方法可参考附录A（略）。

4）重大事故隐患的治理应满足以下要求：①当风险处于很高风险区域时，应立即采取充分的风险控制措施，防止事故发生，同时编制重大事故隐患治理方案，尽快进行隐患治理，必要时立即停产治理；②当风险处于一般高风险区域时，企业应采取充分的风险控制措施，防止事故发生，并编制重大事故隐患治理方案，选择合适的时机进行隐患治理；③对于处于中风险的重大事故隐患，应根据企业实际情况，进行成本—效益分析，编制重大事故隐患治理方案，选择合适的时机进行隐患治理，尽可能将其降低到低风险。

5）对于重大事故隐患，由企业主要负责人组织制定并实施事故隐患治理方案。重大事故隐患治理方案应包括：①治理的目标和任务；②采取的方法和措施；③经费和物资的落实；④负责治理的机构和人员；⑤治理的时限和要求；⑥防止整改期间发生事故的安全措施。

6）事故隐患治理方案、整改完成情况、验收报告等应及时归入事故隐患档案。隐患档案应包括以下信息：隐患名称、隐患内容、隐患编号、隐患所在单位、专业分类、归属职能部门、评估等级、整改期限、治理方案、整改完成情况、验收报告等。事故隐患排查、治理过程中形成的传真、会议纪要、正式文件等，也应归入事故隐患档案。

（3）隐患上报

1）企业应当定期通过“隐患排查治理信息系统”向属地安全生产监督管理部门和相关部门上报隐患统计汇总及存在的重大隐患情况。

2）对于重大事故隐患，企业除依照前款规定报送外，应当及时向安全生产监督管理部门和有关部门报告。重大事故隐患报告的内容应当包括：①隐患的现状及其产生原因；②隐患的危害程度和整改难易程度分析；③隐患的治理方案。

第二节　危险化学品储存运输企业事故隐患治理相关制度

安全管理规章制度是企业安全生产的基础。按照《危险化学品生产企业安全生产许可证实施办法》的要求，危险化学品生产储存企业应当根据化工工艺、装置、设施等实际情况，制定完善的安全生产规章制度，其中包括：安全检查和隐患排查治理制度，重大危险源评估和安全管理制度，防火、防爆、防中毒、防泄漏管理制度，危险化学品安全管理制度，动火、进入受限空间、吊装、高处、盲板抽堵、动土、断路、设备检维修等作业安全管理制度。在此，介绍中国石化集团公司相关安全生产规章制度，供危险化学品储存运输企业参考借鉴。

一、生产厂区封闭化管理规定

1. 一般规定

（1）生产厂区，包括油罐区、剧毒化学品生产装置、库区，都应设置包围整个区域的围墙、围栏，实施封闭化管理，24 小时有人值班。

（2）生产厂区入口、高危险区入口处应设置明显的禁火和违禁物品标志。

（3）严禁在生产装置区、防火区域使用非防爆的通信器材和电子设备。严禁将香烟、打火机、火柴等物品带入生产厂区；严禁将含酒精类饮料带入生产厂区。

（4）进出生产厂区的车辆通道应设置带锁定机构的栏杆，进入生产厂区的人员进出通道应设置带电子锁的门，如电子转门等，防止车辆、人员随意进出。

2. 人员进出管理

（1）只有经过相应的入厂教育并考核合格的人员（包括生产厂区内的员工、临时工作人员和临时来访人员）才允许进入生产厂区，安全教育的具体内容和要求按《安全教育管理规定》执行。

（2）进出生产厂区的所有人员应持有效期限的电子钥匙或磁卡等（简称门卡），除进出生产厂区的车辆驾驶员外，所有人员应使用门卡从人员进出通道进出生产厂区。

（3）门卡应分成 3 类：员工门卡、承包商门卡和临时访客门卡，并有明显的颜色区别。每张门卡应有类别标志和唯一编号，规定有效期。应设置计算机门卡管理系统，发放的每张门卡至少应有以下存档内容：卡号、持有人姓名、单位和编号、发放日期、失效日期、批准人姓名、单位和联系电话。门卡机应记录持卡人进出生产厂区的时间。

（4）承包商门卡发放：根据承包商管理部门负责人申请，在承包商完成入厂三级安全教育，并考试合格后发放。承包商门卡应按工程时限设定有效期，但最长不超过半年。门卡申请人应确保持卡人在工作完成后或在门卡到期时及时将门卡交还发卡部门。

（5）临时访客卡发放：根据来访接待部门责任人的申请，在访客完成入厂安全教育、确认遵守安全规定并签名后发放，有效期最长为一天。来访接待部门和责任人应确保客人离开时将门卡交还发卡部门。

（6）保卫部门依据人事部门、安全监督管理部门确认通知单，负责门卡的统一登记、发放、收缴和日常管理。职工解除劳动关系后，人事部门应及时通知保卫部门吊销该门卡并收回。

（7）门卡仅供持卡人使用，不得转借他人。如有转借，一经发现，立即吊销该门卡，并对转借人、借用人进行严肃处理。

3. 车辆进出管理

（1）对进出生产厂区的所有车辆，门卫应进行登记、检查，确认有正当理由和持有效的入厂通行证明、证件，采取了规定的安全措施后方可进入。驾驶员通过设置在车辆通道旁的刷卡点刷卡随车进出，随车人员须下车从人员进出通道刷卡进入。

（2）车辆运进、运出的物质，应持有规定的出厂证明和手续方可放行。

（3）生产厂区内的道路应设置规范的车辆交通管理标示牌，禁止停车的区域应设置明显标志。

（4）在生产厂区行驶的车辆，应遵守厂区内行车的相关安全管理规定，按指定路线行驶和停车。

（5）消防车、救护车、气防车等在执行应急任务时，应鸣笛行车。

4. 作业安全管理

（1）除正常生产操作外，凡在生产厂区作业都应严格执行作业许可证制度。

（2）按照"谁主管，谁负责"的原则，工程、保卫、安全、机动、调度、车间等部门和单位应对生产厂区内作业人员、车辆及相关作业状况实行有效监督，对其人员的行为和设备安全负责，确保各项工作符合安全要求。作业区域如与生产装置区域交叉时，作业区域应采取有效的隔离措施。

（3）生产厂区的作业人员应按规定配备、穿戴好相应的劳动防护用品，并在指定的区域内工作。

（4）进入生产厂区人员作业前应清楚各种标示牌所表示的含义，作业完成后，作业负责人应确认作业现场处于安全状态。

（5）安全监督管理部门应对进入生产区的人员进行不定期抽查，不符合要求者不得作业，抽查情况应有档案记录。

5. 应急管理

（1）生产厂区应有应急预案，所有有毒有害岗位、报警器点、安全喷淋、气防用具柜、应急电话点等均应设醒目标示牌，并在厂区内易于观测的地点设置风向标。进入生产厂区作业人员应熟悉其作业区内报警器、急救电话等所在的位置和使用方法。

（2）生产厂区应设置危险情况声光报警系统，在发生大量的有毒有害物质泄漏、火灾等危急情况时，向所有人员发出警告。

（3）发现火情、危险化学品泄漏、人员受伤等突发事故，发现者应按规定程序立即报警，说明事故性质、报警者姓名及事故的确切地点。若发现火情，在保证自身安全的情况下，立即采取扑救行动。

（4）当警报器响后，现场施工、用火、设备内作业等应立即停止，迅速妥善处理正在作业的设施、设备后，立即撤离危险区，并按照事故应急预案规定程序执行各自职责。

二、事故隐患治理项目管理规定

第一章　总则

第一条　为规范事故隐患治理项目的管理，根据《安全生产法》等法律法规的要求，特制定本规定。

第二条　事故隐患治理项目应纳入集团公司年度投资计划进行管理。

第三条　本规定适用于集团公司各企事业单位（以下简称企业）的事故隐患治理项目（以下简称隐患项目）。

第二章　隐患项目的界定

第四条　下列固定资产投资项目，可以界定为隐患项目：

(1) 生产设施和公共场所存在的不符合国家和集团公司安全生产法规、标准、规范、规定要求的隐患。

(2) 可能直接导致人身伤亡、火灾爆炸事故或造成事故扩大的生产设施、安全设施等存在的隐患。

(3) 可能造成职业病或职业中毒的隐患。

(4) 集团公司下达重大隐患项目整改通知书要求治理的隐患。

(5) 预防可能造成灾害扩大的固定资产投资项目。

(6) 新投产的项目，从项目验收后三年内发现的问题，原则上不作为隐患项目。

(7) 通过设备更新、装置正常检维修能解决的问题，不得列入隐患项目。

第三章　隐患项目的决策程序

第五条　隐患项目决策程序包括隐患评估、项目申报、项目审批和计划下达。

(1) 隐患评估应由企业主管领导、职能部门和具有实际工作经验的工程技术人员组成评估小组或集团公司认可的有资质的评价机构，以国家和行业安全法规、标准、规范以及集团公司安全生产监督管理制度为依据，提出评估整改意见或评价报告。

(2) 隐患评估内容应包括现状分析、存在的主要问题、风险及危害和结论性意见等。

(3) 经评估确认的隐患应编报隐患项目可研报告，主要内容包括：不同治理方案的比较和选择、具体治理工程量、治理方案的安全性和可靠性分析、投资概算、治理进度安排等。

(4) 投资概算应按集团公司相关规定编制。

(5) 在隐患评估、可研报告的基础上，按照集团公司编制年度固定资产投资项目计划的，总体要求，结合本企业的实际情况，提出隐患项目治理计划及投资计划，并列入下一年度固定资产投资项目计划。企业的隐患项目及投资计划应在每年 9 月底前，分别报集团公司财务计划部、企业经营管理部和安全环保局。

(6) 隐患项目的审批应按集团公司固定资产投资决策程序及管理办法规定的程序执行。

第六条　限额以上（总投资 3 000 万元及以上）的隐患项目，应按有关规定报集团公司安全环保局和企业经营管理部审查后，由财务计划部按固定资产投资决策程序批准项目建议书和可行性研究报告。如需安保基金补助的项目，由财务计划部商安全环保局确定。

第七条　限额以下（总投资 1 000 万～3 000 万元）的隐患项目，应同时报企业经营管理部和安全环保局，由企业经营管理部会同安全环保局组织审查，财务计划部会同安全环保局审批投资计划。

第八条　总投资 500 万～1 000 万元的隐患项目，企业将可行性研究报告报安全环保局，由安全环保局会同企业经营管理部审批，并抄报财务计划部。总投资 500 万元以下的隐患项目企业直接向安全环保局报批，同时抄报企业经营管理部。

第九条　经由上述程序确定的隐患项目，由安全环保局提出年度隐患项目资金补助计划，经集团公司有关职能部门会签后，以集团公司文件下达。

第四章　隐患项目的计划管理

第十条　隐患项目都应列入直属企业当年固定资产投资项目计划，并报集团公司有关职能部门。

第十一条　企业计划部门应严格按集团公司固定资产投资决策程序及管理办法申报隐患项目，不得将隐患项目化整为零，改变审批渠道。隐患项目由企业安全部门对口管理。

第十二条　凡集团公司批准列入计划的隐患项目，企业要认真按照《隐患治理项目限期整改责任制》的要求组织力量抓好实施，做到当年完成不跨年度。确需跨年度实施的，应向安全环保局专题报告。

第十三条　在应急状态下必须立即进行整改的隐患项目，各企业可在进行治理的同时申报隐患项目。对不按固定资产投资项目决策程序要求，先开工后报批的隐患项目，集团公司不予补批。

第十四条　凡未列入企业固定资产投资项目计划，又未经集团公司有关部门审查的隐患项目，集团公司均不予立项。

第五章　隐患项目的分级监管

第十五条　根据隐患项目重要程度及投资规模，按照总部监督、分级管理、企业负责的三级监管原则，凡列入集团公司年度投资计划的隐患项目由安全环保局提出总部重点监管项目、总部部门重点监管项目和企业负责监管项目。

第十六条　总部重点监管项目负责人为总部领导，主管部门分别为总部相关职能管理部门，督查部门为安全环保局。

第十七条　总部部门重点监管项目负责人为项目所在企业一把手，主管部门分别为总部相关职能管理部门，督查部门为安全环保局。

第十八条　企业负责监管项目由企业相关部门负责组织实施，企业安全监督管理部门监督检查。

第十九条　属于企业级隐患治理项目，由各企业自行立项治理。

第六章　隐患项目的实施管理

第二十条　隐患项目的实施按以下要求进行：

(1) 隐患治理项目及资金计划下达后，企业应按照集团公司固定资产投资项目实施管理办法组织实施。

(2) 企业应建立隐患治理工作例会制度，定期召开隐患治理项目专题会，施工部门确保施工进度，财务部门确保资金到位，安全监督管理部门对隐患治理工作进行全过程的监督管理，确保按时完成隐患治理年度计划。

(3) 企业对隐患项目的管理，应做到“四定”（定整改方案、定资金来源、定项目负责人、定整改期限）。企业主要领导对隐患项目的实施负主要责任，企业分管领导对隐患项目整改方案负责。

(4) 不能及时整改的隐患，企业应采取切实有效的安全措施加以监护。

（5）隐患治理项目及资金计划下达后，企业应按月上报列入集团公司隐患治理计划的隐患项目的实施进度情况。月报表应在次月 5 日前、年报表应在下年度 1 月 5 日前报安全环保局，当年 12 月 5 日月报作为年度隐患完成情况预报表。

（6）集团公司下达隐患项目及资金计划后，企业不得擅自变更项目、投资、完成期限或将资金挪作他用。

（7）集团公司安全环保局负责隐患治理项目实施情况的监督检查。

第二十一条　隐患项目的验收考核

（1）重大隐患治理项目竣工验收，由安全环保局组织或委托企业组织验收。

（2）总投资 500 万元以上的隐患治理项目验收后，企业应将竣工验收报告、竣工验收表连同补助项目的财务决算一并上报集团公司安全环保局。

（3）项目验收合格后，企业生产、设备部门应制定相应的规章制度，组织操作人员学习，纳入正常维护管理。

（4）企业隐患项目完成情况，列入集团公司对企业年终安全评比、考核兑现内容。未能按时完成治理任务的企业将被扣分，因隐患整改不力造成事故的将追究有关人员责任。

第七章　附则

第二十二条　本规定自印发之日起施行。

第二十三条　本规定由集团公司安全环保局负责解释。

三、消防安全管理规定

第一章　一般规定

第一条　消防工作贯彻“预防为主，防消结合”的方针，坚持“谁主管，谁负责”的原则，实行防火安全责任制。

第二条　直属企业各级单位和每位员工都有维护消防安全、保护消防设施、预防火灾、报告火警和参加灭火的义务。

第二章　消防责任

第三条　直属企业主要负责人是本企业的消防安全责任人，对消防安全工作全面负责。

第四条　直属企业应逐级落实消防安全责任制，明确消防安全职责。

第五条　直属企业消防安全责任人应当履行下列消防安全职责：

（1）贯彻执行消防法规，保障消防安全符合规定，掌握本企业的消防安全情况；

（2）将消防工作与本企业的生产、科研、经营、管理等活动统筹安排，批准实施年度消防工作计划；

（3）为消防安全提供必要的经费和组织保障；

（4）确定逐级消防安全责任，批准实施消防安全制度和保障消防安全的操作规程；

（5）组织防火检查，督促落实火灾隐患整改，及时处理涉及消防安全的重大问题；

（6）根据消防法规的规定建立专职消防队、义务消防队；

（7）组织制定符合本企业实际的消防应急预案，并实施演练。

第六条　直属企业可以根据需要确定本企业的消防安全主管领导。安全主管领导对企业的消防安全责任人负责，实施和组织落实下列消防安全管理工作：

（1）拟订年度消防工作计划，组织实施日常消防安全管理工作；

（2）组织制定消防安全制度和保障消防安全的操作规程并检查督促其落实；

（3）拟订消防安全工作的资金投入和组织保障方案；

（4）组织实施防火检查和火灾隐患整改工作；

（5）组织实施对本企业消防设施、灭火器材和消防安全标志的维护保养，确保其完好有效，确保疏散通道和安全出口畅通；

（6）组织管理专职消防队和义务消防队；

（7）在职工中组织开展消防知识、技能的宣传教育和培训，组织消防应急预案的制定、演练和实施；

（8）消防安全责任人委托的其他消防安全管理工作；

（9）定期向消防安全责任人报告消防安全情况，及时报告涉及消防安全的重大问题。

未确定消防安全主管领导的直属企业，前款规定的消防安全管理工作由直属企业消防安全责任人负责实施。

第七条　实行承包、租赁或者委托经营、管理，在订立的合同中要依照有关规定明确各方的消防安全责任；消防车通道、涉及公共消防安全的疏散设施和其他建筑消防设施应当由产权单位或者委托管理的单位统一管理。

承包、承租或者受委托经营、管理的单位应当遵守本规定，在其使用、管理范围内履行消防安全职责。

第八条　对于有两个以上产权单位和使用单位的建筑物，各产权单位、使用单位对消防车通道、涉及公共消防安全的疏散设施和其他建筑消防设施应当明确管理责任，可以委托统一管理。

第九条　建筑工程施工现场的消防安全由施工单位负责。实行施工总承包的，由总承包单位负责。分包单位向总承包单位负责，服从总承包单位对施工现场的消防安全管理。

对装置、罐区和建筑物进行局部改建、扩建和装修的工程，建设单位应当与施工单位在订立的合同中明确各方对施工现场的消防安全责任。

第十条　按照国家有关规定，结合企业特点，建立健全各项消防安全制度和保障消防安全的操作规程，并公布执行。

消防安全制度主要包括：消防安全教育、培训；防火巡查、检查；安全疏散、设施管理；消防（控制室）值班；消防设施、器材维护管理；火灾隐患整改；用火、用电安全管理；易燃易爆危险物品和场所防火防爆；专职和义务消防队的组织管理；消防应急预案演练；燃气和电气设备的检查和管理（包括防雷、防静电）；消防安全工作考评和奖惩；其他必要的消防安全内容等。

第三章　火灾预防

第十一条　直属企业应当将包括消防安全布局、消防站、消防供水、消防通信、消防通道、消防装备等内容的消防规划纳入本企业总体规划，落实消防经费，做到专款专用。消防设施、消防装备不足或者不适应实际需要的，应当增建、改建、配置或者进行技术改造。

第十二条　生产、储存和装卸易燃易爆危险物品的装置、罐区、栈台、码头、仓库和泵房，以及易燃易爆气体和液体的充装站、供应站、调压站等应当设置在合理的位置。不符合规定的，有关单位应当采取措施，限期整改。

第十三条　按照国家工程建筑消防技术标准需要进行消防设计的建筑和装饰工程，设计单位应当按照国家工程建筑消防技术标准进行设计，建设单位的消防部门应参加审查，并按规定将建筑工程的消防设计图纸及有关资料报送公安消防机构审核。未经审核或审核不合格的，建设单位不应施工。

第十四条　结合集团公司《关键装置要害（重点）部位安全管理规定》，将发生火灾可能性较大以及一旦发生火灾可能造成人员重大伤亡或者财产重大损失的部位，确定为本企业的消防安全重点部位。有消防安全重点部位的单位还应当履行下列消防安全职责：

（1）设置防火标志，确定火灾危险源（点）。

（2）结合岗位职责，实行防火巡检，做好巡检记录。

（3）定期对职工进行消防安全培训。

（4）制定消防应急预案，定期组织演练。

（5）建立健全消防档案。消防档案应当包括消防安全基本情况和消防安全管理情况。

消防安全基本情况应当包括企业基本概况和消防安全重点部位情况；建筑物或者场所施工、使用或者开业前的消防设计审核、消防验收以及消防安全检查的文件、资料；消防管理组织机构和各级消防安全责任人；消防安全制度；消防设施、灭火器材情况；专职消防队、义务消防队人员及其消防装备配备情况；与消防安全有关的重点工种人员情况；新增消防产品、防火材料的合格证明材料；灭火和应急疏散预案。

消防安全管理情况应当包括公安消防机构填发的各种法律文书；消防设施定期检查记录、自动消防设施全面检查测试的报告以及维修保养的记录；火灾隐患及其整改情况记录；防火检查、巡查记录；有关燃气、电气设备检测（包括防雷、防静电）等记录资料；消防安全培训记录；灭火和应急疏散预案的演练记录；火灾情况记录；消防奖惩情况记录。

消防档案应当翔实，全面反映企业消防工作的基本情况，并附有必要的图表，根据情况变化及时更新。消防档案应统一保管、备查。

第十五条　生产、储存、运输、销售或者使用易燃易爆危险物品的单位和个人，应执行国家有关消防安全的规定和集团公司防火防爆十大禁令。

第十六条　禁止在具有火灾、爆炸危险的场所使用明火；因特殊情况需要明火作业的，应严格按照《用火作业管理规定》的要求，事先办理审批手续。作业人员应当遵守安全规定，并采取相应的消防安全措施。

进行电焊、气焊等具有火灾危险的作业人员和自动消防系统的操作人员，应持证上岗，并严格遵守消防安全操作规程。

第十七条 禁止使用未经合法检验机构检验合格的消防产品。

第十八条 任何单位、个人不应损坏或者擅自使用、拆除、停用消防设施、器材，不应埋压、圈占消火栓，不应占用防火间距，不应堵塞消防通道。

修建道路以及停水、停电、截断通信线路有可能影响消防灭火救援时，应事先通知本单位专职消防队，经办理有关审批手续后方可进行。

第十九条 消防安全检查发现火灾隐患，应当及时通知有关单位或个人采取措施，限期整改。

第二十条 火灾隐患整改完毕，负责整改的部门或者人员应当将整改情况记录报送消防安全责任人或者消防主管领导签字确认后存档。

第四章 消防组织

第二十一条 大型直属企业应当按照国家有关规定成立专职消防队，实行专业化管理，配备相应的专业技术人员。

第二十二条 本单位设置两个以上专职消防队、人数在100人左右的，可以成立专职消防大队；设置五个以上专职消防队、人数在200人左右的，可以成立专职消防支队。消防战斗员的年龄应在30岁以下，消防车司机年龄不宜超过45岁。应建立保持消防队伍年轻化的用工机制。国产消防车宜定员6人，进口消防车宜定员3～4人。

第二十三条 专职消防队应参照《企业事业单位专职消防队组织条例》《公安消防部队执勤条令》和《公安消防部队执勤业务训练大纲》《公安消防队灭火战斗条令》的要求，建立学习、训练、执勤、工作、生活的正规秩序。

第二十四条 专职消防队履行下列职责：

(1) 认真贯彻《中华人民共和国消防法》，做好防火、灭火等消防工作。

(2) 掌握企业主要生产过程的火灾特点，经常深入基层监督检查火源、火险及灭火设施的管理，督促落实火灾隐患的整改，确保消防设施完备、消防道路通畅。

(3) 组织建立、健全企业义务消防队并对其进行业务技术指导训练，负责职工的防火、灭火知识的教育。

(4) 负责防火防爆区内固定动火点的管理，参加火灾、爆炸事故的调查、处理工作。

(5) 参加新建、改建、扩建及技措工程有关防火措施、消防设计的“三同时”审查和验收。

(6) 编制企业专用消防器材的配置和采购计划，负责消防装备、设施和器材的维护保养和修理。

(7) 负责健全企业消防档案，制定关键装置和要害部位的消防应急预案，每年至少演练两次。

(8) 建立正规的执勤秩序，实行昼夜执勤制度并加强节假日执勤。执勤人员应坚守岗位，消防车应处于待命出警状态。

(9) 设有气防站的消防队，应负责本单位的气防工作。

(10) 对消防隐患提出治理方案和计划。

（11）非常状态下的紧急救援和抢险工作。

第二十五条　直属企业消防和安全部门应明确分工，密切协作，共同做好消防安全工作。

第二十六条　直属企业应当建立由员工组成的义务消防队。义务消防队的主要职责是：

（1）学习宣传消防法规，定期参加消防训练，参加实地消防演习。

（2）协助本单位落实消防安全制度，进行经常性的防火检查。

（3）熟悉本岗位的火灾危险性，明确危险点和控制点，维护本单位消防设施和消防器材，熟练掌握灭火器材的使用方法。

（4）扑救初起火灾，协助专职消防队扑救火灾。

第五章　宣传与培训教育

第二十七条　认真开展经常性的消防宣传活动。直属企业应把消防安全纳入宣传计划，新闻、电视等宣传部门，有进行消防安全宣传教育的义务，宣传消防法规，普及消防知识，剖析消防案例，结合消防日、重大节日以及季节特点，加大宣传力度，提高职工消防意识。

第二十八条　直属企业应结合自身实际，拟定员工消防培训教育规划和计划，消防、安全、教育、劳资、人事等部门应当将消防知识纳入培训教育内容。主要包括：

（1）有关消防法规、消防安全制度和保障消防安全的操作规程；

（2）本单位、本岗位的火灾危险性和防火措施；

（3）有关消防设施的性能、灭火器材的使用方法；

（4）报火警、扑救初起火灾以及自救逃生的知识和技能。

第二十九条　消防设备操作人员应经过消防专项培训，学习掌握相应的操作技能，经考试合格上岗。

第三十条　对新入厂及转岗的职工和进入生产区的各类人员，在进行安全教育时，应有相适应的消防安全知识内容。

四、石油库安全管理规定

第一章　一般规定

第一条　石油库系指油田、炼化、销售企业的收发和储存原油、液化烃、液化石油气、成品油、半成品油、溶剂油、润滑油和重油等的仓库或设施。

第二条　石油库新建、改建、扩建应符合国家有关标准、规范的规定。

第三条　石油库主要负责人是安全生产第一责任人，各岗位人员应经过岗位及危险化学品安全培训，持证上岗。

第二章　安全管理

第四条　石油库应成立安全生产领导小组，设置安全工程师（安全岗位），班组设置兼职安全员。

第五条　安全生产领导小组主要职责

（1）贯彻执行安全生产方针、政策、法规，加强班组建设，全面落实安全生产管理工作。

（2）制定落实安全生产责任制、安全管理制度、安全操作规程、安全措施，考核标准和奖惩办法等，定期检查、考核。

（3）对重点防火部位，做到定人、定位、定措施管理，制定应急预案，并每季度组织一次演练。

（4）对员工进行安全教育，每月组织一次安全检查。

（5）按《安全台账管理规定》建立安全管理台账、记录、档案，逐步实现计算机管理，做好基础管理工作。

（6）负责与毗邻单位组成治安、消防联防组织，制定联防公约，加强联系，定期活动。

第六条　安全工程师（安全岗位）主要职责

（1）负责安全技术工作，对班组安全员进行业务指导。

（2）参与制定有关管理制度、操作规程、安全措施和隐患整改方案。

（3）负责安排、检查班组安全活动。

（4）负责现场安全检查监督，制止“三违”作业。

（5）负责用火申请，落实用火安全措施。

（6）完善各种安全管理基础资料。

（7）按事故管理规定参与调查，应急救灾和善后处理。

第七条　班组兼职安全员主要职责

（1）班组兼职安全员由班（组）长或副班（组）长兼任，做好本班组的安全工作。

（2）组织开展本班组安全活动，负责安全活动记录。

（3）负责班组的岗位安全教育，制止违章行为。

（4）监督本班组、岗位人员正确使用和管理好劳动保护用品、器具及灭火器材。

第八条　安全教育、安全检查、隐患治理和事故管理分别执行《安全教育管理规定》《安全检查规定》《事故隐患治理项目管理规定》和《事故管理规定》。

第九条　石油库应在大门明显处设置外来人员入库安全须知及门卫管理制度，内容为：

（1）严禁携带火柴、打火机、香烟及其他易燃易爆物品入库。

（2）禁止一切人员因私事入库、住库。

（3）临时施工人员应接受安全教育，入库应佩戴临时出入证。

（4）外来人员因公入库应办理入库手续，并由库内有关人员陪同。

（5）凡携带物品出入库人员，应履行检查、登记。

（6）罐区、装卸作业区、泵房等爆炸危险区域，禁止使用非防爆移动通信设备。

第十条　石油库职工应遵守劳动纪律，严格遵守《人身安全十大禁令》。

第十一条　入库车辆管理

（1）入库机动车辆应携带有效的防火罩和小型灭火器材。

（2）铁路机车入库，应符合安全规定，应加挂隔离车，不得顶车溜放作业，并有防止产生火花的安全措施。

(3) 各种外来机动车辆装卸油后，不准在库内停放和修理。除本库消防车外的机动车辆未经批准不准进入罐区。

(4) 油罐汽车应有可靠的静电接地部位，罐车的静电接地拖带应保持有效长度，符合接地要求。

第十二条　巡回检查

(1) 严格执行岗位巡检制度，逐步实现智能巡检、打卡巡检，并纳入计算机监控系统。

(2) 巡检人员应选择责任心强，并有一定专业技术知识的人员担任。

(3) 应制定责任明确的巡检规定，具体内容包括：人员、巡检线路、时间要求和巡检内容。

(4) 认真填好巡检记录和交接班记录，达到规定要求。

第十三条　劳动保护

(1) 劳动保护应执行《职业卫生管理规定》中的有关要求。

(2) 清扫车、船的甲、乙类油品余油时，严禁进入车、船内作业。清罐作业按照《进入受限空间作业安全管理规定》执行。

(3) 石油库焊工、电工等工种作业时，应佩戴专用的劳动保护用品。高空作业按照《高处作业安全管理规定》执行。

(4) 石油库锅炉烟囱应有消烟除尘装置，烟尘排放应达到国家标准；产生噪声的设备或场所应采取隔音或消音措施，噪声不大于国家标准。

第三章　防火防爆

第十四条　石油库防火、防爆应严格执行《防火、防爆十大禁令》。

第十五条　罐区、装卸作业区、油泵房、消防泵房、锅炉房、配发电间等重点部位设置安全标志和警示牌。安全标志的使用应符合《安全标志》(GB 2894) 和《安全标志使用导则》(GB 16179) 的要求。

第十六条　库内用火应严格执行《用火作业安全管理规定》，办理作业许可证，落实安全措施。

第十七条　储存、收发甲、乙、丙A类易燃、可燃液体和气体的储罐区、泵房、装卸作业等作业场所应设可燃气体报警器，其设置数量应符合相关规定的要求，并按规定定期进行检测标定。

第十八条　靠山修建的石油库、覆土隐蔽库应在库区周围修筑防火沟、防火墙或防火带，防止山火侵袭。每年秋季应对防火墙内的枯枝落叶、荒草等进行一次清除。

第十九条　防火堤容积符合要求，并应承受所容纳油品的静压力且不渗漏，堤内不得种植作物或树木，不得有超过 0.15 m 高的草坪；防火堤与消防道路之间不得种植树木，覆土罐顶部附件周围 5 m 内不得有枯草。液化烃罐区防火堤内严禁绿化，应铺设水泥地坪。

第二十条　甲、乙类油品泵房应加强通风，间歇作业的室内油蒸气浓度应低于爆炸下限的4%；连续作业 8 小时以上的，应低于爆炸下限的1%。半地下式油泵房应设机械通风并定期排气。吸入口应接至半地下泵房地面不大于 0.2 m 处，排出口应高于油泵房屋顶1.5 m、管口应装阻火器。付油亭下部设有阀室或泵房的，应做到敞口通风，不得设置围墙。

第四章 设备管理

第二十一条 石油库应根据“谁使用，谁维护”的原则，实行“定人员、定设备、定责任、定目标”的管理，确保设备的完好，实现安全运行。

第二十二条 完善设备安全技术档案，主要包括建造竣工资料、检验报告、技术参数、修理记录等；建立安全技术操作规程、巡检记录和定期检修计划等。

第二十三条 检测设备应满足检测环境的防火、防爆要求，经验收检验合格后方可投入使用。二级以上石油库和有条件的石油库应配置测厚仪、试压泵、可燃气体浓度检测仪、接地电阻测试仪等检测设备。

第二十四条 储罐及附件

(1) 新建或改建储罐应符合国家规范、规程，验收合格后方可投产使用。

(2) 储存甲、乙A类油品的地上油罐，应采用浮顶或内浮顶油罐。新建浮顶罐应采用二次密封装置。

(3) 油罐应按规范要求，安装高低液位报警、高高液位报警和自动切断联锁装置。

(4) 按规定进行储罐检查和钢板测厚，在用储罐应视其腐蚀严重情况增加检测次数。

(5) 罐体无严重变形，无渗漏。罐体铅锤的允许偏差不大于设计高度的1%（最大限度不超过9 cm）。罐内壁平整、无毛刺、底板及第一圈板50 cm高度应进行防腐处理。罐外表无大面积锈蚀、起皮现象，漆层完好。

(6) 储罐附件如呼吸阀、安全阀、阻火器、量油口等齐全有效；储罐阻火器应为波纹板式阻火器。通风管、加热盘管不堵不漏；升降管灵活，排污阀畅通，扶梯牢固，静电消除，接地装置有效；储罐进、出口阀门和人孔无渗漏，各部件螺栓齐全、紧固；浮盘、浮梯运行正常、无卡阻，浮盘、浮仓无渗漏；浮盘无积油、排水管畅通。

(7) 液化烃类储罐脱水应采用二次脱水装置，储罐根部阀不能常开，脱水系统应有拌热线。

(8) 储罐进出物料时，现场阀门开关的状态在控制室应有明显的标记或显示，避免误操作，并有防止误操作的检测、安全自保等措施，防止物料超高、外溢。

(9) 储罐发生高低液位报警时，应到现场检查确认，采取措施，严禁随意消除报警。

第二十五条 液化石油气球罐

(1) 球罐的选材应有明确的技术要求。采用低合金高强钢应标明腐蚀介质的适用浓度，工艺上应严格执行腐蚀介质的控制浓度，不得超浓度使用。

(2) 球罐底部接管的第一道阀门、法兰、垫片的压力等级应比球罐提高一个压力等级，垫片应选用带有金属保护圈的缠绕垫片，法兰应选用对焊法兰。

(3) 球罐应设两个安全阀，每个都能满足事故状态下最大释放量的要求：安全阀应设手动切断阀，切断阀口径与安全阀一致，并保持全开状态，加设铅封。

(4) 球罐应设高低液位报警和带连锁的高高液位报警。

（5）球罐底部出入口管道应设紧急切断阀，入口紧急切断阀应与球罐高高液位报警联锁。

（6）安全阀释放和气相放空的液化气应引至安全地点排放；

（7）球罐切水应遵循安全可靠、操作简便的原则，减少过多的设施和阀门。宜在紧急切断阀后安装切水阀。

第二十六条　泵

（1）严格执行泵操作规程，定期检查运行状况，发现异常情况，应查明原因，严禁带故障运行。

（2）加强泵的日常维护与保养，做好泵运行记录。

（3）新安装的泵和经过大修的泵，应进行试运转，经验收合格后才能投入使用。

（4）泵及管组应标明输送液体品名、流向，泵房内应有工艺流程图。

（5）泵联轴器应安装便于开启的防护罩。

第二十七条　管道

（1）新安装和大修后的管道，应按国家有关规定验收合格后才能使用。

（2）使用中的管道应结合储罐清洗进行强度试验，压力管道检测执行国家有关标准。

（3）加强管道的日常维护保养、定期检查，清除杂草杂物，排除管沟内积水。

（4）穿越道路、铁路、防火堤等的管道应有套管保护。

（5）管道应有工艺流程图、管网图，埋地管道除应有工艺流程图外，还应有埋地敷设走向图，图中管道走向、位置、埋设深度应准确无误。

（6）管道应按规定进行防腐处理，埋地管道时间五年以上，每年应在低洼、潮湿处开挖检查一次。

（7）管道穿过防火堤处应严密填实。罐区雨水排水阀应设置在堤外，并处于常闭状态。阀的开关应有明显标志。

（8）石油库内输油管道管沟在进入油泵房、灌油间和油罐组防火堤处，应设隔断墙。石油库内输油管线管沟应全部用沙填实。

第二十八条　锅炉等压力容器的安装、使用和维修，按有关规定执行。

第五章　电气装置

第二十九条　设置与管理

（1）设置在爆炸危险区域内的电气设备、元器件及线路应符合该区域的防爆等级要求；设置在火灾危险区域的电气设备，应符合防火保护要求；设置在一般用电区域的电气设备，应符合长期安全运行要求。

（2）禁止任何一级电压的架空线路跨越油罐区、桶装油品区、收发油作业区、油泵房等危险区域的上空。通往上述区域的线路，应采用符合防火防爆要求的钢管配线。

（3）电缆穿越道路应穿管保护，埋地电缆地面应设电缆桩标志。通往趸船的线路应采用软质电缆，并留有足够的水位变化余量。

（4）架空线路的电杆秤基或线路的中心线与危险区域边沿的最小水平间距应大于1.5倍杆高。

(5) 在危险区域内使用临时性电气装置（包括移动式电气装置）应执行《临时用电安全管理规定》，办理临时用电作业票。

第三十条 运行管理

(1) 石油库应有完整的电力电缆分布情况和变配电、发电设施、输电线路等电器设备记录。

(2) 变、配电所宜建立电工值班制度，且每班不得少于两人；当不设专职值班电工时，应进行定期巡视（每周至少巡视两次）。

(3) 自备发电机每周至少起动一次，每次运转时间不应少于 15 min。

(4) 变压器、高压配电装置、高压电缆、高压器具及继电保护装置应按当地供电部门的要求进行预防性试验。低压电缆每年应测量一次绝缘电阻并做绝缘分析。油浸式电缆应检查终端头的渗漏情况并及时处理。

(5) 高压配电装置的操作应按规定填写操作票，由一人监护，另一人按操作票规定的程序执行，禁止带负荷分、合隔离开关。

(6) 线路、设备突然停电后，应立即分断其电源开关并查明原因，禁止强行试送电。

第三十一条 检修管理

(1) 对架空线路应定期进行巡检，并注意沿线环境情况，遇异常气候时应作特殊巡检。

(2) 线路停电检修前，应填写停电通知单，停电线路的开关上应悬挂警示标志牌。对高压电气设备和线路进行检修，须按电业部门的有关要求进行。

(3) 当在被检修的停电设备附近有其他带电设备或裸露的带电体时，应保持足够的电气间距或采取可靠的绝缘隔离、屏障保护措施。

(4) 在爆炸危险区内，禁止对设备、线路进行带电维护、检修作业；在非爆炸危险区内，因工作需要，应进行带电检修时，应符合有关安全规定。

第三十二条 防雷、防静电

(1) 石油库防雷、防静电的设施、装置等应符合设计规范要求。

(2) 石油库应绘制防雷、防静电装置平面布置图，建立台账。

(3) 石油库的防雷、防静电接地装置应每年进行两次测试，并做好测试记录。接地线应做可拆装连接。

(4) 防雷、防静电接地装置应保持完好有效。当防雷接地、防静电接地、电气设备的工作接地、保护接地及信息系统的接地等设共用接地装置时，按最小值考虑，其接地电阻不应大于 4 Ω。

(5) 铁路装卸油设施钢轨、输油管道、鹤管、钢栈桥等应按规范做等电位跨接并接地，其接地电阻不应大于 10 Ω。

(6) 压力储罐不设避雷针（线），罐区不宜装设消雷器。

(7) 严禁使用塑料桶或绝缘材料制作的容器灌装或输送甲、乙类油品。

(8) 不准使用两种不同导电性能的材质制成的检尺、测温和采样工具进行作业。使用金属材质时应与罐体跨接，操作时不得猛拉快提。

（9）在爆炸危险场所人员应穿防静电工作服，禁止在爆炸危险场所穿脱衣服、帽子或类似物。

（10）不准在爆炸危险场所用化纤织物拖擦工具、设备和地面。

（11）严禁用压缩空气吹扫甲、乙类油品管道和储罐，严禁使用汽油、苯类等易燃溶剂对设备、器具吹扫和清洗。

（12）油罐、罐车等容器内和可燃性液体的表面，不允许存在不接地的导电性漂浮物；油轮装油时，不准将导体放入油舱内。

（13）储存甲、乙、丙A类油品储罐的上罐扶梯入口处、泵房的门外和装卸作业操作平台扶梯入口处等应设消除人体静电接地装置。

第六章　消防管理

第三十三条　石油库应认真执行《中华人民共和国消防法》和集团公司《消防安全管理规定》及《消防达标规定》，贯彻“预防为主，防消结合”的方针，坚持专职消防与义务消防相结合的原则，共同做好消防工作。

第三十四条　消防组织

（1）石油库应设置专人负责消防管理工作，并指定防火责任人。

（2）石油库按有关规定成立专职消防队或建立义务消防组织，定期进行消防业务培训、消防演练。

第三十五条　消防设施配置

（1）消防设施、装备、器材应符合国家有关消防法规、标准规范的要求，并定期组织检验、维修，确保消防设施和器材完好、有效。

（2）各作业场所和辅助生产作业区域应按规定设置消防安全标志、配置灭火器材。露天设置的手提式灭火器应安放在挂钩、托架或专用箱内，并应防雨、防尘、防潮。各类灭火器应标识明显、取用方便，并按期检验、充气、换药，不合格的灭火器应及时报废、更新。

（3）石油库应安装专用火灾报警装置（电话、电铃、警报器等），爆炸危险区域的报警装置应采用防爆型，保证及时、准确报警。

（4）按有关规范配置消防车。消防车辆应随时处于完好状态。接到火灾报警后，5 min内到达火场。

（5）通信、灭火、防护、训练器材和检测仪器等，应满足防火灭火的需要。

第三十六条　制定灭火作战方案、应急预案，绘制消防流程及水源分布图、消防器材配置图等。

第三十七条　供水系统

（1）消防水池内不得有水草、杂物，寒冷地区应有防冻措施。

（2）系统启动后，冷却水到达指定喷淋罐冷却时间应不大于5 min。

（3）地下供水管道应常年充水，主干线阀门保持常开，管道每半年冲洗一次。

（4）定期巡检消火栓，每季度做一次消火栓出水试验。距消火栓1.5 m范围内无障碍，地下式消火栓标志明显，井内无积水、杂物。

（5）消防泵应每天盘车，每周应试运转一次，系统设备运转时间不少于15 min。

(6) 泵房内阀门标识明显，启闭灵活。

(7) 消防水带应盘卷整齐，存放在干燥的专用箱内，每半年进行一次全面检查。

(8) 固定冷却系统每季应对喷嘴进行一次检查，清除锈渣，防止喷嘴堵塞。储罐冷却水主管应在下部设置排渣口。

第三十八条　泡沫灭火系统

(1) 系统启动后，泡沫混合液到控制区内所有油罐泡沫产生器喷出时间应不大于5 min。

(2) 泡沫液应储存在0～40℃的室内，每年抽检一次泡沫质量。

(3) 空气泡沫比例混合器每年进行一次校验。

(4) 泡沫产生器应保持附件齐全，滤网清洁，无堵塞、腐蚀现象，隔封玻璃完好有效。

(5) 各种泡沫喷射装备应经常擦拭，加润滑油，每季度进行一次全面检查。

(6) 泡沫管道应加强防腐，每次使用后均应用清水冲洗干净，清除锈渣；泡沫支管控制阀应定期润滑，每周启闭一次。

第三十九条　消防系统主要组件涂色

(1) 消防水泵、给水管道涂红色。

(2) 泡沫泵、泡沫管道、泡沫液储罐、泡沫比例混合器、泡沫产生器涂黄色。

(3) 当管道较多，与工艺管道涂色有矛盾时，也可涂相应的色带或色环。

第七章　装卸作业

第四十条　装卸作业是指石油库码头、铁路、公路的油品收发作业。

第四十一条　装卸作业设施建设、设备应符合有关标准规范。

第四十二条　装卸准备

(1) 应编写装卸作业指导书，检查设施设备是否处于良好状态。

(2) 铁路槽车入库后，应及时安放铁鞋，防止溜车。

(3) 认真核对车船号、油品品名、牌号和质量检验合格证明。检查车船技术状况和铅封情况。及时采样、化验、计量，发现问题应查明原因，按有关规定处理。

第四十三条　装卸作业

(1) 遇有强雷雨天气时，应暂停收、发、输转作业。

(2) 严格按照操作规程进行作业，作业过程中作业人员应穿防静电工作服，使用符合防爆要求的工具，严守岗位，防止跑油、溢油、混油等事故。

(3) 容器内应避免出现细长的导电性突出物和避免物料高速剥离，铁路槽车卸油结束时，禁止打开鹤管透气阀向鹤管内进气。

(4) 铁路槽车卸油，轻质油品应静置15 min以上，黏质油品应静置20 min以上；汽车罐车卸油，应静置15 min以上；油轮和泊船卸油，应静置10 min以上，若油舱容积大于5 000 m^3应静置30 min以上。

(5) 铁路槽车装、卸油完成，均应静置2 min以上，才能提起鹤管；汽车罐车装油作业前后，插入和提起鹤管均应静置2 min以上，鹤管应轻提轻放。

(6) 油罐汽车接地线的连接，应在油罐开盖以前进行，接地线的拆除应在装卸完毕，封闭罐盖以后进行。

（7）油轮在装卸作业前，应先将船体与陆地上接地端进行接地。使用软管或输油臂输送油品前，应做电气连续性检查。遵循先搭接线后接管，作业后先拆管后拆搭接线的原则。

（8）铁路罐车、汽车罐车、油轮、油罐等储存容器，装卸前和装卸后均应经过规定的静置时间，方可进行检尺、测温、取样、拆除接地线等作业。

（9）汽车罐车装卸应有防静电防溢油的联锁措施。静电接地线应接在罐车的专用接地端子板上，严禁接在装卸油口处。

（10）严禁喷溅式装卸油作业。装车鹤位应插到距罐底部不大于 0.2 m 处。装车初速度不宜大于 1 m/s，装车速度不应大于 4.5 m/s。

（11）储罐储液不得超过安全高度，应有防止超装的措施。

（12）当采用金属管嘴或金属漏斗向金属油桶装油时，必须让它们保持良好的接触或连接，并可靠接地。

（13）装卸作业现场应设置监护人员，加强监督检查，制止“三违”作业。

第五章　危险化学品储存运输企业安全检查

安全检查是排查事故隐患、预防事故发生的一个重要手段，也是安全生产管理的一项重要工作。事故源于隐患，而隐患又先于事故，这是一条规律。隐患是事故发生前的潜伏阶段，只要在事故发生前能及时发现和控制隐患，并能搞好防范措施，那么事故就能防止。对企业来讲，安全检查的方式方法是否运用得当关系很大，方法得当，事半功倍；方法不当，事倍功半。因此，根据本企业、本单位的实际情况，建立一个有效的安全检查体系，通过有效的安全检查，及时发现隐患、整改隐患，十分重要。

第一节　危险化学品储存运输企业安全检查

安全检查是一种被广泛应用的方法，用来发现企业生产过程中存在的危险隐患，进而实施改进以避免可能发生的损失。对于企业来讲，安全检查既是安全管理中常用的一种管理手段，也是发现事故隐患的一种有效方式，也是预防事故的一个有效措施。因此，必须不断进行安全检查，及时发现这些潜在的风险，进而采取消除或降低风险的措施，做到防患于未然。

一、安全检查的目的与类别

安全检查是一种原始的而且被广泛应用的方法，用来发现企业生产过程中存在的危险隐患，进而实施改进以避免可能发生的损失。实施检查—找出隐患—落实整改，这样一条行动路线也是显示并强调企业对安全高度重视的最有力体现之一。

1. 为什么要进行安全检查

没有一样东西是不存在着风险的，随着时间的推移，物体总会在慢慢地被磨损侵蚀，原有的条件或状况总会在变化，人的注意力也不可能总是一直保持高度的集中或戒备，事物的这种由量变到质变特性使风险会随着时间的推移而逐渐加剧，因此，必须不断地进行检查，以及时发现这些潜在的风险，进而采取消除或降低风险措施，做到防患于未然。此外，一个优秀企业的管理层，无论是在道德上，还是在法律上，都有责任为员工保持一个安全健康的工作场所，这是企业持续发展的基础。

2. 安全检查的类别

广义的检查分为非正式的检查和计划性的检查。计划性的检查又可分为综合检查及关键部件（部位）检查，每一种检查方法都是十分重要的。非正式的检查可以是人们每日进行的例行行为，如每日作业场所巡查、定时巡视等；综合性的检查则需要细心地察看每一作业区域，详细地观察各种设施或设备，找出可能导致损失的风险，这是一种总体上的物理状况的检查，主要查看作业场所的物体是否完好可用或结构是否完整而无缺陷；而关键部件（部位）的检查在于关注机器设备的组件、原材料、构筑物或某一局部区域在被磨耗、损坏、滥用或误用时可能导致的问题或损失，如进行关键设备的用前检查，即是一种良好的防范损失的手段。

3. 安全检查体系的建立

有效的安全检查通常由三级构成：生产一线监督检查（周检查）、部门经理检查（月检查）、公司高层经理检查（季检查）。

生产一线的监督人员主要进行计划性的综合检查，检查并鉴别自己责任区内的各种低标准状况或低标准行为，这样的检查至少每周一次；中层管理经理应进行定期的小组式检查，小组成员主要是专业工程师或主管人员，必要时可带上一线员工共同进行，来找出责任区内的各种潜在的、可能导致损失的风险，至少每一个月进行一次；而公司的高层经理人员则要定期地进行现场检查来发现至关重要的安全问题，这样的检查通常一年至少四次。需要注意的是，在每一层次的检查中，应最好有一线员工参与，以便于上下级的现场沟通。

二、化工生产企业安全检查的依据

为规范化工（危险化学品）企业的生产、储存、运输、使用，国家制定了《危险化学品安全管理条例》《安全生产许可证条例》等法律法规，国家安全生产监督管理总局等部门，为了规范企业生产经营行为，保障企业的安全生产，陆续颁布了一系列有关化工（危险化学品）生产、储存、运输、使用的规章规定、规范标准。这些法律法规、规章规定以及规范标准，是制定安全检查的依据。

相关法律法规、规章规定、规范标准主要有：

1. 国家相关法律

（1）《中华人民共和国安全生产法》（2014 年修订版）

（2）《中华人民共和国职业病防治法》（2011 年修订版）

2. 行政法规及国务院文件

（1）《危险化学品安全管理条例》（国务院令第 591 号，2013 年修正）

（2）《安全生产许可证条例》（国务院令第 397 号）

（3）《生产安全事故报告和调查处理条例》（国务院令第 493 号）

（4）《国务院关于进一步加强企业安全生产工作的通知》（国发〔2010〕23 号）

（5）《国务院关于坚持科学发展安全发展促进安全生产形势持续稳定好转的意见》（国发〔2011〕40 号）

3. 部门规章规定

（1）《建设项目安全设施“三同时”监督管理暂行办法》（总局令第 36 号）

（2）《危险化学品重大危险源监督管理暂行规定》（总局令第 40 号）

（3）《危险化学品生产企业安全生产许可证实施办法》（总局令第 41 号）

（4）《危险化学品输送管道安全管理规定》（总局令第 43 号）

(5)《危险化学品建设项目安全监督管理办法》(总局令第45号)

(6)《危险化学品登记管理办法》(总局令第53号)

(7)《危险化学品经营许可证管理办法》(总局令第55号)

(8)《危险化学品安全使用许可证实施办法》(总局令第57号)

(9)《化学品物理危险性鉴定与分类管理办法》(总局令第60号)

(10)《化工(危险化学品)企业保障生产安全十条规定》(总局令第64号)

4. 规范性文件

(1)《国务院安委会办公室关于进一步加强危险化学品安全生产工作的指导意见》(安委办〔2008〕26号)

(2)《国家安全监管总局关于公布首批重点监管的危险化工工艺目录的通知》(安监总管三〔2009〕116号)

(3)《国家安全监管总局、工业和信息化部关于危险化学品企业贯彻落实〈国务院关于进一步加强企业安全生产工作的通知〉的实施意见》(安监总管三〔2010〕186号)

(4)《国家安全监管总局关于进一步加强危险化学品企业安全生产标准化工作的通知》(安监总管三〔2011〕24号)

(5)《国家安全监管总局关于印发危险化学品从业单位安全生产标准化评审标准的通知》(安监总管三〔2011〕93号)

(6)《国家安全监管总局关于公布首批重点监管的危险化学品名录的通知》(安监总管三〔2011〕95号)

(7)《国家安全监管总局关于印发危险化学品安全生产"十二五"规划的通知》(安监总管三〔2011〕191号)

(8)《国家安全监管总局办公厅关于印发危险化学品从业单位安全生产标准化评审人员培训大纲及考核要求的通知》(安监总厅管三函〔2012〕68号)

(9)《关于开展提升危险化学品领域本质安全水平专项行动的通知》(安监总管三〔2012〕87号)

(10)《国务院安委会办公室关于进一步加强化工园区安全管理的指导意见》(安委办〔2012〕37号)

(11)《国家安全监管总局关于印发危险化学品企业事故隐患排查治理实施导则的通知》(安监总管三〔2012〕103号)

(12)《国家安全监管总局关于公布第二批重点监管危险化工工艺目录和调整首批重点监管危险化工工艺中部分典型工艺的通知》(安监总管三〔2013〕3号)

(13)《国家安全监管总局关于公布第二批重点监管危险化学品名录的通知》(安监总管三〔2013〕12号)

(14)《危险化学品安全使用许可适用行业目录(2013年版)》(总局公告2013年第3号)

(15)《危险化学品使用量的数量标准(2013年版)》(联合公告2013年第9号)

(16)《国家安全监管总局办公厅关于印发化工行业安全发展规划编制导则的通知》(安监总厅管三〔2013〕96号)

(17)《国家安全监管总局、住房城乡建设部关于进一步加强危险化学品建设项目安全设计管理的通知》(安监总管三〔2013〕76号)

(18)《国家安全监管总局关于加强化工过程安全管理的指导意见》(安监总管三〔2013〕88号)

5. 相关安全标准

(1)《石油库设计规范》(GB 50074—2002)

(2)《石油天然气工程设计防火规范》(GB 50183—2004)

(3)《建筑设计防火规范》(GB 50016—2006)

(4)《石油化工企业设计防火规范》(GB 50160—2008)

(5)《化学品安全技术说明书内容和项目顺序》(GB/T 16483—2008)

(6)《化学品生产单位吊装作业安全规范》(AQ 3021—2008)

(7)《化学品生产单位动火作业安全规范》(AQ 3022—2008)

(8)《化学品生产单位动土作业安全规范》(AQ 3023—2008)

(9)《化学品生产单位断路作业安全规范》(AQ 3024—2008)

(10)《化学品生产单位高处作业安全规范》(AQ 3025—2008)

(11)《化学品生产单位设备检修作业安全规范》(AQ 3026—2008)

(12)《化学品生产单位盲板抽堵作业安全规范》(AQ 3027—2008)

(13)《化学品生产单位受限空间作业安全规范》(AQ 3028—2008)

(14)《化学品安全标签编写规定》(GB 15258—2009)

(15)《危险化学品重大危险源辨识》(GB 18218—2009)

(16)《化工企业总图运输设计规范》(GB 50489—2009)

(17)《石油化工可燃气体和有毒气体检测报警设计规范》(GB 50493—2009)

(18)《化工建设项目安全设计管理导则》(AQ/T 3033—2010)

(19)《化工企业工艺安全管理实施导则》(AQ/T 3034—2010)

(20)《石油储备库设计规范》(GB 50737—2011)

(21)《工业企业总平面设计规范》(GB 50187—2012)

(22)《输气管道工程设计规范》(GB 50251—2003)

(23)《输油管道工程设计规范》(GB 50253—2003)

(24)《油气输送管道穿越工程设计规范》(GB 50423—2007)

(25)《油气输送管道穿越工程施工规范》(GB 50424—2007)

除此之外，还有许多规章规定、规范标准，也是化工生产企业进行安全检查的重要依据，在这里未能全部标明。

三、危险化学品企业安全检查的类型与内容

在化工企业生产中，由于易燃、易爆、有腐蚀、有毒的物质多，高温、高压设备多，工艺复杂、操作过程要求严格，安全生产检查作为安全管理工作中的一项重要内容，它不仅可以消除隐患，防止事故发生，还可以及早发现化工企业生产过程中的危险因素，以便有计划地制定纠正措施，保证生产的安全，所以说，安全检查是保证企业安

全生产的一个重要手段，运用得好可以起到事半功倍的效果。

1. 安全生产检查的类型

安全检查通常按以下六种类型开展：

（1）定期安全检查。通过有组织、有计划、有目的的形式，确定日期和频次进行检查，来发现并解决问题。比如：每周、每月、每季度等频次的检查。

（2）经常性安全检查。通过采取日常的巡视方式，经常性地对各个生产过程进行预防检查，及时发现隐患并消除之。

（3）季节性（节日性）的安全检查。针对不同的季节变化，按照事故发生的规律，重点对冬季防寒、防火、防煤气中毒，夏季防暑降温、防汛防雷电等进行检查。重大节日前后职工忙于过节，注意力不集中，难免造成诸多人的不安全因素形成，必须检查并杜绝之。

（4）专项检查。对某些专业或专项问题以及某些部位存在的普遍问题，进行单项的定性或定量的检查。通过检查发现问题，制定整改方案，及时进行技术改造。

（5）综合性大检查。一般由主管部门或公司督查组对全公司各单位进行全面综合的检查。

（6）车间、班组、员工等的自查。车间人员对工作现场了如指掌，工作过程中有什么异常情况、安全隐患都能及时发现，开展车间安全自查，能保证事故隐患在第一时间内得到整改，维持生产的正常进行。

2. 安全检查内容的"五查、五看"

（1）查设备，看安全保护措施是否到位，有无故障和异常。

1）各类升降设备（电葫芦、卷扬机、升降机等）的完好性。

2）锅炉等压力容器及安全附件运行是否完好、是否在有效期。

3）电梯的可靠性、运行情况及有效期。

4）厂内交通工具的安全运行（是否带阻火器、按照指定路线行驶等）。

5）各类用电设备有无故障或缺陷及其防爆状况。

6）移动式电动正具有无漏电保护装置。

7）各类转动设备运行状况是否正常（有无异常噪声、是否缺油、是否异常振动、是否带病运行等）。

8）各类防护罩、护栏等安全防护装置和安全设施（灭火器、洗眼器、防护用具、应急照明、安全标识等）是否可靠能用。

9）玻璃液位计及易碎部位护罩的完好情况。

10）动火工具（氧气管、减压表、焊线、焊枪等）的完好性及规范使用情况。

11）避雷设施、防静电设施的完好性。

12）报警设施、气体探测设施的可靠性。

（2）查物料，看存用是否符合标准，有无泄漏和包装异常

1）原料储存位置（阴凉通风处）、储存量是否符合要求，是否有防暑降温或防冻措施。

2）物料储存有无泄漏现象，围堰是否完好，易制毒品、剧毒品的储存、领取是否

按规定程序执行。

3）生产区储罐存放物料是否超量，温度是否在正常范围。

4）库房物料储存是否符合规定要求。

5）气瓶的存放及使用是否符合规范要求。

6）研发、测试部门的化学试剂存放是否规范。

（3）查管道，看是否完好无损，有无跑冒滴漏和损坏

1）各类放料、抽料临时管线连接的可靠性。

2）防静电跨接完好情况。

3）各排空阀、呼吸阀、安全阀是否正常。

4）压力表、真空表、温度计等计量器具的完好情况。

5）各类管线（法兰、焊口、阀门等）有无跑冒滴漏现象。

6）冷、热管线的保温是否完好。

7）检查地沟、窨井等地下空间的含氧量、有害气体的浓度是否符合要求。

（4）查工艺，看是否按规程燥作，有无明显偏差和违规

1）操作是否遵守安全操作规程。

2）是否严格执行岗位操作规程。

3）是否严格控制工艺指标。

4）是否认真记录生产过程。

5）工器具是否定置化管理。

6）岗位有无所使用物料的安全数据说明书并学习之。

7）是否认真进行巡回检查。

8）是否严格交接班。

（5）查人员，看是否按要求在职履责，有无违纪现象

1）人员的安全意识。

2）是否按要求佩戴劳保用品，着装是否整齐。

3）是否违章操作、野蛮操作。

4）员工能否做到“四懂三会”，正确操作设备。

5）是否遵守劳动纪律，不离岗、睡岗、单岗或做与生产无关的事。

6）是否酒后上岗，是否疲劳上岗（长时间连班）。

7）上岗是否不携带火种、不接打手机、不上网或玩游戏。

8）进行特殊作业是否落实安全防护措施并办理特殊作业许可证。

3. 安全检查需要“三个纠正”

本质安全是安全管理的目标。对于企业员工来说，思想是人的本质，从根本上去纠正不正确、不规范的思想和行为，也能有效地防止事故发生，保证安全生产。

（1）纠正员工的麻痹思想。有些员工在生产过程中，对安全生产重要性的认识不够，对安全措施和安全规定感到麻烦，认为多此一举，存在着麻痹思想和侥幸心理，不遵守操作规程，不按安全要求操作，或者当生产与安全出现冲突时，有重工作轻安全的思想，往往导致事故的发生。因此，要高度重视安全生产，纠正麻痹思想，牢固树立安

全第一的思想，实行安全优先的原则，确保生产目标的安全实现。

（2）纠正想当然的习惯。在生产作业中经常有习惯性违章的现象，出现习惯性违章的人员，大多是老员工。由于习惯性违章，致使错误的理念顽固地延续下去，正确的操作得不到执行，也就是说违章得不到纠正，隐患一直存在。根据因果关系原则，事故的发生是许多因素互为因果连续发生的最终结果，只要有诱发事故的因素存在，发生事故就是必然的，只是时间迟早而已。这种习惯性违章是导致事故发生的必然因素，因此，必须纠正和杜绝想当然的习惯，养成良好的行为习惯和操作习惯。

（3）纠正拖拉推脱的作风。安全无小事，一个小的隐患得不到及时的整改，就可能成为一起大事故的导火索。安全工作的中心就是防止人的不安全行为，消除设备的或物质的不安全状态，中断事故连锁的进程，从而避免事故的发生。对安全检查中发现的隐患进行积极有效的整改，就是中断事故进程，消除事故的可能性。拖拉推脱的工作作风只能导致隐患继续存在得不到整改，使事故的苗头得不到遏制，条件一旦具备，事故发生将悔之晚矣。因此，必须纠正拖拉推脱的作风，提高执行力，树立雷厉风行的工作作风。

第二节　危险化学品储存运输企业事故隐患排查表

2012年8月7日，国家安全生产监督管理总局下发《关于印发〈危险化学品企业事故隐患排查治理实施导则〉的通知》（安监总管三〔2012〕103号）。该通知指出：隐患排查治理是安全生产的重要工作，是企业安全生产标准化风险管理要素的重点内容，是预防和减少事故的有效手段。为了推动和规范危险化学品企业隐患排查治理工作，《危险化学品企业事故隐患排查治理实施导则》在附录中，列出各专业隐患排查表，这是化工企业（危险化学品企业）进行事故排查的重要参考。

隐患排查表有关事项说明：①表中排查频次为最小频次，企业自己安排频次不能少于表中规定频次。②表中排查内容企业可以根据实际增加相关内容，但不能减少。③发生较大以上事故、有关法律法规标准发生变化、企业内外部安全生产环境发生重大变化时及时进行隐患排查。还需要说明的是，隐患排查表所引用的《安全生产法》条文，随着新的《安全生产法》的颁布实施，条文顺序发生变化，但是其所对应的内容未变。

一、安全基础管理隐患排查表

序号	排查内容	依据	排查频次
一、安全管理机构的建立，安全生产责任制、安全管理制度的健全和落实			
1	企业应当依法设置安全生产管理机构，配备专职安全生产管理人员。配备的专职安全生产管理人员必须能够满足安全生产的需要	《安全生产法》第19条 《危险化学品生产企业安全生产许可证实施办法》（国家安全监管总局令第41号）第12条	1次/年

续表

序号	排查内容	依据	排查频次
2	建立、健全安全生产责任制度，包括单位主要负责人在内的各级人员岗位安全责任制度	《危险化学品安全管理条例》第4条 《危险化学品生产企业安全生产许可证实施办法》（国家安全监管总局令第41号）第13条	1次/年
3	企业应设置安委会，建立、健全从安委会到基层班组的安全生产管理网络	《危险化学品从业单位安全标准化通用规范》（AQ 3013—2008）	1次/年
4	企业应建立安全生产责任制考核机制，对各级管理部门、管理人员及从业人员安全职责的履行情况和安全生产责任制的实现情况进行定期考核，予以奖惩。 《危险化学品从业单位安全标准化通用规范》（AQ 3013—2008）		1次/月
5	企业应当根据化工工艺、装置、设施等实际情况，制定完善下列主要安全生产规章制度： （1）安全生产例会等安全生产会议制度； （2）安全投入保障制度； （3）安全生产奖惩制度； （4）安全培训教育制度； （5）领导干部轮流现场带班制度； （6）特种作业人员管理制度； （7）安全检查和隐患排查治理制度； （8）重大危险源评估和安全管理制度； （9）变更管理制度； （10）应急管理制度； （11）安全事故或者重大事件管理制度； （12）防火、防爆、防中毒、防泄漏管理制度； （13）工艺、设备、电气仪表、公用工程安全管理制度； （14）动火、进入受限空间、吊装、高处、盲板抽堵、动土、断路、设备检维修等作业安全管理制度； （15）危险化学品安全管理制度； （16）职业健康相关管理制度； （17）劳动防护用品使用维护管理制度； （18）承包商管理制度； （19）安全管理制度及操作规程定期修订制度	《安全生产法》第17条 《危险化学品生产企业安全生产许可证实施办法》（国家安全监管总局令第41号）第14条	1次/半年

续表

序号	排查内容	依据	排查频次
二、企业安全生产费用的提取、使用			
1	企业应当按照国家规定提取与安全生产有关的费用，并保证安全生产所必需的资金投入。危险品生产与储存企业以上年度实际营业收入为计提依据，采取超额累退方式按照以下标准平均逐月提取： （1）营业收入不超过1 000万元的，按照4%提取； （2）营业收入超过1 000万元至1亿元的部分，按照2%提取； （3）营业收入超过1亿元至10亿元的部分，按照0.5%提取； （4）营业收入超过10亿元的部分，按照0.2%提取	《安全生产法》第18条 《危险化学品生产企业安全生产许可证实施办法》（国家安全监管总局令第41号）第17条 《企业安全生产费用提取和使用管理办法》第8条	1次/年
2	企业应按照规定的安全生产费用使用范围，合理使用安全生产费用，建立安全生产费用台账。 安全生产的费用应当按照以下范围使用： （1）完善、改造和维护安全防护设施设备支出； （2）配备、维护、保养应急救援器材、设备支出和应急演练支出； （3）开展重大危险源和事故隐患评估、监控和整改支出； （4）安全生产检查、评价（不包括新建、改建、扩建项目安全评价）、咨询和标准化建设支出； （5）配备和更新现场作业人员安全防护用品支出； （6）安全生产宣传、教育、培训支出； （7）安全生产适用的新技术、新标准、新工艺、新装备的推广应用支出； （8）安全设施及特种设备检测检验支出； （9）其他与安全生产直接相关的支出	危险化学品从业单位安全标准化通用规范（AQ 3013—2008） 《企业安全生产费用提取和使用管理办法》第20条	1次/年
三、安全培训教育管理			
1	企业应当对从业人员进行安全生产教育和培训，保证从业人员具备必要的安全生产知识，熟悉有关的安全生产规章制度和安全操作规程，掌握本岗位的安全操作技能。从业人员应当接受教育和培训，考核合格后上岗作业；对有资格要求的岗位，应当配备依法取得相应资格的人员	《安全生产法》第21条 《生产经营单位安全培训规定》第4条 《危险化学品安全管理条例》第4条	1次/半年

续表

序号	排查内容	依据	排查频次
2	企业采用新工艺、新技术、新材料或者使用新设备，必须了解、掌握其安全技术特性，采取有效的安全防护措施，并对从业人员进行专门的安全生产教育和培训	《安全生产法》第22条	1次/半年
3	企业主要负责人和安全生产管理人员应接受专门的安全培训教育，经安全生产监管部门对其安全生产知识和管理能力考核合格，按照有关法律、行政法规规定，需要取得安全资格证书的，取得安全资格证书后方可任职。主要负责人和安全生产管理人员安全资格培训时间不得少于48学时；每年再培训时间不得少于16学时	《生产经营单位安全培训规定》第二章	1次/半年
4	企业必须对新上岗的从业人员等进行强制性安全培训，保证其具备本岗位安全操作、自救互救以及应急处置所需的知识和技能后，方能安排上岗作业。新上岗的从业人员安全培训时间不得少于72学时，每年接受再培训的时间不得少于20学时 从业人员在本企业内调整工作岗位或离岗一年以上重新上岗时，应当重新接受车间（工段、区、队）和班组级的安全培训	《生产经营单位安全培训规定》第三章	1次/半年
5	企业特种作业人员应按有关规定参加安全培训教育，取得特种作业操作证，方可上岗作业，并定期复审	《安全生产法》第23条 《特种作业人员安全技术培训考核管理规定》	1次/半年
6	企业应当将安全培训工作纳入本单位年度工作计划。保证本单位安全培训工作所需资金。企业应建立健全从业人员安全培训档案，详细、准确记录培训考核情况	《生产经营单位安全培训规定》第23条、第24条	
7	企业管理部门、班组应按照月度安全活动计划开展安全活动和基本功训练。班组安全活动每月不少于2次，每次活动时间不少于1学时。班组安全活动应有负责人、有计划、有内容、有记录。企业负责人应每月至少参加1次班组安全活动，基层单位负责人及其管理人员应每月至少参加2次班组安全活动	危险化学品从业单位安全标准化通用规范（AQ 3013—2008）	1次/月
四、风险评价与隐患控制			
1	法律、法规和标准的识别和获取方面： （1）企业应建立识别和获取适用的安全生产法律法规、标准及其他要求的管理制度，明确责任部门，确定获取渠道、方式和时机，及时识别和获取，并定期进行更新 （2）企业应将适用的安全生产法律、法规、标准及其他要求及时传达给相关方	危险化学品从业单位安全标准化通用规范（AQ 3013—2008）	1次/年

续表

序号	排查内容	依据	排查频次
2	企业应依据风险评价准则，选定合适的评价方法，定期和及时对作业活动和设备设施进行危险、有害因素识别和风险评价，并满足以下要求： （1）企业各级管理人员应参与风险评价工作，鼓励从业人员积极参与风险评价和风险控制。 （2）企业应根据风险评价结果及经营运行情况等，确定不可接受的风险，制定并落实控制措施，将风险尤其是重大风险控制在可以接受的程度。 （3）企业应将风险评价的结果及所采取的控制措施对从业人员进行宣传、培训，使其熟悉工作岗位和作业环境中存在的危险、有害因素，掌握、落实应采取的控制措施。 （4）企业应定期评审或检查风险评价结果和风险控制效果。 （5）企业应在下列情形发生时及时进行风险评价： 1）新的或变更的法律法规或其他要求； 2）操作条件变化或工艺改变； 3）技术改造项目； 4）有对事件、事故或其他信息的新认识； 5）组织机构发生大的调整	危险化学品从业单位安全标准化通用规范（AQ 3013—2008）	1次/季度或根据实际情况随时检查
3	在隐患治理方面，应满足： （1）企业应对风险评价出的隐患项目，下达隐患治理通知，限期治理，做到定治理措施、定负责人、定资金来源、定治理期限。企业应建立隐患治理台账。 （2）企业应对确定的重大隐患项目建立档案，档案内容应包括： 1）评价报告与技术结论； 2）评审意见； 3）隐患治理方案，包括资金概预算情况等； 4）治理时间表和责任人； 5）竣工验收报告； 6）备案文件。 （3）企业无力解决的重大事故隐患，除应书面向企业直接主管部门和当地政府报告外，应采取有效防范措施。 （4）企业对不具备整改条件的重大事故隐患，必须采取防范措施，并纳入计划，限期解决或停产	危险化学品从业单位安全标准化通用规范（AQ 3013—2008）	1次/季度

续表

序号	排查内容	依据	排查频次
五、事故管理、变更管理与承包商管理			
1	生产经营单位不得以任何形式与从业人员订立协议，免除或者减轻其对从业人员因生产安全事故伤亡依法应承担的责任	《安全生产法》第 44 条	1 次/半年
2	生产经营单位发生生产安全事故后，事故现场有关人员应当立即报告本单位负责人。单位负责人接到事故报告后，应当迅速采取有效措施，组织抢救并在接到报告后 1 h 内向事故发生地县级以上人民政府安全生产监督管理部门和负有安全生产监督管理职责的有关部门报告	《安全生产法》第 70 条 《生产安全事故报告和调查处理条例》第 9 条	1 次/半年
3	事故调查处理应当按照实事求是、尊重科学的原则，及时、准确地查清事故原因，查明事故性质和责任，提出整改措施，并对事故责任者提出处理意见	《安全生产法》第 73 条	1 次/半年
4	企业应落实事故整改和预防措施，防止事故再次发生。整改和预防措施应包括： （1）工程技术措施； （2）培训教育措施； （3）管理措施。 企业应建立事故档案和事故管理台账	《危险化学品从业单位安全生产标准化通用规范》（AQ 3013—2008）	1 次/半年
5	企业应严格执行变更管理，并满足： （1）建立变更管理制度，履行下列变更程序： 1）变更申请：按要求填写变更申请表，由专人进行管理。 2）变更审批：变更申请表应逐级上报主管部门，并按管理权限报主管领导审批。 3）变更实施：变更批准后，由主管部门负责实施。不经过审查和批准，任何临时性的变更都不得超过原批准范围和期限。 4）变更验收：变更实施结束后，变更主管部门应对变更的实施情况进行验收，形成报告，并及时将变更结果通知相关部门和有关人员。 （2）企业应对变更过程产生的风险进行分析和控制	危险化学品从业单位安全标准化通用规范（AQ 3013—2008）	1 次/季度或根据情况随时检查

续表

序号	排查内容	依据	排查频次
6	在承包商管理方面，企业应满足： （1）企业应严格执行承包商管理制度，对承包商资格预审、选择、开工前准备、作业过程监督、表现评价、续用等过程进行管理，建立合格承包商名录和档案。企业应与选用的承包商签订安全协议书。 （2）企业应对承包商的作业人员进行入厂安全培训教育，经考核合格发放入厂证，保存安全培训教育记录。进入作业现场前，作业现场所在基层单位应对施工单位的作业人员进行进入现场前安全培训教育，保存安全培训教育记录	危险化学品从业单位安全标准化通用规范（AQ 3013—2008）	1次/季度
六、作业管理			
1	企业应根据接触毒物的种类、浓度和作业性质、劳动强度，为从业人员提供符合国家标准或者行业标准的劳动防护用品和器具，并监督、教育从业人员按照使用规则佩戴、使用	《安全生产法》第37条、第39条	1次/天或根据现场作业
2	企业为从业人员提供的劳动防护用品，不得超过使用期限。企业应当督促、教育从业人员正确佩戴和使用劳动防护用品。从业人员在作业过程中，必须按照安全生产规章制度和劳动防护用品使用规则，正确佩戴和使用劳动防护用品；未按规定佩戴和使用劳动防护用品的，不得上岗作业	《劳动防护用品监督管理规定》第16条、第19条	情况随时检查
3	企业应在危险性作业活动作业前进行危险、有害因素识别，制定控制措施。在作业现场配备相应的安全防护用品（具）及消防设施与器材，规范现场人员作业行为	危险化学品从业单位安全标准化通用规范（AQ 3013—2008）	情况随时检查
4	企业作业活动的负责人应严格按照规定要求科学指挥；作业人员应严格执行操作规程，不违章作业，不违反劳动纪律		
5	企业作业人员在进行作业活动时，应持相应的作业许可证作业		
6	企业作业活动监护人员应具备基本救护技能和作业现场的应急处理能力，持相应作业许可证进行监护作业，作业过程中不得离开监护岗位		

续表

序号	排查内容	依据	排查频次
7	对动火作业、进入受限空间作业、破土作业、临时用电作业、高处作业、断路作业、吊装作业、设备检修作业和抽堵盲板作业等危险性作业实施作业许可管理，严格履行审批手续；并严格按照相关作业安全规程的要求执行	化学品生产单位吊装作业安全规范（AQ 3021—2008） 化学品生产单位动火作业安全规范（AQ 3022—2008） 化学品生产单位动土作业安全规范（AQ 3023—2008） 化学品生产单位断路作业安全规范（AQ 3024—2008） 化学品生产单位高处作业安全规范（AQ 3025—2008） 化学品生产单位设备检修作业安全规范（AQ 3026—2008） 化学品生产单位盲板抽堵作业安全规范（AQ 3027—2008） 化学品生产单位受限空间作业安全规范（AQ 3028—2008）	情况随时检查
七、应急管理			
1	危险物品的生产、经营、储存单位应建立应急救援组织；生产经营规模较小，可以不建立应急救援组织的，应当指定兼职的应急救援人员。 企业应建立应急指挥系统，实行厂级、车间级分级管理，建立应急救援队伍；明确各级应急指挥系统和救援队的职责	《安全生产法》第 69 条 《危险化学品从业单位安全生产标准化通用规范》（AQ 3013—2008）	1 次/半年
2	企业制定并实施本单位的生产安全事故应急救援预案；是否按照国家有关要求，针对不同情况，制定了综合应急预案、专项应急预案和现场处置方案	《安全生产法》第 17 条 《生产安全事故应急预案管理办法》（国家安全监管总局令第 17 号） 《生产经营单位安全生产事故应急预案编制导则》（AQ/T 9002—2006）	
3	企业综合应急预案和专项应急预案是否按照规定报政府有关部门备案；是否组织专家对本单位编制的应急预案进行了评审，应急预案经评审后，是否由企业主要负责人签署公布	《生产安全事故应急预案管理办法》（国家安全监管总局令第 17 号）	
4	危险物品的生产、经营、储存单位应配备必要的应急救援器材、设备，并进行经常性维护、保养并记录，保证其处于完好状态	《安全生产法》第 69 条 《危险化学品从业单位安全生产标准化通用规范》（AQ 3013—2008）	1 次/月

续表

序号	排查内容	依据	排查频次
5	企业应对从业人员进行应急救援预案的培训；企业是否制定了本单位的应急预案演练计划，并且每年至少组织一次综合应急预案演练或者专项应急预案演练，每半年至少组织一次现场处置方案演练。应急预案演练结束后，应急预案演练组织单位是否对应急预案演练效果进行评估，并撰写应急预案演练评估报告	《生产安全事故应急预案管理办法》（国家安全监管总局令第17号）	1次/半年
6	企业制定的应急预案应当至少每三年修订一次，预案修订情况应有记录并归档。 有下列情形之一的，应急预案应当及时修订： （1）生产经营单位因兼并、重组、转制等导致隶属关系、经营方式、法定代表人发生变化的； （2）生产经营单位生产工艺和技术发生变化的； （3）周围环境发生变化，形成新的重大危险源的； （4）应急组织指挥体系或者职责已经调整的； （5）依据的法律、法规、规章和标准发生变化的； （6）应急预案演练评估报告要求修订的； （7）应急预案管理部门要求修订的	《生产安全事故应急预案管理办法》（国家安全监管总局令第17号）	1次/年或根据情况随时检查

二、区域位置及总图布置隐患排查表

序号	排查内容	排查依据	排查频次
一、区域位置			
1	危险化学品生产装置和储存危险化学品数量构成重大危险源的储存设施，与下列场所、区域的距离是否符合国家相关法律、法规、规章和标准的规定： （1）居民区、商业中心、公园等人口密集区域； （2）学校、医院、影剧院、体育场（馆）等公共设施； （3）供水水源、水厂及水源保护区； （4）车站、码头（按照国家规定，经批准专门从事危险化学品装卸作业的除外）、机场以及公路、铁路、水路交通干线、地铁风亭及出入口； （5）基本农田保护区、畜牧区、渔业水域和种子、种畜、水产苗种生产基地； （6）河流、湖泊、风景名胜区和自然保护区； （7）军事禁区、军事管理区； （8）法律、行政法规规定予以保护的其他区域	《危险化学品安全管理条例》第10条、《危险化学品生产企业安全生产许可证实施办法》（国家安全监管总局令第41号）第12条	1次/年

续表

序号	排查内容	排查依据	排查频次
2	石油化工装置（设施）与居住区之间的卫生防护距离，应按《石油化工企业卫生防护距离》（SH 3093—1999）中表 2.0.1 确定，表中未列出的装置（设施）与居住区之间的卫生防护距离一般不应小于 150 m。卫生防护距离范围内不应设置居住性建筑物，并宜绿化	《石油化工企业卫生防护距离》（SH 3093—1999）	1 次/年
3	严重产生有毒有害气体、恶臭、粉尘、噪声且目前尚无有效控制技术的工业企业，不得在居住区、学校、医院和其他人口密集的被保护区域内建设	《工业企业卫生设计标准》（GBZ 1—2002）第 4.1.1 条	
4	危险化学品企业与相邻工厂或设施，同类企业及油库的防火间距是否满足 GB 50016、GB 50160、GB 50074、GB 50183 等相关规范的要求	《石油化工企业设计防火规范》（GB 50160—2008）第 4.1.5 条	
5	邻近江、河、湖、海岸布置的危险化学品装置和罐区，是否采取防止泄漏的危险化学品液体和受污染的消防水进入水域的措施		
6	当区域排洪沟通过厂区时： （1）不宜通过生产区； （2）应采取防止泄漏的可燃液体和受污染的消防水流入区域排洪沟的措施	GB 50160—2008 第 4.1.7 条	1 次/年
7	危险化学品企业对下列自然灾害因素是否采取了有效的防范措施。抗震、抗洪、抗地质灾害等设计标准是否符合要求： （1）破坏性地震； （2）洪汛灾害（江河洪水、渍涝灾害、山洪灾害、风暴潮灾害）； （3）气象灾害（强热带风暴、飓风、暴雨、冰雪、海啸、海冰等）； （4）由于地震、洪汛、气象灾害而引发的其他灾害		1 次/半年
二、总图布置			
1	可能散发可燃气体的工艺装置、罐组、装卸区或全厂性污水处理场等设施，宜布置在人员集中场所，及明火或散发火花地点的全年最小频率风向的上风侧	GB 50160—2008 第 4.2.2 条	1 次/半年

续表

序号	排查内容	排查依据	排查频次
2	危险化学品生产装置与下列场所防火安全间距是否符合规范要求： （1）控制室； （2）变配电室； （3）点火源（包括火炬）； （4）办公楼； （5）厂房； （6）消防站及消防泵房； （7）空分空压站； （8）危险化学品生产与储存设施； （9）其他重要设施及场所		1次/半年
3	液化烃罐组或可燃液体罐组不应毗邻布置在高于工艺装置、全厂性重要设施或人员集中场所的阶梯上。如受条件限制或者工艺要求，可燃液体原料储罐毗邻布置在高于工艺装置的阶梯上时是否采取了防止泄漏的可燃液体流入工艺装置、全厂性重要设施或人员集中场所的措施	GB 50160—2008 第 4.2.3 条	
4	空分站应布置在空气清洁地段，并宜位于散发乙炔及其他可燃气体、粉尘等场所的全年最小频率风向的下风侧	GB 50160—2008 第 4.2.5 条	
5	汽车装卸设施、液化烃灌装站及各类物品仓库等机动车辆频繁进出的设施应布置在厂区边缘或厂区外，并宜设围墙独立成区	GB 50160—2008 第 3.2.7 条	
6	下列设施应满足： （1）公路和地区架空电力线不应穿越生产区； （2）地区输油（输气）管道不应穿越厂区； （3）采用架空电力线路进出厂区的总变电所，应布置在厂区边缘	GB 50160—2008 第 4.1.6 条、第 4.1.8 条、第 4.2.9 条	
7	在布置产生剧毒物质、高温以及强放射性装置的车间时，同时考虑相应事故防范和应急、救援设施和设备的配套并留有应急通道	GBZ 1—2002 第 4.2.1.6 条	
8	严禁将泡沫站设置在防火堤内、围堰内、泡沫灭火系统保护区或其他火灾及爆炸危险区内；当泡沫站靠近防火堤设置时，其与各甲、乙、丙类液体储罐罐壁之间的间距应大于 20 m，且应具备远程控制功能；当泡沫站设置在室内时，其建筑的耐火等级不应低于二级		1次/半年

续表

序号	排查内容	排查依据	排查频次
三、道路、建构筑物			
1	装置区、罐区、仓库区、可燃物料装卸区四周是否有环形消防车道；转弯半径、净空高度是否满足规范要求	GB 50160—2008 GB 50016—2006	1次/半年
2	原料及产品运输道路与生产设施的防火间距是否符合规范要求	GB 50160—2008 GB 50016—2006	
3	石油化工企业的主要出入口不应少于2个，并宜位于不同方位；石油库通向公路的车辆出入口（公路装卸区的单独出入口除外），一、二、三级石油库不宜少于2处；其他厂区面积大于5万 m^2 的化工企业应有两个以上的出入口，人流和货运应明确分开，大宗危险货物运输须有单独路线，不与人流及其他货流混行或平交		
4	当大型石油化工装置的设备、建筑物区占地面积大于10 000 m^2 小于20 000 m^2 时，在设备、建筑物区四周应设环形道路，道路路面宽度不应小于6 m，设备、建筑物区的宽度不应大于120 m，相邻两设备、建筑物区的防火间距不应小于15 m	GB 50160—2008 第5.2.11条	
5	两条或两条以上的工厂主要出入口的道路，应避免与同一条铁路平交；若必须平交时，其中至少有两条道路的间距不应小于所通过的最长列车的长度；若小于所通过的最长列车的长度，应另设消防车道	GB 50160—2008 第4.3.2条	
6	建（构）筑物安全设施是否符合规范要求： （1）安全通道； （2）安全出口； （3）耐火等级	GB 50016—2006	
7	建（构）筑物抗震设计是否满足GB 50223、GB 50011、GB 50453等规范要求		
8	建（构）筑物防雷（感应雷、直击雷）措施是否符合规范要求	《建筑物防雷设计规范》（GB 50057—2010）	
9	大型机组（压缩机、泵等）、散发油气的生产设备宜采用敞开式或半敞开式厂房。有爆炸危险的甲、乙类厂房泄压设施是否满足规定	GB 50016—2006	
10	生产、储存危险化学品的车间、仓库不得与员工宿舍在同一座建筑物内，且与员工宿舍保持符合规定的安全距离	《安全生产法》第34条	

续表

序号	排查内容	排查依据	排查频次
11	储存化学危险品的建筑物应满足： （1）不得有地下室或其他地下建筑。甲、乙类仓库不应设置在地下或半地下。 （2）仓库内容严禁设置员工宿舍。甲乙类仓库内严禁设置办公室、休息室	GB 50016—2006 第 3.3.7 条、3.3.15 条	1 次/半年
四、安全警示标志			
1	企业应按照 GB 16179 规定，在易燃、易爆、有毒有害等危险场所的醒目位置设置符合 GB 2894 规定的安全标志	《危险化学品从业单位安全标准化通用规范》（AQ 3013—2008）第 5.2.1 条	根据现场情况随时检查
2	企业应在重大危险源现场设置明显的安全警示标志	AQ 3013—2008 第 5.2.2 条	
3	企业应按有关规定，在厂内道路设置限速、限高、禁行等标志	AQ 3013—2008 第 5.2.3 条	
4	企业应在检维修、施工、吊装等作业现场设置警戒区域和安全标志，在检修现场的坑、井、洼、沟、陡坡等场所设置围栏和警示灯	AQ 3013—2008 第 5.2.4 条	
5	企业应在可能产生严重职业危害作业岗位的醒目位置，按照 GBZ 158 设置职业危害警示标识，同时设置告知牌，告知产生职业危害的种类、后果、预防及应急救治措施、作业场所职业危害因素检测结果等	AQ 3013—2008 第 5.2.5 条	1 次/季度
6	企业应按有关规定在生产区域设置风向标	AQ 3013—2008 第 5.2.6 条	

三、设备隐患排查表

序号	排查内容	排查依据	排查频次
一、设备管理制度及管理体系			
1	按国家相关法规制定和及时修订本企业的设备管理制度		1 次/半年
2	依据设备管理制度制定检查和考评办法，定期召开设备工作例会，按要求执行并追踪落实整改结果		
3	有健全的设备管理体系，设备专业管理人员配备齐全		

续表

序号	排查内容	排查依据	排查频次
4	生产及检维修单位巡回检查制度健全，巡检时间、路线、内容、标识、记录准确、规范，设备缺陷及隐患及时上报处理		
5	企业应严格执行安全设施管理制度，建立安全设施管理台账	AQ 3013—2008 第 5.5.2.1 条	
6	企业的各种安全设施应有专人负责管理，定期检查和维护保养	AQ 3013—2008 第 5.5.2.3 条	
7	安全设施应编入设备检维修计划，定期检维修。安全设施不得随意拆除、挪用或弃置不用，因检维修拆除的，检维修完毕后应立即复原	AQ 3013—2008 第 5.5.2.4 条	
8	企业应对监视和测量设备进行规范管理，建立监视和测量设备台账，定期进行校准和维护，并保存校准和维护活动的记录	AQ 3013—2008 第 5.5.2.5 条	
9	生产经营单位不得使用国家明令淘汰、禁止使用的危及生产安全的设备	《安全生产法》第 31 条	
二、大型机组、机泵的管理和运行状况			
1	各企业应建立健全大型机组的管理体系及制度并严格执行		1 次/半年
2	大型机组联锁保护系统应正常投用，变更、解除时要办理相关手续，并制订相应的防范措施		1 次/季度
3	大型机组润滑油应定期分析，其机组油质按要求定期分析，有分析指标，分析不合格有措施并得到落实		
4	大型机组的运行管理应符合以下要求： (1) 机组运行参数应符合工艺规程要求； (2) 机组轴（承）振动、温度、转子轴位移小于报警值； (3) 机组轴封系统参数、泄漏等在规定范围内； (4) 机组润滑油、密封油、控制油系统工艺参数等正常； (5) 机组辅机（件）齐全完好； (6) 机组现场整洁、规范	《石油化工企业设备完好标准》	1 次/每班

续表

序号	排查内容	排查依据	排查频次
5	机泵的运行管理应满足以下要求： (1) 机泵运行参数应符合工艺操作规程； (2) 有联锁、报警装置的机泵，报警和联锁系统应投入使用，完好； (3) 机泵运行平稳，振动、温度、泄漏等符合要求； (4) 机泵现场整洁、规范； (5) 机泵辅件要求完好； (6) 建立备用设备相关管理制度并得到落实，备用机泵完好； (7) 重要机泵检修要有针对性的检修规程（方案）要求，机泵技术档案资料齐全符合要求	《石油化工企业设备完好标准》	
6	机泵电器接线符合电气安全技术要求，有接地线		1次/半年
7	易燃介质的泵密封的泄漏量不应大于设计的规定值	《压缩机、风机、泵安装工程施工及验收规范》（GB 50275—1998）	
8	转动设备应有可靠的安全防护装置并符合有关标准要求	《生产过程安全卫生要求总则》（GB 12801—1991）	
9	可燃气体压缩机、液化烃、可燃液体泵不得使用皮带传动；在爆炸危险区范围内的其他传动设备若必须使用皮带传动时，应采用防静电皮带	GB 50160—2008 第 5.7.8 条	
10	可燃气体压缩机的吸入管道应有防止产生负压的设施	GB 50160—2008 第 7.2.10 条	
11	离心式可燃气体压缩机和可燃液体泵应在其出口管道上安装止回阀	GB 50160—2008 第 7.2.11 条	
12	单个安全阀的起跳压力不应大于设备的设计压力。当一台设备安装多个安全阀时，其中一个安全阀的起跳压力不应大于设备的设计压力；其他安全阀的起跳压力可以提高，但不应大于设备设计压力的 1.05 倍	GB 50160—2008 第 5.5.1 条	
13	可燃气体、可燃液体设备的安全阀出口应连接至适宜的设施或系统	GB 50160—2008 第 5.5.4 条	
三、加热炉/工业炉的管理与运行状况			
1	企业应制定加热炉管理规定，建立健全加热炉基础档案资料和运行记录，并照国家标准和当地环保部门规定的指标定期对加热炉的烟气排放进行环保监测		1次/半年

续表

序号	排查内容	排查依据	排查频次
2	加热炉现场运行管理，应满足： （1）加热炉应在设计允许的范围内运行，严禁超温、超压、超负荷运行。 （2）加热炉膛内燃烧状况良好，不存在火焰偏烧、燃烧器结焦等。 （3）燃料油（气）线无泄漏，燃烧器无堵塞、漏油、漏气、结焦，长明灯正常点燃，油枪、瓦斯枪定期清洗、保养和及时更换，备用的燃烧器已将风门、汽门关闭。 （4）灭火蒸汽系统处于完好备用状态。 （5）炉体及附件的隔热、密封状况，检查看火窗、看火孔、点火孔、防爆门、人孔门、弯头箱门是否严密，有无漏风；炉体钢架和炉体钢板是否完好严密。 （6）辐射炉管有无局部超温、结焦、过热、鼓包、弯曲等异常现象。 （7）炉内壁衬无脱落，炉内构件无异常。 （8）有吹灰器的加热炉，吹灰器应正常投用。 （9）加热炉的炉用控制仪表以及检测仪表应正常投用，无故障。并定期对所有氧含量分析仪进行校验	《石油化工企业设备完好标准》企业标准	1次/每班
3	加热炉基础外观不得有裂纹、蜂窝、露筋、疏松等缺陷	《石油化工工艺装置布置设计通则》（SH 3011—2000）第2.21.4条	
4	钢结构安装立柱不得向同一方向倾斜	《管式炉安装工程施工及验收规范》（SH 3506—2000）	
5	人孔门、观察孔和防爆门安装位置的偏差应小于8 mm。人孔门与门框、观察孔与孔盖均应接触严密，转动灵活	SH 3506—2000	1次/每班
6	烟、风道挡板和烟囱挡板的调节系统应进行试验，检查其启闭是否准确、转动是否灵活，开关位置应与标记相一致	SH 3506—2000第5.0.3条	
7	加热炉的烟道和封闭炉膛均应设置爆破门，加热炉机械鼓风的主风管道应设置爆破膜	《石油化工企业安全卫生设计规范》（SH 3047—1993）第2.2.11条	1次/半年
8	对加热炉有失控可能的工艺过程，应根据不同情况采取停止加入物料、通入惰性气体等应急措施	SH 3047—1993第2.2.11条	

续表

序号	排查内容	排查依据	排查频次
9	加热炉保护层必须采用不燃材料	GB 50264—1997	
10	设备的外表面温度在50～850℃时，除工艺有散热要求外，均应设置绝热层	《工业设备及管道绝热工程设计规范》(GB 50264—1997) 第5.2.1条	
11	绝热结构外层应设置保护层，保护层结构应严密和牢固	GB 50264—1997 第5.4.1条	
12	明火加热炉附属的燃料气分液罐、燃料气加热器等与炉体的防火间距，不应小于6 m	GB 50160—2008	
13	烧燃料气的加热炉应设长明灯，并宜设置火焰检测器	GB 50160—2008 第5.7.8条	
14	加热炉燃料气调节阀前的管道压力等于或小于0.4 MPa，且无低压自动保护仪表时，应在每个燃料气调节阀与加热炉之间设阻火器	GB 50160—2008 第7.2.12条	
15	加热炉燃料气管道上的分液罐的凝液不应敞开排放	GB 50160—2008 第7.2.13条	
四、防腐蚀			
1	腐蚀、易磨损的容器及管道，应定期测厚和进行状态分析，有监测记录		1次/季度
2	大型、关键容器（如液化气球罐等）中的腐蚀性介质含量的监控措施，如进行定期分析，有无H2S含量超标的情况存在等		
3	重点容器、管道腐蚀状况监测工作的开展情况。如对重点容器和管道是否进行在线的定期、定点测厚或采用腐蚀探针等方法进行监测，以及这些措施的实际效果等		
4	重点容器、管道腐蚀状况的监测、检查记录，如测厚报告等，以及这方面工作实际开展的情况及效果		
五、压力容器			
按照《压力容器安全技术监察规程》(质技监局锅发〔1999〕154号) 开展隐患排查			
六、压力管道			
按照《压力管道安全技术监察规程》(TSGD 0001—2009) 开展隐患排查			
七、其他特种设备			
按照《特种设备安全监察条例》(国务院令第549号) 开展隐患排查			
八、安全附件管理与运行状况			
按照《压力容器安全技术监察规程》(质技监局锅发〔1999〕154号) 开展隐患排查			

四、电气系统隐患排查表

序号	排查内容	排查依据	排查频次
一、电气安全管理			
1	企业应建立、健全电气安全管理制度和台账； 三图：系统模拟图、二次线路图、电缆走向图； 三票：工作票、操作票、临时用电票； 三定：定期检修、定期试验、定期清理； 五规程：检修规程、运行规程、试验规程、安全作业规程、事故处理规程； 五记录：检修记录、运行记录、试验记录、事故记录、设备缺陷记录	《电力生产安全工作规定》； 《变配电室安全管理规范》（DB 11/527—2008）	1次/月
2	“三票”填写清楚，不得涂改、缺项，执行完毕画（或盖）已执行章		
3	从事电气作业中的特种作业人员应经专门的安全作业培训，在取得相应特种作业操作资格证书后，方可上岗	《用电安全导则》第10.4条	
4	临时用电应经有关主管部门审查批准，并有专人负责管理，限期拆除	《用电安全导则》第10.6条	
二、供配电系统设置及电气设备设施			
1	企业的供电电源应满足不同负荷等级的供电要求： （1）一级负荷应由双重电源供电，当一电源发生故障时，另一电源不应同时受到损坏。 （2）一级负荷中特别重要的负荷供电，应符合下列要求：除应由双重电源供电外，尚应增设应急电源，并严禁将其他负荷接入应急供电系统；设备的供电电源的切换时间，应满足设备允许中断供电的要求。 （3）二级负荷的供电系统，宜由两回线路供电。在负荷较小或地区供电条件困难时，二级负荷可由一回6 kV及以上专用的架空线路供电	供配电系统设计规范（GB 50052—2009）	1次/半年
2	消防泵、关键装置、关键机组等重点部位应满足《供配电系统设计规范》（GB 50052）所规定的一级负荷供电要求	《供配电系统设计规范》（GB 50052）	
3	企业供配电系统设计应按照负荷性质、用电容量、工程特点等条件进行设计。满足相关标准规范的规定： 《供配电系统设计规范》（GB 50052—2009） 《10 kV及以下变电所设计规范》（GB 50053） 《低压配电设计规范》（GB 50054） 《35～110 kV变电所设计规范》（GB 50059） 《3～110 kV高压配电装置设计规范》（GB 50060）		

续表

序号	排查内容	排查依据	排查频次
4	企业供配电系统设计应采用符合国家现行有关标准的高效节能、环保、安全、性能先进的电气产品。不应使用国家已经明令淘汰的电气设备设施	《供配电系统设计规范》（GB 50052—2009）	
5	企业变配电室设备设施、配电线路应满足相关标准规范的规定。如： （1）变配电室的地面应采用防滑、不起尘、不发火的耐火材料。变配电室变压器、高压开关柜、低压开关柜操作面地面应铺设绝缘胶垫。 （2）用电产品的电气线路须具有足够的绝缘强度、机械强度和导电能力并定期检查。 （3）变配电室应设置防止雨、雪和小动物从采光窗、通风窗、门、电缆沟等进入室内的设施。变配电室的电缆夹层、电缆沟和电缆室应采取防水、排水措施。 （4）通往室外的门应向外开。设备间与附属房间之间的门应向附属房间方向开。高压间与低压间之间的门，应向低压间方向开。配电装置室的中间门应采用双向开启门。 （5）变配电室出入口应设置高度不低于 400 mm 的挡板。 （6）变配电室应设置有明显的临时接地点，接地点应采用铜制或钢制镀锌蝶形螺栓。 （7）变配电室内应设有等电位联结板。 （8）变配电室应急照明灯具和疏散指示标志灯的备用充电电源的放电时间不低于 20 min	《变配电室安全管理规范》（DB 11/527—2008） 《低压配电设计规范》（GB 50054—2011） 《用电安全导则》（GB/T13869—2008 6.7）	1 次/月
6	爆炸危险区域内的防爆电气设备应符合《危险场所电气防爆安全规范》（AQ 3009—2007）的要求	《危险场所电气防爆安全规范》（AQ 3009—2007）	1 次/半年
7	电气设备的安全性能，应满足相关标准规范的规定。如： 设备的金属外壳应采取防漏电保护接地； PE 线若明设时，应选用不小于 4 mm^2 的铜芯线，不得使用铝芯线； PE 线若随穿线管接入设备本体时，应选用不小于 2.5 mm^2 的铜芯线或不小于 4 mm^2 的铝芯线； PE 线不得搭接或串接，接线规范、接触可靠； 明设的应沿管道或设备外壳敷设，暗设的在接线处外部应有接地标志； PE 线接线间不得涂漆或加绝缘垫	《国家电气设备安全技术规范》（GB 19517—2009）	1 次/月

续表

序号	排查内容	排查依据	排查频次
8	电缆必须有阻燃措施。电缆桥架符合相关设计规范。如：《电力工程电缆设计规范》(GB 50217—2007)		1次/半年
9	隔离开关与相应的断路器和接地刀闸之间，应装设闭锁装置。屋内的配电装置，应装设防止误入带电间隔的设施	《35～110 kV变电站设计规范》(GB 50059—1992) 第3.5.3条	
10	重要作业场所如消防泵房及其配电室、控制室、变配电室、需人工操作的泡沫站等场所应设置有事故应急照明	《石油化工企业设计防火规范》(GB 50160—2008)	
三、防雷防静电设施			
1	工艺装置内露天布置的塔、容器等，当顶板厚度等于或大于4 mm时，可不设避雷针保护，但必须设防雷接地	GB 50160—2008第9.2.2条	1次/季度
2	可燃气体、液化烃、可燃液体的钢罐，必须设防雷接地，并应符合下列规定： (1) 甲B、乙类可燃液体地上固定顶罐，当顶板厚度小于4 mm时应设避雷针、线，其保护范围应包括整个储罐； (2) 丙类液体储罐，可不设避雷针、线，但必须设防感应雷接地； (3) 浮顶罐（含内浮顶罐）可不设避雷针、线，但应将浮顶与罐体用两根截面不小于25 mm^2的软铜线作电气连接； (4) 压力储罐不设避雷针、线，但应做接地	GB 50160—2008第9.2.3条	
3	可燃液体储罐的温度、液位等测量装置，应采用铠装电缆或钢管配线，电缆外皮或配线钢管与罐体应做电气连接	GB 50160—2008第9.2.4条	
4	宜按照SH 9037—2000在输送易燃物料的设备、管道安装防静电设施	AQ 3013—2008第5.5.2条	
5	在聚烯烃树脂处理系统、输送系统和料仓区应设置静电接地系统，不得出现不接地的孤立导体	GB 50160—2008第9.3.2条	1次/季度
6	可燃气体、液化烃、可燃液体、可燃固体的管道在下列部位应设静电接地设施： (1) 进出装置或设施处； (2) 爆炸危险场所的边界； (3) 管道泵及泵入口永久过滤器、缓冲器等	GB 50160—2008第9.3.3条	

续表

序号	排查内容	排查依据	排查频次
7	汽车罐车、铁路罐车和装卸场所，应设防静电专用接地线	GB 50160—2008 第 9.3.5 条	
8	可燃液体、液化烃的装卸栈台和码头的管道、设备、建筑物、构筑物的金属构件和铁路钢轨等（作阴极保护者除外），均应做电气连接并接地	GB 50160—2008 第 9.3.4 条	
四、现场安全			
1	企业变配电设备设施、电气设备、电气线路及工作接地、保护接地、防雷击、防静电接地系统等应完好有效，功能正常		1次/月
2	主控室有模拟系统图，与实际相符。高压室钥匙按要求配备，严格管理		
3	用电设备和电气线路的周围应留有足够的安全通道和工作空间。且不应堆放易燃、易爆和腐蚀性物品	《用电安全导则》第 6.5 条	
4	电缆必须有阻燃措施。电缆沟防窜油气、防腐蚀、防水措施落实；电缆隧道防火、防沉陷措施落实	企业管理制度	
5	临时电源、手持式电动工具、施工电源、插座回路均应采用 TN—S 供电方式，并采用剩余电流动作保护装置	《变配电室安全管理规范》(DB 11/527—2008)	
6	暂设电源线路，应采用绝缘良好、完整无损的橡皮线，室内沿墙敷设，其高度不得低于 2.5 m，室外跨过道路时，不得低于 4.5 m，不允许借用暖气、水管及其他气体管道架设导线，沿地面敷设时，必须加可靠的保护装置和明显标志	《电气安全工作规程》	
7	在爆炸性气体环境内钢管配线的电气线路是否做好隔离密封	《爆炸和火灾危险环境电力装置设计规范》(GB 50058—1992) 第 2.5.12 条	
8	防雷防静电接地装置的电阻应符合《石油库设计规范》GB 50074、GB 50057、GB 50183 等相关规范的要求		

五、仪表隐患排查表

序号	排查内容	排查依据	排查频次
一、仪表安全管理			
1	企业应建立、健全仪表管理制度和台账。包括检查、维护、使用、检定等制度及各类仪表台账		1次/季度
2	仪表调试、维护及检测记录齐全，主要包括： （1）仪表定期校验、回路调试记录； （2）检测仪表和控制系统检维护记录等齐全		
3	控制系统管理满足以下要求： （1）控制方案变更应办理审批手续； （2）控制系统故障处理、检修及组态修改记录应齐全； （3）控制系统建立有事故应急预案		
4	可燃气体、有毒气体检测报警器管理应满足以下要求： （1）有可燃、有毒气体检测器检测点布置图； （2）可燃、有毒气体报警按规定周期进行校准和检定，检定人须有有效资质证书		
5	联锁保护系统的管理应满足： （1）联锁逻辑图、定期维修校验记录、临时停用记录等技术资料齐全； （2）工艺和设备联锁回路调试记录； （3）联锁保护系统（设定值、联锁程序、联锁方式、取消）变更应办理审批手续； （4）联锁摘除和恢复应办理工作票，有部门会签和领导签批手续； （5）摘除联锁保护系统应有防范措施及整改方案		
二、仪表系统设置			
1	危险化工工艺的安全仪表控制应按照《首批重点监管的危险化工工艺目录》和《首批重点监管的危险化工工艺安全控制要求、重点监控参数及推荐的控制方案》（安监总管三〔2009〕116号）的要求进行设置	《国家安全监管总局关于公布首批重点监管的危险化工工艺目录的通知》（安监总管三〔2009〕116号）	1次/半年

续表

序号	排查内容	排查依据	排查频次
2	危险化学品生产企业应按照相关规范的要求设置过程控制、安全仪表及联锁系统，并满足《石油化工安全仪表系统设计规范》（SH 3018—2003）要求，重点排查内容： （1）安全仪表系统配置：安全仪表系统独立于过程控制系统，独立完成安全保护功能； （2）过程接口：输入输出卡相连接的传感器和最终执行元件应设计成故障安全型，不应采取现场总线通信方式，若采用三取二过程信号应分别接到三个不同的输入卡； （3）逻辑控制器：安全仪表系统宜采用经权威机构认证的可编程逻辑控制器； （4）传感器与执行元件：安全仪表系统的传感器、最终执行元件宜单独设置； （5）检定与测试：传感器与执行元件应进行定期检定，检定周期随装置检修；回路投用前应进行测试并做好相关记录	《石油化工安全仪表系统设计规范》（SH 3018—2003）	1次/月
3	下列情况仪表电源宜采用不间断电源： （1）大、中型石化生产装置、重要公用工程系统及辅助生产装置； （2）高温高压、有爆炸危险的生产装置； （3）设置较多、较复杂信号联锁系统的生产装置； （4）重要的在线分析仪表（如：参与控制、安全联锁）； （5）大型压缩机、泵的监控系统； （6）可燃气体和有毒气体检测系统，应采用 UPS 供电	《石油化工仪表供电设计规范》（SH/T 3082—2003）	
4	仪表气源应满足： （1）应采用清洁、干燥的空气，备用气源也可用干燥的氮气； （2）为了保证仪表气源装置的安全供气，应设置备用气源。备用气源可采用备用压缩机组、储气罐或第二气源	《石油化工仪表供气设计规范》（SH 3020—2001）第 3.0.1 条、第 4.3.1 条	
5	安装 DCS、PLC、SIS 等设备的控制室、机柜室、过程控制计算机的机房，应考虑防静电接地。这些室内的导静电地面、活动地板、工作台等应进行防静电接地	《石油化工仪表接地设计规范》（SH/T 3081—2003）第 2.4.1 条	

续表

序号	排查内容	排查依据	排查频次
6	可燃气体和有毒气体检测器设置应满足《石油化工可燃气体和有毒气体检测报警设计规范》GB 50493—2009。 排查重点： (1) 检测点的设置：应符合《石油化工可燃气体和有毒气体检测报警设计规范》GB 50493—2009 第 4 章，第 4.1 条至第 4.4 条； (2) 检（探）测器的安装：应符合 GB 50493—2009 第 6.1 条； (3) 检（探）测器的选用：应符合 GB 50493—2009 第 5.2 条； (4) 指示报警设备的选用：应符合 GB 50493—2009 第 5.3.1 条和第 5.3.2 条； (5) 报警点的设置：应符合 GB 50493—2009 第 5.3.3 条； (6) 检测报警器的定期检定：检定周期一般不超过一年	《石油化工可燃气体和有毒气体检测报警设计规范》（GB 50493—2009）、《可燃气体检测报警器检定规程》（JJG 693—2011）第 5.5 条	
7	爆炸危险场所的仪表、仪表线路的防爆等级应满足区域的防爆要求。且应具有国家授权的机构发给的产品防爆合格证	《爆炸和火灾危险环境电力装置设计规范》（GB 50058—1992）	1 次/月
8	保护管与检测元件或现场仪表之间应采取相应的防水措施。防爆场合，应采取相应防爆级别的密封措施	《石油化工仪表配管、配线设计规范》（SH/T 3019—2003）	
三、仪表现场安全			
1	机房防小动物、防静电、防尘及电缆进出口防水措施完好		1 次/月
2	联锁系统设备、开关、端子排的标识齐全准确清晰。紧急停车按钮是否有可靠防护措施		
3	可燃气体检测报警器、有毒气体报警器传感器探头完好，无腐蚀、无灰尘；手动试验声光报警正常，故障报警完好		
4	仪表系统维护、防冻、防凝、防水措施落实，仪表完好有效		
5	SIS 的现场检测元件，执行元件应有联锁标志警示牌，防止误操作引起停车		
6	放射性仪表现场有明显的警示标志，安装使用符合国家规范		

六、危险化学品管理隐患排查表

序号	排查内容	排查依据	排查频次
1	企业应对所有危险化学品，包括产品、原料和中间产品进行普查，建立危险化学品档案，包括： （1）名称，包括别名、英文名等； （2）存放、生产、使用地点； （3）数量； （4）危险性分类、危规号、包装类别、登记号； （5）安全技术说明书与安全标签	《危险化学品从业单位安全生产标准化通用规范》（AQ 3013—2008）	1次/半年
2	企业应按照国家有关规定对其产品、所有中间产品进行分类，并将分类结果汇入危险化学品档案	《危险化学品从业单位安全生产标准化通用规范》（AQ 3013—2008）	
3	危险化学品生产企业应当提供与其生产的危险化学品相符的化学品安全技术说明书，并在危险化学品包装（包括外包装件）上粘贴或者拴挂与包装内危险化学品相符的化学品安全标签。化学品安全技术说明书和化学品安全标签所载明的内容应当符合国家标准的要求。 危险化学品生产企业发现其生产的危险化学品有新的危险特性的，应当立即公告，并及时修订其化学品安全技术说明书和化学品安全标签	《危险化学品安全管理条例》第15条	
4	生产企业的产品属危险化学品时，应按GB 16483和GB 15258编制产品安全技术说明书和安全标签，并提供给用户	《化学品安全技术说明书内容和项目顺序》（GB 16483—2008）、《化学品安全标签编写规定》（GB 15258—2009）	
5	企业采购危险化学品时，应索取危险化学品安全技术说明书和安全标签，不得采购无安全技术说明书和安全标签的危险化学品	《危险化学品从业单位安全生产标准化通用规范》（AQ 3013—2008）	
6	生产企业应设立24小时应急咨询服务固定电话，有专业人员值班并负责相关应急咨询。没有条件设立应急咨询服务电话的，应委托危险化学品专业应急机构作为应急咨询服务代理	《危险化学品从业单位安全生产标准化通用规范》（AQ 3013—2008）	
7	企业应按照国家有关规定对危险化学品进行登记，取得危险化学品登记证书	《危险化学品从业单位安全生产标准化通用规范》（AQ 3013—2008）	
8	对生产过程中危险化学品的危险特性、活性危害、禁配物等，以及采取的预防及应急处理措施，企业应对从业人员及相关方进行了宣传、培训	《危险化学品从业单位安全生产标准化通用规范》（AQ 3013—2008）	

续表

序号	排查内容	排查依据	排查频次
9	生产、储存剧毒化学品或者国务院公安部门规定的可用于制造爆炸物品的危险化学品（以下简称易制爆危险化学品）的单位，应当如实记录其生产、储存的剧毒化学品、易制爆危险化学品的数量、流向，并采取必要的安全防范措施，防止剧毒化学品、易制爆危险化学品丢失或者被盗；发现剧毒化学品、易制爆危险化学品丢失或者被盗的，应当立即向当地公安机关报告。 生产、储存剧毒化学品、易制爆危险化学品的单位，应当设置治安保卫机构，配备专职治安保卫人员	《危险化学品安全管理条例》第23条	1次/月
10	危险化学品应当储存在专用仓库、专用场地或者专用储存室（以下统称专用仓库）内，并由专人负责管理；剧毒化学品以及储存数量构成重大危险源的其他危险化学品，应当在专用仓库内单独存放，并实行双人收发、双人保管制度。 危险化学品的储存方式、方法以及储存数量应当符合国家标准或者国家有关规定	《危险化学品安全管理条例》第24条	
11	储存危险化学品的单位应当建立危险化学品出入库核查、登记制度。 对剧毒化学品以及储存数量构成重大危险源的其他危险化学品，储存单位应当将其储存数量、储存地点以及管理人员的情况，报所在地县级人民政府安全生产监督管理部门（在港区内储存的，报港口行政管理部门）和公安机关备案	《危险化学品安全管理条例》第25条	
12	危险化学品专用仓库应当符合国家标准、行业标准的要求，并设置明显的标志。储存剧毒化学品、易制爆危险化学品的专用仓库，应当按照国家有关规定设置相应的技术防范设施。 储存危险化学品的单位应当对其危险化学品专用仓库的安全设施、设备定期进行检测、检验	《危险化学品安全管理条例》第26条	
13	企业应严格执行危险化学品运输、装卸安全管理制度，规范运输、装卸人员行为	《危险化学品从业单位安全生产标准化通用规范》（AQ 3013—2008）	

七、储运系统隐患排查表

类别	排查内容	排查依据	排查频次
一、储运系统的安全管理制度及执行情况			
1	储运系统的管理制度： （1）制定了储罐、可燃液体、液化烃的装卸设施、危险化学品仓库储存管理制度； （2）储运系统基础资料和技术档案齐全； （3）当储运介质或运行条件发生变化应有审批手续并及时修订操作规程		1次/半年
2	严格执行储罐的外部检查： （1）定期进行外部检查； （2）检查罐顶和罐壁变形、腐蚀情况，有记录、有测厚数据； （3）检查罐底边缘板及外角焊缝腐蚀情况，有记录、有测厚数据； （4）检查阀门、人孔、清扫孔等处的紧固件，有记录； （5）检查罐体外部防腐涂层保温层及防水檐； （6）检查储罐基础及防火堤，有记录		1次/月
3	执行储罐的全面检查和压力储罐的法定检测：严格按要求定期进行储罐全面检查；腐蚀严重的储罐已确定合理的全面检查周期。特殊情况无法按期检查的储罐有延期手续并有监控措施		1次/半年
4	储罐的日常和检维修管理应满足： （1）有储罐年度检测、修理、防腐计划； （2）认真按规定的时间、路线和内容进行巡回检查，记录齐全； （3）对储罐呼吸阀、阻火器、量油孔、泡沫发生器、转动扶梯、自动脱水器、高低液位报警器、人孔、透光孔、排污阀、液压安全阀、通气管、浮顶罐密封装置、罐壁通气孔、液面计等附件定期检查或检测，有储罐附件检查维护记录； （4）定期进行储罐防雷防静电接地电阻测试，有测试记录		1次/月

续表

序号	排查内容	排查依据	排查频次
二、储罐区的安全设计			
1	易燃、可燃液体及可燃气体罐区下列方面应符合《石油和天然气工程设计防火规范》(GB 50183)、《石油化工企业设计防火规范》(GB 50160)及《石油库设计规范》(GB 50074)等相关规范要求： (1) 防火间距； (2) 罐组总容、罐组布置； (3) 防火堤及隔堤； (4) 放空或转移； (5) 液位报警、快速切断； (6) 安全附件(如呼吸阀、阻火器、安全阀等)； (7) 水封井、排水闸阀		1次/半年
2	危险化学品重大危险源罐区下列安全监控装备应满足《危险化学品重大危险源罐区现场安全监控装备设置规范》(AQ 3036)的规定： (1) 储罐运行参数的监控与重要运行参数的联锁； (2) 储罐区可燃气体或有毒气体监测报警和泄漏控制设备的设置； (3) 罐区气象监测、防雷和防静电装备的设置； (4) 罐区火灾监控装置的设置； (5) 音频视频监控装备的设置		1次/季度
3	防火堤应符合《防火堤设计规范》(GB 50351—2005)的相关要求： (1) 防火堤的材质、耐火性能以及伸缩缝配置应满足规范要求； (2) 防火堤容积应满足规范要求，并能承受所容纳油品的静压力且不渗漏； (3) 防火堤内不得种植作物或树木，不得有超过0.15 m高的草坪； (4) 液化烃罐区防火堤内严禁绿化		
4	当防火堤容积不能满足“清净下水”的收容要求时，按要求设置事故存液池	安监总危化字〔2006〕10号	

续表

序号	排查内容	排查依据	排查频次
5	储存、收发甲、乙A类易燃、可燃液体的储罐区、泵房、装卸作业等场所可燃气体报警器的设置应满足《石油化工企业可燃气体和有毒气体检测报警设计规范》(GB 50493)的要求。 对于液化烃、甲B、乙A类液体等产生可燃气体的液体储罐的防火堤内，应设检（探）测器，并符合下列规定： (1) 当检（探）测点位于释放源的全年最小频率风向的上风侧时，可燃气体检（探）测点与释放源的距离不宜大于15 m，有毒气体检（探）测点与释放源的距离不宜大于2 m； (2) 当检（探）测点位于释放源的全年最小频率风向的下风侧时，可燃气体检（探）测点与释放源的距离不宜大于5 m，有毒气体检（探）测点与释放源的距离不宜大于1 m		
6	易燃、可燃液体及可燃气体罐区消防系统应符合《石油和天然气工程设计防火规范》(GB 50183)、《石油化工企业设计防火规范》(GB 50160)及《石油库设计规范》(GB 50074)等规范要求： (1) 消防设施配置（火灾报警装置、灭火器材、消防车等）； (2) 消防水源、水质、补水情况； (3) 消防冷却系统配置情况； (4) 泡沫灭火系统（包括泡沫消防水系统及泡沫系统）配置情况； (5) 消防道路； (6) 其他消防设施	《石油和天然气工程设计防火规范》(GB 50183)、《石油化工企业设计防火规范》(GB 50160)及《石油库设计规范》(GB 50074)	
7	靠山修建的石油库、覆土隐蔽库应修筑了防止山火侵袭的防火沟、防火墙或防火带等设施		1次/季度
8	储罐区、装卸作业区、泵房、消防泵房、锅炉房、配电室等重点部分安全标志和警示牌齐全，安全标志的使用应符合《安全标志使用导则》(GB 2894)的规定	《安全标志使用导则》(GB 2894—2008)	
9	外浮顶罐浮顶与罐壁之间的环向间隙应安装有效的密封装置	《立式圆筒形钢制焊接油罐设计规范》(GB 50341—2003)	

续表

序号	排查内容	排查依据	排查频次
10	3万及以上大型浮顶储罐浮盘的密封圈处应设置火灾自动检测报警设施，检测报警设施宜为无电检测系统		
11	石油天然气工程的天然气凝液及液化石油气罐区内可燃气体检测报警装置设置应满足《石油天然气工程可燃气体检测报警系统安全技术规范》（SY 6053）的要求，其他天然气凝液及液化石油气罐区内可燃气体检测报警装置应满足《石油化工企业可燃气体和有毒气体检测报警设计规范》（GB 50493）的要求		
12	天然气凝液储罐及液化石油气储罐应设置适应存储介质的液位计、温度计、压力表、安全阀，以及高液位报警装置或高液位自动联锁切断进料措施。对于全冷冻式液化烃储罐还应设真空泄放设施和高、低温温度检测，并与自动控制系统相连	《石油化工企业设计防火规范》（GB 50160）第6.3.11条	
13	天然气凝液储罐及液化石油气储罐的安全阀出口管应接至火炬系统，确有困难而采取就地放空时，其排气管口高度应高出8 m范围内储罐罐顶平台3 m以上	《石油化工企业设计防火规范》（GB 50160）第6.3.13条	
14	全压力式液化烃球罐应采取防止液化烃泄漏的注水措施	《石油化工企业设计防火规范》（GB 50160）第6.3.16条	
15	全压力式液化烃储罐宜采用有防冻措施的二次脱水系统，储罐根部宜设紧急切断阀	《石油化工企业设计防火规范》（GB 50160）第6.3.14条	
16	全压力式天然气凝液储罐及液化石油气储罐进、出口阀门及管件的压力等级不应低于2.5 MPa，其垫片应采用缠绕式垫片。阀门压盖的密封材料应采用难燃材料	《石油化工企业设计防火规范》（GB 50160）第6.3.16条	
三、可燃液体、液化烃的装卸设施			
1	可燃液体的铁路装卸设施应符合下列规定： （1）装卸栈台两端和沿栈台每隔60 m左右应设梯子； （2）甲B、乙、丙A类的液体严禁采用沟槽卸车系统； （3）顶部敞口装车的甲B、乙、丙A类的液体应采用液下装车鹤管； （4）在距装车栈台边缘10 m以外的可燃液体（润滑油除外）输入管道上应设便于操作的紧急切断阀； （5）丙B类液体装卸栈台宜单独设置； （6）零位罐至罐车装卸线不应小于6 m； （7）甲B、乙A类液体装卸鹤管与集中布置的泵的距离不应小于8 m； （8）同一铁路装卸线一侧两个装卸栈台相邻鹤位之间的距离不应小于24 m	《石油化工企业设计防火规范》（GB 50160）第6.4.1条	1次/季度

续表

序号	排查内容	排查依据	排查频次
2	可燃液体的汽车装卸站应符合下列规定： (1) 装卸站的进、出口宜分开设置，当进、出口合用时站内应设回车场； (2) 装卸车场应采用现浇混凝土地面； (3) 装卸车鹤位与缓冲罐之间的距离不应小于 5 m，高架罐之间的距离不应小于 0.6 m； (4) 甲 B、乙 A 类液体装卸车鹤位与集中布置的泵的距离不应小于 8 m； (5) 站内无缓冲罐时，在距装卸车鹤位 10 m 以外的装卸管道上应设便于操作的紧急切断阀； (6) 甲 B、乙、丙 A 类液体的装卸车应采用液下装卸车鹤管； (7) 甲 B、乙、丙 A 类液体与其他类液体的两个装卸车栈台相邻鹤位之间的距离不应小于 8 m； (8) 装卸车鹤位之间的距离不应小于 4 m；双侧装卸车栈台相邻鹤位之间或同一鹤位相邻鹤管之间的距离应满足鹤管正常操作和检修的要求	《石油化工企业设计防火规范》(GB 50160) 第 6.4.2 条	
3	液化烃铁路和汽车的装卸设施应符合下列规定： (1) 液化烃严禁就地排放； (2) 低温液化烃装卸鹤位应单独设置； (3) 铁路装卸栈台宜单独设置，当不同时作业时，可与可燃液体铁路装卸共台设置； (4) 同一铁路装卸线一侧两个装卸栈台相邻鹤位之间的距离不应小于 24 m； (5) 铁路装卸栈台两端和沿栈台每隔 60 m 左右应设梯子； (6) 汽车装卸车鹤位之间的距离不应小于 4 m；双侧装卸车栈台相邻鹤位之间或同一鹤位相邻鹤管之间的距离应满足鹤管正常操作和检修的要求，液化烃汽车装卸栈台与可燃液体汽车装卸栈台相邻鹤位之间的距离不应小于 8 m； (7) 在距装卸车鹤位 10 m 以外的装卸管道上应设便于操作的紧急切断阀； (8) 汽车装卸车场应采用现浇混凝土地面； (9) 装卸车鹤位与集中布置的泵的距离不应小于 10 m	《石油化工企业设计防火规范》(GB 50160) 第 6.4.3 条	

续表

序号	排查内容	排查依据	排查频次
4	液化石油气的灌装站应符合下列规定： (1) 液化石油气的灌瓶间和储瓶库宜为敞开式或半敞开式建筑物，半敞开式建筑物下部应采取防止油气积聚的措施； (2) 液化石油气的残液应密闭回收，严禁就地排放； (3) 灌装站应设不燃烧材料隔离墙，如采用实体围墙，其下部应设通风口； (4) 灌瓶间和储瓶库的室内应采用不发生火花的地面，室内地面应高于室外地坪，其高差不应小于 0.6 m； (5) 液化石油气缓冲罐与灌瓶间的距离不应小于 10 m； (6) 灌装站内应设有宽度不小于 4 m 的环形消防车道，车道内缘转弯半径不宜小于 6 m	《石油化工企业设计防火规范》(GB 50160) 第 6.4.4 条	
四、危险化学品仓库			
1	化学品和危险品库区的防火间距应满足国家相关标准规范要求		1 次/季度
2	仓库的安全出口设置应满足《建筑设计防火规范》(GB 50016) 的有关规定		
3	有爆炸危险的甲、乙类库房泄压设施应满足《建筑设计防火规范》(GB 50016) 的规定		
4	仓库内严禁设置员工宿舍。甲、乙类仓库内严禁设置办公室、休息室等，并不应贴邻建造。在丙、丁类仓库内设置的办公室、休息室，应采用耐火极限不低于 2.50 h 的不燃烧隔墙和不低于 1.00 h 的楼板与库房隔开，并应设置独立的安全出口。如隔墙需开设相互连通的门时，应采用乙级防火门	《石油化工企业设计防火规范》(GB 50160) 第 3.3.15 条	
5	危险化学品应按化学物理特性分类储存，当物料性质不允许相互接触时，应用实体墙隔开，并各设出入口。各种危险化学品储存应满足《常用化学危险品贮存通则》(GB 15603) 的规定		
6	压缩气体和液化气体必须与爆炸物品、氧化剂、易燃物品、自燃物品、腐蚀性物品隔离储存。易燃气体不得与助燃气体、剧毒气体同储；氧气不得与油脂混合储存	《常用化学危险品贮存通则》(GB 15603—1995) 第 6.6 条	
7	易燃液体、遇湿易燃物品、易燃固体不得与氧化剂混合储存，具有还原性氧化剂应单独存放	《常用化学危险品贮存通则》(GB 15603—1995) 第 6.6 条	

续表

序号	排查内容	排查依据	排查频次
8	有毒物品应储存在阴凉、通风、干燥的场所，不要露天存放，不要接近酸类物质	《常用化学危险品贮存通则》(GB 15603—1995) 第 6.8 条	
9	低、中闪点液体、一级易燃固体、自燃物品、压缩气体和液化气体类宜储藏于一级耐火建筑的库房内。遇湿易燃物品、氧化剂和有机过氧化物可储藏于一、二级耐火建筑的库房内。二级易燃固体、高闪点液体可储藏于耐火等级不低于三级的库房内	《易燃易爆性商品储藏养护技术条件》(GB 17914—1999) 第 3.2.1 条	
10	易燃气体、不燃气体和有毒气体分别专库储藏。易燃液体均可同库储藏；但甲醇、乙醇、丙酮等应专库储存。遇湿易燃物品专库储藏	《易燃易爆性商品储藏养护技术条件》(GB 17914—1999) 第 3.3.2 条	
11	剧毒品应专库储存或存放在彼此间隔的单间内，需安装防盗报警器，库门装双锁	《毒害性商品储藏养护技术条件》(GB 17916—1999) 第 3.2.4 条	
12	氯气生产、使用、储存等厂房结构，应充分利用自然通风条件换气，在环境、气候条件允许下，可采用半敞开式结构；不能采用自然通风的场所，应采用机械通风，但不宜使用循环风	《氯气安全规程》(GB 11984—1989) 第 4.7 条	1 次/季度
13	生产、使用和储存氯气的作业场所，是否采取了以下安全措施： (1) 设有醒目的警示标志和警示说明； (2) 场所内是否按 GB 11984 的要求配备足够的防毒面具、正压式空气呼吸器和防化服等专用防护用品，同时配置自救、急救药品等； (3) 配置洗眼、冲淋等个体防护设备； (4) 装置高处显眼位置设置风向标； (5) 液氯钢瓶存放处，应设中和吸收装置，真空吸收等事故处理的设施和工具		
14	甲、乙、丙类液体仓库应设置防止液体流散的设施。遇湿会发生燃烧爆炸的物品仓库应设置防止水浸渍的措施	《建筑设计防火规范》(GB 50016—2006) 第 3.6.11 条	

续表

序号	排查内容	排查依据	排查频次
15	化工企业合成纤维、合成树脂及塑料等产品的高架仓库是否满足下列规定： （1）仓库的耐火等级不应低于二级； （2）货架应采用不燃烧材料	《石油化工企业设计防火规范》（GB 50160—2008）第 6.6.3 条	
16	化工企业袋装硝酸铵仓库是否满足下列规定： （1）仓库的耐火等级不应低于二级； （2）仓库内严禁存放其他物品	《石油化工企业设计防火规范》（GB 50160—2008）第 6.6.5 条	
五、储运系统的安全运行状况			
1	储罐附件如呼吸阀、安全阀、阻火器等齐全完好； 通风管、加热盘管不堵不漏；升降管灵活；排污阀畅通；扶梯牢固；静电消除、接地装置有效；储罐进出口阀门和人孔无渗漏；浮盘、浮梯运行正常，无卡阻；浮盘、浮仓无渗漏；浮盘无积油、排水管畅通	1 次/月 1 次/班	
2	储罐按规范要求设置防腐措施。 罐体无严重变形，无渗漏，无严重腐蚀	《钢质石油储罐防腐蚀工程技术规范》（GB 50393—2008）	
3	罐区环境应满足： （1）罐区无脏、乱、差、锈、漏，无杂草等易燃物； （2）消防道路畅通无阻，消防设施齐全完好； （3）水封井及排水闸完好可靠； （4）照明设施齐全，符合安全防爆规定； （5）喷淋冷却设施齐全好用，切水系统可靠好用； （6）有氮封系统的，氮封系统正常投用、完好； （7）防雷、防静电设施外观良好		
六、汽车、铁路装卸设施			
1	可燃液体、液化烃装卸设施： （1）流速应符合防静电规范要求； （2）甲类、乙 A 类液体为密闭装车； （3）汽车、火车和船装卸应有静电接地安全装置； （4）装车时采用液下装车		1 次/半年
2	铁路装卸站台应满足： （1）装卸栈台的金属管架接地装置必须完好、牢固，装卸车线路及整个调车作业区采用轨道绝缘线路； （2）栈桥照明灯具、导线、信号联络装置等完好，无断落、破损和短路现象。配电要符合防爆要求； （3）装油鹤管、管道槽罐必须跨接或接地； （4）消防设施齐全，消防器材的配置符合规定； （5）安全护栏和防滑设施良好； （6）轻油罐车进出栈桥加隔离车； （7）劳保着装、工具等符合安全规定	《石油化工液体物料铁路装卸车设施设计规范》（SH/T 3107—2007）	1 次/月

续表

序号	排查内容	排查依据	排查频次
3	汽车装卸站台应满足： (1) 汽车装卸栈台场地分设出、入口，并设置停车场； (2) 液化气装车栈台与灌瓶站分开； (3) 装卸栈台与汽车槽罐静电接地良好； (4) 装运危险品的汽车必须“三证”(驾驶证、危险品准运证、危险品押运证) 齐全； (5) 汽车安装阻火器； (6) 液化气槽车定位后必须熄火，充装完毕，确认管线与接头断开后，方能开车； (7) 消防设施齐全； (8) 劳保着装、工具符合安全要求	《汽车危险货物运输、装卸作业规程》(JT 618—2004)	
4	液化石油气、液氨或液氯等的实瓶不应露天堆放	《石油化工企业设计防火规范》(GB 50160—2008) 第 6.5.5 条	

八、公用工程隐患排查表

序号	排查内容	排查依据	排查频次
一、一般规定			
1	公用工程管道与可燃气体、液化烃和可燃液体的管道或设备连接时应符合下列规定： (1) 连续使用的公用工程管道上应设止回阀，并在其根部设切断阀； (2) 在间歇使用的公用工程管道上应设止回阀和一道切断阀或设两道切断阀，并在两切断阀间设检查阀； (3) 仅在设备停用时使用的公用工程管道应设盲板或断开	《石油化工企业设计防火规范》(GB 50160—2008) 第 7.2.7 条	1 次/季度
2	新鲜水、蒸汽、压缩空气、药剂、污油等输送管道进(出) 口应设置流量、压力和温度等测量仪表	《石油化工污水处理设计规范》(SH 3095—2000) 第 7.5.2 条	

续表

序号	排查内容	排查依据	排查频次
二、给排水			
1	企业供水水源、循环水系统的能力必须满足企业需求，并留有一定余量。输水系统、循环水系统的设置应满足相关标准规范的规定。如《石油化工企业给水排水系统设计规范》（SH 3015—2003）、《石油化工企业循环水场设计规范》（SH 3016—1990）。 （1）循环水场不应靠近加热炉、焦炭塔等热源体和空压站吸入口，不得设在污水处理场、化学品堆场、散装库以及煤焦、灰渣、粉尘等的露天堆场附近。 （2）机械通风冷却塔与生产装置边界线或独立的明火设备的净距不应小于 30 m。 （3）加氯间和氯瓶间应与其他工作间隔开，氯瓶间必须设直接通向室外的外开门；氯瓶和加氯机不应靠近采暖设备；应设每小时换气 8～12 次的通风设备。通风孔应设在外墙下方。 （4）室内建筑装修、电气设备、仪表及灯具应防腐，照明和通风设备的开关应设在室外；应在加氯间附近设防毒面具、抢救器材和工具箱		1 次/半年
2	污水系统按照环保部门的法律法规开展隐患排查		
三、供热			
1	供热系统的锅炉。压力容器、压力管道按照《压力管道安全技术监察规程》（TSGD 0001—2009）、《特种设备安全监察条例》（国务院令第 549 号）开展隐患排查		
2	高温蒸汽管道及低温管线应采取防护措施，可防止人员烫伤或冻伤；防护材料应为绝热材料		1 次/季度
3	寒冷地区是否采用防冻、防凝措施，如： （1）所有水线、蒸汽线死角加导淋，保持微开长流水、长冒汽； （2）水线、蒸汽、凝结水保持微开长流水、长冒汽，所有水线阀门必须保温； （3）水泵加伴热蒸汽，细小管线加伴热导线		
四、空压站、空分装置			
空压站、空分装置按照《特种设备安全监察条例》《压缩空气站设计规范》（GB 50029—2003）、《氧气站设计规范》（GB 50030—2007）及《氧气及相关气体安全技术规程》（GB 16912—1997）等相关规定开展隐患排查			1 次/季度

续表

序号	排查内容	排查依据	排查频次
五、泄压排放和火炬系统			
1	全厂性高架火炬的布置，应符合下列要求： （1）宜位于生产区、全厂性重要设施全年最小频率风向的上风侧，并应符合环保要求； （2）在符合人身与生产安全要求的前提下宜靠近火炬气的主要排放源； （3）火炬的防护距离应符合 GB 50160 和 SH 3009 的规定。火炬的辐射热不应影响人身及设备的安全	《石油化工企业厂区总平面布置设计规范》（SH/T 3053—2002）、《石油化工企业燃料气系统和可燃性气体排放系统设计规范》（SH 3009—2001）	1次/半年
2	火炬系统设计应符合相关标准规范的规定。如：《石油化工企业燃料气系统和可燃性气体排放系统设计规范》（SH 3009—2001） 《石油化工企业设计防火规范》（GB 50160—2008） （1）液体、低热值可燃气体、含氧气或卤元素及其化合物的可燃气体、毒性为极度和高度危害的可燃气体、惰性气体、酸性气体及其他腐蚀性气体（如氨、环氧乙烷、硫化氢等）不得排入全厂性火炬系统，应设独立的排放系统或处理排放系统。 （2）可燃气体放空管道在接入火炬前，应设置分液和阻火等设备。严禁排入火炬的可燃气体携带可燃液体。 （3）可燃气体放空管道内的凝结液应密闭回收，不得随地排放		
3	受工艺条件或介质特性所限，无法排入火炬或装置处理排放系统的可燃气体，当通过排气筒、放空管直接向大气排放时，排气筒、放空管的高度应满足《石油化工企业设计防火规范》（GB 50160—2008）的要求		
4	火炬应设长明灯和可靠的点火系统	《石油化工企业设计防火规范》（GB 50160—2008）第 5.5.20 条	1次/周

第六章　危险化学品储存运输企业重大危险源辨识与防范措施

重大危险源不仅是企业安全管理的重点，也是政府安全监管部门监管的重点。通过重大危险源的辨识，确定生产、储存、使用或者搬运危险化学品的数量等于或者超过临界量的单元（包括场所和设施），从而警示企业保证所必需的安全投入，更好地加强安全管理，预防重大特大事故的发生。

第一节　危险化学品储存运输企业重大危险源监督管理相关规定

危险化学品储存运输企业防止重大安全生产事故，需要在物质毒性、燃烧、爆炸等特性基础上，确定危险物质及其临界量标准（即重大危险源辨识标准），通过确定危险物质及其临界量标准，这样就可以明确哪些是可能发生重大事故的潜在危险源，从而采取积极的消除或者预防措施，降低事故发生的危险性。

一、《危险化学品重大危险源监督管理暂行规定》相关要点

2011 年 8 月 5 日，国家安全生产监督管理总局公布《危险化学品重大危险源监督管理暂行规定》（国家安全生产监督管理总局令第 40 号），自 2011 年 12 月 1 日起施行。

《危险化学品重大危险源监督管理暂行规定》分为六章三十六条。各章内容为：第一章总则，第二章辨识与评估，第三章安全管理，第四章监管检查，第五章法律责任，第六章附则。制定此规定的目的，是为了加强危险化学品重大危险源的安全监督管理，防止和减少危险化学品事故的发生，保障人民群众生命财产安全。

1. 总则中的有关规定

在第一章总则中，对相关事项作了规定。

◆从事危险化学品生产、储存、使用和经营的单位（以下统称危险化学品单位）的危险化学品重大危险源的辨识、评估、登记建档、备案、核销及其监督管理，适用该规定。

城镇燃气、用于国防科研生产的危险化学品重大危险源以及港区内危险化学品重大危险源的安全监督管理，不适用该规定。

◆该规定所称危险化学品重大危险源（以下简称重大危险源），是指按照《危险化

学品重大危险源辨识》（GB 18218）标准辨识确定，生产、储存、使用或者搬运危险化学品的数量等于或者超过临界量的单元（包括场所和设施）。

◆危险化学品单位是本单位重大危险源安全管理的责任主体，其主要负责人对本单位的重大危险源安全管理工作负责，并保证重大危险源安全生产所必需的安全投入。

◆重大危险源的安全监督管理实行属地监管与分级管理相结合的原则。

县级以上地方人民政府安全生产监督管理部门按照有关法律、法规、标准和本规定，对本辖区内的重大危险源实施安全监督管理。

◆国家鼓励危险化学品单位采用有利于提高重大危险源安全保障水平的先进适用的工艺、技术、设备以及自动控制系统，推进安全生产监督管理部门重大危险源安全监管的信息化建设。

2. 重大危险源辨识与评估的有关规定

在第二章辨识与评估中，对相关事项作了规定。

◆危险化学品单位应当按照《危险化学品重大危险源辨识》标准，对本单位的危险化学品生产、经营、储存和使用装置、设施或者场所进行重大危险源辨识，并记录辨识过程与结果。

◆危险化学品单位应当对重大危险源进行安全评估并确定重大危险源等级。危险化学品单位可以组织本单位的注册安全工程师、技术人员或者聘请有关专家进行安全评估，也可以委托具有相应资质的安全评价机构进行安全评估。

重大危险源根据其危险程度，分为一级、二级、三级和四级，一级为最高级别。重大危险源分级方法由该规定附件1列示。

◆重大危险源有下列情形之一的，应当委托具有相应资质的安全评价机构，按照有关标准的规定采用定量风险评价方法进行安全评估，确定个人和社会风险值：

（1）构成一级或者二级重大危险源，且毒性气体实际存在（在线）量与其在《危险化学品重大危险源辨识》中规定的临界量比值之和大于或等于1的。

（2）构成一级重大危险源，且爆炸品或液化易燃气体实际存在（在线）量与其在《危险化学品重大危险源辨识》中规定的临界量比值之和大于或等于1的。

◆重大危险源安全评估报告应当客观公正、数据准确、内容完整、结论明确、措施可行，并包括下列内容：

（1）评估的主要依据。

（2）重大危险源的基本情况。

（3）事故发生的可能性及危害程度。

（4）个人风险和社会风险值（仅适用定量风险评价方法）。

（5）可能受事故影响的周边场所、人员情况。

（6）重大危险源辨识、分级的符合性分析。

（7）安全管理措施、安全技术和监控措施。

（8）事故应急措施。

（9）评估结论与建议。

危险化学品单位以安全评价报告代替安全评估报告的，其安全评价报告中有关重大危险源的内容应当符合本条第一款规定的要求。

◆有下列情形之一的，危险化学品单位应当对重大危险源重新进行辨识、安全评估及分级：

（1）重大危险源安全评估已满三年的。

（2）构成重大危险源的装置、设施或者场所进行新建、改建、扩建的。

（3）危险化学品种类、数量、生产、使用工艺或者储存方式及重要设备、设施等发生变化，影响重大危险源级别或者风险程度的。

（4）外界生产安全环境因素发生变化，影响重大危险源级别和风险程度的。

（5）发生危险化学品事故造成人员死亡，或者 10 人以上受伤，或者影响到公共安全的。

（6）有关重大危险源辨识和安全评估的国家标准、行业标准发生变化的。

3. 安全管理的有关规定

在第三章安全管理中，对相关事项作了规定。

◆危险化学品单位应当建立完善重大危险源安全管理规章制度和安全操作规程，并采取有效措施保证其得到执行。

◆危险化学品单位应当根据构成重大危险源的危险化学品种类、数量、生产、使用工艺（方式）或者相关设备、设施等实际情况，按照下列要求建立健全安全监测监控体系，完善控制措施：

（1）重大危险源配备温度、压力、液位、流量、组分等信息的不间断采集和监测系统以及可燃气体和有毒有害气体泄漏检测报警装置，并具备信息远传、连续记录、事故预警、信息存储等功能；一级或者二级重大危险源，具备紧急停车功能。记录的电子数据的保存时间不少于 30 天。

（2）重大危险源的化工生产装置装备满足安全生产要求的自动化控制系统；一级或者二级重大危险源，装备紧急停车系统。

（3）对重大危险源中的毒性气体、剧毒液体和易燃气体等重点设施，设置紧急切断装置；毒性气体的设施，设置泄漏物紧急处置装置。涉及毒性气体、液化气体、剧毒液体的一级或者二级重大危险源，配备独立的安全仪表系统（SIS）。

（4）重大危险源中储存剧毒物质的场所或者设施，设置视频监控系统。

（5）安全监测监控系统符合国家标准或者行业标准的规定。

◆通过定量风险评价确定的重大危险源的个人和社会风险值，不得超过本规定附件 2 列示的个人和社会可容许风险限值标准。

超过个人和社会可容许风险限值标准的，危险化学品单位应当采取相应的降低风险措施。

◆危险化学品单位应当按照国家有关规定，定期对重大危险源的安全设施和安全监测监控系统进行检测、检验，并进行经常性维护、保养，保证重大危险源的安全设施和安全监测监控系统有效、可靠运行。维护、保养、检测应当做好记录，并由有关人员签字。

◆危险化学品单位应当明确重大危险源中关键装置、重点部位的责任人或者责任机构，并对重大危险源的安全生产状况进行定期检查，及时采取措施消除事故隐患。事故隐患难以立即排除的，应当及时制定治理方案，落实整改措施、责任、资金、时限和预案。

◆危险化学品单位应当对重大危险源的管理和操作岗位人员进行安全操作技能培训，使其了解重大危险源的危险特性，熟悉重大危险源安全管理规章制度和安全操作规程，掌握本岗位的安全操作技能和应急措施。

◆危险化学品单位应当在重大危险源所在场所设置明显的安全警示标志，写明紧急情况下的应急处置办法。

◆危险化学品单位应当将重大危险源可能发生的事故后果和应急措施等信息，以适当方式告知可能受影响的单位、区域及人员。

◆危险化学品单位应当依法制定重大危险源事故应急预案，建立应急救援组织或者配备应急救援人员，配备必要的防护装备及应急救援器材、设备、物资，并保障其完好和方便使用；配合地方人民政府安全生产监督管理部门制定所在地区涉及本单位的危险化学品事故应急预案。

对存在吸入性有毒、有害气体的重大危险源，危险化学品单位应当配备便携式浓度检测设备、空气呼吸器、化学防护服、堵漏器材等应急器材和设备；涉及剧毒气体的重大危险源，还应当配备两套以上（含本数）气密型化学防护服；涉及易燃易爆气体或者易燃液体蒸汽的重大危险源，还应当配备一定数量的便携式可燃气体检测设备。

◆危险化学品单位应当制定重大危险源事故应急预案演练计划，并按照下列要求进行事故应急预案演练：

（1）对重大危险源专项应急预案，每年至少进行一次。

（2）对重大危险源现场处置方案，每半年至少进行一次。

应急预案演练结束后，危险化学品单位应当对应急预案演练效果进行评估，撰写应急预案演练评估报告，分析存在的问题，对应急预案提出修订意见，并及时修订完善。

◆危险化学品单位应当对辨识确认的重大危险源及时、逐项进行登记建档。

重大危险源档案应当包括下列文件、资料：

（1）辨识、分级记录。

（2）重大危险源基本特征表。

（3）涉及的所有化学品安全技术说明书。

（4）区域位置图、平面布置图、工艺流程图和主要设备一览表。

（5）重大危险源安全管理规章制度及安全操作规程。

（6）安全监测监控系统、措施说明、检测、检验结果。

（7）重大危险源事故应急预案、评审意见、演练计划和评估报告。

（8）安全评估报告或者安全评价报告。

（9）重大危险源关键装置、重点部位的责任人、责任机构名称。

（10）重大危险源场所安全警示标志的设置情况。

（11）其他文件、资料。

◆危险化学品单位在完成重大危险源安全评估报告或者安全评价报告后 15 日内，

应当填写重大危险源备案申请表，连同重大危险源档案材料，报送所在地县级人民政府安全生产监督管理部门备案。

◆危险化学品单位新建、改建和扩建危险化学品建设项目，应当在建设项目竣工验收前完成重大危险源的辨识、安全评估和分级、登记建档工作，并向所在地县级人民政府安全生产监督管理部门备案。

4. 有关法律责任的规定

在第五章法律责任中，对相关事项作了规定。

◆危险化学品单位有下列行为之一的，由县级以上人民政府安全生产监督管理部门责令限期改正；逾期未改正的，责令停产停业整顿，可以并处2万元以上10万元以下的罚款：

（1）未按照该规定要求对重大危险源进行安全评估或者安全评价的。

（2）未按照该规定要求对重大危险源进行登记建档的。

（3）未按照该规定及相关标准要求对重大危险源进行安全监测监控的。

（4）未制定重大危险源事故应急预案的。

◆危险化学品单位有下列行为之一的，由县级以上人民政府安全生产监督管理部门责令限期改正；逾期未改正的，责令停产停业整顿，并处5万元以下的罚款：

（1）未在构成重大危险源的场所设置明显的安全警示标志的。

（2）未对重大危险源中的设备、设施等进行定期检测、检验的。

◆危险化学品单位有下列情形之一的，由县级以上人民政府安全生产监督管理部门给予警告，可以并处5 000元以上3万元以下的罚款：

（1）未按照标准对重大危险源进行辨识的。

（2）未按照该规定明确重大危险源中关键装置、重点部位的责任人或者责任机构的。

（3）未按照该规定建立应急救援组织或者配备应急救援人员，以及配备必要的防护装备及器材、设备、物资，并保障其完好的。

（4）未按照该规定进行重大危险源备案或者核销的。

（5）未将重大危险源可能引发的事故后果、应急措施等信息告知可能受影响的单位、区域及人员的。

（6）未按照该规定要求开展重大危险源事故应急预案演练的。

（7）未按照该规定对重大危险源的安全生产状况进行定期检查，采取措施消除事故隐患的。

附件：1. 危险化学品重大危险源分级方法；2. 可容许风险标准（略）。

二、《危险化学品重大危险源辨识》相关要点

2009年3月31日，国家安全生产监督管理总局发布《危险化学品重大危险源辨识》（GB 18218—2009），自2009年12月1日起实施。

该标准的全部技术内容为强制性的。该标准代替《重大危险源辨识》（GB 18218—2000）。该标准由国家安全生产监督管理总局提出，由全国安全生产标准化技术委员会

化学品安全标准化分技术委员会归口。

该标准与 GB 18218—2000 相比主要变化如下：

——将标准名称改为《危险化学品重大危险源辨识》。

——将采矿业中涉及危险化学品的加工工艺和储存活动纳入了适用范围。

——不适用范围增加了海上石油天然气开采活动。

——对部分术语和定义进行了修订。

——对危险化学品的范围进行了修订。

——对危险化学品的临界量进行了修订。

——取消了生产场所与储存区之间临界量的区别。

1. 适用范围

该标准规定了辨识危险化学品重大危险源的依据和方法。该标准适用于危险化学品的生产、使用、储存和经营等各企业或组织。

该标准不适用于：

(1) 核设施和加工放射性物质的工厂，但这些设施和工厂中处理非放射性物质的部门除外。

(2) 军事设施。

(3) 采矿业，但涉及危险化学品的加工工艺及储存活动除外。

(4) 危险化学品的运输。

(5) 海上石油天然气开采活动。

2. 术语和定义

下列术语和定义适用于该标准：

(1) 危险化学品。危险化学品是指具有易燃、易爆、有毒、有害等特性，会对人员、设施、环境造成伤害或损害的化学品。

(2) 单元。单元是指一个（套）生产装置、设施或场所，或同属一个生产经营单位的且边缘距离小于 500 m 的几个（套）生产装置、设施或场所。

(3) 临界量。临界量是指对于某种或某类危险化学品规定的数量，若单元中的危险化学品数量等于或超过该数量，则该单元定为重大危险源。

(4) 危险化学品重大危险源。危险化学品重大危险源是指长期地或临时地生产、加工、使用或储存危险化学品，且危险化学品的数量等于或超过临界量的单元。

3. 危险化学品重大危险源辨识

(1) 辨识依据

1) 危险化学品重大危险源的辨识依据是危险化学品的危险特性及其数量，具体见表 6—1 和表 6—2。

2) 危险化学品临界量的确定方法如下：

①在表 6—1 范围内的危险化学品，其临界量按表 6—1 确定。

②未在表 6—1 范围内的危险化学品，依据其危险性，按表 6—2 确定临界量；若一种危险化学品具有多种危险性，按其中最低的临界量确定。

表 6—1 危险化学品名称及其临界量

序号	类别	危险化学品名称和说明	临界量（T）
1	爆炸品	叠氮化钡	0.5
2		叠氮化铅	0.5
3		雷酸汞	0.5
4		三硝基苯甲醚	5
5		三硝基甲苯	5
6		硝化甘油	1
7		硝化纤维素	10
8		硝酸铵（含可燃物＞0.2%）	5
9	易燃气体	丁二烯	5
10		二甲醚	50
11		甲烷，天然气	50
12		氯乙烯	50
13		氢	5
14		液化石油气（含丙烷、丁烷及其混合物）	50
15		一甲胺	5
16		乙炔	1
17		乙烯	50
18	毒性气体	氨	10
19		二氟化氧	1
20		二氧化氮	1
21		二氧化硫	20
22		氟	1
23		光气	0.3
24		环氧乙烷	10
25		甲醛（含量＞90%）	5
26		磷化氢	1
27		硫化氢	5
28		氯化氢	20
29		氯	5
30		煤气（CO，CO 和 H_2、CH_4 的混合物等）	20
31		砷化三氢（胂）	12
32		锑化氢	1
33		硒化氢	1
34		溴甲烷	10

续表

序号	类别	危险化学品名称和说明	临界量（T）
35	易燃液体	苯	50
36		苯乙烯	500
37		丙酮	500
38		丙烯腈	50
39		二硫化碳	50
40		环己烷	500
41		环氧丙烷	10
42		甲苯	500
43		甲醇	500
44		汽油	200
45		乙醇	500
46		乙醚	10
47		乙酸乙酯	500
48		正己烷	500
49	易于自燃的物质	黄磷	50
50		烷基铝	1
51		戊硼烷	1
52	遇水放出易燃气体的物质	电石	100
53		钾	1
54		钠	10
55	氧化性物质	发烟硫酸	100
56		过氧化钾	20
57		过氧化钠	20
58		氯酸钾	100
59		氯酸钠	100
60		硝酸（发红烟的）	20
61		硝酸（发红烟的除外，含硝酸＞70%）	100
62		硝酸铵（含可燃物≤0.2%）	300
63		硝酸铵基化肥	1 000
64	有机过氧化物	过氧乙酸（含量≥60%）	10
65		过氧化甲乙酮（含量≥60%）	10

续表

序号	类别	危险化学品名称和说明	临界量（T）
66	毒性物质	丙酮合氰化氢	20
67		丙烯醛	20
68		氟化氢	1
69		环氧氯丙烷（3-氯-1，2-环氧丙烷）	20
70		环氧溴丙烷（表溴醇）	20
71		甲苯二异氰酸酯	100
72		氯化硫	1
73		氰化氢	1
74		三氧化硫	75
75		烯丙胺	20
76		溴	20
77		乙撑亚胺	20
78		异氰酸甲酯	0.75

表 6—2　　未在表 1 中列举的危险化学品类别及其临界量

类别	危险性分类及说明	临界量（T）
爆炸品	1.1A 项爆炸品	1
	除 1.1A 项外的其他 1.1 项爆炸品	10
	除 1.1 项外的其他爆炸品	50
气体	易燃气体：危险性属于 2.1 项的气体	10
	氧化性气体：危险性属于 2.2 项非易燃无毒气体且次要危险性为 5 类的气体	200
	剧毒气体：危险性属于 2.3 项且急性毒性为类别 1 的毒性气体	5
	有毒气体：危险性属于 2.3 项的其他毒性气体	50
易燃液体	极易燃液体：沸点≤35℃且闪点＜0℃的液体；或保存温度一直在其沸点以上的易燃液体	10
	高度易燃液体：闪点＜23℃的液体（不包括极易燃液体）；液态退敏爆炸品	1 000
	易燃液体：23℃≤闪点＜61℃的液体	5 000
易燃固体	危险性属于 4.1 项且包装为Ⅰ类的物质	200
易于自燃的物质	危险性属于 4.2 项且包装为Ⅰ或Ⅱ类的物质	200
遇水放出易燃气体的物质	危险性属于 4.3 项且包装为Ⅰ或Ⅱ的物质	200
氧化性物质	危险性属于 5.1 项且包装为Ⅰ类的物质	50
	危险性属于 5.1 项且包装为Ⅱ或Ⅲ类的物质	200

续表

类别	危险性分类及说明	临界量（T）
有机过氧化物	危险性属于5.2项的物质	50
毒性物质	危险性属于6.1项且急性毒性为类别1的物质	50
	危险性属于6.1项且急性毒性为类别2的物质	500
注：以上危险化学品危险性类别及包装类别依据GB 12268确定，急性毒性类别依据GB 20592确定		

（2）重大危险源的辨识指标

单元内存在危险化学品的数量等于或超过表6—1、表6—2规定的临界量，即被定为重大危险源。单元内存在的危险化学品的数量根据处理危险化学品种类的多少区分为以下两种情况：

1）单元内存在的危险化学品为单一品种，则该危险化学品的数量即为单元内危险化学品的总量，若等于或超过相应的临界量，则定为重大危险源。

2）单元内存在的危险化学品为多品种时，则按公式计算，若满足公式，则定为重大危险源：

$$q_1/Q_1+q_2/Q_2+\cdots+q_n/Q_n\geqslant 1$$

式中 q_1，q_2，…，q_n——每种危险化学品实际存在量，单位为吨（t）；

Q_1，Q_2，…，Q_n——与各危险化学品相对应的临界量，单位为吨（t）。

三、《危险化学品重大危险源辨识》解读

《危险化学品重大危险源辨识》（GB 18218—2009）已于2009年12月1日起实施，是对《重大危险源辨识》（GB 182A8—2000）的修订。

《危险化学品重大危险源辨识》（GB 18218—2009）的一个重要变化就是对危险化学品类别进行了重新划分，该划分使其与其他基础标准（如《危险货物分类和品名编号》《危险货物品名表》等）协调一致，便于企业和政府部门理解和使用。《危险化学品重大危险源辨识》（GB 18218—2009）取消了生产场所危险单元和储存区危险单元的划分，重新定义了危险单元和重大危险源。规定：单元是指一个（套）生产装置、设施或场所，或同属一个工厂且边缘距离小于500 m的几个（套）生产装置、设施或场所。只要是一个（套）装置，它们之间距离小于等于500 m时即可划分为一个危险单元，危险单元内的物质数量达到标准规定临界量时即为重大危险源。这种规定与国外重大危险源相关法规标准一致，解决了企业在辨识重大危险源过程中的危险单元界定的困难，使标准简单明确，提高了标准的可操作性。

《危险化学品重大危险源辨识》（GB 18218—2009）的实施，将进一步增强企业辨识、控制重大危险源的安全意识，规范重大危险源辨识工作，对减少安全生产事故必将起到一定的积极作用。

四、《关于加强化工企业泄漏管理的指导意见》相关要点

2014年8月29日，国家安全监管总局印发《关于加强化工企业泄漏管理的指导意

见》(安监总管三〔2014〕94号),该意见指出:为进一步加强化工企业安全生产基础工作,推动企业落实安全生产主体责任,有效预防和控制泄漏,防止和减少由泄漏引起的事故,提升企业本质安全水平,现提出以下意见:

1. 充分认识加强泄漏管理的意义

(1) 加强泄漏管理是确保化工企业安全生产的必然要求。化工企业生产工艺过程复杂,工艺条件苛刻,设备管道种类和数量多,工艺波动、违规操作、使用不当、设备失效、缺乏正确维护等情况均可造成易燃易爆、有毒有害介质泄漏,从而导致事故发生。

(2) 加强泄漏管理是预防事故发生的有效措施。泄漏是引起化工企业火灾、爆炸、中毒事故的主要原因,要树立"泄漏就是事故"的理念,从源头上预防和控制泄漏,减少作业人员接触有毒有害物质,提升化工企业本质安全水平。

2. 化工企业泄漏表现形式和管理的主要内容

(1) 化工企业泄漏的表现形式。化工生产过程中的泄漏主要包括易挥发物料的逸散性泄漏和各种物料的源设备泄漏两种形式。逸散性泄漏主要是易挥发物料从装置的阀门、法兰、机泵、人孔、压力管道焊接处等密闭系统密封处发生非预期或隐蔽泄漏;源设备泄漏主要是物料非计划、不受控制地以泼溅、渗漏、溢出等形式从储罐、管道、容器、槽车及其他用于转移物料的设备进入周围空间,产生无组织形式排放(设备失效泄漏是源设备泄漏的主要表现形式)。

(2) 化工企业泄漏管理的主要内容。化工泄漏管理主要包括泄漏检测与维修和源设备泄漏管理两个方面。要通过预防性、周期性的泄漏检测发现早期泄漏并及时处理,避免泄漏发展为事故。泄漏检测与维修管理工作包括:配备监测仪器、培训监测人员、建立泄漏检测目录、编制泄漏检测与维修计划、验证维修效果等。源设备泄漏管理工作包括:泄漏根原因的调查和处理、泄漏事件的评定和上报、泄漏率统计、泄漏绩效考核等。泄漏检测维修工作要实行PDCA循环(戴明环)管理方式。对所有的泄漏事件都要参照事故调查要求严格管理。

3. 优化装置设计,从源头全面提升防泄漏水平

(1) 优化设计以预防和控制泄漏。在设计阶段,要全面识别和评估泄漏风险,从源头采取措施控制泄漏危害。要尽可能选用先进的工艺路线,减少设备密封、管道连接等易泄漏点,降低操作压力、温度等工艺条件。在设备和管线的排放口、采样口等排放阀设计时,要通过加装盲板、丝堵、管帽、双阀等措施,减少泄漏的可能性,对存在剧毒及高毒类物质的工艺环节要采用密闭取样系统设计,有毒、可燃气体的安全泄压排放要采取密闭措施设计。

(2) 优化设备选型。企业要严格按照规范标准进行设备选型,属于重点监控范围的工艺以及重点部位要按照最高标准规范要求选择。设计要考虑必要的操作裕度和弹性,以适应加工负荷变化的需要。要根据物料特性选用符合要求的优质垫片,以减少管道、设备密封泄漏。

新建和改扩建装置的管道、法兰、垫片、紧固件选型,必须符合安全规范和国家强制性标准的要求;压力容器与压力管道要严格按照国家标准要求进行检验。选型不符合现行安全规范和强制性标准要求的已建成装置,泄漏率符合规定的,企业要加强泄漏检测，监护运行；泄漏率不符合要求的，企业要限期整改。

（3）科学选择密封配件及介质。设备选择密封介质和密封件时，要充分兼顾润滑、散热。使用水作为密封介质时，要加强水质和流速的检测。输送有毒、强腐蚀介质时，要选用密封油作为密封介质，同时要充分考虑针对密封介质侧大量高温热油泄漏时的收集、降温等防护措施，对于易汽化介质要采用双端面或串联干气密封。

（4）完善自动化控制系统。涉及重点监管危险化工工艺和危险化学品的生产装置，要按安全控制要求设置自动化控制系统、安全联锁或紧急停车系统和可燃及有毒气体泄漏检测报警系统。紧急停车系统、安全联锁保护系统要符合功能安全等级要求。危险化学品储存装置要采取相应的安全技术措施，如高、低液位报警和高高、低低液位联锁以及紧急切断装置等。

4. 系统识别泄漏风险，规范工艺操作行为

（1）全面开展泄漏危险源辨识与风险评估。企业要依据有关标准、规范，组织工程技术和管理人员或委托具有相应资质的设计、评价等中介机构对可能存在的泄漏风险进行辨识与评估，结合企业实际设备失效数据或历史泄漏数据分析，对风险分析结果、设备失效数据或历史泄漏数据进行分析，辨识出可能发生泄漏的部位，结合设备类型、物料危险性、泄漏量对泄漏部位进行分级管理，提出具体防范措施。当工艺系统发生变更时，要及时分析变更可能导致的泄漏风险并采取相应措施。

（2）全面开展化工设备逸散性泄漏检测及维修。企业要根据逸散性泄漏检测的有关标准、规范，定期对易发生逸散性泄漏的部位（如管道、设备、机泵等密封点）进行泄漏检测，排查出发生泄漏的设备要及时维修或更换。企业要实施泄漏检测及维修全过程管理，对维修后的密封进行验证，达到减少或消除泄漏的目的。

（3）加强化工装置源设备泄漏管理，提升泄漏防护等级。企业要根据物料危险性和泄漏量对源设备泄漏进行分级管理、记录统计。对于发生的源设备泄漏事件要及时采取消除、收集、限制范围等措施，对于可能发生严重泄漏的设备，要采取第一时间能切断泄漏源的技术手段和防护性措施。企业要实施源设备泄漏事件处置的全过程管理，加强对生产现场的泄漏检查，努力降低各类泄漏事件发生率。

（4）规范工艺操作行为，降低泄漏概率。操作人员要严格按操作规程进行操作，避免工艺参数大的波动。装置开车过程中，对高温设备要严格按升温曲线要求控制温升速度，按操作规程要求对法兰、封头等部件的螺栓进行逐级热紧；对低温设备要严格按降温曲线要求控制降温速度，按操作规程要求对法兰、封头等部件的螺栓进行逐级冷紧。要加强开停车和设备检修过程中泄漏检测监控工作。

（5）加强泄漏管理培训。企业要开展涵盖全员的泄漏管理培训，不断增强员工的泄漏管理意识，掌握泄漏辨识和预防处置方法。新员工要接受泄漏管理培训后方能上岗。当工艺、设备发生变更时，要对相关人员及时培训。对负责设备泄漏检测和设备维修的员工进行泄漏管理专项培训。

5. 建立健全泄漏管理制度

（1）建立泄漏常态化管理机制。要根据企业实际情况制定泄漏管理的工作目标，制定工作计划，责任落实到人，保证资金投入，统筹安排、严格考核，将泄漏管理与工艺、设备、检修、隐患排查等管理相结合，并在岗位安全操作规程中体现查漏、消漏、动静密封点泄漏率控制等要求。

（2）建立和完善泄漏管理责任制。建立健全并严格执行以企业主要负责人为第一责任人、分管负责人为责任人、相关部门及人员责任明确的泄漏管理责任制。

（3）建立和不断完善泄漏检测、报告、处理、消除等闭环管理制度。建立定期检测、报告制度，对于装置中存在泄漏风险的部位，尤其是受冲刷或腐蚀容易减薄的物料管线，要根据泄漏风险程度制定相应的周期性测厚和泄漏检测计划，并定期将检测记录的统计结果上报给企业的生产、设备和安全管理部门，所有记录数据要真实、完整、准确。企业发现泄漏要立即处置、及时登记、尽快消除，不能立即处置的要采取相应的防范措施并建立设备泄漏台账，限期整改。加强对有关管理规定、操作规程、作业指导书和记录文件以及采用的检测和评估技术标准等泄漏管理文件的管理。

（4）建立激励机制。企业要鼓励员工积极参与泄漏隐患排查、报告和治理工作，充分调动全体员工的积极性，实现全员参与。

6. 全面加强泄漏应急处置能力

（1）建立和完善化工装置泄漏报警系统。企业要按照《石油化工可燃气体和有毒气体检测报警设计规范》（GB 50493）和《工作场所有毒气体检测报警装置设置规范》（GBZ/T 223）等标准要求，在生产装置、储运、公用工程和其他可能发生有毒有害、易燃易爆物料泄漏的场所安装相关气体监测报警系统，重点场所还要安装视频监控设备。要将法定检验与企业自检相结合，现场检测报警装置要设置声光报警，保证报警系统的准确、可靠性。

（2）建立规范、统一的报警信息记录和处理程序。操作人员接到报警信号后，要立即通过工艺条件和控制仪表变化判别泄漏情况，评估泄漏程度，并根据泄漏级别启动相应的应急处置预案。操作人员和管理人员要对报警及处理情况做好记录，并定期对所发生的各种报警和处理情况进行分析。

（3）建立泄漏事故应急处置程序，有效控制泄漏后果。企业要充分辨识安全风险，完善应急预案，对于可能发生泄漏的密闭空间，应当编制专项应急预案并组织进行预案演练，完善事故处置物资储备。要设置符合国家标准规定的泄漏物料收集装置，对泄漏物料要妥善处置，如采取带压堵漏、快速封堵等安全技术措施。对于高风险、不能及时消除的泄漏，要果断停车处置。处置过程中要做好检测、防火防爆、隔离、警戒、疏散等相关工作。

7. 强化考核

（1）加强泄漏管理内部审核。企业要对泄漏台账、目标责任书、作业文件、现场检测或检查记录等泄漏管理文件定期进行审核，对作业现场进行抽检抽查，核实检测或检查记录的可靠性，对泄漏管理系统进行内部审计。

（2）加强对泄漏管理的检查考核。企业要加强对泄漏管理过程、结果的检查考核，确保泄漏管理实现持续改进。企业要按泄漏控制目标的量化要求，对各部门和岗位的泄漏管理状况进行绩效考核。

化工企业要依据本指导意见，进一步落实安全生产主体责任，结合自身生产实际建立和完善泄漏管理制度，将泄漏管理与安全生产标准化和隐患排查治理工作相结合，积极开展泄漏预防与控制，提高泄漏管理水平。

第二节　危险化学品储存企业事故隐患排查与治理新做法

由于危险化学品储存的特殊性，雷电、静电危害一直是威胁安全的重大问题。经常出现的事故包括：大型罐区的雷击事故、粉尘静电燃爆事故、料仓电击燃爆事故，还有轻质易燃液体储运过程中，由于灌注、采样、装车、洗槽等过程中静电预防不当引发的燃爆事故等。在对危险化学品储存安全管理上，要特别关注设备设施的安全。这是因为，其他行业企业设备设施的不安全，所造成的事故范围与伤害范围有限，而危险化学品储存企业则不同，所造成的事故范围与伤害范围较大，甚至很大。因此，危险化学品储存企业应积极做好事故隐患排查和整改工作，保障设备设施的安全运行。在此介绍一些危险化学品储存企业排查和治理事故隐患的新做法，以供参考。

一、吉林石化分公司装置检修危险性预先分析的做法

危险性预先分析是在一项工程活动（设计、施工、运行、维护等）之前，首先对系统可能存在的主要危险因素，及其出现条件和可能导致的事故后果所做的预先分析。其目的是防止采取不安全的技术，避免使用危险物质、工艺和设备，如果必须使用，也可以从设计和工艺上考虑采取安全防护措施，从而使这些危险因素不致发展为事故。它的特点是做在行动之前，避免由于考虑不周而造成损失。

吉林石化分公司通过应用危险性预先分析控制检修施工作业的方法，有力地保障了乙烯装置检修安全，实现了年度大检修事故为零的目标。

1. 危险性预先分析步骤

危险性预先分析，大体可以分为以下几个步骤：

（1）熟悉系统。在对系统进行分析之前，首先要对系统的工艺流程、操作运行条件、周围环境等作充分的调查。在此基础上，由熟悉系统的有关人员进行讨论研究，根据以往的经验、资料及同类系统发生过的事故信息，预先考虑系统可能发生的事故。

（2）辨识危险因素。根据事故致因理论，辨识能够造成人员伤亡、财产损失和使系统完不成任务的危险因素。

（3）找出危险因素产生的原因和由危险因素发展为事故的条件。

（4）确定危险因素的危险等级和防止事故的安全措施。

2. 危险因素的辨识

要对系统进行危险性分析，首先要找出系统可能存在的所有危险因素，即危险因素的辨识。为了能够尽快辨识危险因素，可以从以下三方面入手。

（1）从能量转移考虑。能量转移论认为，生物体（人）受伤害是能量转移的结果。

从能量转移论出发，事故的三要素是：能量、转移途径和受害对象。由此，我们可以断言，凡是有能量积聚的地方就存在危险因素。能量既可以在受控的情况下，做有用功，生产产品，为人类服务，又可能在失控状态下，造成人员伤亡、职业病和财产损失。因此，在对一个系统进行危险因素辨识的时候，首先要辨识系统内存在的各种类型的能量，以及它们存在的部位，有无发生能量失控转移的可能，这种转移影响范围内的受害对象是什么？等等。在按照能量转移论辨识危险因素时，既要找出能够引起人体直接伤害的各种能量的类型，如机械能、电能、热能、势能、辐射能等，还要找出能够使人体内部能量交换发生障碍的能量，如化学能、热能、缺氧等。

（2）从人的操作失误考虑。一个系统运行状况和危险程度，除了机械设备本身的性能、工艺条件外，很重要的影响因素是人的可靠性。特别是，由于受科技发展水平和经济条件的限制，我国设备本质安全程度低，在系统运行中必然存在程度不同的危险因素。这样的系统尤其要靠人来控制危险因素，防止其发展为事故。这样，人的操作行为的可靠度对系统安全性有着更加重要的影响。然而，人作为系统的一个组成部分，其失误概率要比机械、电气、电子元件高几个数量级。这就要求，在辨识系统可能存在的危险因素时，还要根据工艺要求查找偏离正常操作标准而引发事故的误操作。

（3）从外界因素考虑。系统的安全状况不仅取决于系统内部的人、物、环境因素及其匹配状况，有时还要受系统以外其他危险因素的影响。其中，有外界发生事故对系统的影响，如火灾、爆炸；也有自然灾害对系统的影响，如地震、洪水、雷击等。尽管外界危险因素发生的可能性很小，但危害却很大。因此，在辨识系统危险因素时也应考虑这些因素，特别是处于设计阶段的系统。

3. 危险等级划分

为了对危险因素进行有效的控制，按照轻重缓急采取安全措施，有必要对危险因素划分危险等级。一般按事故的可能性和损失的严重程度将其划分为四个等级：

1 级——安全的，尚不能造成事故。

2 级——临界的，处于事故的边缘状态，暂时还不会造成人员伤亡和财产损失，应当予以排除或采取控制措施。

3 级——危险的，必然会造成人员伤亡和财产损失，要立即采取措施。

4 级——破坏性的，会造成灾难性事故（多人伤亡，系统损毁），必须立即排除。

4. 危险性预先分析示例

（1）施工作业的风险识别。要对施工作业进行危害辨识，就必须弄清施工项目内容，熟悉施工的全过程，只有这样，才能将施工过程中的危险因素查找出来，要针对有高空作业、有限空间作业、动火、动土、吊装及风、雨天等危险施工作业，配合施工单位对各种危险作业进行危险度预测，即对每种危险作业进行危险性预先分析，查出施工作业中存在的危险因素，然后针对每个危险因素，分析其发生后可能产生的后果，如：针对高空作业，我们查找出的危险因素有：支撑物损坏、安全带不合格、未系安全带、因走动取下安全带、在脚手架上滑倒、身体失去平衡等危险因素；对动火作业，查找出可能存在的危险因素有：未办理动火审批手续、未采取防火措施、未设监火人、未清除动火点附近的可燃物、动火完毕未仔细检查现场、动火点未配备足够的灭火器材、在五级以上大风天气下的室外动火、可燃气体泄漏、形成爆炸性混合物、分析仪器误差太大、取样分析没有代表性、动火分析与动火作业时间间隔太长（半小时以上）等。

（2）分析危险因素产生的原因

分析危险因素产生的原因及其发展为危险事件的条件（见表6—3）。

表6—3 危险性预先分析表

危险因素	产生原因	现象	措施
支撑物损坏	支撑物不牢 支撑物力度不够 支撑物（本质）腐烂	开焊、断裂太细 腐烂变质	（1）作业前认真检查 （2）固定牢靠 （3）设专人监护
安全带不合格	制造质量差 使用过程中磨损严重 带绳已腐烂变质 做工粗糙严重磨损腐烂变质	仍按合格安全带使用	（1）作业前认真检查 （2）禁止使用非标准安全带 （3）使用中应尽量减少磨损
未采取防火措施	周围有泄漏点、 地沟、地漏、下水井未进行有效封挡 有风天气未采取措施	未有效封挡火花四处飞溅	（1）作业前检查周围环境，有无泄漏点和敞口设备，对地沟、地漏、下水井等进行有效封挡 （2）有风天气应采取措施
可燃气体泄漏	周围有泄漏点 有异味、明火 遇可燃气体	有异味	（1）作业前检查周围环境，有无泄漏点敞口设备，对地沟、地漏、下水井等进行有效封挡 （2）发现泄漏后马上停止动火
未办理动火审批手续	未经批准动火 未审核防火措施 动火期限已过，未重新办理	无证动火无防火措施动火期限不对	（1）动火前必须办理动火证 （2）认真审核各项防火措施 （3）施工单位认真落实各项防火措施
取样分析没有代表性	取样方位不正确分析区域小，动火分析过早	未进行上中下三个部位动火前半小时以外分析	（1）对有限空间分上、中、下三个部位取样分析 （2）应在动火前半小时以内取样分

（3）确定危险因素的危险等级和研究防止事故的安全措施。在查出各种施工作业中的危险因素后，该厂使用了中国石油化工与销售分公司风险评价软件（LEC法）对上述危险因素进行了定量的危害评价。根据定量评价结果，确定危害事件，并制订相应的风险消减措施。

5. 防止事故的安全补偿措施

（1）明确责任，落实到位。根据“管生产必须管安全”和“谁主管，谁负责”的安全生产原则，任何施工作业项目，均明确项目负责人，施工安全实行项目负责人负责制。为此，该厂针对各个施工作业项目，严把三个关口，小的施工作业项目，由施工人员制定出施工安全措施，由装置安全工程师负责审核，项目负责人批准把关；中等施工作业项目，由施工单位负责人组织工程技术人员制定施工安全措施，由厂安全部门负责审核，项目负责人负责批准把关；大的施工作业及高、难、险作业项目，由项目指挥部组织施工单位制定施工方案及安全措施，由厂领导及公司安全职能部门共同把关。把住大、中、小这三个施工项目关，就为装置的安全检修打下了基础。

（2）严格“票、证、书”安全管理制度。严格票证安全管理制度，是实现装置安全检修的关键。无论大、中、小施工项目，该厂都严格办理施工作业许可证，凡涉及登高、进入有限空间、动火、动土作业，均按级别办理安全作业票。根据风、雨天气及施工现场环境，将施工作业安全措施逐条列出并填写在有关票证书上，严格执行审批手续，让作业人员、项目负责人、装置负责人及厂安全部门职能人员均清楚地知道施工作业需注意的安全事项并逐级签字，明确安全责任，逐条落实，从而在措施上确保了施工作业的安全。

（3）严格执行安全规章制度，强化现场安全监督。对于各类施工作业的危险性搞清了，就要严格执行有关安全制度，从制度上控制事故。在施工过程中，强化现场安全监督，从组织上确保各项安全制度的执行，确保各项安全措施的落实。由于职工安全意识强弱不同，如果现场无人监督，安全施工制度极可能得不到彻底贯彻执行，就必然会使安全措施流于形式。也就为事故的发生埋下了隐患。为此，工厂安全防火监督部门和车间安全防火人员及项目负责人认真负责，加强对施工现场的安全防火监督管理，对施工中违章作业及违章指挥人员，立即纠正，对不听从管理的违章作业人员，视情况进行必要的停工学习和经济处罚，从而确保各项规章制度落到实处。

（4）加强施工人员的安全教育，控制人的不安全行为。加强施工人员的安全教育，是提高施工作业人员的安全意识，从根本上控制人的不安全行为的最有效措施。为此指派专人负责施工人员的教育工作，施工人员经考试合格后方可进入施工现场，然后，经过装置安全员的二级教育后，才允许进行施工作业。通过施工前的安全教育，极大地提高了施工人员的安全意识，有效地保障了施工作业的安全，从根本上控制了施工人员的不安全行为。

二、北京市顺义区液化气储配库构筑隐患排查治理长效机制的做法

北京市顺义液化气储配库位于北京市顺义区仁和镇杜各庄村东，紧邻中油公司北方油库，占地面积87.9亩，气库于2003年6月正式完工，于2003年7月正式投产运营。建设规模为4 250 m^3，年设计周转能力10万吨。主要设施有1 000 m^3球形储罐3座，400 m^3球形储罐3座，50 m^3卧式残液储罐1座。6个公路装车鹤位，12个铁路卸车鹤位，以及配套的消防和自控系统。整个工艺系统设计灵活、方便、可靠，可同时实现原料气、民用气、工业气三种介质的接收、储存和发运作业。

气库从成立到现在共周转液化气43.49万吨，连续8年安全生产无事故，安全生产工作取得良好成绩。2004年、2005年、2006年、2007年连续四年被顺义区政府评为安全生产先进企业，2008年5月被顺义区安全生产管理局授予顺义区安全生产A级企业的荣誉称号。2010年被昆仑燃气公司评为安全生产先进库站。

顺义区液化气储配库构筑隐患排查治理长效机制的做法主要是：

1. 运用科技手段管理，保障生产运行

气库的安全生产运行管理着力于技防和人防相结合。建有一套自动化的安全生产监测系统。系统由三部分组成，第一部分是数据采集系统，主要对气库储罐及工艺管线上的液位、温度、压力、可燃气体浓度等库区生产运行参数进行监测，储罐区、铁路栈桥、装车岛、压缩机房等生产区，共安装了27台可燃气体报警器，信号接入中控室上位机，实现了液化气浓度实时监测和中控室远程报警相结合；系统同时具有紧急状况下对压缩机与装卸车泵进行急停的功能，对消防系统可进行自动起停泵，实现了生产过程监控自动化，应急消防自动化。第二部分是定量装车系统，具有定量装车功能，实现槽车不超装功能，同时当静电接地未导通时，静电接地报警仪报警，或者是泵不上量时，装车仪自动停泵，终止装卸车作业。这些措施极大地提高了储配库的安全运行。第三部分工业电视监控系统，库区共有16台摄像头和6对红外监测系统，可实现对库区全区域、全过程实施安全监控。

消防系统由一座4 200 m^3消防水池、3台100 m^3/h消防水泵、2台柴油消防泵、16个地上消防栓、5个高压消防水炮、87具干粉灭火器、6台二氧化碳灭火器和7具储罐的自动喷淋装置组成，自动喷淋装置有三种开启方式，一是储罐温度超高时，装置上的玻璃泡自动破裂，喷淋打开；二是从中控室上位机远程启动；三是现场手动启动。

2. 推行中国石油HSE管理体系，夯实安全管理基础工作

安全就是最大的效益。气库建立了长效的隐患自查自改机制，落实属地管理制度，建立以中控室为核心的储运安全生产调度应急指挥中心，由中控室发挥安全生产监控职能，做到现场巡检与视频巡检相结合，实现全库区24小时生产安全监控；现场作业实行中国石油天然气公司HSE体系中两书一表的管理制度，“重点作业”，填写作业指导卡，指导卡按专项作业进行安全风险识别提示、工艺流程确认，针对风险制定预防措施，切实提高了员工的安全风险意，遏制了事故发生的根源。

气库还根据液化石油气储运的特点，配备了应急抢维修机具和器材，并加强应急消防演练和消防器材使用的学习，修改完善了现场应急处置方案，着力在提高气库应急抢险自救能力上下功夫。每年要组织管线堵漏和消防应急演练四次，学习使用消防器材两次，应急演练2次，消防器材使用培训2次，并加强了对新入职员工的消防器材使用培训，通过培训和模拟演练基本达到了从预案启动到现场消防喷淋起动时间控制在5 min之内。

3. 依据自查标准，严查现场隐患

依据安全隐患自查自报工作标准，气库重点落实巡回检查制度，积极开展“日查周报”工作。实行“当班人员日检查、班组周检查、安全管理人员月中检查、气库月度检查”的四级检查，发现问题及时处理，不留安全隐患。自安全隐患自查自报工作开展以来，顺义气库共组织安全隐患自查36次，查出问题90项，整改完成90项；完成安全隐患自查上报系统5次，较大隐患4项。第一项是生产区和生活区无有效隔离，液化气槽车直接从办公生活区进入装车区，外部缴款人员在窗外缴款，存在安全隐患；第二项为储罐、栈桥区工艺管线设施有腐蚀；第三项为储罐区防火堤出入口及储罐区操作平台未安装安全防护栏；第四项为储罐未加装紧急情况下的注水封堵措施，就是在每个储罐排污阀下加装一条注水管线和消防水泵房内加装一台高压注水泵，以便在储罐第一道阀门大量泄漏无法控制时，向罐内注水把液化气项至储罐上部，然后采取措施封堵泄漏点；第五项为正压式呼吸器的配备数量等应急抢险器材不足，增配了 2 台正压式呼吸器、6 部防爆对讲机、5 台手持式可燃气体检测仪、10 把防爆手电、一台发电机、5 台潜水泵等应急抢险器材，使安全隐患自查自报工作落到实处。

自查自报工作自 2010 年 7 月试运行以来，顺义气库员工思想上从“要我安全”向“我要安全”转变，在日常作业过程中自查隐患的积极性显著提高，注重自身安全的自觉性提高，风险得到了有效控制，隐患得到了有效治理，较好地改善了气库的本质安全。

三、连云港碱厂液氨库对事故隐患彻底治理的积极做法

1. 连云港碱厂液氨库

连云港碱厂液氨库地处碱厂东南角，与厂车队的油库、液化气站、储运车间毗邻．库区面积约 3 000 m^2，是碱厂建厂初期的危险品仓库，于 1986 年 10 月投入使用。库区有 2 台氨球罐，并有 1 台氨压缩机和 1 个操作室。库区配备消防栓 1 台，35 kg 手推式灭火器 1 台，干粉灭火器 4 台。目前，液氨库操作岗位实行四班三运转，每班配置 2 人。

由于原设计不足及使用年久等原因，库区内多处设施不满足安全规范。近几年，随着安全检查力度的不断加大，虽进行过多次整改，但仍存在很多安全隐患。如操作室及冰机房与罐区仅一墙之隔，室内电气设备均为不防爆产品，库区内只有 1 个消防栓，消防水压力不够等。在 2002 年 7 月南化公司的安全检查中，再次对液氨库下达了多项事故隐患的整改通知。液氢库作为连云港碱厂的几个要害部位之一，一旦发生安全事故，后果不堪设想。

2. 氨储存过程中的危险性

氨是易燃易爆，有毒有害物品，具有强烈的刺激性。氨在空气中的爆炸极限为 15.7%～27.4%（V/V），自燃温度为 651℃，中毒浓度为 30 mg/m^3。氨属于乙类火灾危险性物质。因此，当管道阀门破裂、密封损坏以及卸氨过程中管道连接密封圈疲劳或冰机启动时，瞬间压力过大而引起大量的氨外泄时，有可能造成人员伤亡。如库区通风不畅造成的氨气聚集，如遇明火则极易发生爆炸事故，造成极大破坏。

3. 液氨库存在的主要隐患

根据相关规范、标准的要求，结合公司安全检查下达的隐患整改通知，并参照南化公司氮肥厂氨库的整改情况，归纳出液氨库存在着下列安全隐患：

（1）目前氨库的消防水压力只有 0.4 MPa，不能满足消防水压力不得低于 0.7 MPa 的消防规定。

（2）氨库操作室、冰机房与液氨罐防火堤仅一墙之隔，不符合消防安全间距。

（3）液氨罐区周围消防通道地基松软、地面高低不平，不符合重点罐区安全消防规定。

（4）液氨储罐防火堤高度现为 0.65 m，不符合国标 1～1.6 m 的规定。

(5) 汽车槽车卸氨处和火车槽车卸氨处周围无隔离防护设施，卸氨时行人及机动车辆在槽车附近可自由往来。

(6) 库区内只在槽车卸氨点附近设有一个消防栓，数量不足。

(7) 氨库内无漏氨报警装置，不符合消防安全规定，需增设。

(8) 罐区内阀门全部为手动的，不符合发生紧急情况时可远动的规范要求。

(9) 液氨罐顶没装阻火器，不符合消防安全规定。

(10) 液氨储罐防火堤周围杂草丛生，易发生火灾。

(11) 氨库的所有电缆都不是阻燃电缆，操作室和值班室内电气盘、仪表盘、空调、灯具等均不是防爆产品，冰机的电机和控制箱也不具备防爆功能，且加油站的总电源从氨库操作室动力箱接入，不符合消防及安全管理规定。

(12) 液氨罐现使用的翻板式液位计失效。

(13) 液氨岗位的氨压缩机组（冰机）的主要作用为：一是在夏季高温时，球罐内氨气加强，罐内压力增大，此时需开启冰机给气氨加压冷凝，从而降低球罐压力。二是在冬季低温时，因汽车槽车（或火车槽车）与球罐之间的压差较小，要达到卸氨的目的，需开启冰机给槽车加压。目前液氨库使用的氨压缩机组为 2AV—10 型，已运行了 15 年，设备老化，出力能力严重不足，并且冷凝器外管已锈蚀、渗漏，不能满足目前的生产需求，是又一项重大事故隐患。

(14) 液氨罐目前保冷材料年久失效，形成冷凝水渗漏。

液氢库作为该碱厂要害部位，在市消防系统安全检查和中国石化集团公司、南化公司的安全检查中均被列为重点检查部门，并多次下达安全隐患限期整改通知，因此，液氨库的事故隐患治理已迫在眉睫。

4. 隐患治理方案

为确保液氨库安全稳定地运行，针对氨库以上存在的隐患对其进行整改，具体方案如下：

(1) 为提高消防水压力，在汽车槽车卸氨点附近新建消防水池及泵房。消防水泵 1 开 1 备，采用双回路供电；消防水管沿罐区形成环网，并加装 2 组阀门，以便于维修；库区 4 周增设 4 台消防栓，在火车卸氨点增设 1 台消防栓。

(2) 在汽车槽车卸氨点及火车槽车卸氨点外围增加铁栅栏围墙，墙长 55 m，并设一钢大门，门宽 6 m，门上设置警示标志，有效地消除了卸车时存在的事故隐患。

(3) 氨库内修一宽 4 m、长 140 m 的环形消防通道。

(4) 因氨库操作室和更衣室共用，且不符合安全间距，因此在氨库院墙外新建操作室和更衣室，此举既满足了消防规定的安全间距，又避免了电气柜、仪表盘等选用防爆产品投资高、维修不便等诸多弊端。

(5) 将现有防火堤高度由 0，65 m 增高至 1.2 m。

(6) 为满足生产和消防安全的需要，更换老化的冰机。新增冰机标准制冷量为 50 000 kcal/h；压力 1.5 MPa；电机及配套动力箱均为隔爆型。因原冰机房位置不满足消防安全间距，所以在距防火堤 5 m 外新建冰机房。

(7) 将氨罐原翻板式液位计更换为雷达液位计，提高其安全可靠性。

（8）移出原接自氨库动力箱的加油站电源，改由南门变配电室引出。

（9）将库区内铝电缆及铝芯线全部更换为铜芯阻燃电缆。

（10）库区内冰机电控箱、照明箱、灯具、电磁阀等设备全部改为防爆型设备。

（11）氨库内增设漏氨报警装置，罐区、汽车卸氨点、火车槽车卸氨点以及操作室共设10个监测探头，报警装置安装于操作室仪表盘上，当监测点氨浓度超标时自动声光报警。

（12）2个氨罐顶部各加装1台波纹板式阻火器。

（13）2台氨罐进出口管网及总管网上的手动阀门改为防爆电动阀门，控制按钮装于操作室仪表盘上。

（14）氨罐保冷材料更换为聚氨酯，以消除目前氨罐冷凝水渗漏的问题。

5. 工程进度及实施效果

此项目工程总投资预计928万元。为了保证安全，下决心进行全面治理，2003年3月完成施工图设计，2003年5月开始施工，同年11月份竣工。整个工程于2004年年初通过预验收，并于2004年11月底投入使用，至今运行情况良好，彻底地消除了原来存在的隐患，达到了预期的效果。

第三节　道路交通运输企业安全生产事故隐患治理新做法

事故隐患是指作业场所、设备设施的不安全状态，人的不安全行为和管理上的缺陷。事故隐患往往是引发安全事故的直接原因。加强对事故隐患的控制管理，对于预防事故的发生有重要的意义。就机动车而言，事故隐患往往处于不同的状态，有的事故隐患属于外露性的，很容易就能够发现，例如车胎气压不足、车辆超员等；有的事故隐患属于内涵性的，要透过现象才能分析判定，或者通过检查检测才能够发现。不论属于哪种事故隐患，最重要的是不能麻痹大意、掉以轻心，要及时发现事故隐患、及时整改事故隐患，把事故消灭于萌芽状态，从而保证行车安全。

一、安塞油田及时排查隐患强化道路车辆安全管理新做法

安塞油田隶属于长庆油田公司，地处我国西北地区黄土高原的北部，主要地貌特征为山区，沟壑纵横，自然环境为温带气候，全年四季分明，属干旱气候，夏、秋季降雨时有水害、山体塌方滑坡，冬季有下雪、结冰现象。由于安塞油田所辖范围横跨陕西、山西的2市13县，生产现场点多、面广，辖区内道路状况较为复杂，车辆配属种类较多，因此交通安全管理难度很大，交通风险也非常大。

面对各种不利因素，安塞油田认真贯彻执行“安全第一，预防为主”的方针，针对油田交通安全管理的现状，吸取以往交通事故的教训，在道路风险辨识的基础上，及时排查事故隐患，强化安全管理，从人、机、物、管理四个方面着手，控制可能存在的风

险，建立并实施了以“道路分级、车辆分类、准许通行、优化配置、实时监控”为主要管理举措的交通安全受控管理，从而保证行车安全。

安塞油田及时排查隐患强化道路车辆安全管理新做法主要是：

1. 对道路分级和确认危险点

对道路运输的安全管理，主要是人、机、物三个要素，人主要是指驾驶人员，机主要是指各类车辆，物主要是指道路。

在道路方面，安塞油田辖区内共有各类道路总里程约为 4 100 km，其中：沥青路面道路约 200 km，约占总里程的 5%；砂石路面道路约 650 km，约占总里程的 19%；黄土路面道路约 3 250 km，约占总里程的 76%。

道路的好坏，直接影响驾驶人员的安全行驶，也直接关系到驾驶员对事故隐患的认识。为此，安塞油田对道路进行分级，并且确认道路存在的危险点。

(1) 道路分级原则。道路分级原则主要是：

1) 根据道路整体状况。如道路路面的宽度、路面的铺设物、路面的平整情况，道路的弯道、坡道以及道路的周边环境。

2) 根据道路安全设施的设置情况。如道路弯道、坡道等危险路段有无交通安全警示牌、指示牌，急转弯道有无水泥防护墩，桥梁有无护栏等。

3) 根据车辆行驶的风险程度。如道路上的车流量、行人的数量、经过的人口居住区等。

4) 根据道路通行受雨、雪天等特殊天气的影响程度。

(2) 道路分级的结果。按照道路分级的原则对全厂道路进行风险评价，并结合当前管理的实际，具体将道路分为 A、B、C、D 四级：A 级（较好的道路）是指沥青公路；B 级（一般道路）是指砂石道路；C 级（较差道路）是指土路；D 级（危险道路）是指存在于以上 A、B、C 三类道路其中任何一类中的某一段危险路段或危险点，以及非油区正式道路的乡间小道。

(3) 危险道路存在的事故隐患。对危险道路又可以细分为以下几种情况：

1) 按照危险道路的特征和长度，危险道路可分为危险路段及危险点。危险路段是指道路中存在连续弯道（3 个弯道以上，弯道距离在 100 m 以内）、长距离的坡道（坡长 150 m 以上）、长距离的坡道下端为急弯道的路段、路面狭窄的路段（有效行车宽度小于 3 m）。危险点则是指道路路基或路边山体的某处存在塌方隐患、某一处狭窄的路面、曾经发生过交通事故的某一处道路。

2) 按照危险道路的风险程度，危险道路又可分为一般风险危险道路（D1 级）、较大风险危险道路（D2 级）、非油区正式道路的乡间小道（D3 级）。一般风险道路是指车辆运行风险较小的危险道路，例如：有安全防护设施的连续弯道、长距离的坡道、路面狭窄但车辆可以通过的路段。较大风险道路是指车辆运行风险较大的危险道路，例如：坡道并伴有连续弯道的路段、无安全防护设施的连续弯道、长距离坡道下端为弯道的路段、路面狭窄车辆通过可能发生交通事故的路段、曾经发生过交通事故的危险点。非油区正式道路的乡间小道是指连接油区内农村之间的小路，该道路的特点是整体路况差，道路狭窄，车辆通过时危险性大，易发生交通事故。

经过道路分级和实际道路勘察，确认安塞油田的A级道路约200 km，约占总里程的5%，存在危险路段（点）42处；B级道路约650 km，约占总里程的19%，存在危险路段（点）88处；C级道路约3 250 km，约占总里程的76%，存在危险路段（点）315处；D级道路的危险路段（点）约445处。这样对道路的细致划分，为安全管理奠定了基础，使安全管理更具有针对性。

2. 对车辆分类和确认危险点

在车辆方面，目前安塞油田共有各类在用车辆731辆，其中厂属车辆166辆，外雇车辆565辆。厂属车辆车型包括皮卡、越野车、锅炉车、热洗车、压风车、收油车、测井车、消防车等。外雇车辆车型包括皮卡、越野车、卡车、罐车、油田工程车、中型及大型载客车辆、特车等。

不同的车辆有不同的用途，同时，也存在着不同的危险。为了细化安全管理，对车辆进行了分类。

（1）车辆分类的原则。车辆分类原则主要是：

——根据车辆功能的不同分类，如载客车辆、特种车辆。

——根绝车辆载客的数量分类。

——根据车辆在油区各类道路上行驶的风险程度分类。

——根据车辆发生事故后可能导致人员伤害和财产损失的严重程度分类。

（2）车辆分类结果。根据车辆分类原则，将在用车辆分为A、B、C、D四类。A类：载客9人以上的中型及大型载客车辆，共16辆。B类：载客5～9人的车辆（消防车、测井车、油田工程车、微型面包），共47辆。C类：卡车、罐车、特车等，共221辆。D类：载客5人以下的车辆（皮卡、越野车、卧车），共425辆。

3. 制定车辆准许通行规定和优化配置

（1）车辆通行区域的划分及限速规定。不同气候情况下车辆通行区域及限速规定，其中，A级、B级为车辆的“准许通行区”，即准许车辆在该区域内通行；D级为车辆的“禁止通行区”，即该区域在一般情况下禁止车辆通行；C级为车辆的“条件通行区”，即车辆及道路只有在具备安全行驶的条件或采取相应的安全措施后方可在该区域内通行；数字为该区域相应车辆的最高行驶速度。

（2）车辆通行的相关规定。车辆通行的相关规定，必须区分对待，对于正常天气、特殊天气以及紧急事件三种情况下的车辆调派和通行规定，要遵照各级单位已有的规章制度和国家法律法规执行。

（3）车辆的优化配置

1）送班交通车的配置。送班交通车的配置标准按照生产单位的交通需求来确定，原则上按照所属单位总人数的5%配置，适当考虑关联单位。

2）小型载客车辆的配置。前线单位生产指挥车辆的配置依据生产指挥人员的数量执行，生产单位根据实际工作需要配置，生产值班皮卡车的配置应按照生产单位的生产规模、区块大小、站点数量等因素综合配置。

3）大型车辆的配置。大型车辆主要是指特种车辆及卡车、罐车等，大型车辆的配置应根据生产单位的实际工作量，按照相对固定、综合调配的原则进行配置。

4）外雇车辆的配置。按照相对集中、相对固定的成建制车队管理模式，将全厂的外雇车辆管理划为4个区块，实施“集中管理，集中调派”，并按照“车队长、安全员、替班驾驶员”等基本构成的车队化管理模式，由外雇车辆单位设置15个车队，便于对外雇车辆单位进行集中管理。

4. 建立实时监控和运行管理

运用车载GPS监控系统加强车辆运行过程中的实时监控，监控人员可以随时发出指令，获取车辆的行驶时速、行驶区域，且在车辆出现超速、超区域行驶的情况下，及时自动或手动发出警报，提醒驾驶人员停止违章行为。目前，安塞油田已有526辆车安装了车辆GPS监控系统，该系统投入运行以来，对查纠交通违章行为，提升车辆通行受控管理水平起到了积极的促进作用。

在运行管理方面采取以下措施：

（1）严格驾驶员准入，确保驾驶技能良好。对于拟准入的驾驶员，严把证照审查（驾驶员驾龄不得低于5年）、理论考试、实际操作考试、德育素质考核等关口，并在审查考核合格以后签发油田机动车辆驾驶员准驾证，从源头削减了由于驾驶员可能导致的“人的不安全行为”。

（2）严格车辆准入，确保车辆性能良好。对于非关联单位的车辆，载人车辆投运准入的年限规定为5年，其他车辆的准入年限为7年，所有车辆整体性能必须良好，从源头削减了由于车辆可能导致的“物的不安全状态”。

（3）建立动态的道路风险识别机制。一是生产单位必须加强本单位道路的日常监控，每季度对本单位所有道路的危险路段识别一次。二是每次下雨、下雪后，及时指派专人实地查看道路的毁坏情况，尽早发现道路新产生的危险路段。三是道路风险识别工作主要由生产单位的生产运行部门负责，道路风险识别完成后，生产运行部门必须将识别的结果及时告知车管人员、驾驶人员及本单位安全部门，同时应根据道路风险识别的结果建立本单位的《危险路段（D级）信息档案》及立案销案制度。道路主管部门应针对危险路段，制定整改或管理措施，分批进行整改。

（4）建立交通危险预警机制。一是生产单位应将天气预报、道路状况以及大型联合作业等（如新井投产作业、搬迁作业、抢险作业等）可能导致的交通风险及时向驾驶人员通报。二是生产单位应向驾驶人员详细告知本单位的危险路段（D级）所在，尤其是针对新出现的危险路段，应在第一时间向所有驾驶人员通报。三是生产单位可以通过发送手机短信、电话告知或召开交通安全会等方式，向驾驶人员通报交通危险。

（5）建立道路风险及违章举报制度。一是生产单位应教育广大员工及驾驶人员积极参与交通安全管理，针对道路存在的危险因素及驾驶人员、乘车人员、车管人员的违章行为及时向单位职能部门通报。二是生产单位设置举报电话，并将电话号码告知全体员工及驾驶人员。三是对于道路风险及违章举报人员，单位及时给予适当的奖励。

安塞油田自建立并实施以“道路分级、车辆分类、准许通行、优化配置、实时监控”为主要管理举措的交通安全受控管理以来，通过对“人、车辆、道路”三要素实施受控管理，把交通安全管理的各个方面融合为一个有机整体，大大提升了管理效率，推动交通安全管理水平迈上新台阶，为企业各项工作提供了有力的交通安全保障，实现了交通安全平稳运行。

二、长庆油田公司排查安全隐患加强车辆安全管理新做法

长庆油田公司隶属于中国石油天然气公司，地处鄂尔多斯盆地，横跨陕、甘、宁、内蒙古、晋五省（区），承担着向北京、天津等十多个大中城市安全稳定供气的重任，资产总额1012亿元，员工人数达到7万多人，其中专业技术人员占员工总数的15.8%。

近几年，长庆油田公司牢固树立“安全生产是头等大事”的思想，把安全工作摆到第一位，坚持以安全生产为重点，实施安全管理新举措，狠抓落实重实效，逐步构建了“以人为本”的安全管理新格局，在抓好生产安全的同时，采取多种措施、多方努力，使车辆安全管理保持了良性运行态势，管理水平也有大幅提升。

长庆油田公司排查事故隐患加强车辆安全管理新做法主要是：

1. 油田作业区存在的安全隐患

长庆油田公司下设的作业区，由于作业性质的原因，存在着大量安全隐患，例如采油单位多，生产区域广，车辆使用数量大；而且车型多、管理分散、路途远。在这样不利的情况下，对车辆安全管理成为安全管理工作的重要方面。

作业区车辆管理存在的主要隐患是：

（1）道路状况差，地理环境复杂。由于油田开发企业的特殊性，生产现场大多在野外，地面沟壑纵横，梁峁交错，山路崎岖，地势险要，油区道路多为砂石路面和土路。生产区域的地理环境和道路状况直接影响着车辆的安全出行，是导致车辆事故的客观因素。

（2）车辆混杂行驶。由于油区大多处在农村，各种各样的汽车、摩托车、农用车、拖拉机、畜力车和行人混行在一条公路上，交通管理的难度很大。

（3）驾驶员技术差，安全素质低，安全意识存在很大差距。对近几年的事故分析表明，由于驾驶员的违章行为造成的车辆事故占90%左右，是车辆肇事的主体。

（4）制度落实不到位，致使车辆管理出现空档，一些已经出现的安全隐患没有得到及时排除，给事故留下了祸根。

（5）生产区域点多、面广、线长，长途行驶，发生事故的概率增大。

（6）用于生产的特车（如原油拉运车、修井车、压风车等）车况性能已经赶不上现代车辆管理的要求，车辆机械故障是出现突发事故的重要原因。

然而，车辆事故本质上又不完全等同于安全生产事故，很大一部分车辆事故具有偶发性，同时还具有一定规律性和可预防性，经过努力，完全可以有效地预防和减少车辆事故。

2. 车辆安全管理的思路与做法

近年来，长庆油田公司作业区结合生产现场实际，在抓好生产建设的同时，始终将车辆安全管理作为安全生产的重中之重，坚持“以人为本，预防为主、持续改进”的工作方针，紧紧围绕HSE管理体系，积极培育、树立“一切事故都是可以避免的”安全管理理念，创新监管方法，加大监督力度，深化体系运行，细化安全管理，初步形成全方位的安全监管格局，运行规范的HSE体系，特性突出的车辆安全监督网络，打造了

平稳运行的生产安全平台。

车辆安全管理的主要做法是：

(1) 落实管理责任，健全管理网络，构建“三全”管理新格局。摆正车辆安全与生产经营的关系，树立车辆安全与生产同等重要的思想，做到领导重视，措施得力，及时建立车辆安全管理体系，做到两个到位。一是管理责任到位，落实车辆管理责任体系。建立起由“一把手”负总责、主管领导负管责的车辆管理责任网络，强化责任意识，将车辆管理责任重心层层下移，使全区形成了以作业区主管领导、井区主管领导及班站长为主线的三级车辆管理体系。二是监督体系到位，落实车辆安全监督体系。建立了以作业区安全监督、井区及班站三级安全员为主线的专业车辆安全监督体系；两套体系相互协调，相互促进，层层落实，形成了一把手全面抓、主管领导重点抓、基层干部合力抓、岗位员工共同抓的“全员、全过程、全方位”的“三全”管理格局。

(2) 在作业区推行“2467”管理模式。以作业区安全委员会为中心，强化2个管理体系（安全监督、安全管理），落实4大组室责任（综合办事组抓安全文化建设，机安组抓安全监督管理，运行组抓生产安全管理，经营组抓安全质量投入），坚持6项管理措施（超前预防措施、严格监控措施、精细操作措施、监管分离措施、严反三违措施、事故分析措施），形成7个分支动态监管网络（以五个采油井区、综合服务队、区机关7个基层安全监管分支体系形成合力）。

(3) 以车辆安全文化建设为前提，强化司乘人员安全意识，转变观念，营造车辆安全氛围。

1) 加强驾驶人员安全培训，提高安全素质。坚持每月一次的驾驶员安全培训，通过下发文件，印发宣传材料，组织交通法规、操作技能学习培训，开展车辆安全警示教育，针对特殊事故、近期事故、内部违章行为，开展针对性的警示教育，强化驾驶员对车辆检查、保养、路面判断、紧急避险能力教育和模拟训练，提高安全技能。

2) 加强员工乘车安全意识教育，组织员工学习关于交通安全的文件及规定，使员工了解乘车规定，带车责任，用车原则。在员工培训时，培训车辆安全知识，使员工树立自我保护意识，不乘私车，不私自驾车。

3) 加强车管人员教育培训，提高管理能力，转变管理观念，树立超前预防意识，正确处理好车辆管理的“三个关系”。一是处理好“有事”和“没事”的关系。在车辆管理实践中，“没事”常常是人们所希望达到的一种良好控制状态，“有事”则是谁也不愿意看到的结果。只有把“没事”当“有事”来对待，主动防范，坚持安全工作“想在前，抓在前，防患于未然”，始终以强烈的忧患意识和“如履薄冰”的心态去抓车辆安全，才能创造条件使“有事”向“没事”转化。二是处理好“大事”与“小事”的关系。在抓车辆安全的时候，要立足于防微杜渐，抓小防大，堵塞安全漏洞，使每一位员工克服麻痹思想，时刻保持警觉性，主动做好防范工作。对工作中发现的“三违”行为，绝不能大事化小，小事化了，要进行揭短亮丑，严肃处理，让每一位员工吸取教训。三是处理好“别人的事”与“自己的事”的关系。坚持树立“邻里失火、自查炉灶”的意识，把事故通报当作教育全体司乘人员的警示教材，及时做好传达教育工作，把别人的问题与自己单位的实际相结合，进行认真分析和对照检查，以发现自身问题和隐患，并制定相应的预防措施，从而使自己少付出代价，使全区安全工作平稳有序、协调发展。

3. 构建静态车辆管理格局，实行路、人、车的“三位一体”管理

（1）积极做好道路安全管理。坚持“重养轻修”的原则，强化道路养护工作。投入大量的人力物力进行油区道路维护，在危险路段、紧急弯道设立安全行车警示牌，强化特殊天气环境下的道路管理，在汛期、雨雪天气，动员全体员工将油区道路维护作为工作的重要内容，进行全面养护，确保路况良好，并将道路维护工作作为一项工作考核内容，奖罚兑现。与此同时，做好路况的检查和信息反馈工作，为车辆出行创造良好的运行条件。

（2）积极做好人员管理。建立约束机制，强制管理。为适应车辆安全管理机制，就必须建立起配套的制度约束体系，以确保管理机制的有效运行。为此，作业区制定了自上而下的系统的车辆安全管理规定及制度，结合实践加以完善。为进一步加强驾驶员管理，制定下发了《作业区驾驶员管理规定》，要求所有驾驶员必须做到“五遵守、五禁止”（遵守车辆调派，禁止私自出车；遵守限速规定，禁止超速行驶；遵守作息时间，禁止疲劳驾驶；遵守培训制度，禁止无故缺课；遵守安全承诺，禁止酒后驾车）。同时坚持“谁带车，谁负责”的原则，强化带车人的安全意识与责任，理顺关系，严禁超载。

（3）积极做好车辆管理。建立车辆管理登记台账，实行车辆“病历卡”制度，对每一辆配属车辆的车况性能、行驶里程、易出现故障进行详细登记，形成车辆状况一览表，加强车辆的日常管理、保养和维修等工作，严格做到车辆“不检验不出车、不保养不出车、不例行安全检查不出车、隐患不整改不出车”，同时对车辆服务进行绩效考核，费用兑现，确保了行车安全。

4. 实施车辆动态监控机制，随时制止和控制违章行为

（1）成立车辆安全路查小组，由安全总监任组长，坚持不定期突击路查。同时，把路查的权力下放到各机关组室，每位机关干部对发现的车辆违章行为都有权制止和纠正，形成全员监控车辆安全的良好格局。

（2）强化四个重点监控：

一是重点时段监控。针对冬季大雪封山，路面状况恶劣的特殊环境，实行报常发车的措施；交通事故高发期，预先制定监控措施；每年的元旦、春节、“五一”、“十一”等节假日期间，实施车辆“三交一封”，并对正常生产的运营车辆进行跟踪监控；在春乏、夏困、冬寒及政策性原因导致驾驶员心态不稳，身体不适的特殊时期，适时调整行车任务；周末、月尾强化对驾驶员的安全意识和操作技能教育。

二是重点车型监控。强化对客车、大卡车、特车的监控力度，坚持实行驾驶员年度全面考核制度、月度检查制度、每日车辆检验制度，强调静态管理与动态管理相结合，根据每一个驾驶员的身体、思想变化，及时调整教育方法，并持续不断，保持连续性。

三是重点人员监控。经分析，18～27 岁、40～52 岁年龄段，3～5 年及 20 年以上驾龄段的现职驾驶员易发生交通事故，将这些驾驶员列入重点监控范围，每月进行一次思想动态、技术操作、安全意识及职业道德方面的综合分析，确定和调整监控措施，指定专人帮促并落实监控措施。

四是重点车辆监控。将全区车辆划分为专业运输、生产配属、工作用车 3 个板块，有重点地进行监控。例如：担负井区生产用车的车辆，重点落实井区干部及班站长带队、住井员工监督举报等管理措施；对担负原油拉运的车辆，加大跟踪检查，加强驾驶员防火防爆常识教育和路段危险点的分析、交底；对共用小型客车，侧重于对车速的控制；对小车的管理，重点落实各项交通安全制度的执行情况，动态性监控无证驾车、酒后驾车等违章现象。

随着油田生产建设规模的不断扩大，车辆保有量的增加和道路里程的延伸，车辆交通安全工作成为企业安全管理的重要环节。公司通过采取一系列车辆安全新举措，使全区在车辆安全管理上形成了较为完备的车辆管理新模式，推动了全区安全生产的高效运行。

第七章 危险化学品储存运输企业应急救援相关规定与预案编制

《危险化学品安全管理条例》第七十条规定：危险化学品单位应当制定本单位危险化学品事故应急预案，配备应急救援人员和必要的应急救援器材、设备，并定期组织应急救援演练。危险化学品单位应当将其危险化学品事故应急预案报所在地设区的市级人民政府安全生产监督管理部门备案。按照这一规定，危险化学品储存运输企业要加强应急救援管理，建立健全应急管理体系，编制应急救援预案，开展应急救援演练，随时应对可能发生的意外事件。这不仅是企业应对自然灾害、事故灾害的重要措施，也是减轻灾害损失的有效办法。

第一节 危险化学品储存运输企业应急救援管理相关政策法规

企业的应急管理，应追求实现预防为主、无急可应、有急可控。企业生产现场的带班人员、班组长、生产调度人员应具有在遇到险情时第一时间下达停产撤人的直接决策权和指挥权。要建立完善企业安全生产预警机制。通过全员参与和相应的技术手段，把影响安全的要素变化情况综合量化，能够及时掌握企业、装置的安全风险变化趋势，起到对全员的预警作用，这也是大多数企业欠缺但必须加强的方面。

一、《生产安全事故应急预案管理办法》相关要点

2009 年 4 月 1 日，国家安全生产监督管理总局公布《生产安全事故应急预案管理办法》(国家安全生产监督管理总局令第 17 号)，自 2009 年 5 月 1 日起施行。

《生产安全事故应急预案管理办法》分为七章三十九条。各章内容为：第一章总则，第二章应急预案的编制，第三章应急预案的评审，第四章应急预案的备案，第五章应急预案的实施，第六章奖励与处罚，第七章附则。

制定该办法的目的，是依据《突发事件应对法》《安全生产法》和国务院有关规定，为了规范生产安全事故应急预案的管理，完善应急预案体系，增强应急预案的科学性、针对性、实效性。该办法适用于生产安全事故应急预案（以下简称应急预案）的编制、评审、发布、备案、培训、演练和修订等工作。

1. 总则中的有关规定

在第一章总则中，对相关事项做了规定。

◆生产安全事故应急预案（以下简称应急预案）的编制、评审、发布、备案、培训、演练和修订等工作，适用该办法。

法律、行政法规和国务院另有规定的，依照其规定。

◆应急预案的管理遵循综合协调、分类管理、分级负责、属地为主的原则。

◆国家安全生产监督管理总局负责应急预案的综合协调管理工作。国务院其他负有安全生产监督管理职责的部门按照各自的职责负责本行业、本领域内应急预案的管理工作。

县级以上地方各级人民政府安全生产监督管理部门负责本行政区域内应急预案的综合协调管理工作。县级以上地方各级人民政府其他负有安全生产监督管理职责的部门按照各自的职责负责辖区内本行业、本领域应急预案的管理工作。

2. 应急预案编制的有关规定

在第二章应急预案的编制中，对相关事项做了规定。

◆应急预案的编制应当符合下列基本要求：

（1）符合有关法律、法规、规章和标准的规定。

（2）结合本地区、本部门、本单位的安全生产实际情况。

（3）结合本地区、本部门、本单位的危险性分析情况。

（4）应急组织和人员的职责分工明确，并有具体的落实措施。

（5）有明确、具体的事故预防措施和应急程序，并与其应急能力相适应。

（6）有明确的应急保障措施，并能满足本地区、本部门、本单位的应急工作要求。

（7）预案基本要素齐全、完整，预案附件提供的信息准确。

（8）预案内容与相关应急预案相互衔接。

◆地方各级安全生产监督管理部门应当根据法律、法规、规章和同级人民政府以及上一级安全生产监督管理部门的应急预案，结合工作实际，组织制定相应的部门应急预案。

◆生产经营单位应当根据有关法律、法规和《生产经营单位安全生产事故应急预案编制导则》（AQ/T 9002—2006），结合本单位的危险源状况、危险性分析情况和可能发生的事故特点，制定相应的应急预案。

生产经营单位的应急预案按照针对情况的不同，分为综合应急预案、专项应急预案和现场处置方案。

◆生产经营单位风险种类多、可能发生多种事故类型的，应当组织编制本单位的综合应急预案。

综合应急预案应当包括本单位的应急组织机构及其职责、预案体系及响应程序、事故预防及应急保障、应急培训及预案演练等主要内容。

◆对于某一种类的风险，生产经营单位应当根据存在的重大危险源和可能发生的事故类型，制定相应的专项应急预案。

专项应急预案应当包括危险性分析、可能发生的事故特征、应急组织机构与职责、预防措施、应急处置程序和应急保障等内容。

◆对于危险性较大的重点岗位，生产经营单位应当制定重点工作岗位的现场处置方案。

现场处置方案应当包括危险性分析、可能发生的事故特征、应急处置程序、应急处置要点和注意事项等内容。

◆生产经营单位编制的综合应急预案、专项应急预案和现场处置方案之间应当相互衔接，并与所涉及的其他单位的应急预案相互衔接。

◆应急预案应当包括应急组织机构和人员的联系方式、应急物资储备清单等附件信息。附件信息应当经常更新，确保信息准确有效。

3. 应急预案评审的有关规定

在第三章应急预案的评审中，对相关事项做了规定。

◆地方各级安全生产监督管理部门应当组织有关专家对本部门编制的应急预案进行审定；必要时，可以召开听证会，听取社会有关方面的意见。涉及相关部门职能或者需要有关部门配合的，应当征得有关部门同意。

◆矿山、建筑施工单位和易燃易爆物品、危险化学品、放射性物品等危险物品的生产、经营、储存、使用单位和中型规模以上的其他生产经营单位，应当组织专家对本单位编制的应急预案进行评审。评审应当形成书面纪要并附有专家名单。

◆应急预案的评审或者论证应当注重应急预案的实用性、基本要素的完整性、预防措施的针对性、组织体系的科学性、响应程序的操作性、应急保障措施的可行性、应急预案的衔接性等内容。

◆生产经营单位的应急预案经评审或者论证后，由生产经营单位主要负责人签署公布。

4. 应急预案备案的有关规定

在第四章应急预案的备案中，对相关事项做了规定。

◆中央管理的总公司（总厂、集团公司、上市公司）的综合应急预案和专项应急预案，报国务院国有资产监督管理部门、国务院安全生产监督管理部门和国务院有关主管部门备案；其所属单位的应急预案分别抄送所在地的省、自治区、直辖市或者设区的市人民政府安全生产监督管理部门和有关主管部门备案。

前款规定以外的其他生产经营单位中涉及实行安全生产许可的，其综合应急预案和专项应急预案，按照隶属关系报所在地县级以上地方人民政府安全生产监督管理部门和有关主管部门备案；未实行安全生产许可的，其综合应急预案和专项应急预案的备案，由省、自治区、直辖市人民政府安全生产监督管理部门确定。

◆生产经营单位申请应急预案备案，应当提交以下材料：

（1）应急预案备案申请表；

（2）应急预案评审或者论证意见；

（3）应急预案文本及电子文档。

◆受理备案登记的安全生产监督管理部门应当对应急预案进行形式审查，经审查符合要求的，予以备案并出具应急预案备案登记表；不符合要求的，不予备案并说明理由。

对于实行安全生产许可的生产经营单位，已经进行应急预案备案登记的，在申请安全生产许可证时，可以不提供相应的应急预案，仅提供应急预案备案登记表。

◆各级安全生产监督管理部门应当指导、督促检查生产经营单位做好应急预案的备案登记工作，建立应急预案备案登记建档制度。

5. 应急预案实施的有关规定

在第五章应急预案的实施中，对相关事项做了规定。

◆各级安全生产监督管理部门、生产经营单位应当采取多种形式开展应急预案的宣传教育，普及生产安全事故预防、避险、自救和互救知识，提高从业人员安全意识和应急处置技能。

◆各级安全生产监督管理部门应当将应急预案的培训纳入安全生产培训工作计划，并组织实施本行政区域内重点生产经营单位的应急预案培训工作。

生产经营单位应当组织开展本单位的应急预案培训活动，使有关人员了解应急预案内容，熟悉应急职责、应急程序和岗位应急处置方案。

应急预案的要点和程序应当张贴在应急地点和应急指挥场所，并设有明显的标志。

◆生产经营单位应当制定本单位的应急预案演练计划，根据本单位的事故预防重点，每年至少组织一次综合应急预案演练或者专项应急预案演练，每半年至少组织一次现场处置方案演练。

◆应急预案演练结束后，应急预案演练组织单位应当对应急预案演练效果进行评估，撰写应急预案演练评估报告，分析存在的问题，并对应急预案提出修订意见。

◆生产经营单位制定的应急预案应当至少每三年修订一次，预案修订情况应有记录并归档。

◆有下列情形之一的，应急预案应当及时修订：

(1) 生产经营单位因兼并、重组、转制等导致隶属关系、经营方式、法定代表人发生变化的。

(2) 生产经营单位生产工艺和技术发生变化的。

(3) 周围环境发生变化，形成新的重大危险源的。

(4) 应急组织指挥体系或者职责已经调整的。

(5) 依据的法律、法规、规章和标准发生变化的。

(6) 应急预案演练评估报告要求修订的。

(7) 应急预案管理部门要求修订的。

◆生产经营单位应当及时向有关部门或者单位报告应急预案的修订情况，并按照有关应急预案报备程序重新备案。

◆生产经营单位应当按照应急预案的要求配备相应的应急物资及装备，建立使用状况档案，定期检测和维护，使其处于良好状态。

◆生产经营单位发生事故后，应当及时启动应急预案，组织有关力量进行救援，并按照规定将事故信息及应急预案启动情况报告安全生产监督管理部门和其他负有安全生产监督管理职责的部门。

6. 奖励与处罚的有关规定

在第六章奖励与处罚中，对相关事项做了规定。

◆对于在应急预案编制和管理工作中做出显著成绩的单位和人员，安全生产监督管理部门、生产经营单位可以给予表彰和奖励。

◆生产经营单位应急预案未按照该办法规定备案的，由县级以上安全生产监督管理部门给予警告，并处三万元以下罚款。

◆生产经营单位未制定应急预案或者未按照应急预案采取预防措施，导致事故救援不力或者造成严重后果的，由县级以上安全生产监督管理部门依照有关法律、法规和规章的规定，责令停产停业整顿，并依法给予行政处罚。

二、《生产经营单位生产安全事故应急预案编制导则》相关要点

2013 年 7 月 19 日，国家安全生产监督管理总局发布《生产经营单位生产安全事故应急预案编制导则》(GB/T 29639—2013)，自 2013 年 10 月 1 日起实施。

该标准按照 GB/T 1. 1—2009 给出的规则起草。该标准由国家安全生产监督管理总局提出，该标准由全国安全生产标准化技术委员会（SAC/TC 288）归口。

1. 适用范围

该标准规定了生产经营单位编制生产安全事故应急预案（以下简称应急预案）的编制程序、体系构成和综合应急预案、专项应急预案、现场处置方案以及附件。

该标准适用于生产经营单位的应急预案编制工作，其他社会组织和单位的应急预案编制可参照该标准执行。

2. 术语和定义

下列术语和定义适用于该文件：

(1) 应急预案。应急预案是指为有效预防和控制可能发生的事故，最大程度减少事故及其造成损害而预先制定的工作方案。

(2) 应急准备。应急准备是指针对可能发生的事故，为迅速、科学、有序地开展应急行动而预先进行的思想准备、组织准备和物资准备。

(3) 应急响应。应急响应是指针对发生的事故，有关组织或人员采取的应急行动。

(4) 应急救援。应急救援是指在应急响应过程中，为最大限度地降低事故造成的损失或危害，防止事故扩大，而采取的紧急措施或行动。

(5) 应急演练。应急演练是指针对可能发生的事故情景，依据应急预案而模拟开展的应急活动。

3. 应急预案编制程序

(1) 概述

生产经营单位应急预案编制程序包括成立应急预案编制工作组、资料收集、风险评估、应急能力评估、编制应急预案和应急预案评审 6 个步骤。

(2) 成立应急预案编制工作组

生产经营单位应结合本单位部门职能和分工，成立以单位主要负责人（或分管负责人）为组长，单位相关部门人员参加的应急预案编制工作组，明确工作职责和任务分工，制定工作计划，组织开展应急预案编制工作。

(3) 资料收集

应急预案编制工作组应收集与预案编制工作相关的法律法规、技术标准、应急预案、国内外同行业企业事故资料，同时收集本单位安全生产相关技术资料、周边环境影响、应急资源等有关资料。

（4）风险评估

主要内容包括：

1）分析生产经营单位存在的危险因素，确定事故危险源。

2）分析可能发生的事故类型及后果，并指出可能产生的次生、衍生事故。

3）评估事故的危害程度和影响范围，提出风险防控措施。

（5）应急能力评估

在全面调查和客观分析生产经营单位应急队伍、装备、物资等应急资源状况基础上开展应急能力评估，并依据评估结果，完善应急保障措施。

（6）编制应急预案

依据生产经营单位风险评估以及应急能力评估结果，组织编制应急预案。应急预案编制应注重系统性和可操作性，做到与相关部门和单位应急预案相衔接。应急预案编制格式参见附录A。

（7）应急预案评审

应急预案编制完成后，生产经营单位应组织评审。评审分为内部评审和外部评审，内部评审由生产经营单位主要负责人组织有关部门和人员进行。外部评审由生产经营单位组织外部有关专家和人员进行评审。应急预案评审合格后，由生产经营单位主要负责人（或分管负责人）签发实施，并进行备案管理。

4. 应急预案体系

（1）概述

生产经营单位的应急预案体系主要由综合应急预案、专项应急预案和现场处置方案构成。生产经营单位应根据本单位组织管理体系、生产规模、危险源的性质以及可能发生的事故类型确定应急预案体系，并可根据本单位的实际情况，确定是否编制专项应急预案。风险因素单一的小微型生产经营单位可只编写现场处置方案。

（2）综合应急预案

综合应急预案是生产经营单位应急预案体系的总纲，主要从总体上阐述事故的应急工作原则，包括生产经营单位的应急组织机构及职责、应急预案体系、事故风险描述、预警及信息报告、应急响应、保障措施、应急预案管理等内容。

（3）专项应急预案

专项应急预案是生产经营单位为应对某一类型或某几种类型事故，或者针对重要生产设施、重大危险源、重大活动等内容而定制的应急预案。专项应急预案主要包括事故风险分析、应急指挥机构及职责、处置程序和措施等内容。

（4）现场处置方案

现场处置方案是生产经营单位根据不同事故类型，针对具体的场所、装置或设施所制定的应急处置措施，主要包括事故风险分析、应急工作职责、应急处置和注意事项等内容。生产经营单位应根据风险评估、岗位操作规程以及危险性控制措施，组织本单位现场作业人员及安全管理等专业人员共同编制现场处置方案。

5. 综合应急预案主要内容

（1）总则

1）编制目的。简述应急预案编制的目的。

2）编制依据。简述应急预案编制所依据的法律、法规、规章、标准和规范性文件以及相关应急预案等。

3）适用范围。说明应急预案适用的工作范围和事故类型、级别。

4）应急预案体系。说明生产经营单位应急预案体系的构成情况，可用框图形式表述。

5）应急工作原则。说明生产经营单位应急工作的原则，内容应简明扼要、明确具体。

（2）事故风险描述

简述生产经营单位存在或可能发生的事故风险种类、发生的可能性以及严重程度及影响范围等。

（3）应急组织机构及职责

明确生产经营单位的应急组织形式及组成单位或人员，可用结构图的形式表示，明确构成部门的职责。应急组织机构根据事故类型和应急工作需要，可设置相应的应急工作小组，并明确各小组的工作任务及职责。

（4）预警及信息报告

1）预警。根据生产经营单位检测监控系统数据变化状况、事故险情紧急程度和发展势态或有关部门提供的预警信息进行预警，明确预警的条件、方式、方法和信息发布的程序。

2）信息报告。信息报告程序主要包括：①信息接收与通报。明确 24 小时应急值守电话、事故信息接收、通报程序和责任人。②信息上报。明确事故发生后向上级主管部门、上级单位报告事故信息的流程、内容、时限和责任人。③信息传递。明确事故发生后向本单位以外的有关部门或单位通报事故信息的方法、程序和责任人。

（5）应急响应

1）响应分级。针对事故危害程度、影响范围和生产经营单位控制事态的能力，对事故应急响应进行分级，明确分级响应的基本原则。

2）响应程序。根据事故级别的发展态势，描述应急指挥机构启动、应急资源调配、应急救援、扩大应急等响应程序。

3）处置措施。针对可能发生的事故风险、事故危害程度和影响范围，制定相应的应急处置措施，明确处置原则和具体要求。

4）应急结束。明确现场应急响应结束的基本条件和要求。

（6）信息公开

明确向有关新闻媒体、社会公众通报事故信息的部门、负责人和程序以及通报原则。

（7）后期处置

主要明确污染物处理、生产秩序恢复、医疗救治、人员安置、善后赔偿、应急救援评估等内容。

(8) 保障措施

1) 通信与信息保障。明确可为生产经营单位提供应急保障的相关单位及人员通信联系方式和方法，并提供备用方案。同时，建立信息通信系统及维护方案，确保应急期间信息通畅。

2) 应急队伍保障。明确应急响应的人力资源，包括应急专家、专业应急队伍、兼职应急队伍等。

3) 物资装备保障。明确生产经营单位的应急物资和装备的类型、数量、性能、存放位置、运输及使用条件、管理责任人及其联系方式等内容。

4) 其他保障。根据应急工作需求而确定的其他相关保障措施（如：经费保障、交通运输保障、治安保障、技术保障、医疗保障、后勤保障等）。

(9) 应急预案管理

1) 应急预案培训。明确对生产经营单位人员开展的应急预案培训计划、方式和要求，使有关人员了解相关应急预案内容，熟悉应急职责、应急程序和现场处置方案。如果应急预案涉及社区和居民，要做好宣传教育和告知等工作。

2) 应急预案演练。明确生产经营单位不同类型应急预案演练的形式、范围、频次、内容以及演练评估、总结等要求。

3) 应急预案修订。明确应急预案修订的基本要求，并定期进行评审，实现可持续改进。

4) 应急预案备案。明确应急预案的报备部门，并进行备案。

5) 应急预案实施。明确应急预案实施的具体时间、负责制定与解释的部门。

6. 专项应急预案主要内容

(1) 事故风险分析

针对可能发生的事故风险，分析事故发生的可能性以及严重程度、影响范围等。

(2) 应急指挥机构及职责

根据事故类型，明确应急指挥机构总指挥、副总指挥以及各成员单位或人员的具体职责。应急指挥机构可以设置相应的应急救援工作小组，明确各小组的工作任务及主要负责人职责。

(3) 处置程序

明确事故及事故险情信息报告程序和内容、报告方式和责任等内容。根据事故响应级别，具体描述事故接警报告和记录、应急指挥机构启动、应急指挥、资源调配、应急救援、扩大应急等应急响应程序。

(4) 处置措施

针对可能发生的事故风险、事故危害程度和影响范围，制定相应的应急处置措施，明确处置原则和具体要求。

7. 现场处置方案主要内容

(1) 事故风险分析

主要包括：

1）事故类型。

2）事故发生的区域、地点或装置的名称。

3）事故发生的可能时间、事故的危害严重程度及其影响范围。

4）事故前可能出现的征兆。

5）事故可能引发的次生、衍生事故。

（2）应急工作职责

根据现场工作岗位、组织形式及人员构成，明确各岗位人员的应急工作分工和职责。

（3）应急处置

主要包括以下内容：

1）事故应急处置程序。分局可能发生的事故及现场情况，明确事故报警、各项应急措施启动、应急救护人员的引导、事故扩大及同生产经营单位应急预案的衔接的程序。

2）现场应急处置措施。针对可能发生的火灾、爆炸、危险化学品泄漏、坍塌、水患、机动车辆伤害等，从人员救护、工艺操作、事故控制、消防、现场恢复等方面制定明确的应急处置措施。

3）明确报警负责人以及报警电话及上级管理部门、相关应急救援单位联络方式和联系人员，事故报告基本要求和内容。

（4）注意事项

主要包括：

1）佩戴个人防护器具方面的注意事项。

2）使用抢险救援器材方面的注意事项。

3）采取救援对策或措施方面的注意事项。

4）现场自救和互救注意事项。

5）现场应急处置能力确认和人员安全防护等事项。

6）应急救援结束后的注意事项。

7）其他需要特别警示的事项。

8. 附件

（1）有关应急部门、机构或人员的联系方式

列出应急工作中需要联系的部门、机构或人员的多种联系方式，当发生变化时及时进行更新。

（2）应急物资装备的名录或清单

列出应急预案涉及的主要物资和装备名称、型号、性能、数量、存放地点、运输和使用条件、管理责任人和联系电话等。

（3）规范化格式文本

应急信息接报、处理、上报等规范化格式文本。

（4）关键的路线、标识和图样

主要包括：

1）警报系统分布及覆盖范围。

2）重要防护目标、危险源一览表、分布图。

3）应急指挥部位置及救援队伍行动路线。

4）疏散路线、警戒范围、重要地点等的标识。

5）相关平面布置图纸、救援力量的分布图纸等。

（5）有关协议或备忘录

列出与相关应急救援部门签订的应急救援协议或备忘录。

附录 A：应急预案编制格式（略）

三、《生产安全事故应急演练指南》相关要点

2011 年 4 月 19 日，国家安全生产监督管理总局批准安全生产行业标准《生产安全事故应急演练指南》，标准编号：AQ/T 9007—2011，自 2011 年 9 月 1 日起施行。国家安全生产监督管理总局公告（2011 年第 16 号）。

《生产安全事故应急演练指南》分为：范围、规范性引用文件、术语和定义、应急演练目的、应急演练原则、应急演练类型、应急演练内容、综合演练组织与实施、应急演练评估与总结、演练资料归档、持续改进等部分，主要内容如下：

1. 适用范围

《生产安全事故应急演练指南》规定了生产安全事故应急演练（以下简称应急演练）的目的、原则、类型、内容和综合应急演练的组织与实施。其他类型演练的组织与实施，可根据演练规模和复杂程度参照该标准进行。该标准适用于针对生产安全事故所开展的应急演练活动。

2. 应急演练目的

应急演练目的主要包括：

（1）检验预案。发现应急预案中存在的问题，提高应急预案的科学性、实用性和可操作性。

（2）锻炼队伍。熟悉应急预案，提高应急人员在紧急情况下妥善处置事故的能力。

（3）磨合机制。完善应急管理相关部门、单位和人员的工作职责，提高协调配合能力。

（4）宣传教育。普及应急管理知识，提高参演和观摩人员风险防范意识和自救互救能力。

（5）完善准备。完善应急管理和应急处置技术，补充应急装备和物资，提高其适用性和可靠性。

3. 应急演练原则

应急演练应符合以下原则：

（1）符合相关规定。按照国家相关法律、法规、标准及有关规定组织开展演练。

（2）切合企业实际。结合企业生产安全事故特点和可能发生的事故类型组织开展演练。

（3）注重能力提高。以提高指挥协调能力、应急处置能力为主要出发点组织开展演练。

（4）确保安全有序。在保证参演人员及设备设施安全的条件下组织开展演练。

4. 应急演练类型

应急演练按照演练内容分为综合演练和单项演练，按照演练形式分为现场演练和桌面演练，不同类型的演练可相互组合。

5. 应急演练内容

（1）预警与报告。根据事故情景，向相关部门或人员发出预警信息，并向有关部门和人员报告事故信息。

（2）指挥协调。根据事故情景，成立应急指挥部，调集应急救援队伍等相关资源，开展应急救援行动。

（3）应急通信。根据事故情景，在应急救援相关部门或人员之间进行音频、视频信号或数据信息互通。

（4）事故监测。根据事故情景，对事故现场进行观察、分析或测定，确定事故严重程度、影响范围和变化趋势等。

（5）警戒管制。根据事故情景，建立应急处置现场警戒区域，实行交通管制，维护现场秩序。

（6）疏散安置。根据事故情景，对事故可能波及范围内的相关人员进行疏散、转移和安置。

（7）医疗卫生。根据事故情景，调集医疗卫生专家和卫生应急队伍开展紧急医学救援，并开展卫生监测和防疫工作。

（8）现场处置。根据事故情景，按照相关应急预案和现场指挥部要求对事故现场进行控制和处理。

（9）社会沟通。根据事故情景，召开新闻发布会或事故情况通报会，通报事故有关情况。

（10）后期根据事故情景，应急处置结束后，开展事故损失评估、事故原因调查、事故现场清理和相关善后工作。

（11）其他。根据相关行业（领域）安全生产特点所包含的其他应急功能。

6. 综合演练组织与实施

（1）演练计划应包括演练目的、类型（形式）、时间、地点，演练主要内容、参加单位和经费预算等。

（2）综合演练通常成立演练领导小组，下设策划组、执行组、保障组、评估组等专业工作组。根据演练规模大小，其组织机构可进行调整。

（3）演练工作方案内容主要包括：应急演练目的及要求；应急演练事故情景设计；应急演练规模及时间；参演单位和人员主要任务及职责；应急演练筹备工作内容；应急演练主要步骤；应急演练技术支撑及保障条件；应急演练评估与总结。

（4）根据需要，可编制演练脚本。演练脚本是应急演练工作方案具体操作实施的文件，帮助参演人员全面掌握演练进程和内容。演练脚本一般采用表格形式，主要内容包括：演练模拟事故情景；处置行动与执行人员；指令与对白、步骤及时间安排；视频背景与字幕；演练解说词等。

（5）评估方案。演练评估方案通常包括演练信息：应急演练目的和目标、情景描述，应急行动与应对措施简介等；评估内容：应急演练准备、应急演练组织与实施、应急演练效果等；评估标准：应急演练各环节应达到的目标评判标准；评估程序：演练评估工作主要步骤及任务分工；附件：演练评估所需要用到的相关表格等。

（6）保障。针对应急演练活动可能发生的意外情况制定演练保障方案或应急预案，并进行演练，做到相关人员应知应会，熟练掌握。演练保障方案应包括应急演练可能发生的意外情况、应急处置措施及责任部门、应急演练意外情况中止条件与程序等。

（7）观摩手册。根据演练规模和观摩需要，可编制演练观摩手册。演练观摩手册通常包括应急演练时间、地点、情景描述、主要环节及演练内容、安全注意事项等。

7. 应急演练评估与总结

（1）现场点应急演练结束后，评估人员或评估组负责人在演练现场对演练中发现的问题、不足及取得的成效进行口头点评。

（2）书面评估人员针对演练中观察、记录以及收集的各种信息资料，依据评估标准对应急演练活动全过程进行科学分析和客观评价，并撰写书面评估报告。评估报告重点对演练活动的组织和实施、演练目标的实现、参演人员的表现以及演练中暴露的问题进行评估。

（3）总应急演练结束后，演练组织单位应根据演练记录、演练评估报告、应急预案、现场总结等材料，对演练进行全面总结，并形成演练书面总结报告。报告可对应急演练准备、策划等工作进行简要总结分析。参与单位也可对本单位的演练情况进行总结。演练总结报告的内容主要包括：演练基本概要；演练发现的问题，取得的经验和教训；应急管理工作建议。

8. 演练资料归档

（1）应急演练活动结束后，演练组织单位应将应急演练工作方案、应急演练书面评估报告、应急演练总结报告等文字资料，以及记录演练实施过程的相关图片、视频、音频等资料归档保存。

（2）对主管部门要求备案的应急演练资料，演练组织单位应及时将相关资料报主管部门备案。

9. 持续改进

（1）预案修订完善。根据演练评估报告中对应急预案的改进建议，由应急预案编制部门按程序对预案进行修订完善。

（2）应急管理工作改进。应急演练结束后，演练组织单位应根据应急演练评估报告、总结报告提出的问题和建议，对应急管理工作（包括应急演练工作）进行持续改进。演练组织单位应督促相关部门和人员，制定整改计划，明确整改目标，制定整改措施，落实整改资金，并跟踪督查整改情况。

第二节　危险化学品储存运输企业应急救援预案的编制

危险化学品具有毒害、腐蚀、爆炸、燃烧等危险特性，一旦发生事故，就有可能引发火灾、爆炸、中毒等恶性事件，造成人员伤亡、环境破坏和财产损失等严重后果。多年来，国内外发生的危险化学品事故证实了其高风险性。因此，加强危险化学品源头管理的同时，还需要未雨绸缪，有针对性地制定事故的应急救援预案，一旦事故发生，可以依据应急救援预案，展开应急处置和应急救援，以减少人员和财产损失。

一、编制事故应急预案要做到科学合理

1. 科学编制事故应急预案

编制事故应急预案是一项综合性的工作，制定应急反应计划时要考虑各种因素，如企业内部和周边环境、工厂生产特点、产品特性、报警信号传递、气候和方向等。科学合理地建立应急预案，其步骤和内容应包括：

（1）对危险目标进行辨识。特别是对重大危险目标的辨识，即储存或处理超过临界量的特定物质的设备与设施。

（2）对危险目标的周围情况进行明确。事故的危害程度不仅取决于危险品本身，而且与事故过程和当地气候条件以及周围环境状况有关。

（3）应急预案组织的落实。事故发生时，要建立以应急救援指挥部为核心的应急反应系统，通过平时的模拟演练，按照分级管理、分工负责的原则明确各自的责任，成立相应的救援专业队，如防化学专业队、治安和消防专业队、通信联络队、抢险抢修队、医疗救护队、后勤运输与物资保障队，快速采取协调一致的控制行动来控制和减少事故的影响。

（4）对救援装备进行维修、保管。救援装备主要包括抢修抢险设备、个人防护用品、医疗救护器械、检测仪器、通信联络器材，这些装备平时需要专人维护、保管、检修，确保这些设备始终处于完好状态。

（5）对事故进行分级，并对可能发生的灾害事故制定有效的预防措施。无数的事例和经验证明，虽然事故发生的可能性是随时存在和具有偶然性的，但事故是可以预防的。针对可能发生的火灾、爆炸、泄漏灾害事故应制定出相应的预防措施。

2. 编制事故应急预案应切合实际

应急预案应切合企业实际情况，根据本企业的具体情况，事故应急预案还应包括以下内容：

（1）事故现场人员的撤出路线和防护、救护、转移措施，现场人员应急措施、防护、救护设备使用程序。

（2）应急救援工作人员的队伍组成，以及工作人员的训练、培训、考核。

（3）应急预案演练、检查、修正、存档。

（4）建立应急救援组织的动员、召集、指挥机制。

3. 对危险源进行分类分级评价

应急反应系统的建立，需要先对危险源进行分类分级评价，一旦事故发生时，需要结合对现场灾害事故模拟与评价的结果，针对事故发展的不同阶段给出不同的事故处理原则和预案。

根据灾害事故的发展过程，可以将事故过程划分为5个阶段。

（1）事故起始阶段：该阶段主要以事故报警、现场处理等为主题给出应急内容。

（2）事故发展初期阶段：该阶段主要以组织救援、人员疏散等为主题给出各救灾单位的应急救援内容，该阶段是保证应急救援过程顺利完成和减少人员伤亡及财产损失的重要环节。

（3）事故发展阶段：该阶段主要以预测事故的影响，现场应急准备等为主题。该阶段是做好应急救灾的基础，也是各单位能否主动开展救灾工作的关键。

（4）事故处理阶段：该阶段主要进行火灾扑救、开展防爆、防中毒等关键工作的阶段，该过程是现场救灾指挥人员了解、掌握灾害情况和下达命令的时刻，应急救灾决策系统将提供有关灾害模拟分析数据以及事故处理原则、技术措施、处理方案等内容来辅助决策人员进行科学、正确的救灾决策，减少灾害损失。

（5）事故后期处理阶段：该阶段主要以预防次生灾害的发生与恢复生产力为主题开展工作，同时进行事故记录和调查工作，编写事故报告等。

二、企业应急救援预案编制与实施要点

应急救援预案的建立与实施，对于企业提高生产安全事故应急救援能力，降低企业生产安全事故损失具有重大意义。而应急救援预案的建立与实施对许多企业而言是一个较新的课题，如何制定科学、全面的应急救援预案，使其更具有可操作性及预防减灾性，已成为企业在建立与实施应急救援预案时所共同关心的问题。鉴于此，下文立足企业建立与实施应急救援预案的全过程，来探讨其中的相关问题。

1. 应急预案的编制准备

（1）成立预案编制小组。为了做好预案的编制工作，应成立预案编制小组。预案编制小组的负责人应由企业领导担任，这样可以增强预案的权威性，促进工作的实施。小组成员应是预案制定和实施过程起重要作用或是可能在紧急事件中受影响的人员，包括企业管理、安全、生产操作、保卫、设备、卫生、环境、维修、人事、财务等应急救援相关部门，还应包括来自地方政府机构应急救援机构的代表，这样可消除企业应急预案与地方应急预案的不一致性；也可明确当事故影响到厂外时涉及的单位和职责，有利于救援时的协调配合。预案编制小组应对整个预案的编制过程制定详细周密的计划，使得预案编制工作有条不紊地进行。

（2）相关资料收集、整理。在编制预案前，需进行全面、详细的资料收集、整理。企业需要收集、调查的资料主要包括：适用的法律、法规和标准；企业安全记录、事故情况；国内外同类企业事故资料；地理、环境、气象资料；相关企业的应急预案等。

（3）危险源辨识与风险评价。危险源辨识与风险评价是应急预案编制过程的基础和关键，因此企业在编制预案前，首先应对本单位的重大危险源进行辨识，然后对重大危险源的潜在事故和事故后果进行风险评价，根据风险评价结果来编制事故应急救援预案。

（4）应急资源与能力评估。依据危险辨识与风险评价的结果，对已有的应急资源和应急能力进行评估，明确应急资源的需求和不足。应急资源与能力评估应包括如下内容：一是企业内部的应急力量的组成、各自的应急能力及分布情况；二是各种重要应急设备设施、物资的准备、布置情况；三是当地政府救援机构或相邻企业可用的应急资源，如地方应急管理办公室、消防部门、危险物质响应机构、应急医疗服务机构、医院、公安部门、社区服务组织、公用设施管理部门、相关合同方、应急设备供应单位、保险机构等。

2. 应急预案的编制过程

应急预案编制过程是一项细致的工作，不能马马虎虎、粗枝大叶，更不能敷衍了事。应急预案编制过程主要包括：

（1）明确应急救援组织机构、人员及职责。从事故报警到如何实施应急行动或疏散程序。这些行动由企业的哪些部门或人员来完成，即要预先明确各有关部门或人员的应急职责与任务，这是确保应急过程中有关人员迅速各就各位、各司其职，使应急救援工作能迅速有序进行的重要前提。在职责分配时应全面分析并确定需要采取的各种应急行动。例如，紧急疏散、现场警戒、灭火和抢险、通知受影响的相邻单位、指引和接洽外部消防队伍等。应当注意的是，在确定部门职责时，不能仅限于应急行动过程，还应包括事前应急预防、应急准备及事后应急恢复等各阶段的职责。

（2）确定预案文件体系结构。不同类型、不同规模、不同风险的企业，可以针对企业实际应急需要和自身的管理模式，采取不同的应急预案文件体系结构。

在此推荐采用“总预案＋程序＋说明书＋记录”的四级文件体系结构，这种应急预案的文件体系结构与企业建立的质量、环境和职业健康安全管理体系的文件体系结构形式一致，层次清晰，不同层次的人员可以有选择地使用预案文件，具有较强可操作性。其中：

一级文件——总预案：对预案的指导思想、企业基本情况、重大危险源的确定与分布、应急救援组织机构设置、救援专业队伍的组成及分工、信号规定及汇报制度、事故处理、制订预防事故措施、紧急安全疏散、工程抢险抢修等方面作原则性的规定。

二级文件——程序：说明某个行动的目的和范围。程序内容十分具体，其目的是为应急行动提供指南。程序书写要求简洁明了，以确保应急队员在执行应急步骤时不会产生误解。程序格式可以是文字、图表或两者的组合。程序文件包括：预防程序、准备程序、基本应急程序、专项应急程序、恢复程序等。

三级文件——说明书：对程序中的特定任务及某些行动细节进行说明，供应急组织内部人员或其他个人使用。

四级文件——记录：包括制订预案的一切记录，如培训记录、文件记录、资源配置记录、设备设施相关记录、应急设备检修纪录、消防装备保管记录、应急演练的相关记录等。

（3）撰写应急预案。根据已确定的组织机构、人员与职责及预案文件体系结构，制定预案编写任务清单，把预案编写工作落实到具体的部门和人员并确定完成各项工作的时间进度表。

编制预案时应注意的几个问题：一是充分收集和参阅已有的应急救援预案，以最大可能减少工作量和避免应急救援预案的重复和交叉，并确保与其他相关应急救援预案（地方政府预案、上级主管单位以及相关部门的预案）协调一致。二是合理地组织预案的章节，以便每个不同的使用者能快速地找到各自所需要的信息，避免从一堆不相关的信息中去查找所需要的信息。三是保证应急预案每个章节及其组成部分，在内容相互衔接方面避免出现明显的位置不当。四是保证应急预案的每个部分都采用相似的逻辑结构来组织内容。五是应急预案的格式应尽量采取范例的格式，以便各级应急预案能更好地协调和对应。

3. 应急预案的评审与发布

为保证应急预案科学性、合理性和有效性，预案编制完成后，应组织各级、各类管理人员，应急响应人员、预案编制人员及有关机构和专家对预案进行评审。

应急预案评审通过后，应由企业最高管理者签署发布，并报送上级主管部门和当地政府负责安全监督管理综合工作的部门备案。

4. 应急预案的实施

应急预案的实施包括：开展预案的宣传贯彻，进行预案的培训，落实和检查各个有关部门的职责、程序和资源准备，提高参与应急行动所有相关人员应急救援技能等，为预案的演练做好充分的准备。

为做好预案的实施工作，企业应制定预案实施计划确保预案的宣传、贯彻、培训按计划进行，确保应急资源按需配备并可用。

针对预案，应制定培训计划。根据各级各类人员在预案并组织实施过程中所承担的职责与任务的不同（应包括事故发生后受影响的场外人员）确定相应的培训内容及培训方式，使培训工作具有针对性和实效性。

5. 应急预案的演练

预案的演练是指按一定程式所开展的模拟救援演练。其主要目的在于验证应急预案的整体或关键性局部是否可能有效地付诸实施；验证预案在应对可能出现的各种意外情况所具备的适应性；找出预案可能需要进一步完善和修正的地方；确保建立和保持可靠的通信联络渠道；检查所有相关组织机构、人员是否已经熟悉并履行了他们的职责；检查并提高应急救援的启动能力。

演练结束后应组织预案演练的控制人员和评价人员对演练的效果做出评价，并提交演练报告，详细说明演练过程中发现的问题。按照对应急救援工作及时有效性的影响程度，对应急预案加以改进和完善。

6. 应急预案的修订与更新

预案的修订与更新是实现企业事故应急救援预案持续改进的重要步骤。应急救援预案是企业事故应急救援工作的指导文件，同时又具有法规权威性，通过定期或不定期的应急演练、应急救援后应对之进行评审，针对企业实际情况的变化以及预案中暴露出的缺陷，不断地更新、完善和改进应急预案文件体系。

当发生以下情况时，应对预案进行适时的修订与更新，以保持预案的科学性和适用性。这些变化包括：企业的布局和设施发生变化；预案演练或紧急情况过程中发现问题；政策和程序发生变化；组织机构或人员发生变化；救援技术的改进；采用新技术、新材料、新工艺；自然条件变化等。

三、北京市某液化气站事故应急救援预案参考

1. 编制目的

为预防事故发生，规范企业安全生产应急管理和应急响应程序，迅速有效地控制和处置可能发生的事故，降低事故造成人员伤亡和财产损失，制定本预案。

2. 危险性分析

（1）企业概况

公司名称：某液化气站。

部门地址：北京市×××××。

占地面积：9 996 m^2。

固定资产：220 万元。公司人数：20 人。

物质名称：液化石油气，年均充装量 3 000 t。

最大储存量：200 t。日均充装量：7 t（400 瓶）。

设备设施：100 m^3 储罐 4 个，20 m^3 储罐 1 个，管线 370 m，各类阀门 22 个。

生产工艺流程：液化石油气槽车进厂→卸车台→储罐→充装→出站。

储罐位置图（略）、充装区位置图（略）。

（2）危险性分析

1）液化石油气的理化特性

①液化石油气组成：液化气主要成分有丙烷、丙烯、丁烷、异丁烷、丁烯、异丁烯等低分子类，而一般经过处理的民用液化气主要成分有：丙烷、正丁烷及异丁烷等，无色气体或黄柠色油状液体、特殊臭味。

②理化特性。液化石油气常压下为气态，具有气体性质，经过降温和加压处理后成为液态，密度增大。闪点为－74℃，引燃温度为 426～537℃，爆炸极限为 5%～9.65%。液态的液化气挥发性较强，有液态挥发成气体时，其体积扩大 250～300 倍，其热值大，最高燃烧温度可达 1 900℃，体积膨胀系数约为水的 10～16 倍，相对密度为空气的 1.56 倍，易在低洼处沉积。

2）危险源及危害

液化气站存在的主要危险源及危害见表 7—1。

3. 应急组织机构与职责

（1）指挥部组成人员和职责

成立事故应急指挥部和相应的事故抢险组。指挥部由总指挥、副总指挥总指挥和联络员组成。总指挥由总经理担任。

表 7—1　　危险源及危害表

生产工艺流程：液化石油气槽车进厂→卸车台→储罐→充装→气瓶发放	
危险源	危害
（1）储罐、设施、输送气管、各类阀门、连接法兰等出现破裂、损坏、液化石油气泄漏	气体泄漏扩散与空气形成爆炸性混合物，遇明火燃烧爆炸，造成人员伤亡、财产损失、环境破坏
（2）设备、设施操作和维护维修时，违章作业	
（3）雷电侵害	

指挥部主要职责：

1）组织制定本单位安全生产规章制度。

2）保证本单位安全生产投入的有效实施。

3）组织安全检查，及时消除安全事故隐患。

4）组织制定并实施安全事故应急预案。

5）负责现场急救的指挥工作。

6）及时、如实报告生产安全事故。

总指挥：负责应急救援指挥工作，发布抢险救援命令，对特殊情况进行紧急决断，协调副总指挥工作内容，向上级领导汇报事故及处理情况。

副总指挥一：负责协助总指挥作好抢险现场救灾工作的紧急组织，具体负责抢险队的指挥，向总指挥汇报情况，落实总指挥发布的抢险命令。

副总指挥二：负责指挥技术人员，对抢险、抢修作业根据技术规范和工艺情况，提供准确可行的抢险方案，并随时向总指挥汇报情况。负责义务消防经警人员的安排和现场保卫及周边警戒的工作，布置善后的现场保护，维护工作秩序，防止意外破坏情况发生。

副总指挥三：负责组织运输抢险队，准备好人员和车辆，随时准备按指挥命令行动。负责预备队的组织及材料，膳食等后勤保障，随时准备被充抢险队伍。

联络员：负责抢修队的组织及现场抢救、指挥，随时向安全、生产副指挥汇报。负责按指挥部命令进行上、下级的联系和各抢险队间的联系，做好抢险工作记录。协助检查预案执行情况，根据现场技术人员的意见，随时向指挥部汇报。接等有关部门人员的询问。

（2）抢险组职责

1）消防队听到报警后，立即到达着火地点，迅速就近接通水源或提起灭火器听命令灭火。做到迅速、准确、有效。一切行动听指挥，随时向指挥人员汇报灭火情况，注意现场保护。

2）抢修队在听到报警后，按照《抢险队安全管理规定》有关条款，各就各位按照指挥部命令及抢修方案立即投入设备及管线的抢修。一组负责抢修破损的管线或截门：二组负责泄漏点的堵漏及其点火炬的抢修所需工具材料等；三组负责将抢修专用工具运到现场并提供抢修所需工具材料等。抢修中必须注意安全，及时向指挥人员汇报情况。其他无关人员一律不得在现场停留观看。

3）运输队在报警后要迅速按预定集合待命，接到指挥部命令后，立即投入抢救人员及财产的运输。随时向指挥人员汇报情况，做好待命抢险准备。

4）后期组在报警后，组织预备队在指定地点待命，同时为抢险队做好材料、膳食和医疗等各项准备工作，做好抢险准备（预备队）。

5）保卫组听到报警后按保卫预案到达指定地点负责警戒。当发生液化石油气大量泄漏时，应随时监测浓度及其范围，根据扩散情况布置警戒，并通知附近机关团体禁止用电、用火切断交通等。

4. 预防与预警

对所辖区的液化石油气储罐、液化石油气钢瓶等油气储运设施设立符合政府令和行业规范的监测控措施，严格执行安全检查、维护保养制度。对泄漏区域实施不间断进行定点与不定点的检测，随时掌握泄漏区域浓度和扩散范围，恰当地划定警戒区，警戒区内禁绝烟火，不得使用非防爆电器，不准使用手机和对讲机。

针对各种可能发生的油气泄漏事故，建立预测预警机制，进行风险分析，做到早发现、早报告、早处置。

5. 应急响应

（1）事故报警

1）发生油气泄漏事故时，第一发现人立即就近按下火警按钮报警，然后再向消防值班人员说明事故情况，目前应急救援处理情况及需要提供的救援帮助等。

2）消防值班人员根据事故灾情严重程度，决策是否需要外部援助。如需要外援，应拨打119，请求外援。

3）报完火警后，消防值班人员立即通过电话向应急救援领导小组组长报告事故情况。报完警后，消防值班人员指挥有关人员到路口迎车，指引事故地点。

4）事故应急指挥部接到报警电话后，立即通知事故应急指挥部和事故抢险组所有人员到达事故现场。

（2）处理措施

1）报警（119、120等），并视泄漏量情况及时报告政府有关部门。

2）建立警戒区。在指定范围内实行全面戒严。划出警戒线，设立明显标志，以各种方式和手段通知警戒区内和周边人员迅速撤离，禁止一切车辆和无关人员进入警戒区。

3）消除所有火种。立即在警戒区内停电、停火，灭绝一切可能引发火灾和爆炸的火种。进入危险区前用水枪将地面喷湿，以防止摩擦、撞击产生火花，作业时设备应确保接地。

4）控制泄漏源。在保证安全的情况下堵漏或翻转容器，避免液体漏出。如管道破裂，可用木楔子、堵漏或卡箍法堵漏，随后用高标号速冻水泥覆盖法暂时封堵。

5）导流泄压。若各流程管线完好，可通过出液管线、排污管线，将液态导入紧急事故罐，或采用注水升浮法，将油气界位抬高到泄漏部位以上。

6）罐体掩护。从安全距离，利用带架水枪以开花的形式或固定式喷雾水枪对准罐壁和泄漏点喷射，以降低温度和可燃气体的浓度。

7）控制蒸汽云。用中倍数泡沫或干粉覆盖泄漏的液相，减少液化气蒸发，用喷雾水（或强制通风）转移蒸汽云飘逸的方向，使其在安全地方扩散掉。

8）现场监测。随时用可燃气体检测仪监视检测警戒区内的气体浓度，人员随时做好撤离准备。

注意事项：禁止用水直接冲击泄漏或泄漏源，防止泄漏物向下水道、通风系统和密闭性空间扩散；隔离警戒区直至油气浓度达到爆炸下限25%以下方可撤除。

6. 应急结束

事故得到控制，事故再次发生得隐患消除后，应急结束后。消防工作办公室负责对事故进行总结，对值班记录等资料进行汇总、归档，并起草上报材料。

按照有关规定，有公司向地方政府有关部门上报。

7. 应急物资与装备保障

（1）通信与信息保障

消防工作办公室实行24小时值班；经理、副经理及有关部门的负责人和关键岗位的管理人员手机保持24小时通信畅通。

（2）物资保障

按照有关规定储备应急救援物资，建立应急物资动态管理台账，保障应急救援物质管用有效。

（3）应急队伍保障

消防灭火和抢险救援工作组要加强训练，针对模拟事故进行应急演练，并加强救援和管理人员的培训，建立定期演练制度，实战性的综合应急演练每年不少于1次，确保救援队伍能适应急抢险救援的需要。

与邻近消防队，定期开展各专业联防活动，需要时通过消防值班室电话联系，充分发挥联防力量。

8. 附则

（1）培训和演练

每月对所有职工进行1次安全生产应急管理培训，熟悉应急预案和所有消防设施，明确自己的工作职责。

（2）预案修订

根据场所变化和演练评估结果，定期对预案进行修订，并组织学习。

9. 附件（略）

四、四川维尼纶厂天然气管线泄漏应急预案参考

1. 编制依据

依据《中华人民共和国安全生产法》《中华人民共和国消防法》《特种设备安全法》《危险化学品安全管理条例》《生产安全事故应急预案管理办法》《生产经营单位生产安全事故应急预案编制导则》等法律法规和部门规章的相关规定。

2. 天然气管线泄漏事故分级

本专项预案涉及的天然气管线泄漏事故，系指中石油西南分公司重庆气矿倒水桥配

气站至川维厂脱硫装置，以及脱硫至各生产装置、脱硫至各生活区配气站之间的天然气管线泄漏事故。

（1）符合以下条件之一的，为中国石化级事件：

1）造成生产装置或周边生产设施或天然气管线沿途设施严重破坏，天然气主干线输送长时间（3天或3天以上）中断。或造成的管线停输时间超过操作规程允许的最大允许停输时间。

2）造成3人（含3人）以上死亡，或50人（含50人）以上受伤。

3）对社会安全、环境造成重大影响，需要紧急转移安置周边人员的。

4）造成1 000万元以上直接经济损失。

（2）符合以下条件之一的，为厂级事件：

1）造成生产装置、周边生产设施或天然气管线沿途设施损坏，天然气主干线输送1～3天中断的。

2）造成1～2人死亡，或3～49人受伤。

3）造成100万～1 000万元直接经济损失。

4）经危害识别、风险评估后确定本厂能够处置的一般事故。

（3）符合下列条件之一的，为车间级事件：

1）因天然气管线泄漏，装置停运或降负荷，天然气主干线输送中断24小时以内的。

2）无人员死亡，1～2人受伤。

3）造成100万元以下经济损失。

4）经危害识别、风险评估后确定本车间能够处置的一般事故。

3. 预测与预警

根据对天然气管线泄漏的预测与预警，厂所属有关单位应开展对管道的检测、评估工作，进行完整性评价，做到早发现、早报告、早处置。

（1）预测

1）厂属各单位接到天然气管线可能发生或已发生泄漏事件的应急报告后，应立即向应急响应中心报告。

2）应急响应中心应立即组织有关单位到达现场，根据管道破损预测可能造成的后果和管线泄漏的危害程度、紧急程度和发展势态，对事件可能发生的级别进行预测。

（2）预警

厂应急指挥中心根据预测结果，应进行预警。可能发生中国石化级、厂级事件时，指令相关职能部门进入预警状态；可能发生车间级事件时，指令相关单位采取防范措施，并连续跟踪事态发展。可能发生的事故隐患排除后，厂应急指挥中心宣布预警解除。

4. 应急报告

（1）报告程序

1）发生车间级事件，各二级单位在启动本单位应急预案的同时，迅速按照厂总体应急预案规定的程序向应急响应中心报告，最多不超过半小时。

2）发生中国石化级、厂级事件时，厂应急指挥中心立即启动本专项应急预案，按照厂总体应急预案规定的程序向地方政府和中国石化应急指挥中心办公室报告，最多不超过1 h。

3）发生中国石化级事件，事件单位在向厂应急中心报告的同时，也可直接向地方政府和中国石化应急指挥中心办公室报告。

（2）报告内容

1）各单位发生中国石化级、厂级事件应立即报告，报告应包括但不限于以下内容：

①单位名称、发生时间、地点和部位、天然气泄漏数量。

②人员伤亡情况。

③事故简要情况。

④已采取的应急措施。

⑤可能造成的影响和严重后果。

2）在处理过程中，事故单位应尽快了解事态进展情况，并随时用电话、对讲机方式，向应急响应中心报告，报告应包括但不限于以下内容：

①人员伤亡情况。

②天然气管线、设施损坏的情况。

③泄漏管线的工艺运行条件。

④现场气象状况。

⑤周边员工（居民）分布状况及疏散情况。

⑥交通管制情况。

⑦现场应急物资储备情况。

⑧与应急人员到位情况。

⑨事故现场采取的措施情况。

⑩救援请求等。

5. 应急处置

事故发生后，厂应急指挥中心按照下列程序开展应急处置工作。

（1）应急上报

1）当发生中国石化级、厂级事件时，厂属各单位应立即向应急响应中心报告，厂应急指挥中心应立即向中国石化应急指挥中心办公室汇报；

2）当发生中国石化级、厂级事件时，厂有关职能部门按照厂应急指挥中心的指令，分别向地方政府和中国石化对口部门报告。

（2）应急行动

1）厂应急指挥中心应做好以下工作：

①迅速确定现场应急指挥部人员名单，并派出相关人员赶往现场。

②在现场应急指挥部人员到达现场之前，指令事发单位及有关部门的现场指挥负责应急处置工作。

③根据现场需求，组织调动、协调各方应急救援力量到达现场。

④负责对外信息发布和上报材料的准备工作。

2）现场应急指挥部应做好以下工作：

①迅速收集现场信息，核实现场情况，组织制定现场应急处置方案并负责实施。

②统一指挥现场应急处置工作。

③召集现场应急指挥部成员和专家对天然气泄漏事故的发展趋势和可能发生的次生灾害制定对策，并根据现场的变化情况随时修订应急处置方案。

④确定天然气管线泄漏现场的警戒区域和范围，协助地方公安、交通等部门对天然气管线泄漏区域进行警戒。

⑤立即组织医疗救护人员对现场受伤人员进行紧急救治。

⑥协调现场内、外部应急资源，立即分配和发放应急物质。

⑦根据现场应急处置的需要，请求厂应急指挥中心协调组织其他应急资源。

⑧及时向厂应急指挥中心汇报、请示并落实指令。

⑨按照厂应急指挥中心指令，负责现场对外新闻发布。

⑩完成厂应急指挥中心交办的其他任务。

3）应急响应中心应做好以下工作：

①跟踪并详细了解天然气管线泄漏现场的处置情况，及时向厂应急指挥中心汇报、请示并落实指令。

②根据厂应急指挥中心指令，通知各相关单位和专家组专家。

③根据现场情况，组织实施或调整应急处置方案，并及时报厂应急指挥中心。

④在现场应急指挥部人员到达现场之前，指导事发单位及有关部门进行应急处置工作。

⑤调动和协调现场消防、气防、医疗救护等厂内、外部救援力量。

⑥根据厂应急指挥中心指令，负责向地方政府和中国石化应急指挥中心办公室报告和求援。

⑦完成厂应急指挥中心交办的其他任务。

4）环安处应做好以下工作：

①跟踪并详细了解天然气管线泄漏现场应急处置情况，及时向厂应急指挥中心汇报、请示并落实指令。

②负责现场防化、防毒、消防抢险、援救伤员等应急救援工作。

③对现场有毒有害气体进行监测，确定毒害区域警戒范围。

④指导现场环境监测。

⑤派出现场应急指挥部组成人员，参与现场应急处置工作。

⑥完成厂应急指挥中心交办的其他任务。

5）生技处应做好以下工作：

①跟踪并详细了解天然气管线的天然气管线泄漏现场的处置情况，及时向厂应急指挥中心汇报、请示并落实指令。

②根据厂应急指挥中心指令，负责现场紧急状态和事故状态下生产的组织、指挥、平衡和协调工作。

③负责消防污水、生产污水排放的调度工作。

④负责消防污水、生产污水排放的调度工作。

⑤负责应急值班记录、录音以及资料的归档工作；确定本部门派往现场的人员，收集现场情况资料。

⑥根据厂应急指挥中心指令，负责组织起草上报材料，并向地方政府和中国石化对口部门上报，并负责应急值班记录、录音以及资料的归档工作。

⑦完成厂应急指挥中心交办的其他任务。

6）设备处、工程处应做好以下工作：

①跟踪并详细了解天然气管线泄漏现场的处置情况，及时向厂应急指挥中心汇报、请示并落实指令。

②参与制定应急处置指导方案。

③根据厂应急指挥中心指令，组织应急抢修队伍，并落实抢修需要的机具和材料，组织实施抢修工作。

④派出现场应急指挥部组成人员，参与现场应急处置工作。

⑤根据厂应急指挥中心指令，做好向地方政府和中国石化对口部门联系、汇报，并请求支援的工作。

⑥完成厂应急指挥中心交办的其他任务。

7）社管处应做好以下工作：

①跟踪并详细了解天然气管线泄漏现场应急处置情况，及时向厂应急指挥中心汇报、请示并落实指令。

②根据厂应急指挥中心指令，组织现场警戒、道路封锁以及维持现场秩序工作。

③根据厂应急指挥中心指令，组织危险区域范围内的人员疏散安置和生活后勤保障工作。

④派出现场应急指挥部组成人员，参与现场应急处置工作。

⑤完成厂应急指挥中心交办的其他任务。

8）党工部就做好以下工作：

①按照厂应急指挥中心指令，做好新闻发布、媒体接待、广播宣传等工作。

②做好事件波及员工和群众思想稳定工作。

③派出现场应急指挥部组成人员，参与现场应急处置工作。

④完成厂应急指挥中心交办的其他任务。

9）供销公司应做好以下工作：

①跟踪并详细了解天然气管线泄漏现场应急处置情况，及时向厂应急指挥中心汇报、请示并落实指令。

②按照厂应急指挥中心指令，组织调配、采购应急救援物资。

③组织应急物资的运输。

④调整产品销售计划。

⑤派出现场应急指挥部组成人员，参与现场应急处置工作。

⑥完成厂应急指挥中心交办的其他任务。

10）信息中心应做好以下工作：

①接到厂应急指挥中心指令后，组织落实通信和网络系统畅通的工作。

②负责厂通信系统、信息平台、局域网的及时恢复和运行安全。

③完成厂应急指挥中心交办的其他任务。

11）环境监测站应做好以下工作：

①负责对现场有毒有害气体、可燃气体浓度的分析工作，并向厂应急指挥中心报告。

②负责对事件现场进行环境监测工作。

12）其他职能部门应按照厂应急指挥中心指令做好应急工作。

（3）现场应急处置原则

在现场应急处置过程中，坚持“以人为本，安全第一”的指导思想，坚持“保护人员安全优先、防止和控制事故扩大优先、保护环境优先”的原则，同时应符合以下要求。

1）天然气管线泄漏并伴有有害物质的逸散时：

①应迅速切断泄漏源，封闭事故现场，发出有害气体逸散报警。

②组织专业医疗救护小组抢救现场中毒人员。

③监测有害气体浓度，根据现场风向，加强现场人员的个人防护，疏散现场及周边无关人员。

④条件允许时，迅速组织力量对泄漏管线进行封堵、抢修作业。

2）天然气管线泄漏引发火灾、爆炸时：

①立即切断泄漏源，封闭泄漏现场。

②立即组织专业医疗救护小组抢救现场受伤人员。

③立即组织现场消防力量进行灭火，同时启动《火灾爆炸应急预案》。

④立即组织力量对泄漏管线进行封堵、抢修作业。

3）当天然气管线泄漏引发火灾、爆炸并伴有有害物质泄漏时，应根据现场管线的泄漏情况、地势地貌、有害气体逸散的浓度等情况，按照本专项预案第 5.3.1、5.3.2 条的先后次序进行处置。

4）当天然气管线泄漏处于重点穿跨越段（如高等级公路等），并导致交通中断时：

①应立即向当地交通等政府主管部门汇报，请求启动当地政府部门相应的应急预案。

②立即切断泄漏源，对泄漏的管线进行封堵。

③立即组织清理交通要道及两侧安全距离内的污染物，全力恢复交通。

5）天然气管线泄漏处于公共聚集场所、人员密集场所天然气管线泄漏处于公共聚集场所、人员密集场所时，应按照以下原则开展工作：

①立即切断泄漏源，对泄漏的管线进行封堵。

②立即疏散警戒范围内的公众及武官人员到安全区域。

③立即向当地公安、消防等政府主管部门汇报，请求启动当地政府部门相应的应急预案。

④立即对污染物进行隔离，并组织清理。

6. 应急终止

经应急处置后，现场应急指挥部确认下列条件同时满足时，向厂应急指挥中心报告，厂应急指挥中心可下达应急终止指令：

（1）国家及政府主管部门应急处置已经终止。

（2）天然气管线泄漏事故已得到有效控制。

（3）受伤人员得到妥善救治。

（4）环境污染得到有效控制。

（5）社会影响减到最小。

第八章　危险化学品储存运输企业典型事故案例分析

在危险化学品储存运输过程中，由于存储数量大、可燃物质和助燃物质多、危险性高，稍有疏忽大意就容易引发重特大事故。例如，1989 年 8 月 12 日，青岛黄岛油库遭受对地雷击引发特大火灾爆炸事故，造成 19 人死亡，100 多人受伤，大火经过 5 天 5 夜才被扑灭。在危险化学品的运输上也同样存在着很大的危险，例如，1991 年 9 月 3 日，江西省某农药厂在运输一甲胺回返江西时，发生一甲胺大量泄漏事故，造成 595 人中毒，156 人重度中毒而住院，其中死亡 42 人，受灾面积 27 万 m^2。因此，危险化学品储存运输企业必须重视安全，采取切实有效的措施，加强管理，全力遏制各类事故的发生，特别是预防重特大事故的发生。

第一节　危险化学品储存火灾爆炸事故

危险化学品是指具有毒害、腐蚀、爆炸、燃烧、助燃等性质，对人体、设施、环境具有危害的剧毒化学品和其他化学品。危险化学品由于自身的危险性，在储存过程中若发生泄漏事故，很容易引发燃烧、爆炸、腐蚀、毒害等严重的灾害事故，危及公共安全和人民群众的生命财产安全，导致环境污染。危险化学品储存要认真吸取以往事故教训，通过事故案例教育，增强员工的安全意识，提高企业员工安全生产的自觉性。

一、兰州石化分公司球罐物料泄漏导致的爆炸火灾事故

2010 年 1 月 7 日 17 时 24 分，位于甘肃省兰州市的中国石油天然气股份有限公司兰州石化分公司（以下简称兰州石化分公司）316 号罐区发生一起爆炸火灾事故，造成 6 人死亡、6 人受伤（其中 1 人重伤）。

1. 事故企业基本情况

兰州石化分公司有总资产约 340 亿元，员工 2.74 万人，下属 9 个生产分厂，90 套炼化生产装置，原油加工能力 1 050 万吨/年，乙烯生产能力 70 万吨/年。这次事故涉及的合成橡胶厂有 10 套生产装置，主要包括 10 万吨/年和 5.5 万吨/年丁苯橡胶装置、5 万吨/年和 1.5 万吨/年丁腈橡胶装置等；石油化工厂有 6 套生产装置，主要包括 25 万吨/年乙烯装置、6 万吨/年线性低密度聚乙烯装置、14 万吨/年高密度聚乙烯装置等。

发生事故的 316 号罐区始建于 1969 年，共有 29 个中间物料储罐，分属于兰州石化分公司石油化工厂和合成橡胶厂。合成橡胶厂负责管理 4 个裂解碳四球罐和 3 个丁二烯

球罐，7 个球罐容积均为 120 m^3。石油化工厂负责管理的 22 个储罐中，有 10 个为立式储罐（属压力容器），储存拔头油、丙烯、丙烷和 1-丁烯；另外 12 个为常压立式罐，分别储存碳九、抽余油、加氢汽油等重组分。

2. 事故经过

1 月 7 日 17 时 16 分左右，合成橡胶厂 316 罐区操作工在巡检中发现裂解碳四球罐（R202）出口管路弯头处泄漏，立即报告当班班长。17 时 18 分，当班班长打电话向合成橡胶厂生产调度室报告现场发生泄漏，并要求派消防队现场监护。17 时 20 分，位于泄漏点北面约 50 m 的丙烯腈装置焚烧炉操作工向石油化工厂生产调度室报告 R202 所在罐区产生白雾，接着又报告白雾迅速扩大。17 时 21 分，合成橡胶厂 316 罐区当班班长再次向生产调度室报告现场泄漏严重。17 时 24 分，现场即发生爆炸。之后又接连发生数次爆炸，爆炸导致 316 号罐区四个区域引发大火。

事故发生后，企业和地方消防部门调集 460 余名消防官兵、86 台各类消防车辆迅速赶到现场，展开扑救。由于着火物料多为轻质烃类，扑救十分困难，现场抢险灭火指挥部决定对 4 个着火区实行控制燃烧，同时对周边罐采取隔离冷却保护措施。大火直到 9 日 19 时才基本扑灭。事故造成企业员工 6 人当场死亡、6 人受伤（其中 1 人重伤），316 罐区 8 个立式储罐、2 个球罐损毁，内部管廊系统损坏严重。

3. 事故原因分析

经初步分析，造成这起事故的原因是：裂解碳四球罐（R202）内物料从出口管线弯头处发生泄漏并迅速扩大，泄漏的裂解碳四达到爆炸极限，遇点火源后发生空间爆炸，进而引起周边储罐泄漏、着火和爆炸。

这起事故造成现场作业人员伤亡严重，火灾持续时间长，社会影响重大，教训极为深刻。事故暴露出作为危险化学品重大危险源的 316 罐区安全设防等级低，早期投用的储罐本质安全水平、自动化水平不高和应急管理薄弱等问题。

4. 事故教训与防范措施

（1）认真做好冬季化工企业安全生产工作。冬季是化工企业、特别是北方化工企业事故高发季节，化工企业要针对冬季安全生产的特点，进一步加强安全生产管理工作。要加强基层领导干部、技术人员和操作工人对生产现场的巡回检查，加强对危险化学品重大危险源和生产装置关键要害部位的安全监控，发现隐患和异常现象及时处理，把事故消灭在萌芽状态。要切实加强生产装置防冻防凝工作。对防冻防凝的重点部位要落实责任，加大检查频率，确保保温伴热措施发挥应有功效，防止因冻裂、冻凝而引发泄漏、火灾爆炸事故。

（2）化工企业要加大投入，采用先进科学手段，加快本质安全化改造，全面提升危险化学品储罐区等重大危险源的安全监控水平。要对在役的老装置、老罐区开展一次彻底排查，超过设计年限的压力容器、压力管道，不能满足安全生产需要的，要坚决报废；能够继续使用的，要开展改造升级，使安全设施满足现行安全标准、规范的要求，特别是液态烃、液氯、液氨及剧毒化学品等重点储罐，应按照相关规定要求设置紧急切断阀、装备安全联锁装置。

（3）进一步加强化工企业的应急管理工作，提高全员应急处置能力。化工企业和其他危险化学品从业单位，要全面开展事故预想，通过定期演练不断完善各类事故应急预案，提高全员对事故的分析判断和应急处置能力。企业要进一步完善事故应急预案，加强应急演练，储备必要的应急器材和物资，确保遇到险情和突发事故能够及时科学果断处置，减少损失，避免事故扩大。

二、大连石化分公司三苯罐区动火作业导致的爆炸火灾事故

2013 年 6 月 2 日 14 时 27 分许，中国石油天然气股份有限公司大连石化分公司（以下简称大连石化公司）第一联合车间三苯罐区小罐区 939＃杂料罐在动火作业过程中发生爆炸、泄漏物料着火，并引起 937＃、936＃、935＃三个储罐相继爆炸着火，造成 4 人死亡，直接经济损失 697 万元。

1. 事故单位及事故罐区基本情况

（1）事故单位基本情况

1）大连石化公司是中国石油天然气股份有限公司下属的大型炼油企业，现有炼油化工主体装置 37 套，具备 2 050 万吨/年的原油加工能力和 27 万吨/年的聚丙烯生产能力，员工总数 6 659 人，主要从事原油加工、有机化工原料和合成树脂制造等业务。大连石化公司持有的安全生产许可证有效期至 2015 年 2 月 23 日。

2）中国石油天然气第七建设公司（以下简称中石油七建公司）隶属于中国石油工程建设公司，具有化工石油工程施工总承包一级资质和压力管道安装维修许可证。2011 年 5 月 30 日取得了建筑企业安全生产许可证，有效期至 2014 年 5 月 29 日。中石油七建公司在大连设有项目部，下辖一、二、三、五、六、七等 6 个施工队。

3）大连林沅建筑工程有限责任公司（以下简称林沅公司）成立于 2003 年 2 月 19 日，经营范围为：建筑工程施工；机械设备租赁；钢结构及网架制造安装；园林绿化工程；压力管道安装；工业设备及管道防腐；绝热、电器仪表安装维修；道路工程施工；储存罐安装（以上涉及行政许可的凭资质证经营）。具有房屋建筑工程施工总承包二级资质、化工石油设备管道安装工程专业承包三级资质和压力管道安装维修许可证。2008 年取得辽宁省建设厅颁发的安全生产许可证，有效期至 2014 年。林沅公司以中石油七建公司大连项目部第七工程队的名义在这次事故现场进行施工作业。

（2）事故罐区基本情况

大连石化公司第一联合车间三苯罐区（分大罐区和小罐区）建于 2000 年，为 10 万吨/年苯乙烯装置配套罐区。三苯罐区的小罐区防火堤内设有 940＃罐、939＃罐、938＃罐、937＃罐、936＃罐、935＃罐、934＃罐、510＃罐。939＃罐为拱顶罐，罐容 500 m^3，用于收装 10 万吨/年苯乙烯装置的高沸物、甲苯等。

2. 事故发生经过和应急救援情况

（1）事故发生经过

2012 年 3 月 15 日，10 万吨/年苯乙烯装置由于效益原因停工。自 2013 年 4 月开始，大连石化公司对 10 万吨/年苯乙烯装置进行技术改造，同时对配套的三苯罐区进行检修。

2013 年 4 月 15 日，大连石化公司与中石油七建公司签订《炼油化工装置检修合同》

及《炼化装置检修工程服务安全生产合同》，合同期限为2013年4月15日至2013年12月30日。

2013年5月15日，中石油七建公司与林沅公司签订《10万吨/年苯乙烯装置停工检修、技措、改造合同》《安全协议》，双方未在合同上盖章、签字，合同期限为2013年5月19日至2013年12月31日，合同分包方式为劳务作业分包。工程开工时间为2013年5月19日。

发生事故的939＃罐施工作业的计划单内容为更换锈蚀严重的罐顶侧壁仪表维护小平台板。2013年6月1日（星期六），大连石化公司第一联合车间设备主任邓雪峰安排设备员李明辉下达939＃罐仪表维护小平台板更换、消防水线加导淋作业票。李明辉和林沅公司施工人员到现场确认后，为其办理了939＃罐施工作业票。9时左右，监护人三苯罐区外操工邵国庆到939＃罐顶时，闻到罐顶气味较大，将罐区工艺员韩军叫到罐顶进行确认，韩军确认罐顶气味较大，并发现罐顶呼吸阀没有加盲板，即告知林沅公司现场施工人员不加盲板不得动火作业。因林沅公司未及时清理5月31日在该车间作业现场遗留的杂物，安全员王大庆告知该公司施工人员停止其在小罐区的所有动火作业，故当日办理的939＃罐更换维修仪表小平台板的动火作业许可证未下发。当天未进行939＃罐维修仪表小平台板更换作业。

6月2日第一联合车间早调度会后，王大庆将6月1日未下发的939＃罐动火票动火作业有效期改为6月2日，并安排三苯罐区外操工慈军对939＃罐进行现场动火作业监护。慈军到达小罐区现场时，林沅公司的领班张洪伟、电气焊工陶崇海、姚忠利及力工石成泉（负责现场卫生清扫和监护）已在现场。

9时30分左右，慈军与王大庆一起登上939＃罐顶，王大庆闻到很重的油气味，但无法确定泄漏源，慈军用便携式可燃气体报警器对观察孔处可燃气体浓度进行了检测，王大庆检查检尺口，并将卡扣卡好后用防火布盖上，确认呼吸阀盲板已加上。因泡沫发生器附近油气味道大，随即要求施工单位将泡沫发生器用黄泥堵上、将仪表小平台护栏用防火布围上。王大庆将动火票交给慈军，随后离开939＃罐施工现场。10时30分左右，慈军将动火票交给林沅公司现场作业人员，施工人员使用气焊等工具对腐蚀的仪表小平台板进行拆除。

13时40分，林沅公司4名作业人员开始939＃罐作业，1人在罐下清扫地面，1人在维修仪表小平台铺设新花纹板，2人在罐顶进行动火作业。

14时27分53秒（工厂监控视频显示时间），939＃罐突然发生爆炸着火，罐体破裂，着火物料在防火堤中蔓延（各罐之间无隔堤），小罐区防火堤内形成池火。14时28分01秒、14时28分29秒、14时30分43秒，937＃罐、936＃罐、935＃罐相继爆炸着火。

（2）应急救援情况

事故发生后，大连石化公司立即组织自救并向相关部门报告，同时向110指挥中心报警。在接到事故报告后，大连市主要领导带领安监、环保、公安等有关部门负责人第一时间赶到事故现场组织抢险救援工作。大连市启动了危险化学品事故应急救援预案，成立了抢险救援指挥部，调集公安、消防和医护人员开展事故应急救援工作。

大连市消防部门派出40个中队846名消防官兵，出动消防车163台参与灭火。救援人员对事故罐区管排及框架实施冷却保护，并对地面流淌火和防火堤内池火进行扑救。16时大火被扑灭。同时第一时间将现场发现的两名受伤人员送往医院救治，这两名受伤人员后经抢救无效死亡。2名失踪的作业人员后经现场搜寻发现，已死亡。

事故发生后，企业立即启动三级防控系统，火灾没有对其他装置、罐区造成影响，没有造成环境污染。

3. 事故原因分析

造成事故的直接原因，是林沅公司作业人员在罐顶违规违章进行气割动火作业，切割火焰引燃泄漏的甲苯等易燃易爆气体，回火至罐内引起储罐爆炸。

造成事故的间接原因：

(1) 中石油七建公司大连项目部在承揽939＃储罐仪表维护平台更换项目后，非法分包给没有劳务分包企业资质的林沅公司，以包代管、包而不管，没有对现场作业实施安全管控。

(2) 林沅公司未能依法履行安全生产主体责任，未取得劳务分包企业资质就非法承接项目；企业规章制度不健全不落实，员工安全意识淡薄，违章动火；未对现场作业实施有效的安全管控。

(3) 大连石化公司安全管理责任不落实，管理及作业人员安全意识淡薄，制度执行不认真不严格，检维修管理、动火管理和承包商管理严重缺失。

(4) 中国石油天然气股份有限公司对大连石化公司安全生产工作监督管理不到位，对大连石化公司反复发生生产安全事故重视不够，对大连石化公司存在的安全生产责任制不落实和动火、承包商管理严重缺失等问题失察。

4. 事故教训与防范措施

(1) 进一步落实企业安全生产主体责任，切实把事故防范工作落到实处。事故单位要深刻吸取这起爆炸火灾事故的沉痛教训，进一步落实企业安全生产主体责任，切实把安全生产工作作为企业头等大事来抓。要严格执行安全生产法律法规和规程标准，进一步完善企业安全管理制度，并采取措施，切实执行下去、落实到位。

(2) 要深刻吸取连续发生事故的教训，全面加强安全生产工作。要真正把安全生产摆在重中之重的位置，切实加强领导，全面加强安全生产工作。要深刻剖析企业安全生产存在的深层次问题，研究制定相应的对策措施，全面提升安全生产水平；要完善各级安全生产责任制和各项安全规章制度，积极采取有效措施，确保责任落实、制度落实、措施落实、工作落实、任务落实；要加强员工的安全教育和培训，培养员工树立安全意识，增强操作技能。

(3) 要从思想上高度重视，进一步强化化工企业检维修作业管理。一是要建立和完善检维修作业安全管理制度和操作规程，明确作业流程和审批制度并严格执行。二是要加强对检维修工作的组织领导，成立专门组织、明确责任任务、领导靠前指挥、重点加以管控。三是要制定完善、科学、安全、可靠的检维修方案，做好检维修作业组织管理、统筹协调和安全监管，制定并落实好检维修过程中的应急预案。四是要指派胜任工作的企业人员组织开展作业前风险分析，根据风险分析的结果采取相应的预防和控制措施。五是要确保作业人员全部具备相应资质、经过培训、掌握作业的范围、风险和相应的预防及控制措施。进行作业前，做好安全检修方案及安全技术交底，对作业任务和安全措施要进一步确认；作业过程中要加强现场的监护和安全检查。六是要不断提高作业人员尤其是进行监督和管理的人员的基本救护技能和作业现场的应急处理能力，一旦发生异常情况要果断决策、有力处置。

三、上海浦三路油气加注站检修施工导致的储罐爆炸事故

2007 年 11 月 24 日 7 时 51 分，上海市浦三路某油气加注站，在停业检修时发生液化石油气储罐爆炸，事故造成 4 人死亡、30 人受伤，周围建筑物被破坏。

1. 事故单位基本情况

该油气加注站共有 10 m^3液化石油气储罐 3 个、20 m^3汽油储罐 2 个、15 m^3汽油储罐 1 个、15 m^3柴油储罐 1 个，以上 7 个储罐均为埋地罐。该油气加注站主要经营车用液化石油气、汽油、柴油。2005 年，取得上海市燃气管理处发放的上海市燃气供应站供气许可证（有效期到 2007 年 4 月），尚未取得危险化学品经营许可证。

2. 事故经过

2007 年 9 月，在安全检查中发现浦三路油气加注站存在安全隐患，于是浦东销售中心与上海太平洋燃气有限公司签订工程承包合同，将检修工作委托给太平洋公司负责，太平洋公司又转包给没有压力管道施工资质的上海威喜建筑安装工程有限公司。计划检修项目为油气加注站管道刷油漆防腐、更换紧急切断阀、校验安全阀。

2007 年 10 月 12 日，油气加注站暂停营业，进行检修。同日，太平洋公司用 10 瓶氮气分别将 1 号、2 号储罐内的剩余液化石油气物料压到槽车内，进行退料，至储罐液位表到零位后结束，但没有对液化石油气储罐进行置换。

11 月 7 日，施工人员按合同内容开始对管路进行除锈、刷漆。11 月 14 日，浦东销售中心变更工程项目内容，在原有合同的基础上增加了更换系统管道的内容。11 月 22 日，管道全部更换完毕。

11 月 23 日 15 时，上海威喜建筑安装工程有限公司违反压力管道试压规定，擅自用压缩空气气密性试验代替对新更换管道的压力试验，并确定管道系统气密性试验压力为 1.76 MPa。在没有用盲板将试压管道与埋地液化石油气储罐隔离，且储罐的液相管道阀门和气相平衡管阀门处于全开情况下，用空气压缩机将试压管道连同埋地液化石油气储罐一起加压至 1.2 MPa，保压至 24 日上午。24 日 7 时 10 分，继续升压。7 时 40 分，焊工进行液化石油气管道防静电装置焊接作业。7 时 51 分，当将第 3 只单头螺栓焊至液化石油气管道气相总管，空压机加压至 1.36 MPa 时，2 号液化石油气储罐发生爆炸，罐体冲出地面，严重损坏，其余两个埋地液化石油气储罐受爆炸冲击，向左右偏转，造成液化石油气罐区全部破坏，爆炸形成的冲击波将混凝土盖板碎块最远抛出 420 多米。

事故造成 2 名作业人员当场死亡，30 名附近居民和油气加注站旁边道路上行人受伤，其中 2 名伤势严重的行人在送往医院途中死亡，周边约 180 户居民房屋玻璃不同程度损坏，12 家商店及 70 余部车辆破损。

3. 事故原因分析

造成事故的直接原因，是在进行管道气密性试验时，没有将管道与埋地液化石油气

储罐用盲板隔断，液化石油气储罐用氮气压完物料后没有置换，导致液化石油气储罐与管道系统一并进行气密性试验。罐内未置换干净的液化石油气与压缩空气混合，形成爆炸性混合气体，因现场同时进行电焊动火作业，电焊火花引发试压系统发生爆炸。

造成事故的间接原因：

（1）以包代管，浦东销售中心将油气加注站的检修工作外包后，没有对施工过程的安全进行监督，致使承担检修任务的单位在检修过程中屡屡违反施工安全作业规程。

（2）层层转包，太平洋公司承接检修工程项目后，又将检修工程转包给没有相关施工资质的上海威喜建筑安装工程有限公司。

（3）检修计划不周密，施工过程中随意多次增加检修项目却不及时修改检修施工方案。

（4）没有按照安全检修要求对检修管道和设备内的气体进行置换，擅自用气密性试验代替管道的压力试验，在管道气密性试验时，没有将管道与液化石油气储罐用盲板隔离。

（5）安全意识差，在油气加注站的检修过程中没有执行动火有关规定，在没有动火许可证的情况下擅自动火，从而引发事故。

4. 事故教训与防范措施

（1）全面提高企业安全意识。必须督促企业落实安全生产主体责任，提高企业管理人员的安全意识，加强对各类从业人员的安全培训，掌握与工作相关事故的处置技能和防范措施。企业必须强化各项安全管理规章制度的落实，严格岗位安全操作规程，坚决制止违章指挥、违章作业行为。

（2）严格执行建设项目安全设施“三同时”审查制度。在进行一般性的装置改造或采用新的技术措施时，要全面考虑保障作业安全的需要，必须由有资质的设计单位进行设计，并经安全管理部门审查通过后方可实施改造。

（3）狠抓化工企业检维修环节安全管理。化工企业要加强危险场所直接作业环节安全管理，尽量避免交叉作业，建立和完善拆装盲板、动火、进入受限空间等危险作业安全管理制度和操作规程，明确作业流程和审批制度；加强装置局部停工检修安全管理，作业前要明确现场安全负责人，做好安全检修方案及安全技术交底，开展作业危害识别和风险评估，制定切实可行的安全防范措施并认真予以落实，交付检修前要进行安全条件确认；作业过程中要加强现场的监护和安全检查。

第二节　危险化学品运输火灾爆炸典型事故案例

危险化学品运输发生火灾爆炸事故以及其他事故，与这样四个因素有直接的关系：一是设备的因素，如果装运危险化学品车辆安全状况不好会严重影响安全，导致事故发生；二是客观因素，即路面状况和天气状况也直接影响到危险化学品安全运输；三是装运条件因素，如果运输危险化学品的装运条件如包装、配装货物等不合要求，也能引发事故。四是人的因素，即从事装卸、运输危险化学品的工作人员，如装卸操作工、驾驶员、押运员等，如果安全意识淡薄，安全技能差，责任心不强，疲劳驾驶，盲目开快车、强行会车、超车，过铁路岔口、桥梁、涵洞时不减速，还有的酒后驾车，极易引起撞车、翻车事故。四个因素中，人的因素最为重要。

一、段岩后隧道内车辆追尾甲醇泄漏导致的燃爆伤亡事故

2014 年 3 月 1 日 14 时 45 分许，位于山西省晋城市泽州县的晋济高速公路山西晋城段岩后隧道内，两辆运输甲醇的铰接列车追尾相撞，前车甲醇泄漏起火燃烧，隧道内滞留的另外两辆危险化学品运输车和 31 辆煤炭运输车等车辆被引燃引爆，造成 40 人死亡、12 人受伤和 42 辆车烧毁，直接经济损失 8 197 万元。

1. 事故单位基本情况

（1）事故车辆驾驶人情况

李建云，晋 E23504/晋 E2932 挂铰接列车驾驶人，2006 年 5 月 19 日在晋城市交通局初次取得危险货物运输驾驶员从业资格证，从业资格证有效期至 2014 年 10 月 30 日。

牛冲，晋 E23504/晋 E2932 挂铰接列车押运员，2012 年 5 月 28 日在晋城市交通运输局初次取得危险货物运输押运员从业资格证，从业资格证有效期至 2018 年 5 月 28 日。

汤天才，豫 HC2923/豫 H085J 挂铰接列车驾驶人，2002 年 7 月 5 日在焦作市交通局初次取得危险货物运输驾驶员从业资格证，从业资格证有效期至 2014 年 6 月 6 日。

冯国强，豫 HC2923/豫 H085J 挂铰接列车押运员，2012 年 6 月 15 日在焦作市交通局初次取得危险货物运输押运员从业资格证，从业资格证有效期至 2018 年 6 月 14 日。

（2）事故单位情况

山西省晋城市福安达物流有限公司成立于 2010 年 1 月。该公司具有危险货物运输运营资质（2 类 3 项、3 类、8 类，即毒性气体、易燃液体、腐蚀性物质），道路危险货物运输许可证有效期至 2018 年 1 月 28 日。该公司现有半挂牵引车 7 辆，罐式半挂车 7 辆，驾驶员 7 名，押运员 7 名，安全管理人员 3 名（2 名为兼职）。其中，肇事车辆晋 E23504/晋 E2932 挂铰接列车于 2012 年 1 月 17 日由山西省汽运集团晋城汽车运输有限公司过户至晋城市福安达物流有限公司。

河南省焦作市孟州市汽车运输有限责任公司为国有股份制企业，隶属于孟州市交通运输局。该公司具有危险货物运输运营资质（2 类 1 项、2 类 2 项、2 类 3 项、3 类、4 类 3 项、8 类、9 类，即气体、易燃液体、遇湿危险物质、腐蚀性物质和杂类危险物质），道路运输经营许可证有效期至 2014 年 8 月 23 日。公司现有危险货物运输车辆 426 辆，危险货物运输车辆驾驶员 426 名，押运员 426 名，管理人员 251 名。

（3）事故道路情况

事故发生在晋济高速公路（国家高速公路网二连浩特至广州主干线山西晋城段）山西晋城至河南济源方向的岩后隧道内 K9＋605.305 处。该隧道为左右分离式，事发隧道（右洞）长 786.875 m，隧道进口段（K9＋574.125 至 K10＋265.319）位于直线上，出口段（K10＋265.319 至 K10＋361）位于半径为 835 m 的平曲线上，隧道纵坡为 2.2%。隧道建筑限界为净宽 9.75 m，限高 5 m，隧道内轮廓采用半径为 5.29 m 的单心圆曲墙式断面。隧道围岩属二、三、四类，采用复合式衬砌，路面铺装为 4 cm 加 6 cm 改性沥

青混凝土。

2. 事故经过

2月28日17时50分，晋济高速公路全线因降雪相继封闭；3月1日7时10分，解除交通管制措施。

3月1日11时起，事故路段车流量逐渐增加；12时45分，泽州收费站出省方向车辆增多，开始出现通行缓慢的情况；13时，持续出现运煤车辆在右侧车道和应急车道排队等候通行的情况；事发时岩后隧道右侧车道排队等候，左侧车道行驶缓慢。

3月1日14时43分许，由汤天才驾驶、冯国强押运的豫HC2923/豫H085J挂铰接列车（事发时位于前方，以下简称前车），装载29.66 t甲醇运往洛阳，在沿晋济高速公路由北向南行驶至岩后隧道右洞入口以北约100 m处时，发现右侧车道上有运煤车辆排队等候，遂从右侧车道变道至左侧车道进入岩后隧道，行驶了40余米后，停在皖BTZ110号轻型厢式货车后。

14时45分许，由李建云驾驶、牛冲押运的晋E23504/晋E2932挂铰接列车（事发时位于后方，以下简称后车），装载29.14 t甲醇运往河南省博爱县，在沿晋济高速公路由北向南行驶至岩后隧道右洞入口以北约100 m处时，看到右侧车道上有运煤车辆排队缓慢通行，但左侧车道内至隧道口前没有车辆，遂从右侧车道变至左侧车道。驶入岩后隧道后，突然发现前方大约5～6 m处停有前车。李建云虽采取紧急制动措施，但仍与前车追尾。碰撞致使后车前部与前车尾部铰合在一起，造成前车尾部的防撞设施及卸料管断裂、甲醇泄漏，后车前脸损坏。

两车追尾碰撞后，前车押运员冯国强从右侧车门下车，由车前部绕到车身左侧尾部观察，发现甲醇泄漏。为关闭主卸料管根部球阀，冯国强要求汤天才向前移动车辆。该车向前移动1.18 m后停住，汤天才下车走到车身左侧罐体中部时，冯国强发现地面泄漏的甲醇起火燃烧。

甲醇形成流淌火迅速引燃了两辆事故车辆（后车罐体没有泄漏燃烧）和附近的4辆运煤车、货车及面包车，由于事发时受气象和地势影响，隧道内气流由北向南，且隧道南高北低，高差达17.3 m，形成“烟囱效应”，甲醇和车辆燃烧产生的高温有毒烟气迅速向隧道内南出口蔓延。经专家计算，第一起火点着火后，8 min后烟气即可充满整个隧道；起火后10 min，距离第一起火点184 m的5辆运煤车起火燃烧，形成第二起火点；随后距离第二起火点40 m的其他车辆也开始燃烧。

发现着火后，后车驾驶员李建云、押运员牛冲从隧道北口跑出，前车驾驶员汤天才、押运员冯国强跑向隧道南口，并警示前方车辆驾乘人员后方起火。当时隧道内共有87人，部分人员在发现烟、火后驾车或弃车逃生，48人成功逃出（其中1人因伤势过重经抢救无效死亡）。

17时5分许，距离南出口约100 m的1辆装载二甲醚的鲁RH0900/鲁RC877挂铰接列车罐体受热超压爆炸解体。

事故导致滞留隧道内的42辆车辆全部烧毁，隧道受损严重。

3. 事故应急处置情况

3月1日14时50分，晋城消防支队指挥中心接警后，先后调派7个公安消防中队、

9个专职消防队共400名官兵、44辆消防车赶赴现场，山西省消防总队调集相邻的长治、临汾两市消防支队共29名官兵、5辆消防车到场增援。

15时15分，城区中队（系责任区中队，距离事发地约13.5 km）在高速交警引导下首先到达隧道北口。此时隧道北口有车辆猛烈燃烧，地面形成流淌火；位于下风方向的隧道南口有大量黑色浓烟涌出，浓烟已感到烫手。根据现场情况，由晋城市政府及其有关部门组成的现场指挥部决定全力扑救隧道北口火灾，继续对后车罐体实施冷却，在出口处组织停留人员疏散，并协调环保部门对现场环境及可燃有毒气体进行实时监测。18时许，隧道北口处火灾被彻底扑灭。

3月2日零时10分，现场指挥部决定组成攻坚组从人行横洞进入隧道，分别向隧道南、北两侧梯次进攻灭火。3时30分，后车罐体内甲醇导出转移；9时30分，人行横洞以北隧道内大火被基本扑灭；3月3日18时，隧道内大火被全部扑灭。

事故发生后，山西省公安厅组织开展遇难人员数量和身份核定工作。先后在隧道内搜寻到12具遗骸，并对隧道内清理出的42辆车辆残骸、1 000余吨煤炭及其他残留物进行反复筛查，提取检材。公安机关于3月11日，确认这起事故死亡和失踪人数已超过30人，为特别重大事故。截至3月17日，最终确认在这起事故中有40人遇难，并对遇难者身份全部予以确认。

4. 事故原因分析

造成事故的直接原因，是晋E23504/晋E2932挂铰接列车在隧道内追尾豫HC2923/豫H085J挂铰接列车，造成前车甲醇泄漏，后车发生电气短路，引燃周围可燃物，进而引燃泄漏的甲醇。

造成事故的间接原因：

(1) 山西省晋城市福安达物流有限公司安全生产主体责任不落实。企业法定代表人不能有效履行安全生产第一责任人责任；企业应急预案编制和应急演练不符合规定要求；企业没有按照设计充装介质；从业人员安全培训教育制度不落实，驾驶员和押运员习惯性违章操作，罐体底部卸料管根部球阀长期处于开启状态。

(2) 河南省焦作市孟州市汽车运输有限责任公司危险货物运输安全生产的主体责任落实不到位。企业未能吸取以往交通事故教训，仍然存在“以包代管”问题；没有按照设计充装介质；驾驶员和押运员习惯性违章操作，罐体底部卸料管根部球阀长期处于开启状态。

(3) 晋济高速公路煤焦管理站违规设置指挥岗加重了车辆拥堵。晋济高速公路煤焦管理站违反设计要求在泽州收费站前设置指挥岗，加重了车辆拥堵。拥堵发生后，未主动协调配合收费站等单位对车辆进行疏导。

(4) 湖北东特车辆制造有限公司、河北昌骅专用汽车有限公司生产销售不合格产品。湖北东特车辆制造有限公司生产销售的“晋E2932挂”半挂车的罐体未安装紧急切断阀，不符合相关标准的规定，属于不合格产品。河北昌骅专用汽车有限公司生产销售的“豫H085J挂”半挂车的罐体和“豫U8315挂”半挂车的罐体未安装紧急切断阀，不符合GB 18564.1—2006标准的规定，属于不合格产品。车辆未经过检验机构检验销售出厂，不符合《危险化学品安全管理条例》的规定。

5. 事故教训与防范措施

（1）要大力推动危险货物道路运输企业落实安全生产主体责任。要督促各类危险货物道路运输企业切实落实安全生产主体责任，严格执行国家有关法律法规和规章标准，建立健全安全生产责任制、安全管理规章制度并认真贯彻落实，坚决杜绝“包而不管、挂而不管、以包代管、以挂代管”的情况发生；要督促运输企业加强驾驶员、押运员培训、教育和管理工作，建立完善的安全培训、考核制度和录用、淘汰机制，着力提升从业人员的法制意识、安全意识和安全技能，严禁不具备相应资质、安全培训不合格和安全记录不良的人员驾驶危险货物机动车辆；要督促各类危险货物道路运输企业采购合格运输车辆，严格按照规定进行日常检查和定期维护保养，始终保持营运车辆技术状况良好，确保运输车辆安装符合《道路运输车辆卫星定位系统车载终端技术要求》（JT/T 794—2011）的GPS卫星定位装置，并保证车辆监控数据准确、实时、完整地传输。

（2）要切实加大危险货物道路运输安全监管力度。交通运输部门要加强对危险货物道路运输企业的日常安全监管，对安全管理责任不落实、“包而不管”、“以包代管”和存在重大安全隐患以及有挂靠问题且“挂而不管、以挂代管”的危险货物运输企业，要依法限期整改，情节严重的要责令停业整顿。对整改验收不合格的，要依法依规取消其相应资质。同时，要严格驾驶员从业资格管理，及时掌握驾驶员的违章、事故记录及诚信考核、继续教育等情况，对于记分周期内扣满12分的驾驶员，要吊销其从业资格证件，三年内不予重新核发。

（3）要全面排查整治在用危险货物运输车辆加装紧急切断装置。要督促各类危险货物运输企业严格执行GB 18564.1—2006强制性标准要求，逐台核查常压罐式危险货物运输车辆加装紧急切断装置情况。在企业自查的基础上，要组织有关部门对辖区内此类车辆安装情况进行全面摸底排查，集中进行整改。

（4）要进一步加强公路隧道安全管理。要结合本地区实际，认真研究制定切实有效的公路隧道安全管理措施，提高公路隧道本质安全度。交通运输部门要完善隧道硬件设施，增设和完善灯光照明、防撞护栏、紧急避险车道和限速、禁止超车交通警示标识和逃生指示标识等隧道安全基础设施，严控车辆进入隧道时的速度；要根据隧道实际情况加装监控视频、声光报警、应急广播、应急按钮等装置，确保紧急状态下隧道内人员能够第一时间获知危险信息，及时避险逃生；要全面排查、评估公路隧道沿线各类检查站、收费站、煤管站等选址对隧道内车辆快速通行的影响，对易造成隧道交通拥堵、导致事故发生的，要立即停用或取消。

（5）要进一步加强公路隧道和危险货物运输应急管理。要高度重视公路隧道应急管理工作。要针对本地区路网布局、产业特点和可能发生的各类事故，抓紧完善危险货物道路运输事故应急预案和各类公路隧道事故应急处置方案；要下大力气整合危险货物运输企业GPS监控平台、高速公路交通运行监控系统、公安交警交通安全管理系统等信息系统资源，统一和规范地方政府危险货物事故接处警平台，强化应急响应和处置工作，建立责任明晰、运转高效的应急联动机制。

（6）要加强安全保障技术研究和健全完善安全标准规范工作。对罐式危险货物运输车的后下部防护提出专门要求，提高危险货物运输车辆后下部防护装置的强度和性能；

针对不同种类罐式危险货物运输车辆主卸料口的合理位置提出通用要求，明确罐式危险货物运输车辆主卸料口及三道安全阀的位置和设置，优化车辆罐体阀门等装置的连接方式，明确罐体出厂检验和定期检验的项目和要求，提升罐式危险货物运输车辆的被动安全性。

二、清远运输炸药车辆在搬运过程中引发的重大爆炸事故

2012 年 8 月 27 日 14 时 31 分，英德市民用爆破器材专卖有限公司运载民爆物品的车辆在位于清远英德市望埠镇的英德龙山水泥有限责任公司矿山分厂（龙尾山石灰石矿山）133 平台发生炸药爆炸事故，造成 10 人死亡，20 人受伤，直接经济损失 1 051.2 万元。

1. 基本情况

（1）英德市民用爆破器材专卖有限公司（以下简称民爆公司）。民爆公司成立于 1993 年 11 月 11 日，下设办公室、安全科、财务科以及龙头山仓库（含英中仓库）、英东片仓库、英西片仓库、英城片仓库等 4 座仓库。2012 年 1 月 14 日民爆公司与英德龙山水泥有限责任公司签订买卖合同，约定由民爆公司向英德龙山水泥有限责任公司销售炸药、雷管等民爆物品，有效期至 2012 年 12 月 31 日。

（2）英德龙山水泥有限责任公司（以下简称龙山公司）。龙山公司于 2003 年 3 月 10 日注册成立，港台独资经营，下设矿山分厂等 14 个部门，员工 950 名。公司现有 3 条日产 5 000 t 新型干法水泥熟料生产线，熟料年产 540 万 t、水泥 340 万 t。

龙山公司矿山分厂（龙尾山石灰石矿山）为龙山公司直属二级单位，开采石灰石，设计生产能力 720 万吨/年，开采标高为＋222.29 m～＋40 m，开采方式为自上而下分台阶露天开采，矿体上部的表土覆盖层已基本剥离。民爆物品由英德市民用爆破器材专卖有限公司统一配送、回收，不设储存仓库。

龙山公司矿山分厂下设破碎工段、运输工段、维修工段、采矿工段等。其中采矿工段主要负责矿山的采准、穿孔、爆破、铲装工作，共有 41 人。采矿工段下设钻机班、工程机械班、988 装载机班、正铲班、爆破班等五个班组。其中爆破班有 7 人，宣守兵担任班长，成员有邱定陆、曾志国、钟锦富、范秀云、罗永培、李万厂等六人。

（3）英德市祥兴保安服务有限公司（以下简称保安公司），于 2007 年 3 月成立，服务范围为门卫、巡逻、守护、区域秩序维护、随身护卫、安全检查、安全技术防范、安全风险评估等。2011 年 9 月 1 日，保安公司与民爆公司签署《保安员监炮协议书》，约定由保安公司向民爆公司派出 22 名保安员，其中龙头山仓库 6 名。保安员主要负责做好民爆物品储存、运输的保安工作；监督民爆公司仓库保管员按规定保管、发放民爆物品；随运输车到达用户矿山进行监炮；到爆破作业现场监督民爆公司人员与用户对民爆物品进行交接登记等。

保安公司属下 200 多名保安员，均只有公安部门颁发的保安员资格证书，派驻民爆公司的保安员均未取得交通运输部门颁发的危险货物押运从业资格证。

（4）英德市鑫力劳务有限公司（以下简称劳务公司），于 2011 年 5 月 5 日成立，经营范围为劳务派遣。2012 年 1 月 11 日，该公司与龙山公司签订合同，派遣 150 名劳务

人员赴龙山公司从事劳务工作，完成龙山公司指定的工作任务。合同未明确劳务人员具体工作内容。2012年1月1日，劳务公司分别与马定佳、朱光胜、杨家松、付日旭签订《劳动合同书》，有效期至2012年12月31日。合同约定上述4人的工作内容为手风钻作业，工作地点为英德龙山工业园区。

(5) 运送爆破器材的车辆、司机、押运员、装载情况。民爆公司共有14辆汽车（其中，龙头山仓库有7辆运输车）从事民爆物品运输。但是，该公司未依法取得交通运输部门核发的企业危险货物运输资质，龙头山仓库7名司机中仅3人依法取得交通部门核发的危险货物运输从业资格证，14辆车均未依法取得交通部门核发的危险货物运输资格证。

8月27日，龙头山仓库共发出3辆车运输炸药、雷管至龙山公司矿山分厂133 m平台爆破作业现场。第一辆车装了122箱乳化炸药，共2.928 t；第二辆车装了100袋膨化炸药，共2.4 t；第三辆车装了190袋膨化炸药和150箱乳化炸药，共8.16 t。

2. 事故经过及救援情况

(1) 事故经过

2012年8月23日，英德市公安局河头派出所批准龙山公司于8月27日使用炸药11.328 t、雷管535发。8月27日上午10时30分左右，龙山公司矿山分厂采矿工段副工段长吴利打电话给民爆公司龙头山仓库主任陈承佩，要求于13时30分前配送炸药、雷管到矿山。12时05分左右，民爆公司龙头山仓库安排3辆车共登记装载炸药13.488 t和雷管469发（其中由4号库实际发放、运输炸药13.488 t，2号库登记出仓雷管469发），先后出发赴龙山公司133平台爆破作业现场。其中，粤RP0661号车刚运载民爆物品给英德海螺水泥有限责任公司长腰山水泥用石灰岩矿回到龙头山仓库，未打扫清理车厢即装运炸药赴龙山公司133平台。具体运输情况如下：

13时左右，龙山公司矿山分厂钻机班郭孔桥、王小东、赵维报、马超等4名工人，驾驶2台钻机到矿山133平台清理炮孔，为爆破工装填炸药做准备。

13时30分左右，龙山公司矿山分厂吴利、宣守兵、钟锦富、曾志国、罗永培5名爆破工和劳务公司马定佳、朱光胜、杨家松、付日旭等4名手风钻工到矿山133平台准备爆破作业。

13时35分左右，爆破现场负责人吴利和龙山公司保安陈远和随粤RP1429号车到达矿山133平台，该车直接开到炮孔附近，紧随其后到达矿山133平台的另外两部车（粤RP2553和粤RP0661）在爆破警戒线外等候。吴利和爆破班长宣守兵指挥爆破员、手风钻工共10人将炸药从车上卸下，并将炸药直接搬到炮孔附近。约20分钟后，粤RP1429号车卸完炸药驶离爆破工作面，粤RP2553号车从警戒线外开至爆破工作面内，爆破工曾志国从车厢尾部将雷管（雷管存放在专用箱中）搬下放到地上，由宣守兵负责清点（清点时是一捆一捆的清点，没有一发一发地清点），确认数量后由宣守兵分两次将雷管搬至车头左前方三四米远的地方存放。其他人员继续从车上卸下炸药并直接将炸药搬到炮孔附近。其后，爆破班长宣守兵和钟锦富、曾志国、罗永培共4名爆破工开始将炸药、雷管装填到炮孔，期间，应搬卸炸药工人的要求，粤RP2553号车后退了约20 m，以方便工人将炸药从车上直接搬到炮孔附近。约20 min后，粤RP2553号车卸完炸药和雷管，驶离爆破工作面。粤 RP0661 号车从警戒线外开至爆破工作面内，爆破工罗永培和劳务公司马定佳、朱光胜、杨家松、付日旭等 4 名手风钻工卸炸药，爆破班长宣守兵和钟锦富、曾志国、罗永培等 4 名爆破工继续往炮孔装炸药和雷管，钻机操作工人王小东、郭孔桥两人在离停车处约 3 m 的地方使用钻机套孔作业，吴利因口渴离开粤 RP0661 号车到警戒线旁边喝水。

14 时 31 分，粤 RP0661 号车车厢内发生爆炸，该车完全炸毁，抛掷物（汽车碎片）由炸坑处向四周抛射，最远距离约 500 m。事故共造成 10 人死亡，20 人受伤，经济损失重大。

（2）事故救援及善后处置

事发时龙山公司正在召开周例会。矿山分厂副厂长范海涛听到 133 平台爆炸声，立即带领几名矿山分厂人员乘车赶到爆炸现场查看情况并开展救援。随后，矿山分厂厂长魏法伟等救援人员陆续上山，安排车辆送伤员去医院救治。由于爆炸现场有大量遗留未引爆的炸药、雷管，随即对现场戒严并在爆炸现场拉警戒线，要求 133 平台人员迅速撤离至现场，并在主要路口设置警戒点，向英德市政府和公安、经济和信息化、安全监管等相关部门报告爆炸事故情况。

14 时 50 分左右，英德市政府接报后，英德市委、市政府负责人组织安全监管、公安、消防、卫生、住房和城乡建设、政法委、望埠镇等单位人员赶赴事故现场，开展事故处置工作。

这起事故共造成 10 人死亡，20 人受伤，其中作业现场 9 人，周边群众 11 人，最后一位伤员已于 10 月 3 日治愈出院。爆炸现场一辆运输车和一台大型钻机被炸毁，损失约 341.2 万元；外围（英红镇）损失约 710 万元；直接经济损失约 1 051.2 万元。

3. 事故原因分析

（1）事故直接原因

这起事故的直接原因是粤 RP0661 运输车车厢炸药发生爆炸，根据综合调查结果可排除炸药质量不稳定、车辆部件起火、雷击、钻机打残眼和撞击摩擦等因素引起的炸药爆炸，存在雷管或热积累引发炸药爆炸两种可能。

一是雷管引发炸药爆炸的可能。由于平时爆破作业结束后，民爆物品退库曾违规用炸药箱装雷管、炸药，且民爆物品管理混乱，不排除 8 月 27 日粤 RP0661 运输车车厢内炸药箱夹带雷管，在搬运过程中引发炸药爆炸。

二是热积累引发炸药爆炸的可能。炸药在装卸、运输途中因颠簸、摇晃、摩擦等因素产生热积累，当热积累达到一定程度时可以引起炸药爆炸。根据气象报告，27 日 14 时气温达 34.9℃、相对湿度 51%，现场处于无遮拦的矿区，室外气温较高，粤 RP0661 配送司机没有按规定及时清理残留在运输车厢内散落的炸药粉，该运输车违规严重超载，且卸炸药过程中未熄火，在暴晒状态下，有可能因热积累导致车厢内的炸药爆炸。

（2）事故间接原因

1）民爆公司对民爆物品管理混乱，违规发放和违法运输民爆物品。民爆公司违法运输民爆物品。8 月 27 日，在龙山公司未能依法提供有效的“民用爆炸物品运输证”的情况下，民爆公司违法向龙山公司运输 13.488 t 炸药和 469 发雷管。

2）龙山公司违法使用民爆物品组织生产。龙山公司龙尾山水泥用石灰岩矿的安全生产许可证已于 2012 年 8 月 23 日到期，但该矿仍违法使用民爆物品，继续组织生产，最终导致该事故发生。

3）龙山公司爆破作业现场管理混乱，违章作业：吴利指挥车辆在正套孔作业的钻机附近卸民爆物品，宣守兵指挥劳务公司派遣人员付日旭、马定佳、杨家松、朱光胜等 4 名手风钻操作工卸炸药，并在同一工作平台上同时卸炸药雷管、装药、使用钻机穿孔。

（3）保安公司向民爆公司派出未持证押运员（保安员），违规从事押运服务活动。保安公司超出省公安厅批准的服务范围，违规从事民爆物品押运服务。

4. 事故教训与防范措施

（1）认真落实民用爆炸物品的安全管理。公安、经济和信息化委、交通运输等负有民用爆炸物品安全管理的职能部门要细化民用爆炸物品生产、销售、购买、进出口、运输、配送、爆破作业以及流向等环节管理的相关制度和监管措施，严格安全许可审查，督促有关单位保持安全生产的许可条件，坚决纠正违法违规行为，要严格民用爆炸物品使用、销售的审批条件和程序，不得擅自变更工作流程，放松审批条件。严格落实民用爆炸物品运输、配送的安全措施，不得使用不符合条件和未经许可的车辆从事运输和配送，严禁不符合资质条件的人员从事民用爆炸物品车辆的驾驶和押运。严禁雷管、炸药混运、混放、混发，确保雷管与炸药的安全距离符合规程要求。要严肃查处民用爆炸物品从业单位的违法违规行为，加大监管力度，督促从业单位严格落实安全管理制度和安全措施。

（2）要着重强化对民爆物品销售场所和专用仓库的设计、结构和材料、安全距离以及防火、防爆、防雷、防静电等安全设备、设施，民爆物品销售企业相应资格的安全管理人员、仓库管理人员、押运员、驾驶员，以及爆炸品专用运输车辆的监督管理。强化民爆物品运输监督管理，严格执行民爆物品运输车辆资质和民爆物品运输从业人员（运输、押运、装卸）资格相关规定，严肃查处民爆物品运输车辆超速、超载等违规行驶行为；强化爆破作业现场监督管理，督促民爆物品使用单位安全保卫、工程爆破的安全警戒，强化从业人员的安全教育和培训，提高从业人员操作技能和安全意识，严格按照爆破设计和相关作业规程规范要求依法依规实施爆破作业。道路交通主管部门要切实按照《道路危险货物运输管理规定》（交通部令 2005 年第 9 号）的规定，严格民爆物品运输车辆和民爆物品运输从业人员（运输、押运、装卸）准入管理。

（3）民用爆炸物品从业单位必须负起安全生产主体责任。从业单位和主要负责人要强化安全生产的法制意识、责任意识，负起本单位安全生产第一责任人的职责，要对本单位安全管理制度、岗位责任制度、安全防范措施制度的建立和落实员主要责任，对本单位的非法生产、经营、运输、使用等非法行为负首要责任，对本单位特种作业人员未经安全培训和持证上岗负重要责任。从业单位要严格按照国家法律法规和技术规范的要求，设立安全生产管理机构和配备安全管理人员，依法组织生产经营活动。销售单位要强化民用爆炸物品的出仓和进仓的管理，严格登记制度，及时将药种、数量和流向等信息输入监管信息系统，自觉接受监督，爆破作业单位要严格爆破作业设计方案管理，严格民用爆炸物品的存放，使用和回收管理，严格落实爆破现场的安全技术措施，确保各项规章制度落实到位。

（4）民爆物品销售企业要严格民爆物品运输车辆管理，车辆完成运输后必须打扫干净，清出车厢内残留的药粉、药渣以及遗留的民爆物品；严格执行危险货物道路运输车辆资质和危险货物道路运输从业人员（运输、押运、装卸）资格规定，凭公安机关核发的民爆物品使用单位“民用爆炸物品运输许可证”，按照许可的品种、数量运输，严格执行运输时间、起始地点、运输路线和经停地点等规定，严禁装载民爆物品的运输车辆在人员集聚区逗留以及载药（炸药）维修、车厢内载人、爆破器材和其他货物混装等违规违章行为；装卸使用民爆物品时，要严格执行安全操作规程，并在现场设置警戒，禁止无关人员进入，严禁雷管等起爆器材与炸药在同时同地进行装卸；如实将本单位购买、销售、发放、运输、储存民爆物品的品种、数量和流向信息输入公安机关规定的信息管理系统。

（5）民爆物品使用单位要建立健全安全管理机构和安全生产责任制，配备专业人员，制定完善安全管理制度、安全操作规程和事故应急预案；加强对爆炸物品管理和使用人员的安全教育和培训，增强安全意识，提高业务素质，爆破专业管理人员和爆破作业人员必须经过专业培训，考核合格后持证上岗；严格执行《爆破安全规程》（GB 6722—2003）有关规定，爆破作业必须进行爆破设计并严格执行，装药、爆破时应在警戒区边界设置明显标志并派出岗哨，严格执行爆破作业现场安全距离要求，严格执行手持式或其他移动式通信设备不准带入作业现场等有关规定，严禁边装药、边卸药、边复孔等违章作业行为。

（6）切实加强安全生产的教育培训。民用爆炸物品从业单位要认真加强对本单位从业人员的安全教育、法制教育和岗位技术培训，保证涉爆人员具备必要的安全生产知识，熟练掌握相关规章制度和爆破安全操作规程。从业人员需经培训考核合格方能上岗作业。主要负责人、安全管理人员和对有资格要求的岗位人员必须经专门培训并取得相应资格，持证上岗，并严格落实安全生产责任制。

第三节　危险化学品储存运输重大泄漏事故应急救援事例

运输危险化学品发生泄漏事故时，驾驶员、押运员或周围的人要尽快设法报警。如果在厂内出现事故要立即启动应急预案进行救援。如果发生在道路上，要立即报告当地公安消防部门或地方公安机关，可能的情况下尽可能采取应急措施，或将危险情况告知周围群众，尽量减少损失。对于事故发生地政府部门，要按规定制定道路运输危险化学品事故应急救援预案，并进行必要的演练，从而在事故发生后，能够及时展开应急救援，尽可能减少事故造成的损害。

一、河北盐山化解异丁醛罐车翻车泄漏事故应急处置的做法

2006 年 4 月 12 日下午，经过 12 h 的奋战，河北盐山县各部门密切配合，成功处置了 23 t 异丁醛罐车倾翻泄漏事故。

1. 事故突然发生

4 月 12 日凌晨 4 时许，天空下着毛毛细雨，山东淄博一辆从北京运输化工原料的罐车，在 205 国道河北盐山县望树镇路段“四脚朝天”翻到国道边的深沟里。车上装载的 23 t 异丁醛属易燃易爆和有毒液体，随时有可能发生爆炸和泄漏……

异丁醛是一种无色透明液体，易挥发，高浓度吸入对人有麻醉作用。更为严重的是，异丁醛的蒸汽与空气可形成爆炸性混合物，极易燃烧爆炸。事故就是命令！4 时 50 分，事故报告迅速传到了盐山县政府和相关部门。接到事故报告后，盐山县领导当即启动应急预案。随后，按照该县《危险化学品安全生产事故应急救援预案》的要求，公安、消防、安监、环保、卫生等各部门迅速行动。盐山县县长吴国君迅速赶到现场组织抢险。

通过对现场的迅速分析后，救援人员认为，异丁醛已有少量泄漏。因为邻近村庄，如果不及时采取措施，一旦发生大量泄漏，后果将不可估量。按照应急有预案，沧州市和盐山县各部门迅速分头行动。

2. 紧急救援

在对现场情况了解后，现场指挥人员按照应急预案做出决定：周围群众全部疏散到 1 km 以外的安全地带，同时对 205 国道望树至盐山路桥收费站段实行封锁管制。

当地政府立即派人到附近村民家中通知，把险情告知村民，带领村民撤离到安全地带。半个小时后，2 000 多名群众被疏散转移。为了防止周围电路引发火灾，县供电公司切断了罐车上方的一条高压供电线路的供电，乡镇干部则巡查扑灭周围的一切火源。环保部门经过仪器测量发现，罐车底部的异丁醛浓度已经超标 100 倍。同时，在沧州市安监部门的协调下，沧州炼油厂安环处处长何玉帮带领 8 人组成的专家组赶到现场。

经过勘察，专家组认为，运输异丁醛的罐车在沟底“四脚朝天”，车身把装载异丁醛的不锈钢罐重重压在下面。不锈钢罐的壁厚仅 3 mm，极可能在车身的重压下崩漏，但异丁醛属于高腐蚀性化学品，沧州市一时找不到那么大容积的不锈钢罐体，目前只能尽快把罐车起吊到路面。

如何把重达数十吨的装满易燃易爆液体的罐车从深沟里安全吊到路面，而且保证罐体不受碰撞呢？一个难题摆在了救援人员面前，如果吊运中出现撞击或者碰到罐体，异丁醛势必会大规模崩漏。

“按照我们的应急预案做足一切准备!”现场指挥人员下达了任务。

当天 15 时许，2 部挖掘机把罐车周围的土挖走，又在周围筑起两道围堰，防止异丁醛崩漏时发生大面积扩散。15 时 30 分，2 部各 50 t 的起重机开到罐车左侧公路上，技术专家把木板和铁板护在罐体上。15 时 40 分，起重机按照预案要求，开始起吊罐车。尽管有外层的木板铁板防护，罐车的局部还是被钢丝绳勒得变了形，十分危险。最终，

罐车被安全地翻转过来。此时，消防战士冲上去，对泄漏处进行了封堵。

一切救援工作都按着预案的要求进行着。到当天16时许，经过近12 h的紧急救援，翻滚入沟的罐车终于被吊上公路。消防人员立即对泄漏污染的区域进行技术处理，环保检测人员对附近环境进行检测后发现一切都恢复到了常态。随后，指挥人员宣布解除对现场的封锁，2 000多名群众安全返回家园。

3. 应急预案帮了大忙

“在这次事故中，由于应急预案准备完善，救援及时，一起可能演化成重大事故的事件，却没有造成任何人员伤亡，应急预案帮了大忙呀！”参加应急救援的负责人说。

因为205国道在盐山县境内通过，所以危化品运输车辆频繁过境。当地政府非常注重对应急救援预案的建设，早在几年前就对危化品事故制订了较完善的应急救援预案，科学完善的应急救援预案加上训练有素的专家和救援人员，是这次事故应急处置化险为夷的决定因素。

预案在关键时刻发挥了非常大的作用，不但避免了“临时抱佛脚”的混乱，减少了不必要的“研究等待”拖延时间，也使相关部门人员在事故发生后，知道自己站在哪个岗位，干什么，如何干，从而得以在最短的时间内控制事故发展态势。

据介绍，这起异丁醛罐车翻车事故起因是，当时天空下着小雨，司机在开车途中擦车内玻璃，而导致车辆走偏倾翻。值得一提的是，司机及时与当地交通等部门取得联系，报告运输货物为易燃易爆的异丁醛。司机的及时报告，对事故的应急处置大有帮助，一些业务素质较低的危化品运输司机在发生事故后，往往不能及时向当地有关部门说明运输物品而延误救援机会，所以加强危化品运输车辆司机安全培训也是非常重要的。

二、安徽铜陵成功处置运输液氨槽罐车泄漏事故的做法

2007年4月8日，一辆装有22 t液氨的槽罐车在安徽省铜陵市铜官山化工有限公司内发生泄漏。有关部门联合奋战近5 h，成功堵漏，避免了一起可能会造成重大伤亡和环境污染的事故。

1. 司机失误酿成祸端

8日上午6时40分，灵璧县凯盛化工有限公司一辆槽罐车，从河南开封建许化工厂运送22 t液氨到安徽六国化工股份有限公司，到达铜陵后因不熟悉情况，误将铜官山化工有限公司当作六国公司。

驾驶员将槽罐车开入铜官山化工有限公司四号门，在准备过磅时，槽罐上的安全阀被磅房顶部的构件撞断，导致大量液氨泄漏。

据介绍，外逸的氨气会危及人畜健康与生命，遇水则变为有腐蚀性的氨水；空气中氨蒸汽达到一定浓度时，遇火星会引起燃烧爆炸。

2. 各方全力投入抢险

事故发生后，铜陵市市长张庆军、常务副市长于勇迅速赶到现场指挥抢险。消防、安监、质监、环保、公安、卫生、水利等部门和有关企业的人员也纷纷赶赴现场进行抢险救援。

铜陵市政府立即启动应急救援预案，成立了重大事故现场应急抢险救援指挥部，下设抢险、专家、环境监测、治安警戒、卫生救护和综合等小组。

6 时 51 分，铜陵市消防支队接到报警后，迅速出动七辆水罐消防车、30 余名指战员，几分钟就赶到现场。此时，槽罐法兰口喷出的白色气柱有四五米高，发出的"嗞嗞"声在几百米外都能听到。

由于事故现场过往车辆、行人特别多，而且还有许多围观群众，如果不采取适当措施予以处置，将会造成人员伤亡和重大财产损失。

指挥部决定，抢险人员兵分四路：第一路人员在离泄漏事故地点 1 000 m 远的铜官大道两端设置警戒线，封锁道路，禁止无关人员、车辆进入，疏散现场围观群众，维持现场秩序，控制火源；第二路人员设置两个水枪阵地，用两支喷雾水枪向泄漏槽罐射水，冷却罐体，稀释泄漏出的液氨，避免空气中的氨蒸汽达到爆炸极限；第三路人员就近寻找水源，负责运水供水，确保水源充足；第四路人员及时关闭了通往长江的水流总排口，现场实施环境监测。

3. 选派人员强行封堵

现场抢险专家组分析研究后，决定用木塞对泄漏点进行强行封堵。

10 时 30 分，堵漏工作展开。经过认真挑选，2 名技战术过硬的抢险人员佩戴防护服，在两支开花水枪的掩护下，带着堵漏器具从消防拉梯上到槽罐顶部，迅速将带压堵漏器具塞住泄漏法兰，用锤子将器具锤紧，随即将夹具放在堵漏器具上，用钢丝绳将夹具捆绑结实。到了 11 时 16 分，槽车安全阀的法兰终于被成功堵住。11 时 40 分，槽车被运往六国公司进行液氨卸载。

三、葫芦岛市天然气储气罐泄漏事故应急救援的做法

2004 年 3 月 29 日上午 10 时左右，中海石油（中国）有限公司天津分公司位于龙湾新区东窑村的 JZ 20—2 天然气分离厂一个储气罐出现天然气大量泄漏，如果遇到火星，将引起大面积爆炸。经过紧急救援，彻底排除了险情，并创造了全国处置同类可燃气体泄漏事故的典范。

1. 事故经过

2004 年 3 月 29 日上午 10 时左右，中海石油（中国）有限公司天津分公司位于龙湾新区东窑村的 JZ 20—2 天然气分离厂，发现一个阀门前的压力表出现故障，需要更换压力表，工作人员在向下拧表时，不慎将压力表管被拧断，导致液化气大量泄漏。如果遇到火星，将引起大面积爆炸。

发生液化气大量泄漏的储罐，当时罐内液面高 6.1 m，内有液化气 237 吨。在周围不足 100 m^2范围内，共有 5 个 1 000 m^3容积的液化气储罐，如果遇到明火或静电，将引发连锁爆炸，整个厂区便会被夷为平地，而且周边的村庄群众将遭受灭顶之灾，后果不堪设想。

2. 应急救援

3 月 29 日上午 10 时 34 分，葫芦岛市消防支队指挥中心接到报警。接警后，葫芦岛市消防支队派出四个中队的 14 台车辆、69 名指战员迅速赶往现场。

消防指战员到达事故现场后，发现位于厂区东北角的容积1 000 m^3的V—643B球形液化石油气储罐周围已被大量的烟气所笼罩，罐底正在大量向外喷泻液化气，喷口发出巨大的“吆吆”声，储罐周围200 m^2的地面全部弥漫着白色的烟气。

在紧急情况面前，现场的指挥人员果断采取措施，设立5个水枪阵地，一个水炮阵地，向罐体喷水，稀释泄露的液化气，并且进行堵漏。在储罐外围3 km范围内设置警戒区域，禁止人员、车辆通行。使用开花水枪对泄漏处进行稀释，防止有毒气体扩散或达到爆炸浓度。利用厂内设施实施倒罐，同时，打开罐顶的放空阀减压。指战员们冒着随时可能发生爆炸的危险，坚持战斗在最前沿。水枪阵地的官兵连续5 h站在没膝深冰冷刺骨的水中近距离对泄漏处实施稀释。

在进行扑救堵漏的同时，现场的指挥人员下达了疏散命令：以分离厂为中心，从葫芦岛市龙湾大街开始，消防战士在当地公安民警的配合下设立封锁线，禁止所有车辆和人员进出，并迅速撤离周围地区居民。与此同时，葫芦岛市消防支队向葫芦岛市政府、市公安局和辽宁省消防总队汇报事故的严重性。

11时16分，接到报告的葫芦岛常务副市长张竟强、副市长崔枫林及随后赶来的辽宁省消防总队领导亲临一线指挥。现场指挥部针对扑救中又有大量液化石油气泄出的情况，决定扩大警戒范围，以防止随时可能发生的爆炸。葫芦岛市公安局300多名民警立即行动，将警戒线范围扩大。

根据计算，泄漏出来的液化石油气如果爆炸，就会产生连锁爆炸，并列的5个液化气罐都会爆炸，这5个液化气罐一共装有5 000 m^3的液化石油气，如果爆炸，其爆炸力相当于一万多吨TNT炸药的威力，整个葫芦岛市新城区都将受到严重损害。

液化石油气在气化时吸收大量的热量，所以泄出点温度急剧下降，喷出的水在泄漏点的金属管附近冻结成了厚厚的冰。因为结冰，所以液化气泄出量明显减少。然而，下午2时40分，泄漏点冻结的冰突然脱落，泄漏点的管口又“吆吆”地冒出白气，液化气又开始大量泄出。指挥员决定用木头楔子堵塞泄漏的管口。消防战士身穿防化服和呼吸器，顶着冒出的液化气冲了上去。据介绍，这时只要有一点火星，泄漏出来的液化气就可能发生爆炸。虽然战士们身穿的都是防静电的衣服，但危险来自液化气本身。液化气一般都含有杂质，这些杂质在喷出泄漏管口时，可能因为摩擦产生静电火花引发爆炸。

泄漏液化气的管口温度在−50℃左右，由于泄出的液化气压力过大，第一次用木楔堵漏没能成功。储气罐周围防护沟的积水已齐腰深，消防战士站在凉水里，第二次用木头向里顶也没有成功，消防人员只好手持木头楔子，用铜锤向里钉。消防战士手上戴着皮手套，一挨上泄出点附近的金属，手套立即被冻得像铁片一样，消防战士将手套上的冰磕掉以后再干，16时06分，泄漏点终于被彻底堵住。

在这次应急救援行动中，葫芦岛市消防部门出动14辆消防车，奋战6 h，喷水2 000 t，险情被彻底排除，同时创造了全国处置同类可燃气体泄漏事故的典范。

四、北京地下丙烯运输管线泄漏事故应急救援的做法

2004年6月18日上午11时50分许，北京市房山区某实业公司一台挖掘机在进行雨沟施工作业时，将地下丙烯运输管线挖漏，造成有害气体迅速扩散。面对突如其来的

丙烯泄漏险情，房山区迅速启动应急救援预案，沉着应对，果断处置，避免了一起重大事故的发生。

1. 事故经过

2004年6月18日上午11时50分许，北京市某实业公司一挖掘机手，在操作挖掘机进行雨沟施工作业时，将地下丙烯运输管线挖漏，顿时管内约16 kg级的气体压力，使雾状的丙烯从裂缝中喷涌而出，形成二三米高的烟柱，有害气体无情地向四周迅速扩散，对现场和周边人们的生命安全构成严重威胁。

房山城关地区的化工四厂所需的生产原料丙烯，均由燕化集团公司通过输气管路提供，全长达6 km，直径50 mm的输气管路深埋地下约1.5 m。

2. 应急救援

地下丙烯运输管线挖漏后，闯下大祸的施工人员情急之下，拨通了化工四厂的电话。接到报警电话后，化工四厂领导马上意识到事故的严重性，一方面由指挥长率领安消科、生产科、设备科、保卫科、车管科等职能部门人员，出动消防车辆急速赶赴事故现场，控制险情；一方面及时将事故情况报告房山区政府、区安全生产监督管理局和供气方燕化集团公司，请求对险情协调处置。与此同时，该厂储运车间及时关闭丙烯进料阀门，燕化一厂接到险情报告后，也立即关闭了送料阀，并组织技术人员在事故现场回收管线内的残存丙烯，对无力回收的送火炬燃烧，减少丙烯扩散影响环境和危及群众的生命安全。厂中化室现场负责对气体的监测，为安全排险提供科学依据。

房山区主管副区长命令区安委会有关成员单位负责人以军事化的行动赶赴事发现场，组织排险。接到指令后，驻区国有大型危化企业燕化公司、东方公司领导都在第一时间到达现场。市安全生产监督管理局有关领导闻讯后也专程赶来，对排险工作进行指导、督察。

为使排险工作紧张有序进行，各级领导现场简要听取事故通报情况后，立即成立以主管副区长任全胜为总指挥的战地指挥部。针对事故现场紧邻交通要道，过往车辆多，人员密集，扩散的有毒气体危及人身安全的严重后果，当即决定启动区事故应急救援预案。区安全生产监督管理局、公安局、环保局、城关办事处、消防处、交通支队等单位按照各自职责分工，协调配合，积极行动，在划定方圆500 m的警戒区域内迅速布控，加强警戒，封锁事故现场，疏导过往车辆和行人，熄灭周边明火，切断现场电源，组织险区内三户居民和几十名民工紧急疏散，确保绝对安全。

化工四厂储运车间的职工顾不上吃饭休息，有的关阀卸压，有的回收丙烯，还有的冒雨拆卸盲板。维修班工作人员接厂调度室关于给丙烯管线和球罐加盲板，准备氮气吹扫的命令后，立即行动，两人一组，小心而又熟练地操作，避免因工具碰撞产生火花带来麻烦。

保安和消防人员夜以继日盯守在事故现场，认真履行职责。晚7点30分许，管道内丙烯全部卸完，燕化一厂开始向管线内置换氮气；次日12点45分，丙烯管线内丙烯分析合格，达到动火要求；12点50分由北化建负责动火施工，更换部分管线；14点30分管线更换完后，开始向管道内充氮气，准备气密实验；15点05分经气密实验确认管线无泄漏后，进行吹扫置换；15点15分，对更换的部分丙烯管线做探伤和管线吹扫置换；

19 点 15 分，正式输运丙烯，供高压气密实验；21 点 30 分，管线内的丙烯达到每小时 2 t 的正常值，开始恢复生产。

在整个排险过程中，北京市安全生产监督管理局、房山区政府、区有关部门、化工四厂、燕化集团领导自始至终坚守在现场指挥，协调组织排险。由于措施得力，工作有序，防控到位，经过近 30 h 的连续奋战，顺利排除险情，并且无一人伤亡。